北京市哲学社会科学（清华大学）应急管理研究基地

风险与危机治理丛书

主编◎薛澜

# 风险治理与政府应急管理流程优化

Risk Governance and Process Optimization of Government Emergency Management

钟开斌 著



北京大学出版社

**图书在版编目(CIP)数据**

风险治理与政府应急管理流程优化/钟开斌著. —北京：北京大学出版社，2011.9
(风险与危机治理丛书)
ISBN 978-7-301-19380-8

Ⅰ. ①风… Ⅱ. ①钟… Ⅲ. ①国家行政机关-紧急事件-公共管理-研究 Ⅳ. ①D035.1

中国版本图书馆 CIP 数据核字(2011)第 166532 号

**书　　　名：风险治理与政府应急管理流程优化**
著作责任者：钟开斌　著
责 任 编 辑：高桂芳(pkuggf@126.com)
标 准 书 号：ISBN 978-7-301-19380-8/C·0691
出 版 发 行：北京大学出版社
地　　　址：北京市海淀区成府路 205 号　100871
网　　　址：http://www.pup.cn　电子邮箱：ss@pup.pku.edu.cn
电　　　话：邮购部 62752015　发行部 62750672　编辑部 62753121
出版部 62754962
印　刷　者：三河市北燕印装有限公司
经　销　者：新华书店
650mm×980mm　16 开本　15.5 印张　238 千字
2011 年 9 月第 1 版　2011 年 9 月第 1 次印刷
定　　　价：38.00 元

---

# 丛书总序

薛 澜

今天，世界多极化、经济全球化深入发展，科学技术日新月异。但与此同时，人类社会面临的各种风险也与日俱增。自然风险、环境风险、经济风险、社会风险、政治风险等已渗透在人们社会生活的各个方面。国际社会越来越呈现出德国社会学家乌尔里希·贝克所论述的风险社会特征。这些风险及其所带来的技术不确定性、自然灾害、经济危机和社会冲突等问题对政府转型和社会管理都提出了严峻挑战。

现代风险的特征之一就是其影响已不再局限在单一个体或组织内，而是具有广泛的社会影响。生态破坏、核泄漏、化学污染、食品安全、禽流感等各类新型风险一旦发生，每一个社会成员都难以独善其身。伴随着人类社会系统的复杂程度提高，大多数风险日益成为公共风险，其后果的公共性日益增强。公共风险需要公共组织全面实施预警、防范、控制、处置等治理措施。正因为如此，政府和其他公共机构的风险治理已日益成为一种新型的不可或缺的公共服务。

现代风险的应对需要改革公共治理模式。传统公共风险治理主体单一，担子主要落在政府肩上。政府组织形式以科层制为代表，通过政府不同专业部门分工、不同层级间职能划分来组织动员资源；政府风险处置模式以行政手段为主，辅之以市场化、社会化等措施。但是，现代风险具有涉及知识的交叉性，波及主体的广泛性，损害后果的严重性，处置手段的多元性等特征，迫切需要动员更广泛的社会力量来参与治理，形成政府、企业、社会组织、国际机构、社区、族群、家庭等各类主体积极参与的新型的共同治理结构，为公民安全和社会稳定构建坚强的保障。

现代风险应对也需要重建风险治理文化。中华文明产生于东亚季风带农业区，风雨不调、丰歉间杂、灾荒接踵，其发展演进的历程本身也是一部与自然灾害不断斗争的历史。长期以来，东方农耕文明形成了独特的风险文化，尤以知识精英阶层强烈的“居安思危”、“忧患意识”为代表。惟其如此，才能使中华民族薪火相传，历经无数次文明碰撞与交流、民族荣耀与失落、社会动荡与变迁，甚至数次亡国灭种、断发易服的危机，但都表现出绵亘不绝的顽强生命力。其背后重要的源泉之一就是强烈的风险危机意识。但是，传统风险治理维护的是“家天下”的统治秩序，现代风险治理既关注社会和谐、政局稳定等宏观层面的传统风险，更着重以避免和减少普通公民的生命、健康、财产等方面的安全威胁为宗旨。

本系列研究强调了国家公共安全战略应该注重应急管理与综合风险治理的融合，凸显目前建立风险治理综合体系的重要性，使这个在社会常态中往往被忽略的问题引起政府决策者的重视，使政府公共安全战略从应急管理转向综合风险治理与应急管理并重，从事后应对转向关口前移，实现风险治理的制度化、常规性以及合理化，从而在更基础的层面提高应急管理绩效。通过借鉴国际上既有的风险治理经验，选择通过转型期中国若干重大风险治理案例、代表性的风险源以及典型地区，对中国风险治理的现状特点、治理缺陷、框架构建进行实证分析和理论基础研究，构建全面风险治理的模型和框架。

公共风险研究围绕转型期中国风险治理的背景、风险类型、治理主体、政策过程等问题，提出建立全面风险治理的总体架构思路。围绕这一思路所作的具体研究包括作为基础理论的“风险治理与转型期中国的新挑战”；借鉴美国地方政府改革、转型分析的“公共风险与地方治理危机”；着重于风险治理程序的“流程优化与风险治理”；着重于全面风险治理体系的“公共部门与风险治理”。这些研究主题从不同侧面对本研究所阐发的全面风险治理理论进行了进一步的诠释。

本套丛书是国家社科基金重大课题项目的系列研究成果，也是清华大学公共管理学院中国应急管理研究基地(北京市哲学社会科学研究基地)近年来研究成果的一个总结。有关研究工作也曾得到国家社会科学基金、国家自然科学基金、北京市哲学社会科学研究基地和其他有关经费的资助,对此我们表示诚挚的谢意!除了近期我们陆续出版发行的这些著作之外,我们还将陆续推出若干具体风险领域的应急管理研究成果,比如食品药品安全监管的研究、社会风险治理研究、甲流感防控机制研究等等,这些研究,有的比较成熟,也有的还处于刚刚起步阶段,很多观点结论也都有值得商榷的地方。我们也希望通过出版此套丛书,能够引起社会对风险治理的广泛关注,并对我们的研究不吝赐教,从而使中国的风险治理研究出现新的蓬勃发展的局面。

# 目录

# 第一章　引言

应急管理机制是我国以“一案三制”（应急预案，应急管理体制、机制和法制）为基本框架的应急管理体系的基本内容，也是当前国家应急管理体系建设的重点和难点。研究基于流程优化的政府应急管理机制建设的主要内容、基本思路和关键对策，具有重要的理论价值和实践意义。本章介绍了本书所研究的主要问题及重要意义，总结了当前国内外政府应急管理机制理论研究和实践的基本情况，概括了本研究的主要内容、基本思路、研究方法以及主要观点和创新点。

## 一、研究的问题和意义

应急管理是一项长期而复杂的系统工程，涉及体制、机制和法制等多个层次和方面。自 2003 年取得抗击“非典”斗争的胜利以来，我国以“一案三制”（应急预案，应急管理体制、机制和法制）为基本框架的应急管理体系建设取得了重要进展：“横向到边、纵向到底”的全国应急预案体系基本形成，以各级政府应急管理办公室为综合协调机构的全国应急管理体制逐步理顺，《中华人民共和国突发事件应对法》（以下简称《突发事件应对法》）已于 2007 年 11 月 1 日起施行。

应急管理机制是我国应急管理体系建设工作的重要内容，也是当前国家应急管理体系建设的重点和难点。党的十七大明确提出，要“完善突发事件应急管理机制”。应急管理机制的内涵和外延到底是什么？它与应急预案、应急管理体制和法制有什么区别和联系？如何完善应急管理机制？由于我国应急管理体系建设起步不久，实践经验和理论积累都比较有限，同时受体制、文化和环境等因素的制约，国外的成果和经验很难直接应用于我国应急管理实践。因此，不管理论界还是实务部门，目前对“应急管理机制”相关的基本概念和问题还存在模糊甚至分歧之处，致使在研究和实践中往往混为一谈，在很多场合被不予区分地互相替换使用，给我国应急管理体系建设的理论研究和实务操作都造成很大的困难。

本书所研究的基本问题是：**政府应急管理机制的内涵和外延是什么？它在以“一案三制”为核心的应急管理体系中处于什么地位？如何进一步完善政府应急管理机制？**本书以政府流程优化为切入点，系统分析应急管理机制的属性特点、功能作用及其在以“一案三制”为核心的应急管理体系中的基础性地位和作用，通过开发和优化政府应急管理的关键流程，提出基于流程优化的政府应急管理机制建设的主要内容、基本思路和关键对策。本书的基本观点是，我国应急管理机制建设应当以流程优化作为切入点和基本途径，通过流程开发和优化，实现应急管理机制由以职能为中心的传统模式向以流程为中心的新型模式转变。希望本书的研究成果，有助于实现国家对各级各类突发事件从预防与应急准备、监测与预警、应急处置与救援到事后恢复与重建的全过程管理，为出台全国性的应急管理机制通用术语和应急管理机制建设指导意见提供研究基础，推动国家应急管理工作上一个台阶，逐步向规范化、系统化、科学化管理的方向发展。

## 二、国内外研究概述

### 1. 国内研究概述

我国应急管理体系建设工作，在很大程度上得益于 2002 年底至 2003 年上半年“非典”疫情的冲击和推动。在取得抗击疫情的胜利后，我国以“一案三制”为核心的应急管理体系建设全面启动。在以往的理论研究中，学者主要探讨的是有关应急管理体制和应急管理法制方面的内容，较少触及政府应急管理机制问题。有关政府应急管理体制的研究主要侧重于经验借鉴和实践探讨两方面——前者主要介绍国内外中央、地方以及大城市的具体经验和做法，从而为我国应急管理体制设计提供参考和借鉴①；后者则主要探讨我国政府应急管理的机构设置、职能配置以及与职能相对应的事务管理制度及权力运行机制等。② 与应急管理体制相比，我国较早就对其他国家对抗紧急状态和危机情境的立法经验进行了介绍③，并在 2003 年取得抗击"非典"疫情的胜利后就我国突发事件应急管理实践活动的法律问题进行了专题研究。④

我国政府对应急管理机制（有时也称"应急机制"）的提法，在不同时期其内涵和外延存在模糊之处，给各地区、各部门的应急管理实际工作造成很大困难。早在 2003 年 10 月，党的十六届三中全会就明确提出，要"要建立健全各种预警和应急机制"，但当时未提及应急管理机制的主要内容和基本原则。2006 年 1 月，《国家突发公共事件总体应急预案》提出，"构建统一指挥、反应灵敏、协调有序、运转高效的应急管理机制"。之后，历年的政府工作报告，党的十六届四中、五中、六中全会，均提出要建立应急管理机制，并对机制建设的基本原则和功能目标进行了原则性、概括性的表述，但未能对此展开更详细、更全面、更具体的专题解释。2007 年 11 月 1 日施行的《突发事件

---

① 《学习时报》编辑部：《国家与政府的危机管理》，江西人民出版社 2003 年版；郭济：《中央和大城市政府应急机制建设》，中国人民大学出版社 2005 年版；赵成根：《国外大城市危机管理模式研究》，北京大学出版社 2006 年版；沈荣华：《国外防灾救灾应急管理体制》，中国社会出版社 2008 年版；腾五晓、加藤孝明、小出治：《日本灾害对策体制》，中国建筑工业出版社 2003 年版；万鹏飞：《美国、加拿大和英国突发事件应急管理法选编》，北京大学出版社 2006 年；夏保成：《美国公共安全管理导论》，当代中国出版社 2006 年版；姚国章：《日本灾害管理体系：研究与借鉴》，北京大学出版社 2009 年版。

② 这方面的代表性研究成果，如薛澜、钟开斌：《国家应急管理体制建设：挑战与重构》，《改革》2005 年第 3 期；孙元明：《省级政府应急管理机构的设计》，《改革》2005 年第 5 期；万鹏飞、于秀明：《北京市应急管理体制的现状与对策分析》，清华大学《公共管理评论》2006 年第 4 卷；国务院发展研究中心课题组：《我国应急管理行政体制存在的问题和完善思路》，《中国发展观察》2008 年第 3 期；国务院发展研究中心"应急管理行政体制建设研究"课题组：《应急管理行政体制的历史演进和存在问题》，《调查研究报告》2007 年第 189 期。

③ 莫纪宏、徐高：《紧急状态法学》，中国人民公安大学出版社 1992 年版。

④ 莫于川：《建议在我国行政程序法典中设立紧急程序条款》，《政治与法律》2003 年第 6 期；韩大元、莫于川：《应急法制论——突发事件应对机制的法律问题研究》，法律出版社 2005 年版；马怀德：《应急反应的法学思考："非典"法律问题研究》，中国政法大学出版社 2004 年版；郭春明：《紧急状态法律制度研究》，中国检察出版社 2004 年版。

应对法》提出，“国家建立有效的社会动员机制”，但未提及机制建设的其他内容。党的十七大提出要“完善突发事件应急管理机制”。总的来看，目前党和国家现行相关法律、法规、文件、政策等对应急管理机制提出了原则性、概括性、综合性的要求，但在应急管理机制的基本内容、功能目标、实现方法等方面缺乏具体明确、易于操作的规定。

虽然目前我国尚未从综合层面对应急管理机制的基本概念、主要内容、功能目标、实现方法进行具体明确的规定，缺乏从整体上对应急管理机制进行概括和提炼，但在一些具体的应急管理机制方面开展了理论研究和实践探索。其中，部分学者对监测预警①、信息发布②、社会动员③等应急管理机制进行了专题研究。不过，这些研究都是按专题分阶段进行的，不同机制之间相互独立，因而应急管理机制缺乏整体性和连续性。为此，不少地区开始从整体战略上推进应急管理机制研究和建设，寻求全面整合的运作模式。④ 例如，北京市积极建设首都地区信息沟通与应急协作机制，组织相关科研机构，推进预测预警、信息报告、决策处置、信息发布、社会动员、恢复重建、调查评估等七大机制研究。国家“十一五”科技支撑计划重大项目《国家应急平台体系关键技术研究与应用示范》，把国家应急管理机制建设以及国家应急平台管理和运行指南作为重要的研究子课题。国务院应急办也于 2009 年专门委托有关专家，开展“应急管理机制”课题研究。

---

① 牛文元、叶文虎：《全面构建中国社会稳定预警系统》，《中国发展》2003 年第 4 期；魏永忠：《论我国城市社会安全指数的预警等级与指标体系》，《中国行政管理》2007 年第 2 期；朱华桂、曾向：《监测预警体系建设与突发事件应急管理——以江苏为例》，《江苏社会科学》2007 年第 3 期；祝江斌等：《城市重大突发事件的政府预警管理模式刍议》，《湖北社会科学》2006 年第 8 期；王超、佘廉：《社会重大突发事件的预警管理模式研究》，《武汉理工大学学报（社会科学版）》2005 年第 1 期；阎耀军：《社会稳定的计量及预警预控管理系统的构建》，《社会学研究》2004 年第 3 期。

② 史安斌：《危机与新闻发布》，南方日报出版社 2004 年版；万鹏飞：《美国联邦应急总署对新闻媒体采访抗灾救灾的管理规范及其借鉴》，《经济社会体制比较》2006 年第 6 期。

③ 龙太江：《从“对社会动员”到“由社会动员”——危机管理中的动员问题》，《政治与法律》2005 年第 2 期。

④ 张成福：《公共危机管理：全面整合的模式与中国的战略选择》，《中国行政管理》2003 年第 7 期。

### 2. 国外研究概述

国外发达国家比较注重政府应急管理机制建设，强调不断完善突发事件应对的运行机制和工作流程，实现应急管理工作的科学化、规范化、程序化。

例如，澳大利亚应急管理署(Emergency Management Agency，简称 EMA)于 1998 年编制出版了《应急管理手册系列》(*Australian Emergency Management Glossary*)，并于 2005 年进行修订完善。该手册对澳大利亚联邦政府事前、事发、事中、事后全过程的应急管理机制进行了详尽的规定，其中包含了大量描述应急管理工作流程的图表，对应急管理实际工作具有很强的指导意义和规范作用。美国的应急管理工作同样非常强调制度化运作。① 伴随着应急管理机构改革以及一系列重大突发事件的发生，美国国家应急管理机制的操作性文件也经历了从联邦应急计划(Federal Response Plan，简称 FRP)到国家应急计划(National Response Plan，简称 NRP)再到国家应急框架(National Response Framework，简称 NRF)的重大调整与完善。这些文件的出台过程记录了美国应急管理理论与实践在摸索中前进的历程，也代表着美国应急管理机制设计的思路演变。② 2004 年 3 月 1 日，美国国土安全部(DHS)推出了"全国事故管理系统"(National Incident Management System，NIMS)，提供了一个全国统一的模板，使联邦、州、地方和部族政府以及私人企业、非政府组织一起工作，对国内发生的无论何种原因、规模或复杂性的事故(包括带来灾难性后果的恐怖主义活动)，实施快速高效的准备、预防、处置和恢复行动。③ 在具体应急管理机制设计方面，美国、加拿大、日

---

① Australian Government Attorney-General，*Australian Emergency Management Glossary*，http://www. ema. gov. au/www/emaweb/rwpattach. nsf/VAP/(3273BD3F76A7A5DEDAE36942A54D7D90)～Manual03-AEMGlossary. PDF/ $ file/Manual03-AEM-Glossary. PDF.

② 闪淳昌、周玲、方曼：《美国应急管理机制建设的发展过程及对我国的启示》，《中国行政管理》2010 年第 8 期。

③ Department of Homeland Security，USA，*National Incident Management System*，http://www. dhs. gov/dhspublic/interweb/assetlibrary/NIMS—90—web. pdf.

本、英国、德国等也都有相应的制度规定，通过日常的工作流程优化，把应急管理活动逐步纳入严谨的程序化管理中，并最终使之法制化、科学化和标准化。

总体而言，国外应急管理机制建设的做法和经验主要体现在以下几个方面。一是在法律授权的前提下开展机制建设工作。例如，从发展历程来看，美国应急管理机制建设内容的制定与实施都是围绕着《斯塔福德减灾和紧急援助法》授权的内容而展开的，近年来陆续颁布的《国土安全法》、《"9·11"法案》、《卡特里娜后应急管理改革法案》等相关法律都为应急管理机制建设提供了相应的工作依据。二是机制建设的主要内容由以应急响应为重点向以应急准备为重点转变。明确应急准备的定义、组成内容，并把应急准备提升为涵盖了"预防、保护、响应、恢复"各阶段的基础性、全过程行动。三是将风险管理贯穿于应急管理全过程。例如，近几年陆续出台的美国《国家基础设施保护计划（NIPP）》、欧盟《开展基础设施风险识别与风险评估的相关法令》、德国《关键基础设施保护——企业和政府部门风险和危机管理指南》等，都充分引入并应用风险管理的理论与方法。四是在全国范围内按分层分类的原则，有重点、有步骤地开展应急管理机制建设。在国家层面，更加注重机制建设的顶层设计，同时还要选择巨灾应对、关键基础设施保护等一些需要国家统一协调才能展开工作的领域进行机制设计，而在其他各级政府和相关部门则根据各自的工作需求与核心业务开展相应的机制建设工作。五是完善相关工作制度，推动应急决策的制度化、规范化与程序化，最终实现"主动反应"和"制度化反应"。通过健全应急管理机制，完善应急管理流程，相关部门可以自行判断是否符合工作流程启动条件而主动采取行动，从而提高应急反应能力，做到快速反应、及时处置。

## 三、研究的主要内容、思路和方法

### 1. 研究的主要内容

本书重点分析应急管理机制的属性特征、基本内容、在应急管理体系中的功能定位，阐述应急管理机制建设的基本思路，提出基于流程优化的政府应急管理机制建设的主要对策(见图 1-1)。研究成果有利于为出台全国性应急管理机制建设相关的指导性文件、规章和制度提供理论基础,实现国家应急管理工作由经验管理向科学管理的转变,提高应急管理工作的常态化、规范化、制度化水平。

具体而言,本书的研究内容主要包括如下三个方面:

**一是应急管理机制的基本涵义及其在应急管理体系中的功能定位。**我国的应急管理体系建设以“一案三制”为基本框架和核心内容。截至目前,应急管理工作主要集中在应急预案、应急管理体制和应急管理法制三个方面,下一步的工作重点是应急管理机制建设。本书首先结合当前我国应急管理体系建设的工作实际,重点对照《突发事件应对法》、《国家突发公共事件总体应急预案》的相关规定,明确界定应急管理机制的内涵和外延、应急管理机制在我国应急管理体系中的功能定位以及应急管理机制与应急管理体制和法制的相互关系。

**二是我国应急管理机制建设的基本框架和主要内容。**根据突发事件的生命周期和应急管理的阶段划分,应急管理主要包括分为两大类共十八项关键机制。第一大类为过程性机制,即在应急管理四个阶段先后发生的政府应急管理行为,共十七项机制。其中,预防与预警准备阶段主要包括隐患排查、预案准备、队伍建设、宣教动员、应对保障五项机制;监测与预警阶段主要包括灾情监测、会商研判、事件预警三项机制;应急处置与救援阶段主要包括先期处置、快速评估、决策指挥、社会动员、信息发布五项机制;事后恢复与重建主要包括善后恢复、救助补偿、调查评估、规划重建四项机制。第二大类为基础性机制,即渗透在应急管理全过程中的各种支撑性、辅助性工作流程,主要是指信息报告机制。当然,为突出信息报告在全过程应急管理中应急处置与救援阶段的特殊重要性,同时基于研究的方便,也可以把信息报告看作是应急处置与救援阶段的一项重要机制。

**三是基于流程优化的应急管理机制建设的目标模式和工作思路。**根据对应急管理机制基本框架和主要内容的梳理,从流程再造和流程优化的视角出发,本书提出基于流程优化的政府应急管理机制建设的目标模式、主要任务、基本原则及应采取的具体措施。其中,要根据我国应急管理工作实际,着重对应急管理机制的关键流程进行开发和优化,规范我国应急管理工作流程,完善相关工作制度,推动国家应急管理工作逐步向规范化、系统化、科学化管理的方向发展。

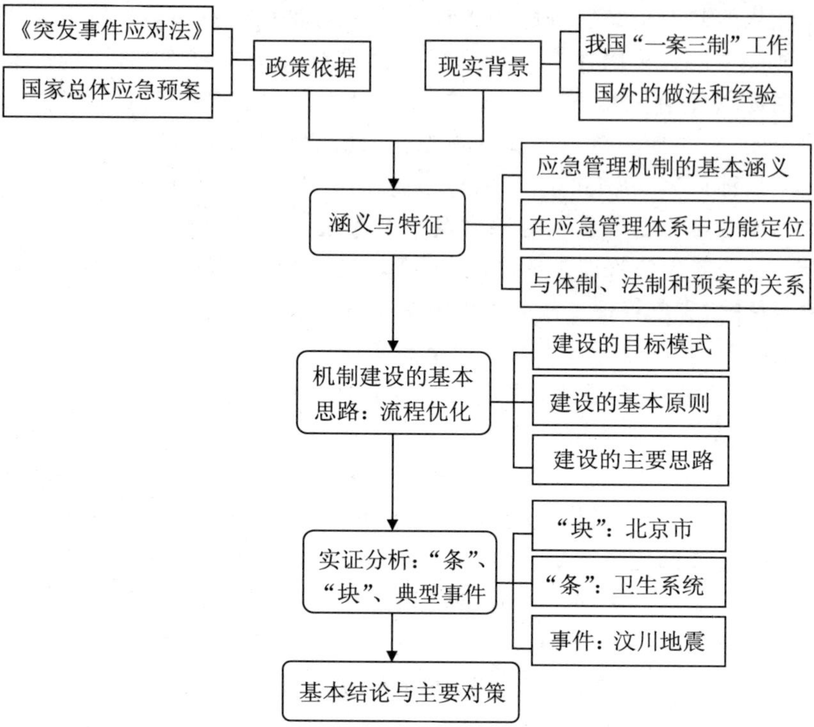


图 1-1　本书的主要研究内容和基本思路

### 2. 研究的基本思路和方法

本书采用“构建理论框架—提出机制内容并开展典型试验—完善对策建议”的基本思路（见图 1-2）。首先，界定应急管理机制的基本概念，提出基于流程优化的应急管理机制建设思路。其次，提出基于流程优化的应急管理机制框架，并选择北京市（“块”）、卫生应急（“条”）和 2008 年“5 · 12”四川汶川特大地震（典型事件）进行试验检验。最后，根据实践分析结果，完善本研究所提出的理论框架，针对我国政府应急管理机制建设提出有针对性的对策建议。

为保证可比度，本研究将根据“条”、“块”和事件案例分别选择典型案例进行深入访谈和实验研究。“块”选择北京市，因为北京市的应急管理体系建设（包括应急管理机制）一直处在全国前列，本书将就北京市应急管理机制问题进行探讨；“条”选择突发公共卫生事件领域，因为2003年取得抗击"非典"疫情胜利后我国在该领域的应急管理工作取得了长足进展；在典型事件方面，重点选择2008年"5·12"四川汶川特大地震案例进行深度分析。

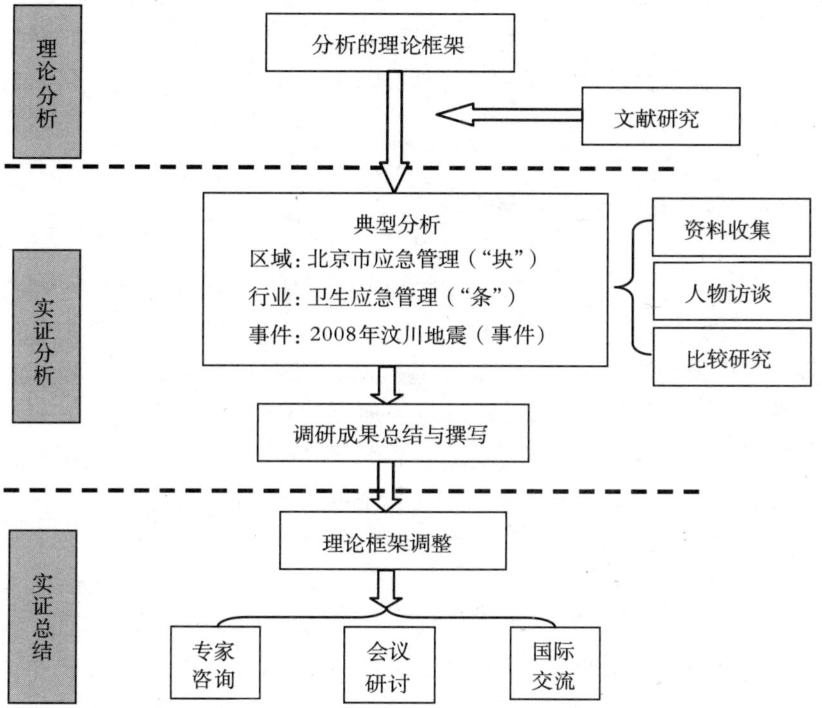


**图1—2　本书的基本研究思路**

### 3. 研究的重点与难点

本研究的重点在于提出一个基于流程优化的政府应急管理机制模型，结合政府业务流程的优化方式提出我国政府应急管理机制建设的基本框架、主要内容以及具体的对策建议。政府应急管理流程优化包括水平工作整合、垂直工作整合和工作次序最佳化三种方式。本书通过结合我国应急预案建设以及应急管理体制建设和法制建设的新成果，提出我国政府应急管理的主要机制和关键流程。

本研究的难点在于，政府应急管理机制是一个长久而复杂的系统工程，涉及体制、机制、法制等多个层次和多个方面。业务流程优化是推进政府应急管理机制建设的重要切入点，但流程优化与应急管理体制、应急预案、应急法制密切相连。① 水平工作整合、垂直工作整合和工作次序最佳化三种业务流程优化方式，都涉及我国特殊的宏观政治体制问题（如党政关系、条块关系、央地关系、军地关系、政府与社会关系等）。因此，在政府应急管理流程优化过程中，必须同时兼顾流程优化的客观需求和我国的特殊国情、政情以及各地各部门的工作实际。

### 4. 研究的主要观点与创新点

本研究的主要观点：第一，政府应急管理机制的功能定位：在应急管理体系中处于基础性地位。随着我国应急预案、应急管理体制和法制建设的不断完善，应急管理机制建设已成为下一步政府应急管理工作的重点。第二，政府应急管理机制建设的主要目标：实现应急管理工作的常态化、规范化、程序化、法制化。应急管理机制建设要用事先准备好的制度化、程序化措施取代各种临时性授权和决策行为，推动应急管理工作由经验管理向科学管理转变。第三，政府应急管理机制的核心内容：两大类共十八项核心机制。根据应急管理业务流程，政府应急管理主要包括隐患排查、预案准备、队伍建设、宣教动员、应对保障、事件监测、会商研判、事件预警、先期处置、快速评估、决策指挥、社会动员、信息发布、善后恢复、救助补偿、调查评估、规划重建以及信息报告十八项关键性核心机制。第四，政府应急管理机制建设的主要措施：流程再造与规范。从方式来看，流程优化涉及从无到有的创新开发和已有流程的再造、整合以及标准化、规范化。

本研究的主要创新之处：一是运用概念图谱方法，提出应急管理机制的基本内涵、功能定位及其在应急管理体系建设中的主要地位和作用。二是运用系统分析方法，根据我国政府应急管理工作实际，将应急管理机制划分为两大类十八项，并详细阐述每一项机制的基本涵义、关键内容、主要原则。三是运用流程优化方法，提出通过关

① 〔美〕戴维·奥斯本、〔美〕彼德·普拉斯特里克：《摒弃官僚制：政府再造的五项战略》（谭功荣、刘霞译），中国人民大学出版社 2002 年版。

键流程的开发和优化来推进政府应急管理机制建设的基本思路。总的来看，通过流程开发和优化，用日常所制定的各种操作规程、制度规范来指导应急管理工作，有利于提高应急管理工作的制度化、规范化、程序化水平。

## 四、本书的基本结构

本书共分为九章。本章为第一章，主要介绍了本书所研究的主要问题及其重要意义，总结了当前国内外政府应急管理机制研究和实践的基本情况，概括了本研究的主要内容、基本思路、研究方法以及主要观点和创新之处。

第二章分析了应急管理机制的基本涵义和主要特征。通过介绍我国以“一案三制”(应急预案，应急管理体制、机制和法制)为核心的应急管理体系的建设情况，本章着重分析了当前我国应急管理机制建设的宏观背景，明确了应急管理机制的基本涵义、实践特点、在应急管理中的重要地位以及与其他要素之间的区别和联系，明确应急管理机制建设是深化应急管理体系建设的着力点和落脚点。

第三章分析了我国传统的职能导向型应急管理运行模式。在总结我国应急管理机制的建设成绩和存在问题的基础上，本章将我国传统的应急管理机制总结为职能导向型模式，并分析了该模式的基本特征、主要缺陷及其历史根源，在此基础上提出了实现从职能导向到流程导向的应急管理机制建设方向。

第四章分析了有关流程优化的相关理论，为基于流程优化的政府应急管理机制建设提供重要的理论基础。本章首先分析了流程的基本涵义、功能属性、类型特点，阐述了流程优化的基本内容、主要类型、基本程序，总结了应急管理流程优化的理论基础，在此基础上提出了应急管理流程优化的核心目标和基本原则。

第五章提出了基于流程优化的政府应急管理机制建设的基本框架和主要内容。本章首先提出了应急管理机制建设的基本程序与主要方法，在此基础上将应急管理机制的总体框架划分为 4 项一级机制、18 项二级机制、55 项三级机制，并对每一项核心机制的关键流程进行规划和设计，通过明确每一项应急管理流程的基本要件，对各项具体的应急管理流程进行具体化、规范化和标准化。

第六至八章为基于流程优化的政府应急管理机制建设的典型案例分析。第六章选取北京市这个“块”作为典型案例进行分析。北京市的应急管理机制建设一直走在全国前列,为全国基于流程优化的政府应急管理建设提供了重要的先导示范作用。第七章选取卫生系统这个“条”作为典型案例进行分析。2003 年抗击“非典”疫情是我国应急管理体系建设的重要起始点,卫生应急管理领域的机制建设为全国其他领域的应急机制建设提供了重要经验。第八章选取四川汶川特大地震作为典型个案进行分析。此次特大地震是对我国应急管理体系的一次重大考验,也是进一步深化基于流程优化的政府应急管理机制建设的一次重要契机。

第九章为总结和讨论。归纳了课题研究的主要结论,提出了未来的研究方向。

# 第二章　应急管理机制：基本涵义与主要特征

应急管理机制是我国以“一案三制”（应急预案，应急管理体制、机制和法制）为核心的应急管理体系建设的重要组成部分。随着我国应急预案、应急管理体制和法制建设的逐步推进和不断深化，应急管理机制建设已经成为下一步政府应急管理体系建设的工作重点。本章通过介绍我国应急管理体系的建设情况来分析当前我国应急管理机制建设的宏观背景，明确应急管理机制的基本涵义、实践特点、在应急管理体系中的重要地位以及与其他要素之间的区别与联系，强调应急管理机制建设是深化我国应急管理体系建设的着力点和落脚点。

## 一、应急管理机制建设的背景：“一案三制”

我国的政府应急管理机制建设，是在以“一案三制”为核心的应急管理体系建设的大背景下进行的。[①] 党的十六大以来，党中央、国务院在深刻总结历史经验、科学分析公共安全形势的基础上，做出了全面加强应急管理工作的重大决策。2003 年 7 月 28 日，在全国防治

---

① 钟开斌：《“一案三制”：中国应急管理体系建设的基本框架》，《南京社会科学》2009 年第 11 期。

“非典”工作会议上，胡锦涛总书记和温家宝总理强调指出，要加快建立健全各种突发事件应急机制，大力增强应对风险和突发事件的能力。党的十六届三中、四中、五中、六中全会都对全面加强应急管理工作、提高保障公共安全和处置突发事件的能力提出了工作要求。党的十七大再次强调，要“进一步健全突发事件应急管理机制”。2008年3月5日，温家宝总理在政府工作报告中指出：“加强应急体系和机制建设，提高预防和处置突发事件能力。”同年10月8日，胡锦涛总书记在全国抗震救灾总结表彰大会上讲话指出，要进一步加强防灾减灾工作，显著提高防灾减灾能力。2009年3月5日，温家宝总理在政府工作报告中指出：“一定要深刻认识国际国内经济形势的严峻性和复杂性，增强危机意识和忧患意识，充分利用有利条件，积极应对各种挑战。”

总的来看，经过几年的努力，我国以“一案三制”为核心的应急管理体系建设工作取得了重大进展，主要表现在：应急管理方针政策更加明确，应急管理法制体系更加完备，应急预案体系全面建立，应急管理组织体系不断健全，应急保障更加有力，应急处置效能大幅提升，应急管理社会参与程度日益提高。① 这些工作为进一步深化和完善应急管理机制奠定了重要的宏观制度框架。②

### 1. 应急预案

应急预案即预先制定的紧急行动方案，指根据国家和地方的法律、法规和各项规章制度，综合本部门、本单位的历史经验、实践积累和当地特殊的地域、政治、民族、民俗等实际情况，针对各种突发事件而事先制订的一套能切实迅速、有效、有序解决突发事件的行动计划或方案，从而使政府应急管理工作更为程序化、制度化，做到有法可依、有据可查。应急预案要求在辨识和评估潜在的重大危险、突发事件类型、发生的可能性、发生过程、事故后果及影响的严重程度的基

---

① 华建敏：《依法全面加强应急管理工作——在全国贯彻实施突发事件应对法电视电话会上的讲话》，《中国应急管理》2007年第10期。

② 钟开斌：《中国应急管理体系建设：回顾与前瞻》，《政治学研究》2009年第1期。

础上，对应急管理机构与职责、人员、技术、装备、设施（备）、物资、救援行动及其指挥与协调等预先做出具体安排，用以明确事前、事发、事中、事后各个进程中，谁来做、怎样做、何时做以及相应的资源和策略等。① 简言之，应急预案是针对可能发生的突发事件，为迅速、有效、有序地开展应急行动，政府组织管理、指挥、协调应急资源和应急行动的整体计划和程序规范。② 应急预案的主要功能是以确定性应对不确定性，针对最坏的情况做最好的打算，化不确定性的突发事件为确定性的常规事件，转应急管理为常规管理。③ 一般说来，一个完善的预案体系应包括预案制定管理、预案评估管理、基于预案的辅助决策技术等，同时预案的制定应该具有针对性、可行性、及时性和全面性等特点。

根据责任主体的不同，我国的应急预案体系主要包括国家总体应急预案、专项应急预案、部门应急预案、地方应急预案、企事业单位应急预案以及针对大型聚会或大型活动的预案等六个层次。其中，国家总体应急预案是国家应急管理的行动纲要，也是全国应急预案体系的总纲，为各地区、各部门的预案提供了行动准则和基本思路。截至 2005 年底，全国应急预案编制工作已基本完成，包括国家总体应急预案、25 件专项应急预案、80 件部门应急预案，共计 106 件，基本覆盖了我国经常发生的突发事件的主要方面，其中大多数都是根据经济社会发展变化和客观形势的要求新制定的。此外，地方总体应急预案的编制工作也陆续完成，许多市、区（县）也制定了应急预案，全国应急预案框架体系初步建立。2006 年 1 月 8 日，国务院发布了《国家突发公共事件总体应急预案》，随后陆续发布了事故灾难类、自然灾害类、突发公共卫生事件类等专项应急预案。

按照 2006 年 7 月《国务院关于全面加强应急管理工作的意见》所提出的要求，在“十一五”期间，我国将建成覆盖各地区、各行业、各单位的“横向到边、纵向到底”的应急预案体系。据统计，截至 2007

---

① 刘功智、刘铁民：《重大事故应急预案编制指南》，《劳动保护》2004 年第 4 期。

② 钟开斌、张佳：《论应急预案的编制与管理》，《甘肃社会科学》2006 年第 3 期。

③ 詹承豫、顾林生：《转危为安：应急预案的作用逻辑》，《中国行政管理》2007 年第 5 期。

年11月,全国已制定各级各类应急预案130多万件,所有的省一级政府、97.9%的市级政府、92.8%的县级政府都已经编制了总体应急预案,同时还因地制宜地编制了大量专项及部门应急预案,全国"横向到边、纵向到底"的应急预案体系基本形成。同时,按照国家的统一规划和要求,到2008年底,所有街道社区、乡镇及有条件的行政村和各类企事业单位都基本完成了应急预案编制工作。①

### 2. 应急管理体制

体制有时也称为"领导体制"、"组织体制"。在古汉语里,"体制"的原意指"诗文之体裁",又被引申为"规定组织的机构和运行的纲领"②。《现代汉语词典》曾将"体制"定义为"国家机关、企业、事业单位等的组织制度,如学校体制、领导体制、政治体制等"③。在《新华字典》中,体制被定义为"国家机关、企业和事业单位的机构设置、管理权限、工作部署的制度"④。目前最权威的定义当数《辞海》所载:体制是指"国家机关、企事业单位在机构设置、领导隶属关系和管理权限划分等方面的体系、制度、方法、形式等的总称"⑤。由此可见,《辞海》上的定义大大扩充了体制的内涵,使体制除制度的内涵外,还包括体系、方法、形式等。按照系统科学的观点,体制的承载者都是某一特定的系统。如果把系统的构成要素和各要素间的组合秩序称为系统的静态结构,则体制是某些特殊系统的静态构成。⑥ 通常所说的体制是从狭义进行界定的,指的是有关组织形式的制度,限于上下之间有层级关系的国家机关、企事业单位,涉及的是机构设置、相

---

① 华建敏:《依法全面加强应急管理工作》,《中国应急管理》2007年第10期。

② 商务印书馆编辑部:《辞源(缩印本)》,商务印书馆1988年版,第1892页。

③ 中国社会科学院语言研究所词典编辑室:《现代汉语词典(修订本)》,商务印书馆1996年版,第1130页。

④ 新华词典编纂组:《新华词典》,商务印书馆1988年版,第879页。

⑤ 夏征农等:《辞海(缩印本)》,上海辞书出版社1989年版,第257页。

⑥ 马维野:《体制论》,《科学学研究》1997年第2期。

互关系和责权划分。① 换言之，体制是特定主体内部的组织结构和组织制度，它重点关注的是组织机构的权限划分和隶属关系，这种权限划分和隶属关系包括横向和纵向两个方面——前者体现为部门之间、地区之间的无等级关系，后者体现为上下级之间的等级关系。② 就其性质而言，体制具有结构性特征，其衡量标准主要是合理性、科学性。在动词搭配方面，一般称之为"改革/完善体制"。

应急管理体制（或称应急体制）也可称为行政应急管理体制，是行政管理管理体制的重要组成部分。学界的主流观点认为，行政管理体制是政府的机构设置、职能配置以及与职能相应的事务管理制度及权力运行机制的总称。③ 据此，行政管理体制是由机构、职能与运行机制等要素所构成的。所谓应急管理体制，通常是指应急管理机构的组织形式，也就是综合性应急管理机构、各专项应急管理机构以及各地区、各部门的应急管理机构各自的法律地位、相互间的权力分配关系及其组织形式等。应急管理体制是一个由横向机构和纵向机构、政府机构与社会组织相结合的复杂系统，包括应急管理的领导指挥机构、专项应急指挥机构以及日常办事机构等不同层次。④ 应急管理体制决定了应急管理体系的静态结构，规定了应急管理体系的潜在功能。目前，世界各国大都设立了统一领导应对突发事件的专门工作机构，负责突发事件防范处置的综合协调。其中，主要包括两种应急管理体制模式：一是单部门型，如俄罗斯 1994 年设置"联邦民防、紧急情况与消除自然灾害后果部"（简称紧急情况部），美国

---

① "体制"是汉语中特有的概念，在英语中并没有完全等价的词汇与之对应。"体制"一般译作"system"，但仅取其"体系"、"制度"之义，且"system"一词并无其承载者是国家机关、企业、事业单位之限定。"体制改革"一般译作"structural reforms"，但这里"structural"仅含"结构上"、"机构上"之义，因此"structural reforms"也常被译为"结构改革"，而通常所说的"体制改革"显然并非仅仅是结构上或机构上的变革。见 Jess Stein, et al., *The Random House College Dictionary*, (New York: Random House, Inc., 1980), pp. 1303—1335.

② 部分学者从广义来理解应急管理体制。通常认为，行政管理体制是由机构、职能与运行机制等要素所构成的。据此，可将行政应急管理体制界定为由应急性机关、应急性权力和应急性机制所组织的制度体系。这三个要素即是行政应急管理体制的基本构造。见戚建刚：《行政应急管理体制的内涵辨析》，《行政法学研究》2007 年第 1 期。

③ 鄢圣华：《中国政府体制》，天津社会科学院出版社 2002 年，第 5 页。

④ 薛澜、钟开斌：《国家应急管理体制建设：挑战与重构》，《改革》2005 年第 3 期。

1979年成立联邦应急管理署(FEMA,2003年并入新成立的国土安全部),法国、德国、印度等成立内政部,瑞士成立民防局;二是综合协调型,如英国在内阁办公室成立国内紧急状态秘书处(CCS);日本设有常设性和临时性应急管理机构——常设性机构有安全保障会议、中央防灾会议、内阁应急事务和应急管理专门机构,在内阁增加安全保障会议的职能,在总理府新设副部长级的风险管理总监和内阁风险管理中心,同时,针对各种原因产生的紧急事态一般都规定要建立相应的临时性应急管理机构。①

我国传统的应急管理体制是一种建立在政治动员基础上的平战转换和部门分割型体制,存在临时性、模糊性、协调不畅等问题。由于责权利界定不清,我国应急管理长期缺乏综合性协调机构,多龙治水、上下不畅,不同地区和部门在信息、资源、人力调动上不能共享、难以有效整合,这不仅导致各种设备和人力资源重复投入或大量闲置,也使得在突发事件发生时各地区、各部门职责不明,甚至互相推诿,最终致使丧失最佳抢险救灾时机。对此,在后SARS时期,《国务院关于全面加强应急管理工作的意见》提出,要"健全分类管理、分级负责、条块结合、属地为主的应急管理体制,落实党委领导下的行政领导责任制,加强应急管理机构和应急救援队伍建设"②。《突发事件应对法》第一章第四条明确规定,"国家建立统一领导、综合协调、分类管理、分级负责、属地管理为主的应急管理体制"。2006年,国务院办公厅设置了国务院应急管理办公室(国务院总值班室),承担国务院应急管理的日常工作和国务院总值班工作,履行值守应急、信息汇总和综合协调职能,发挥运转枢纽作用。截止到2007年底,我国所有的省级政府和市级政府、92%的县级政府都已成立或明确了应急管理领导机构;所有的省级政府和96%的市级政府、81%的县级政府成立或明确了应急管理办事机构。③ 据统计,在目前全国30个省(自治区、直辖市)级应急办中,有正厅级机构7个,副厅级13个,

---

① 《学习时报》编辑部:《国家与政府的危机管理》,江西人民出版社2003年版,第211—212页。

② 《国务院关于全面加强应急管理工作的意见》,《人民日报》2006年7月7日。

③ 华建敏:《我国应急管理工作的几个问题》,《人民日报》2007年12月27日。

正处级 10 个。①

此外，我国把突发事件分成四大类，并规定了相应的牵头部门。其中，自然灾害主要由民政部、水利部、中国地震局等牵头管理，事故灾难由国家安监总局等牵头管理，突发公共卫生事件由卫生部牵头管理，社会安全事件由公安部牵头负责，最后由国务院办公厅总协调。各部门也纷纷设立专门的应急管理机构，如国家成立了安全生产应急救援指挥中心，防汛抗旱、安全生产、减灾、抗震、海上搜救等专业指挥机构也进一步完善，外交部、铁道部、卫生部、民航总局、气象局等部门设立了专门的应急管理办事机构。31 个省（自治区、直辖市）和 5 个计划单列市相继成立了应急管理领导机构，组建或明确了办事机构。② 在城市应急管理体制建设方面，南宁、北京、上海、广州、重庆等根据不同的需求状况和城市规模，建立集权、代理、授权、网络等不同模式的应急管理体制。③ 例如，北京成立了突发事件应急委员会，统一领导全市突发事件应对工作，下设办公室（应急指挥中心），作为日常办事机构。④ 同时，针对不同类型、不同领域的突发事件，我国也分别建立了相应的行业性应急管理体制。例如，在气象灾害方面，各级政府及有关部门根据气象灾害应急的要求，明确了管理机构。国家气象部门建立了应急管理办事机构，由专职人员承担值班任务，负责协调气象部门应急工作，并指导省级气象部门处置气象灾害及相关突发事件的气象保障工作。⑤ 在核安全领域，我国建立了国家、省（自治区、直辖市）和核电站三级管理体制。

---

① 据调研，在 20 个正、副厅级应急办中，13 个应急办的负责人由省政府秘书长、副秘书长或办公厅主任、副主任兼任，另外 7 个应急办主任为专职。10 个正处级机构的应急办主任全部为专职。除应急办的级别各不相同外，编制员额差距更大，多者 45 人，少的不到 10 人。见国务院发展研究中心课题组：《我国应急管理行政体制存在的问题和完善思路》，《中国发展观察》2008 年第 3 期。

② 白天亮：《化危为安谱和谐——写在 2006 年全国应急管理工作会议召开之际》，《人民日报》2006 年 7 月 8 日。

③ 李程伟、张德耀：《大城市突发事件管理：对京沪穗邕应急模式的分析》，《国家行政学院学报》2005 年第 3 期。

④ 万鹏飞、于秀明：《北京市应急管理体制的现状与对策分析》，清华大学《公共管理评论》2006 年第 1 期。

⑤ 董迎玺、刘召彬：《气象灾害应急管理体制、机制、制度的对策研究》，http://www.chinalaw.gov.cn/jsp/contentpub/browser/contentpro.jsp? contentid = co1362242272。

总的来看，我国目前正在建设的新型综合协调型应急管理体制，是以法治为基础的平战结合保障型体制，具有常态化、规范化和制度化等特征，能够克服传统的运动式和政治动员式应急管理体制初期反应慢、响应成本高、不善于从事件中学习总结经验等问题，有利于提高突发事件应对的能力和水平。①

### 3. 应急管理法制

法制一般分为广义与狭义两种。广义的法制是静态和动态的有机统一。从静态来看，法制是指法律和制度的总称，包括法律规范、法律组织、法律设施等。从动态来看，法制是指各种法律活动的总称，包括法的制定、实施、监督等。狭义的法制是指建立在民主制度基础上的法律制度和普遍守法，严格依法办事的原则。法制的核心是法律制度，它强调法作为制度化构成物所形成的统一体，不仅要求法律制度的健全和完备，还要求在社会生活中得到遵守和执行，它更多关注的是权力的设置和行使的民主化。② 行政法制是指国家机关为实现行政职能，按照法定程序而制定实施的法律制度。现代行政管理要求有完备的法律制度来维持和巩固各种管理权威和管理效能，这就要求实现行政管理法制化。

狭义的应急管理法制指应急管理法律、法规和规章，即在突发事件引起的公共紧急情况下处理国家权力之间、国家权力与公民权利之间、公民权利之间各种社会关系的法律规范和原则的总和，其核心和主干是宪法中的紧急条款和统一的突发事件应对法或紧急状态法。③ 应急管理法律法规是一个国家在非常规状态下实行法治的基础，是一个国家应急管理的依据，也是一个国家法律体系和法律学科体系的重要组成部分。在现代法治国家，为防止重大突发事件的巨大冲击力导致整个国家生活与社会秩序的全面失控，需要运用行政紧急权力和实施系统配套的紧急法律规范来调整公共紧急情况下的

---

① 冯志峰:《中国运动式治理的定义及其特征的界定》,《中共银川市委党校学报》2007 年第 2 期。

② 卓泽渊:《法治国家论》,法律出版社 2003 年版,第 49 页。

③ 薛澜、张强、钟开斌:《危机管理:转型期中国面临的挑战》,清华大学出版社 2003 年版,第 157—158 页。

各种社会关系，有效控制和消除突发事件造成的危害，恢复正常的生产、生活秩序和法律秩序，维护社会公共利益和公民合法权益。实际上，为有效应对各种突发事件，世界各国在应急管理中首先开展的工作就是制定相关的法律，统一规定政府在应急管理中的职权和职责，确定依法对抗紧急状态和紧急情境的法治原则，如美国、英国、俄罗斯、土耳其、加拿大等国就制定了应对各种公共紧急状态的统一的《紧急状态法》。① 与常规状态下的法律运作机制相比，应急管理法制具有权力优先性、紧急处置性、程序特殊性、社会配合性、救济有限性等特点。从20世纪后半期许多国家的行政程序立法实践来看，针对特殊和紧急情况的行政法治需要，在行政程序法典中专门设立若干紧急程序条款来规范紧急行政行为，是一种比较普遍和有效的做法。②

狭义的应急管理法制包括国家发布的与应急管理活动相关的各项法律、法规、规章。法制的优越性之一在于形成统一的行动，其主要目的是防止各自为政及保障令行禁止。在紧急状态下，政府的权力和措施将突破平常法制框架，超越平时法治要求，甚至暂停某些法律乃至某些宪法条款的执行或效力。非常法制实际上是一种预备法制，其建设应当成为民主法制建设的重要组成部分，《突发事件应对法》应成为宪政制度的重要内容。③ 制定应急管理法律法规的目的，是明确紧急状态下的特殊行政程序的规范，对紧急状态下行政越权和滥用权力进行监督并对权利救济做出具体规定，从而使应急管理逐步实现常态化、规范化和制度化，并注意通过对实践的总结，促进法律、法规和规章的不断完善。

长期以来，我国应急管理法制存在的主要问题是部门立法过多，统一法规欠缺，致使应急管理法制部门色彩浓厚。不过，该问题在2003年"非典"疫情结束后逐步得到解决。2003年，国务院法制办开始起草《突发事件应对法》(时称《紧急状态法》)。2007年8月30日，十届全国人大常委会第二十九次会议表决通过了《突发事件应对

---

① 莫纪宏、徐高：《紧急状态法学》，中国人民公安大学出版社1992年版，第45—46页。

② 莫于川：《建议在我国行政程序法典中设立紧急程序条款》，《政治与法律》2003年第6期。

③ 韩大元、莫于川：《应急法制论》，法律出版社2005年，第317—318页。

法》，该法自2007年11月1日起施行。这是新中国第一部应对各类突发事件的综合性法律，被称为“非常时期的小宪法”、“龙头法”和“兜底法”。它的施行标志着我国规范应对各类突发事件共同行为的基本法律制度也已确立，为有效实施应急管理提供了更加完备的法律依据和法制保障。据统计，党的十六大以来的五年间，国务院制定了《突发公共卫生事件应急条例》、《重大动物疫情应急条例》等应对自然灾害、事故灾难、突发公共卫生事件和社会安全事件的单行法律和行政法规六十多部，全国人大常委会分别组织修订了《传染病防治法》、《动物防疫法》等法律；北京、广东等一些地方也根据各自的特点，出台了相关的地方性应急管理法规和规章。[①] 总的来看，我国目前已基本建立了以宪法为依据、以《突发事件应对法》为核心、以相关单项法律法规为配套的应急管理法律体系，应急管理工作也逐渐进入制度化、规范化、法制化的轨道。

广义的应急管理法制还包括各种具体的制度。根据《辞海》的解释，制度有三种含义：“①要求成员共同遵守的、按一定程序办事的规程或行动准则，如工作制度、学习制度。②在一定的历史条件下形成的政治、经济、文化等各方面的体系，如社会主义制度。③旧指政治上的规模法度。”[②]《现代汉语词典》把制度解释为“①要求大家共同遵守的办事规程或行动准则，如工作制度/财政制度。②在一定历史条件下形成的政治、经济、文化等方面的体系，如社会主义制度/封建宗法制度。”[③]今天所使用的“制度”一词都是从制度的两层基本含义中引申出来的，有广义和狭义之分。广义的制度指的是一种由各种因素构成的综合性有机体系，而狭义的制度指的则是具体的规程或行动准则等。通常所说的制度是从狭义而言的，指人们办事的规矩或为实现一定目的的约定。具体来看，制度可分为两大类：一类是流程性、程序性、约束性的，如质量管理手册、操作指南、员工行为规范等，主要目的是风险控制、行为规范；另一类是牵引性、导向性、改进性的，如绩效管理制度、薪酬制度、奖惩制度等。

---

① 高小平：《中国特色应急管理体系建设的成就及其发展》，《中国行政管理》2008年第11期。

② 夏征农等：《辞海（缩印本）》，上海辞书出版社1989年版，第257页。

③ 中国社会科学院语言研究所词典编辑室：《现代汉语词典（第5版）》，商务印书馆2005年版，第1756页。

应急管理制度建设内容十分丰富，包括日常工作制度、会议制度、民主决策制度、学习制度、廉政监督制度等等。规范化的制度一般包括三个部分：一是条件，即规定本制度的适用范围；二是规则，即规定应该做什么，应该怎样做，禁止做什么，禁止怎样做；三是制裁，即规定违反本制度必须承担的责任和后果。在制度建设过程中，需要注意以下四个方面的问题：一是制度必须与国家的相关法律法规相适应，在制度中明确组织机构和人员的权限。应急管理组织所制定的制度，不能和现有的相关法律法规相抵触。二是制度设置要注意符合本单位、本部门的实际，具有可操作性，避免出现"墙壁上的制度"现象。三是各项制度的制定应发扬民主，鼓励组织成员积极参与讨论制定。四是制度面前人人平等，追究不遵守制度的行为，保证制度的落实，发挥制度的积极作用。

## 二、应急管理机制：基本涵义

### 1. 从预案、体制、法制到应急管理机制

随着我国应急预案、应急管理体制和法制建设的逐步推进和不断深化，应急管理机制建设已经成为下一步政府应急管理体系建设的工作重点。目前，在以"一案三制"为核心的应急管理体系中，应急管理体制、法制以及应急预案进展迅速，它们的基本内涵、工作内容和建设原则都基本得以明确。与之相比，虽然我国对应急管理机制建设同样非常重视，但目前对应急管理机制的具体内涵、工作内容、建设目标、基本原则等只有原则性、概括性的规定，尚缺乏具体明确、实践性和操作性都较强的指导性意见，给各地区、各部门的应急管理实际工作带来难度。因此，科学界定应急管理机制的内涵和外延，成为一项非常紧迫而重要的任务。

**一是国家对应急管理机制建设只提出了原则性、概括性的规定，需要进行更加具体明确地规定，以更好地指导应急管理机制建设实践。**早在 2003 年 7 月 28 日，胡锦涛在全国防治非典工作会议上就强调："要大力增强应对风险和突发事件的能力，经常性地做好应对风险和突发事件的思想准备、预案准备、机制准备和工作准备，

坚持防患于未然。"机制准备由此成为应急管理"四大准备"工作的重要内容之一。2003 年 10 月，党的十六届三中全会明确提出，要"建立健全各种预警和应急机制"，但未详细阐释应急管理机制的基本内容和主要原则。2006 年 1 月，《国家突发公共事件总体应急预案》提出，"构建统一指挥、反应灵敏、协调有序、运转高效的应急管理机制"。之后，历届政府工作报告以及党的十六届四中、五中、六中全会，均提出要建立健全应急管理机制，并对应急管理机制建设的基本原则和功能目标进行了原则性、概括性的表述，但未能对此提出更详细、更全面的操作方案。2007 年 11 月 1 日施行的《突发事件应对法》提出，"国家建立有效的社会动员机制"，但未提及应急管理机制建设的其他内容。党的十七大进一步提出要"完善突发事件应急管理机制"。温家宝总理在 2009 年《政府工作报告》中提出："健全社会稳定预警机制，积极预防和妥善处置各类群体性事件"。总的来看，目前党和国家现行相关法律、法规、文件、政策等对应急管理机制提出了抽象性、原则性、概括性、综合性的要求，但在应急管理机制的基本内容、功能目标、实现方法等缺乏用于指导实践操作的具体明确的规定（见表 2–1）。

**二是国务院领导同志有关应急管理机制的划分及具体表述尚不完全清晰，需要尽快制定连续的统一标准。**目前，国务院有关部门及领导同志曾对应急管理机制的内涵进行表述，但不同部门和领导同志之间有关概念的内涵和外延的表述并不完全一致。例如，2007 年 11 月 13 日，原国务委员兼国务院秘书长华建敏在全国贯彻实施突发事件应对法电视电话会议上讲话谈到"进一步完善突发事件应急管理机制"时指出，"要充分发挥各级党委、政府的政治优势和组织优势，各级政府应急管理办事机构的综合协调优势，以及各有关部门和机构的职能作用和专业优势，不断建立健全信息通报、预防预警、应急处置、舆论引导等方面的沟通协作机制，完善统一指挥、上下一致、部门联动、应急办综合协调的工作格局"。华建敏强调要着力抓好五项机制建设：一是强化地方各级应急管理指挥协调机制建设，二是健全信息报告和通报机制，三是完善突发事件防范应对联动机制，四是强化信息发布和舆论引导机制建设，五是加强应急管理社会动员机制建设。[1] 同年12月27日，华建敏在《人民日报》发文谈到完善应急管理机制时延续了有关应急管理机制的分类思想，提出要“健全指挥协调、信息报告和通报、应对处置联动、信息发布和舆论引导、绩效考核、社会动员等方面的机制”[2]。2009年2月，国务委员兼国务院秘书长马凯在《求是》发文谈到全方位推进应急管理体制机制建设时指出，“要注重强化应急工作的综合协调，实现快速反应、高效运转，形成协调有效的应急管理工作机制”。马凯强调要着重建立以下七项应急管理机制：一是健全隐患排查监控机制，二是强化突发事件监测预警机制，三是完善信息报告和共享机制，四是强化应急处置协调联动机制，五是完善社会动员机制，六是健全信息发布和舆论引导机制，七是健全国际合作机制。[3]

**表 2-1　党和国家有关应急管理机制的表述(2003—2009年)**

| 时间 | 党和国家相关规定 | 有关应急管理机制的表述 |
|---|---|---|
| 2009年3月5日 | 政府工作报告 | 健全社会稳定预警机制，积极预防和妥善处置各类群体性事件 |
| 2007年10月15日 | 党的十七大 | 完善突发事件应急管理机制 |
| 2007年8月30日 | 《中华人民共和国突发事件应对法》 | 国家建立统一领导、综合协调、分类管理、分级负责、属地管理为主的应急管理体制 |
| 2007年7月31日 | 《国务院办公厅关于加强基层应急管理工作的意见》(国办发〔2007〕52号) | 初步形成“政府统筹协调、社会广泛参与、防范严密到位、处置快捷高效”的基层应急管理工作机制 |
| 2006年12月31日 | “十一五”期间国家突发公共事件应急体系建设规划(国办发〔2006〕106号) | “十五”期间，应急管理和指挥机构建设进一步加强，初步形成统一领导、分类管理、分级负责、条块结合、属地为主的应急管理体制 |

① 华建敏：《依法全面加强应急管理工作》，《中国应急管理》2007年第10期。
② 华建敏：《我国应急管理工作的几个问题》，《人民日报》2007年12月27日。
③ 马凯：《落实科学发展观 推进应急管理工作》，《求是》2009年第3期。

续表

| 时间 | 党和国家相关规定 | 有关应急管理机制的表述 |
|---|---|---|
| 2006年10月10日 | 党的十六届六中全会 | 建立健全分类管理、分级负责、条块结合、属地为主的应急管理体制，形成统一指挥、反应灵敏、协调有序、运转高效的应急管理机制 |
| 2006年6月15日 | 《国务院关于全面加强应急管理工作的意见》（国发〔2006〕24号） | (1)构建统一指挥、反应灵敏、协调有序、运转高效的应急管理机制。(2)健全分类管理、分级负责、条块结合、属地为主的应急管理体制 |
| 2006年3月5日 | 政府工作报告 | 完善社会稳定预警体系和应急处理机制 |
| 2006年1月8日 | 《国家突发公共事件总体应急预案》 | (1)建立健全分类管理、分级负责，条块结合、属地管理为主的应急管理体制。(2)形成统一指挥、反应灵敏、功能齐全、协调有序、运转高效的应急管理机制 |
| 2005年3月5日 | 政府工作报告 | 建立健全社会矛盾纠纷调处机制，完善社会稳定的预警体系和应急处理机制，积极预防和妥善处置群体性事件 |
| 2005年10月11日 | 党的十六届五中全会（2004年9月19日） | 建立健全社会预警体系和应急救援、社会动员机制，提高处置突发性事件能力 |
| 2004年9月19日 | 党的十六届四中全会 | 建立健全社会预警体系，形成统一指挥、功能齐全、反应灵敏、运转高效的应急机制，提高保障公共安全和处置突发事件的能力 |
| 2004年3月5日 | 政府工作报告 | 加快建立健全各种突发事件应急机制，提高政府应对公共危机的能力 |
| 2003年10月14日 | 党的十六届三中全会 | 要建立健全各种预警和应急机制，提高政府应对突发事件和风险的能力 |

### 2. 机制的基本涵义和实践特点

“机制”有时也称“运行机制”、“工作机制”、“运作机制”。“机制”一词最早来源于希腊文，原指机器的构造和动作原理，后生物学和医学借用此词，并在研究一种生物的功能（如光合作用或肌肉收缩）时常说分析它的机制，即了解它的内在工作方式，包括生物结构组成的相互关系及其发生的各种变化过程的物理、化学性质。按照《辞海》的解释，机制原指机器的构造和运作原理，借指事物的内在工作方式，包括有关组成部分的相互关系以及各种变化的相互联系。[①]《现代汉语词典》认为，机制是指有机体的构造、功能和相互关系，泛指一个工作系统的组织或部分之间相互作用的过程和方式，如市场机制、竞争机制、用人机制等。[②] 机制的运行规则都是人为设定的，具有强烈的社会性。从本质上看，机制指一种看不见的抽象的运作过程，是实现系统目标的各要素在制度环境中相互作用和影响的有机活动过程，通常所看到的往往只是其作用的结果。在某种程度上，机制就像一只“看不见的手”，它用其无形的力量对系统实现目标过程中各个环节进行协调，对各种要素进行有机组合和支配，随时对系统施加着强大的影响，是整个系统目标过程得以运行的潜在动力。简言之，机制是各种程序、关系构成的动作模式，是各种制度化、程序化了的方法与措施。机制具有功能性的特征，侧重的是系统实际运作的功效发挥、行为性能或绩效表现，衡量标准主要是灵活性、效率性、协调性等。在动词搭配方面，一般称为“转换/转变/完善机制”。

实践中的机制具有如下几个典型特点。[③] 一是固化性。机制是经过实践检验证明行之有效并且较为固定的方法，对实践工作具有一定的规律性和指导意义，不因组织负责人的变动而随意变动。二是规范性。机制要求所有相关人员遵守。例如，监督机制不仅指人人必须遵守的制度，还包括各种监督的手段和方法，且只有二者结合

---

① 夏征农等：《辞海（缩印本）》，上海辞书出版社 1989 年版，第 1250 页。

② 中国社会科学院语言研究所词典编辑室：《现代汉语词典》，第 5 版，商务印书馆 2005 年版，第 628 页。

③ 农华西：《党建中的制度和机制》，《学习时报》2004 年 5 月 13 日。

起来才能发挥作用。三是累积性。机制是在各种有效方式、方法的基础上总结和提炼得出的经验性成果。它一定是经过实践检验有效的方式方法，并进行一定的加工，使之系统化、理论化，才能有效地指导和推动实践工作的开展。四是综合性。机制一般是依靠多种方式、方法来起作用的。例如，建立起各种工作机制的同时，还应配合相应的激励机制、动力机制和监督机制以保证工作的落实、推动、纠错、评价等，从而使机制稳步发展，保持长久的活力。五是发展性。机制是实践中各种有效经验与方法的总结与提炼，针对实践经验的必然局限性，机制必须内含自我纠错、自我完善、自我发展的内化功能，即随着实践的发展（如科技进步与管理水平的提高）而不断更新、再造和完善。

### 3. 应急管理机制的定义

根据上述有关机制的定义，可把应急管理机制（或简称为“应急机制”）界定为：在突发事件预防与应急准备、监测与预警、应急处置与救援、事后恢复与重建等全过程中，各种制度化、程序化、规范化的应急管理方法与措施。换言之，应急管理机制是政府为了更好地防范和应对自然灾害、事故灾难、公共卫生和社会安全等各类突发事件而建立的一套行之有效的工作方法和工作模式。

从实质内涵来看，应急管理机制是一组以相关法律、法规和部门规章为基础的应急管理工作业务流程。从外在形式来看，应急管理机制体现了政府在应对各级各类突发事件过程中的各项具体职能。从工作重心来看，应急管理机制侧重在突发事件防范、处置和善后的整个过程中，各地区、各部门如何更好地组织和协调各方面的资源和能力，以更有效地共同防范与处置各级各类突发事件。从地位和作用来看，应急管理机制是应急管理体系建设的重要组成部分，与应急预案以及应急管理体制、法制相互作用，互为补充。总的来看，应急管理机制以应急管理全过程为主线，涵盖事前、事发、事中和事后各个时间段，包括预防与应急准备、监测与预警、应急处置与救援、事后恢复与重建等多个环节。

## 三、应急管理机制：在“一案三制”中的定位

应急管理机制是以“一案三制”为核心的应急管理体系不可分割的重要组成部分。应急预案与应急管理体制、机制和法制是基于四个维度的综合体系，它们各自具有不同的内涵属性、功能特征、建设目标和工作原理。其中，体制是基础，机制是关键，法制是保障，预案是前提，它们共同构成了应急管理体系不可分割的核心要素，并作为应急管理体系的子系统共同作用于应急管理的各个层面。①

### 1. “一案三制”：应急管理体系的四个核心要素

完备的应急管理体系应包含主体、方法、制度、前提等四个要素。好的应急管理体系，首先要有实现既定目标的主体，这个主体可以是组织也可以是个人。组织目标以及各项制度最终都需要靠组织及其成员来制定、管理和实施。若组织没有专门部门或专人负责，各部门互相推诿，则组织目标只是挂在墙上摆样子，落实不到位。其次，要有有效的方法和流程来开展工作，实现各种政策、目标等。有效的方法来源于实践，并经过归纳、总结、提高上升为机制，起到指导、规范日常工作的作用。再次，要有法律规范和制度保障，确保执行到位。应急管理是不确定性条件下的行为，因此在日常做好各项规范和程序非常重要。没有制度保障的工作方法，即使再有效也可能因个人的偏好或负责人的变动而被废弃。最后，要科学制定预案并结合预案进行培训演练，提高实际操作水平。应急管理体系必须在模拟场景中经过多次实践检验，才能不断提高其作用和功效。由此可见，“一案三制”四个要素有机互动，共同促进应急管理良性运作、持续发展。总之，最理想的状态是政府在这四方面都建设到位，而且这四个方面之间和谐一致。

---

① 钟开斌：《“一案三制”：中国应急管理体系建设的基本框架》，《南京社会科学》2009年第11期。

### 2. “一案三制”：四位一体

“一案三制”四个核心要素之间相互作用、互为补充，共同构成一个复杂的人机系统。总的来看，体制是基础，机制是关键，法制是保障、预案是前提（表 2–2）。体制属于宏观层次的战略决策，相当于人机系统中的“硬件”，具有先决性和基础性。体制以权力为核心，以组织结构为主要内容，解决的是应急管理的组织结构、权限划分和隶属关系问题。机制属于中观层次的战术决策，以运作为核心，以工作流程为主要内容，解决的是应急管理的动力和活力问题。机制相当于人机系统中的“软件”——通过软件的作用，机制能让体制按照既定的工作流程正常运转起来，从而发挥积极功效。法制属于规范层次，具有程序性，它以程序为核心，以法律保障和制度规范为主要内容，解决的是应急管理的依据和规范问题。法制类似人机系统中的各种强制性规范、程序以及对人和机器的使用、管理、运行的各项规定和指南（如对机器的安全、卫生、操作，对机器操作程序、人员综合素质、教育培训、奖惩等方面的指导性及约束性规定），好的制度应确保战略执行到位。预案属于微观层次的实际执行，它以操作为主体，以演练为主要内容，解决的是如何化应急管理为常规管理的问题，主要是要通过模拟演练和实践操作来提高应急管理的实战水平。预案具有使能性，相当于人机系统中通过模拟实验得出的紧急应对方案（如对各种外部入侵响应的行动方案），主要是通过日常的模拟演练来不断加强系统应对真实场景的性能。

**表 2–2 “一案三制”的内涵属性、功能特征及其相互关系**

| 要素 | 核心 | 主要内容 | 所要解决的问题 | 特征 | 定位 | 形态 |
|---|---|---|---|---|---|---|
| 体制 | 权力 | 组织结构 | 权限划分和隶属关系 | 结构性 | 基础 | 显在 |
| 机制 | 运作 | 工作流程 | 运作的动力和活力 | 功能性 | 关键 | 潜在 |
| 法制 | 程序 | 法律制度 | 行为的依据和规范性 | 规范性 | 保障 | 显在 |
| 预案 | 操作 | 实践操作 | 应急管理实际操作 | 使能性 | 前提 | 显在 |

从表现形态看，“一案三制”这四个要素中有些要素是有形的，部分是无形的。具体而言，应急管理体制、法制和应急预案是具体的、有形的、显在的，体现为一系列组织机构、团体以及所制定的法律、政策、规则、章程、规定等，具有清晰可见、真实完整、具体准确等典型特征。应急管理机制是应急管理各种要素相互作用构成的有机互动关系，具有模糊不清、抽象无形等典型特征，体现为通过系统内部组成要素按照一定方式的相互作用实现其特定功能和结果的诸多运行过程，具有模糊性、隐含性、难于感知等典型特征。应急管理体制和机制对应急管理法制（包括法律法规和具体的制度规范）和应急预案具有制约作用，同时，应急管理法制和应急预案建设又对应急管理体制和机制的巩固与发展起着积极的促进作用。

### 3. 应急管理机制：深化应急管理体系建设的着力点

应急管理机制包括应急管理机关行使应急行政权力处置突发事件的各种程序、步骤，是应急管理体制的重要载体，是应急管理法制和应急预案的具体化，也是提高应急预案质量的根本途径。通过应急管理机制，政府应急管理的各个阶段和环节能够被有机地统一起来，共同应对突发事件。从国内外经验来看，应急管理机制是否健全完善，能否在应对和处置各类突发事件中做到统一指挥、功能齐全、反应灵敏、快速高效，已成为衡量政府综合管理水平的一个重要标志。

推进应急管理机制建设，是当前我国深化以“一案三制”为核心的应急管理体系建设的着力点和切入点。当前，针对应急管理体系的相关运行环节，开展与政府应急管理体制相协调和相配套的运行机制建设，制定科学化、标准化、规范化的应急管理工作流程，已经成为深化我国应急管理体系建设工作的重要内容和基本途径。为此，需要借鉴国际上发达国家和地区先进的应急管理机制建设经验，规范应急管理工作流程，完善应急管理工作制度，提出一套符合我国政治体制与行政体制、与我国具体情况相适合的中国特色应急管理工作机制，从而推动我国应急管理工作逐步迈向规范化、系统化、科学化、标准化的管理轨道。

# 第三章　职能导向：我国传统的应急管理机制模式

我国现行的应急管理机制是多年政府行政管理过程中积累下来并不断沿用的产物。探索推进我国应急管理机制建设的思路和对策，首先要了解我国应急管理机制的历史沿革和现实特征。本章分析了我国应急管理机制建设取得的主要成绩和存在的主要问题，认为我国传统的应急管理机制是一种以职能导向为典型特征的模式，并分析了职能导向应急管理机制模式的基本特征、主要缺陷及其历史根源，在此基础上提出了实现应急管理机制从职能导向到流程导向的改革方向。

## 一、我国应急管理机制建设的成绩与问题

### 1. 我国应急管理机制建设取得的主要成绩

自2003年以来，我国以“一案三制”为核心的应急管理体系建设取得了重大进展，应急管理机制建设成为其中的重要工作内容。2006年7月，《国务院关于全面加强应急管理工作的意见》(国发〔2006〕24号)指出，要“构建统一指挥、反应灵敏、协调有序、运转高效的应急管理机制”。经过几年的努力，我国的应急管理机制建设取得了重要成绩，突出表现在如下三个方面：

**一是以“一案三制”为核心的应急管理体系建设取得重大进展，为进一步深化应急管理机制建设奠定了重要的制度框架。**应急管理机制建设必须在既定的组织体系与制度框架中进行。自 2003 年上半年取得抗击“非典”斗争的胜利以来，我国应急管理体系建设工作取得了重大的历史性进步，为应急管理机制建设奠定了重要的制度框架。在应急预案建设方面，截至 2005 年底，包括国家总体应急预案、25 件专项应急预案、80 件部门应急预案，共计 106 件，基本覆盖了我国经常发生的突发事件的主要方面，地方总体应急预案的编制工作也陆续完成，许多市、区（县）也制定了应急预案，全国应急预案框架体系初步建立。[①] 在应急管理体制建设方面，我国统一领导、综合协调、分类管理、分级负责、属地管理为主的应急管理体制初步建立。国务院办公厅已于 2006 年 4 月设置国务院应急管理办公室（国务院总值班室），承担国务院应急管理的日常工作和国务院总值班工作，履行值守应急、信息汇总和综合协调职能，发挥运转枢纽作用。自然灾害、事故灾难、突发公共卫生事件、社会安全事件四大类突发事件分别由相应的部门牵头负责应对。针对不同类型、不同领域的突发事件，各部门、各地方也纷纷设立专门的应急管理机构。在应急管理机制建设方面，自 2003 年以来，党中央、国务院和中央军委制定了很多有关监测预警、信息报告、决策指挥、信息发布、调查评估、恢复重建等方面的文件，建设统一指挥、反应灵敏、协调有序、运转高效的应急管理机制。在应急管理法制建设方面，2007 年 8 月 30 日，十届全国人大常委会第二十九次会议审议通过《突发事件应对法》。我国目前已基本建立了以宪法为依据、以《突发事件应对法》为核心、以相关单项法律法规为配套的应急管理法律体系，应急管理工作也逐渐进入了制度化、规范化、法制化的轨道。

**二是《突发事件应对法》对应急管理的阶段进行了比较科学的划分，为进一步深化应急管理机制建设提供了重要的法律依据。**我国自 2007 年 11 月 1 日起正式施行的《突发事件应对法》，将全过程应急管理划分为预防与应急准备、监测与预警、应急处置与救援、恢复与重建共四个阶段（图 3–1）。这四个阶段规定了管理活动的环节划分以及各环节之间的相互关系，从法律上基本明确了应急管理的总

---

① 钟开斌：《中国应急管理体系建设：回顾与前瞻》，《政治学研究》2009 年第 1 期。

体机制，为进一步深化应急管理机制建设提供了重要的法律依据和制度条件。根据《突发事件应对法》的相关规定，突发事件的预防和应急准备阶段主要包括如下工作内容：提高全社会的危机意识和应急能力，隐患调查和监控，应急预案编制与管理，建立应急救援队伍，突发事件应对保障，城乡规划满足应急需要。突发事件的监测与预警阶段主要包括如下工作内容：建立统一的突发事件信息系统，建立健全监测网络，明确预警级别、预警警报的发布权、发布警报后应当采取的措施。应急处置与救援阶段主要明确了自然灾害、事故灾难、公共卫生事件、社会安全事件发生后以及发生突发事件、严重影响国民经济正常运行时可以采取的措施。恢复与重建阶段主要包括如下工作内容：及时停止应急措施，同时采取或者继续实施防止次生、衍生事件或者重新引发社会安全事件的必要措施；制订恢复重建计划；上级政府提供指导和援助；国务院根据受突发事件影响地区遭受损失的情况，制定扶持该地区有关行业发展的优惠政策。①

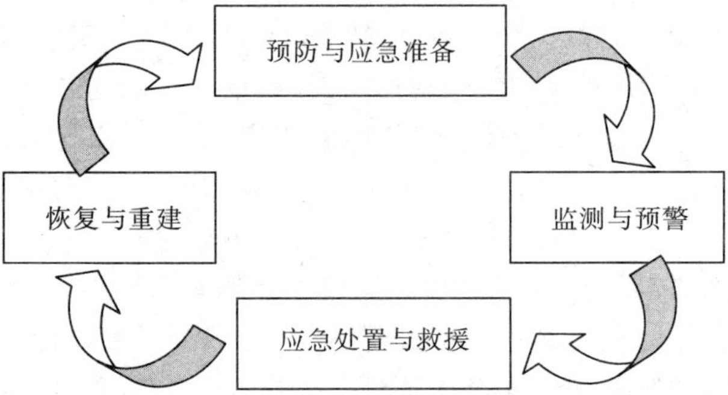


**图 3-1　我国《突发事件应对法》有关应急管理阶段的划分**

**三是国家已对应急管理机制的基本内容和建设目标进行初步探讨，为进一步深化应急管理机制建设提供了重要的政策指导。**在全面推进以“一案三制”为核心的应急管理体系建设的过程中，国务院领导及国务应急办等逐步提出和不断明确应急管理机制的基本内容和建设目标。例如，2007 年 11 月 13 日，华建敏在全国贯彻实施突发事件应对法电视电话会议上讲话强调着力抓好五项机制建设：强化

① 汪永清：《突发事件应对法的立法背景和主要内容》，《中国应急管理》2007 年第 10 期。

地方各级应急管理指挥协调机制，健全信息报告和通报机制，完善突发事件防范应对联动机制，强化信息发布和舆论引导机制建设，加强应急管理社会动员机制建设。2009 年 2 月，马凯发文强调着重建立七项应急管理机制：健全隐患排查监控机制，强化突发事件监测预警机制，完善信息报告和共享机制，强化应急处置协调联动机制，完善社会动员机制，健全信息发布和舆论引导机制，健全国际合作机制。国家有关应急管理机制建设的重要论述，为进一步深化应急管理机制建设提供了重要的政策指导。

**四是部分运行机制开始细化和具体化，为进一步深化应急管理机制建设提供了重要的工作基础。**在明确了应急管理总体阶段的基础上，我国自 2005 年开始完善各项具体的应急管理运行机制和工作环节，党中央、国务院和中央军委制定颁布了很多具体的文件，对应急管理具体工作机制进行再造和规范（见表 3-1）。在监测与预警方面，国家加强了气象、地震、水文、海洋、地质灾害、森林火灾、农林病虫害、煤矿瓦斯等灾害预测预警系统的建设，如乡镇的卫生院网络直报率已由过去的 30% 增加到 66%。在风险评估方面，2007 年 9 月 18 日，国务院办公厅发出《关于开展重大基础设施安全隐患排查工作的通知》。在信息报告方面，2007 年 12 月 30 日，国务院办公厅印发《关于突发公共事件信息报告情况通报办法（试行）的通知》。在信息发布方面，2004 年 2 月 11 日，国务院第 39 次常务会议原则通过《关于改进和加强国内突发事件新闻发布工作的实施意见》。在调查评估方面，2007 年 4 月 9 日，温家宝总理签署国务院令，公布《生产安全事故报告和调查处理条例》。在责任追究方面，2009 年 6 月 30 日，中共中央办公厅、国务院办公厅印发了《关于实行党政领导干部问责的暂行规定》，规定党政干部对群体性、突发性事件处置失当，导致事态恶化，造成恶劣影响的将被问责。在军地协同方面，2005 年 6 月 7 日，国务院、中央军委公布《军队参加抢险救灾条例》；6 月 20 日，国务院办公厅发出《国务院中央军委关于〈军队参加抢险救灾条例〉实行中有关问题的通知》；2006 年 9 月 20 日，国务院办公厅、中央军委办公厅联合发出《关于加强自然灾害信息军地共享机制建设的通知》。

**五是个别地区和部门开始进行应急管理机制建设的积极探索和有益试点，为进一步深化应急管理机制建设提供了重要的实践经验。**在充分借鉴国际经验的基础上，北京市通过与有关高校和科研机构合作，将应急管理机制划分为预测预警、信息报送、决策处置、信息发布、社会动员、恢复重建和调查评估等七大机制。为规范应急预案管理，完善应急预案体系，增强应急预案的科学性、针对性、实效性，国家有关部门和地区纷纷制定出台预案管理办法。例如，2006 年 8 月，中国人民银行出台《突发事件应急预案管理办法》，内容包括应急预案的制定、应急预案的内容标准、应急预案的管理等。2008 年 6 月，广东省在全国率先出台《广东省突发事件应急预案管理办法》（粤府办〔2008〕36 号），内容包括应急预案编制、审批、修订、宣教培训和演练等。2008 年 6 月，湖南省印发《突发事件应急预案管理办法》（湘政办发〔2008〕14 号），适用于应急预案编制、批准、发布、修订以及宣传、培训和演练等相关工作。同年 9 月，重庆市发布《突发事件应急预案管理办法》（渝办发〔2008〕273 号）。2009 年 4 月，国家安监总局发布《生产安全事故应急预案管理办法》（国家安全监管总局令第 17 号），明确生产安全事故应急预案的编制、评审、发布、备案、培训、演练和修订等工作。

**表 3-1 党中央、国务院和中央军委有关应急管理机制建设的文件(2003—2008 年)**

| 发文日期 | 有关应急管理机制建设的文件名称 |
| --- | --- |
| 2003 年 8 月 10 日 | 中共中央办公厅、国务院办公厅《关于进一步改进和加强国内突发事件新闻报道工作的通知》(中办发〔2003〕22 号) |
| 2004 年 2 月 27 日 | 国务院办公厅《关于改进和加强国内突发事件新闻发布工作的实施意见》(国办发〔2004〕9 号) |
| 2005 年 1 月 15 日 | 国务院办公厅《关于做好 2004 年各类突发公共事件评估分析的通知》(国办函〔2005〕1 号) |
| 2005 年 1 月 22 日 | 国务院办公厅《关于征求对特别重大、重大突发公共事件标准和信息报送意见(征求意见稿)意见的通知》(国办秘函〔2005〕6 号) |
| 2005 年 4 月 17 日 | 国务院《关于实施国家突发公共事件总体应急预案的决定》(国发〔2005〕11 号)，规定《国家特别重大、重大突发公共事件分级标准(试行)》 |
| 2005 年 6 月 7 日 | 国务院、中央军委公布《军队参加抢险救灾条例》(国令第 436 号) |

续表

| 发文日期 | 有关应急管理机制建设的文件名称 |
| --- | --- |
| 2005年6月11日 | 国务院办公厅《关于印发国家突发公共事件新闻发布应急预案的函》(国办函〔2005〕63号) |
| 2005年6月20日 | 国务院办公厅《国务院中央军委关于〈军队参加抢险救灾条例〉实行中有关问题的通知》 |
| 2005年7月11日 | 国务院办公厅《关于印发应急管理科普宣教工作总体实施方案的通知》(国办函〔2005〕90号) |
| 2006年6月15日 | 国务院《关于全面加强应急管理工作的意见》(国办发〔2007〕52号) |
| 2006年9月20日 | 国务院办公厅、中央军委办公厅《关于加强自然灾害信息军地共享机制建设的通知》(国办发〔2006〕81号) |
| 2006年12月30日 | 国务院办公厅《关于加强和改进突发公共事件信息报告工作的意见》和《2006—2010年应急管理培训工作总体实施方案》(国办发〔2006〕105号) |
| 2006年12月31日 | 国务院办公厅《关于印发"十一五"期间国家突发公共事件应急体系建设规划的通知》(国办发〔2006〕106号) |
| 2007年2月7日 | 国务院办公厅转发教育部《中小学公共安全教育指导纲要》(国办发〔2007〕9号) |
| 2007年2月28日 | 国务院办公厅转发安全监管总局等七部委《关于加强企业应急管理工作意见》(国办发〔2007〕13号) |
| 2007年4月9日 | 国务院《生产安全事故报告和调查处理条例》(国令第493号) |
| 2007年6月11日 | 国务院办公厅《关于"十一五"期间国家突发公共事件应急体系建设规划的实施意见》(国办函〔2007〕68号) |
| 2007年7月5日 | 国务院办公厅关于进一步加强气象灾害防御工作的意见(国办发〔2007〕49号) |
| 2007年7月11日 | 国务院《铁路交通事故应急救援和调查处理条例》(国令第501号) |
| 2007年7月31日 | 国务院办公厅《关于加强基层应急管理工作的意见》(国办发〔2007〕52号) |

续表

| 发文日期 | 有关应急管理机制建设的文件名称 |
| --- | --- |
| 2007 年 8 月 14 日 | 国务院办公厅印发《国家综合减灾“十一五”规划》(国办发〔2007〕55 号) |
| 2007 年 9 月 18 日 | 国务院办公厅《关于开展重大基础设施安全隐患排查工作的通知》(国办发电〔2007〕16 号) |
| 2007 年 12 月 30 日 | 国务院办公厅印发《关于突发公共事件信息报告情况通报办法(试行)的通知》(国办函〔2007〕125 号) |
| 2008 年 10 月 17 日 | 国务院《中华人民共和国外国常驻新闻机构和外国记者采访条例》(国令第 537 号) |

### 2. 我国应急管理机制建设存在的主要问题

经过多年的努力,我国以“一案三制”为核心的应急管理体系建设取得了长足的进展,应急管理机制建设也迈出了重要的步伐。不过,与应急管理现实的强烈需求相比,我国当前的应急管理机制建设工作仍比较滞后,还存在各种深层次的问题。其中最核心的问题,是我国传统的应急管理运行机制仍以传统分割型的部门职能为基础,尚未形成以业务流程为主干的工作模式。

**一是应急管理机制尚不规范和明确,整体框架尚未建立。**我国目前虽然确定了应急管理的四个阶段,但目前对应急管理各项具体工作机制(包括二级机制和三级机制)的再造和规范工作才刚开始起步。因此,有关应急管理机制建设的具体内涵、工作原则和建设目标,只有原则性和综合性的规定,尚缺乏具体明确的指导性意见。如今,“应急管理机制”在理论研究和政府实践中出现频率很高,但什么是应急管理机制、如何建设应急管理机制,国家相关法律法规和政策文件只做了原则性和概括性的规定。由于我国应急管理体系建设刚刚起步,实践经验和理论积累都比较有限,同时受体制、文化和环境等因素的制约,国外的成果和经验很难直接应用于我国应急管理实践。因此,不管理论界还是实务部门,目前对“应急管理机制”、“应急管理体制”、“应急管理体系”等相关的基本概念和问题还存在模糊甚至分歧之处,致使在研究和实践中往往混为一谈,在很多场合被不予区分地互相替换使用，给应急管理体系建设理论研究和实务操作带来很大困难。为此，需要科学界定应急管理机制的内涵和外延，明确应急管理的机制、体制、体系之间的区别和联系，在此基础上提出政府应急管理机制的整体框架。

**二是应急管理运行机制仍基于传统的部门职能，尚未以业务流程为主干。**应急管理流程设计最重要的特点是系统性，致力于提高整体流程的效率。与传统的基于职能的政府组织相比，应急管理系统是一个以业务流程为主干的扁平化的组织。在该组织中，流程团队取代了传统的职能部门，以首尾相接的完整的整合性流程来代替碎片式、不易见也难于管理的"割裂性职能实体"①。我国目前实行"分类别分部门"的应急管理管理模式，即一种或几种相关重大突发事件由国务院对口主管部门为主负责预防和处置工作，其他相关政府部门参与配合。国务院各职能部门中负责有应急管理的机构为了应对职责范围内的重大突发事件，分别建立了各自的应急管理指挥体系、应急救援体系和专业应急队伍，并形成了预警预报体制、部际协调体制和救援救助体制等。② 这种模式本质上是属于基于职能部门的传统体制，导致各部门之间在应急管理中的分工协作关系不够明确，经常出现部门分割、职责交叉、管理脱节、低水平重复建设等现象，减缓了信息传递的速度，增加了管理费用和管理成本，不利于资源整合和快速反应能力的提高。为此，需要改革传统的基于职能的运行模式，建立以业务流程为主干的运行机制。

**三是部分应急管理机制设计不尽科学，操作性和适应性较差。**紧急情况瞬息万变，各种不确定因素错综复杂，管理者和实际操作者必须根据不断变化的外部环境进行灵活应对。因此，科学的应急管理机制设计，必须实现稳定性和适应性之间的动态平衡，提高操作性，做到以不变应万变。我国当前在应急管理的二级机制和三级机制设计方面，往往存在稳定性和适应性都同时不足的情况。例如，我国当前的应急管理运行机制设计，普遍存在管理重心偏高、责任分担不合理的问题。一方面，应急管理的指挥决策权力过度集中于领导或上级部门，领导层花费大量的时间和精力在突发事件的具体应对

① 于强：《应急管理流程研究》，《长春大学学报》2009 年第 7 期。

② 高小平：《综合化：政府应急管理体制改革的方向》，《行政论坛》2007 年第 2 期。

工作中；另一方面，下级部门、基层单位和第一现场处置力量则被动反应，甚至可能产生依赖和等待上级指令的情形，这就使得上下级均陷入管理困境。在突发事件的信息报告方面，当前我国相关的法律法规对报告的主体、内容、程序和时限都做了具体而严格的规定，要求地方在时间发生后的第一时间迅速上报信息。然而，在中央与地方的权力责任尚未完全理清的情况下，这种制度设计可能导致上级有关部门和领导忙于信息报送，同时地方出于对严厉问责的担心而可能选择迟报、漏报、瞒报。[①] 为此，需要根据业务流程优化的基本原则、整体框架，对应急管理的总体机制（一级机制）、局部机制（二级机制）以及细部机制（三级机制）进行全面再造和创新。

**四是应急管理机制设计和运行中随意性较大，规范化与制度化不足。**标准化的应急管理机制以完善的应急预案和应急管理法律体系为依托，具有很强的制度化、规范化、程序化的特征。目前，我国应急管理流程的规范化与制度化不足，实践中存在过度依靠领导者个人经验与能力致使各种规章制度流于形式的现象。目前，我国全国应急预案框架体系初步建立，但因预案内容过于笼统和原则，对实际应急管理工作的指导作用还比较有限，甚至还出现了“预案无用论”；而我国综合性应急管理法律体系建设的时间比较短，对应急管理机制的规范和保障作用也尚未完全体现。因此，在应急管理实践中，我国还比较习惯传统的领导者个人临时决策模式，过度依靠个人经验和能力，导致应急管理机制在设计和运行中都在一定程度上流于形式，权威性不够，标准化、规范化、制度化不足，对应急管理实际工作所发挥的作用比较有限。因此，需要用事先准备的、作为国内外政府应急管理经验结晶的标准化操作程序来替代时间、信息、领导者个人经都有限条件下的临时性决策模式，特别是要把应急预案体系转化为应急处置的工作流程体系，从而真正成为相关人员处置具体突发事件的行动方案与工作程序。

---

① 钟开斌：《遵从与变通：煤矿安全监管中的地方行为分析》，《公共管理学报》2006年第2期；钟开斌：《事故瞒报的运作逻辑——河北邯郸“6·3特大矿难”个案研究》，《公共管理学报》2005年第1期。

## 二、以职能为中心：传统的应急管理机制模式

### 1. 职能导向型应急管理机制模式的主要特征

我国传统的以职能为中心的应急管理运行机制，具有部门分割、条块分治、议事协调、职能导向等典型特征。整个管理模式和运作过程主要以机构职能为中心，而不是以过程为中心来设定相应的职能和职责，根据所确定的岗位和职责进行组织结构优化。这导致信息和资源不能完全共享，部门、地区、上下级以及军地之间很容易出现相互扯皮和摩擦的现象，极大地降低了应急管理工作效能。

**一是部门分割。**目前，我国对突发事件实行分类别、分部门的管理模式。其基本特点是，一种或几种相关重大突发事件由国务院对口主管部门为主负责预防和处置工作（见表 3–2），其他相关政府部门参与配合。根据《国家突发公共事件总体应急预案》的规定，突发事件主要分为自然灾害、事故灾难、公共卫生事件和社会安全事件四大类，每大类又包括一些小类。其中，自然灾害主要包括水旱灾害、气象灾害、地震灾害、地质灾害、海洋灾害、生物灾害和森林草原火灾等；事故灾难主要包括工矿商贸等企业的各类安全事故、交通运输事故、公共设施和设备事故、环境污染和生态破坏事件等；公共卫生事件主要包括传染病疫情、群体性不明原因疾病、食品安全和职业危害、动物疫情以及其他严重影响公众健康和生命安全的事件；社会安全事件主要包括恐怖袭击事件、经济安全事件和涉外突发事件等。为了应对职责范围内的重大突发事件，国务院各职能部门中负有应急管理职责的机构分别建立各自的应急管理指挥体系、应急救援体系和专业应急队伍（见表 3–3），并形成预警预报体制、部际协调体制和救援救助体制等。

这种部门化的管理体制和运行机制在应对传统的单一性突发事件时显得比较有效，但在应对各种综合性的复合型突发事件时凸显各种弊病，效能低下。由于各部门拥有自己独立的运行体系和权力范围，相互之间的职责分工关系并不十分明确，因此在共同应对突发事件的过程中必然出现职责交叉和管理脱节现象并存、协调力度不

够、协同性较差、信息和资源不能共享共通的问题。以卫生系统为例，整个卫生系统条块分割导致无法整合相关的应急资源，沟通不畅，信息不能交互。我国完整的卫生体制处于卫生、劳保、计生、教育、质检和药监等部门分割状态，政出多门，相互掣肘，难以形成持久的动力；医疗卫生资源条块分割，使得有效的信息沟通与协调机制不健全，有的地方政府不能统一协调指挥，难以有效整合资源。[①] 虽然目前很多地方建立了应急管理办公室（多数与政府值班室两块牌子一套人马），承担应急管理的日常工作，履行值守应急、信息汇总和综合协调职能，发挥运转枢纽作用，但该机构在实践中的作用尚未真正发挥到位。

**表 3–2 重大突发事件与国务院对口主管部门**

| 类型 | 二级分类 | 主管部门 |
|---|---|---|
| 自然灾害 | 水旱灾害 | 水利部（国家防汛抗旱总指挥部） |
| | 气象灾害 | 国家气象局/有关政府部门 |
| | 地震灾害 | 国家地震局（国务院抗震救灾指挥部） |
| | 地质灾害 | 国土资源部/建设部/农业部 |
| | 海洋灾害 | 国家海洋局 |
| | 生物灾害 | 农业部 |
| | 森林草原火灾 | 国家林业局（国家森林防火指挥部） |
| 事故灾难 | 安全事故 | 国家安监总局/行业主管部门 |
| | 交通运输事故 | 交通运输部/民航总局/铁道部/公安部 |
| | 公共设施和设备事故 | 住房与城乡建设部/工业和信息化部 |
| | 核与辐射事故 | 国防科工委/国家环保部 |
| | 环境污染与生态破坏事件 | 国家环保部 |

① 何炜、戚英：《中国公共卫生危机研究》，《国际医药卫生导报》2004 年第 7 期。

续表

| 类型 | 二级分类 | 主管部门 |
| --- | --- | --- |
| 公共卫生事件 | 传染病疫情 | 卫生部 |
| | 群体性不明原因疾病 | 卫生部 |
| | 食品安全和职业危害 | 卫生部/国家安监总局 |
| | 动物疫情 | 农业部 |
| 社会安全事件 | 重大刑事案件 | 公安部 |
| | 恐怖袭击事件 | 公安部 |
| | 经济安全事件 | 中国人民银行 |
| | 群体性事件 | 国家信访局/公安部/行业主管部门 |
| | 涉外突发事件 | 外交部 |

注：(1)表中行业主管部门和企业总部是指：矿山、石油、冶金、有色、建材、地质，机械、轻工、纺织、烟草、电力、贸易，公路、水运、铁路、民航、建筑、水利、邮政、电信、林业、军工、旅游等部门。(2)表中未列入综合应急管理部门，这些部门对各类突发事件都负有综合管理职责。例如，国家发展改革委负责对各类突发事件救援物资的统一调配和协调，负有综合协调管理职责。

资料来源：(1)郭济：《中央和大城市政府应急机制建设》，中国人民大学出版社 2005 年版，第 56—58 页；(2)高小平：《综合化：政府应急管理体制改革的方向》，《行政论坛》2007 年第 2 期。

表 3-3 国家专业应急救援队伍的构成

| 救援体系 | 国务院主管部门 | 管理层级 | 队伍和人员 | 职责 |
| --- | --- | --- | --- | --- |
| 公安 | 公安部 | 各行政层级 | 各级公安和武警队伍 | 公安治安救援 |
| 消防 | 公安部 | 国家、省、地(市)、县 4 级 | 3000 多个大队，2900 多个中队，共 12 万人 | 防火灭火、抢险救灾 |
| 抗洪抢险 | 水利部 | 国家、省、地(市)、县 4 级 | 162 支重点抗洪抢险专业队，1.4 万人 | 抗洪抢险救援 |
| 核事故 | 国防科工委 | 国家、地方和核电厂 3 级 | 各级核应急指挥中心和核电厂 | 核事故处理救援 |

续表

| 救援体系 | 国务院主管部门 | 管理层级 | 队伍和人员 | 职责 |
|---|---|---|---|---|
| 地震 | 国家地震局 | 国家、省、重点市(县)3级 | 国家队编制230人,区域和地方级救援队 | 灾害救援 |
| 森林防火 | 国家林业局 | 国家、省、地(市)、县4级 | 7个总队近2万人,各省市组建自己的队伍 | 森林火灾扑救 |
| 海事 | 交通运输部 | 国家、省2级 | 11个沿海省级搜救中心,长江水上救援中心3个海上救助局 | 海上搜救 |
| 矿山 | 国家安全监管总局 | 国家、省、市(县)、矿山4级 | 区域、重点矿山救护队、医疗救护中心 | 矿山事故抢险救援 |
| 化学事故 | 国家安全监管总局 | 国家、区域2级 | 国家化学事故应急救援指挥中心,8个区域抢救中心(挂靠国家安全监管总局) | 化学事故应急管理 |
| 医疗救助 | 卫生部 | 各行政层级 | 各级紧急救援中心和医疗救治机构 | 紧急医疗救助 |

资料来源:(1)梁嘉琨:《我国生产安全应急救援体系研究》,载丁石孙:《城市灾害管理》,群言出版社2004年版,第173—177页;(2)高小平:《综合化:政府应急管理体制改革的方向》,《行政论坛》2007年第2期。

**二是条块分治。**在纵向不同层级政府间的应急管理职权配置方面,我国实施"分级管理"的制度,按突发事件的级别启动相应的应急响应程序(见图3–2)。依据突发事件可能造成的危害程度、紧急程度和发展势态,我国将各类突发事件一般划分为四级预警级别:I级(特别严重)、II级(严重)、III级(较重)和IV级(一般),依次用红色、橙色、黄色和蓝色表示。严重、较重和一般严重突发事件,分别由发生地省级、设区的市级和县级政府统一领导和协调应急处置工作。超出地方处理能力范围或者影响全国的特别严重突发事件,由国务院统一领导和协调应急处置工作。上级政府根据实际情况和需要,在下级政府的请求下,对下级政府突发事件应急管理工作提供资金、物资、人力支持和技术指导。①

① 薛澜、钟开斌:《国家应急管理体制建设:挑战与重构》,《改革》2005年第3期。

不过，目前在各级政府之间应急管理职责的划分、应急响应过程中条块部门的衔接配合等方面，还缺乏统一明确的制度化界定，尚未完全形成职责明确、规范有序的分级响应机制。在实践中，应对突发事件原则上要遵循“小灾靠自救、中灾靠地方、大灾靠国家”的原则，但由于条块应急管理职责划分并不清晰，经常出现条块衔接配合不够、管理脱节、协调困难等问题。当前，地方政府对突发事件的应急响应分别表现出反应不足和过度反应两个极端。一方面，对一些突发事件，地方的应急响应常表现出撞击式被动反应的特征，初期反应迟缓，导致延误各种战机，致使事件不断升级和扩大，带来各种不必要的损失。在事件蔓延和扩散到一定程度后，中央政府不得不强力介入，加强控制，以挽回因早期地方迟缓反应所导致的损失。另一方面，随着应急管理逐渐升级为政府工作的一项重要内容并被列入地方官员绩效考核的重要组成部分，地方政府对很多突发事件表现出过度反应的特征，唯恐因突发事件处置不好而影响地方治理的绩效。他们甚至“不惜一切代价”，动用一切可利用的资源，开展运动式的应急响应活动，不仅造成公共资源的极大浪费，也影响政府日常工作的正常开展。①

在我国条块分割的政府体制下，在地方政府所在辖区的上级派驻单位受制于上级主管部门的纵向管理，地方政府在面对上级派驻单位时过分依赖于派驻单位自身的安全管理，没有从政府应急决策的角度建立相应的监测信息体系，也没有从行政管理的角度就上级派驻单位的活动对当地居民的生活和生产活动可能造成的危害或事故等进行深入分析和研究，从而导致两者间存在信息隔阂。2003 年 12 月 23 日发生的重庆开县井喷事故，就充分暴露中央直属企事业与地方政府之间所存在的信息协调问题。② 再比如，政治体系中部门管理的“条条”和地方管理的“块块”职能交错、“块块压条条”等现象，使得卫生系统在传染病信息报告中处于弱势。③ 从我国的纵向防疫

---

① 钟开斌：《安全优化与适度应急响应——基于成本—收益视角的分析》，《经济体制改革》2009 年第 2 期。

② 滕五晓：《公共安全管理中地方政府的责任及其作用——以重庆市开县井喷事故灾害为例》，《社会科学》2005 年第 12 期。

③ 周振超：《打破职责同构：条块关系变革的路径选择》，《中国行政管理》2005 年第 9 期。

体系来看，上一级疾控机构和下一级机构是业务指导关系，下一级疾控机构的人事、财政权均归属于地方。出于自身利益，每当地方发生重大疫情，疾控机构首先会向其直接的当地主管部门汇报，然后根据主管部门的态度和要求，再决定是否向上一级机构汇报情况，这就可能使上一级疾控机构收集到的信息既不及时，又可能失真。

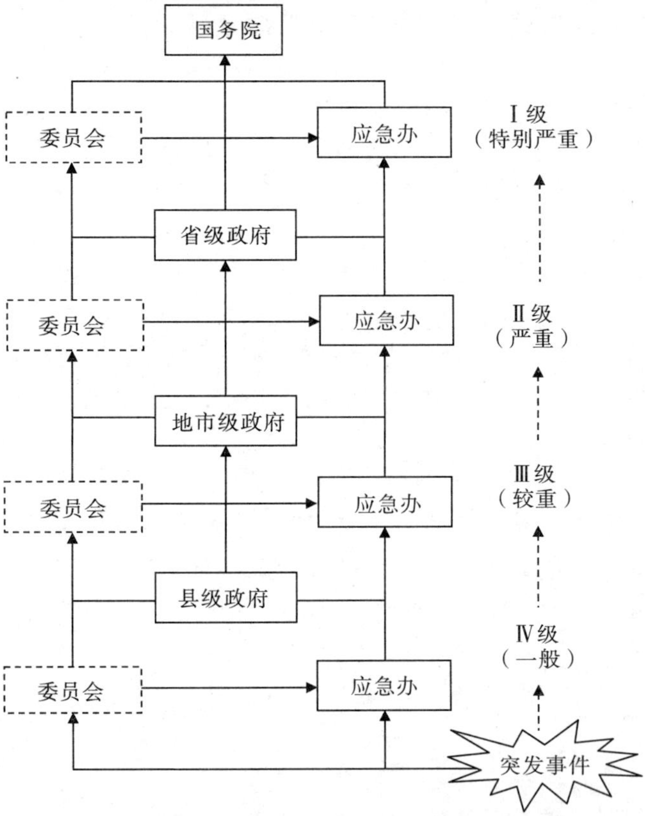


**图 3-2 我国纵向应急管理组织架构**

**三是议事协调。**在国家层面，为更好地协调相关资源，国家成立了若干个专门的委员会作为议事协调机构，分别承担了各类突发事件的应急管理综合协调工作。国务院安全生产委员会（简称国务院安委会）负责全国安全生产工作，具体工作由国家安全生产监督管理总局承担；国家减灾委员会（简称国家减灾委）负责全国自然灾害方面的抗灾救灾工作，具体工作由民政部承担；全国爱国卫生运动委员会（简称全国爱委会）和国家食品安全委员会负责全国突发公共卫生事件方面的应急管理工作，具体工作由卫生部承担；中央社会治安综合治理委员会（简称中央综治委）负责全国社会治安综合治理工作，中央综治委办公室（简称中央综治办）是中央综治委的办事机构，与中央政法委机关合署办公。此外，国务院还设置了其他相关的议事协调机构，分别承担部分应急管理职责。例如，国家国防动员委员会，具体工作由国家发展和改革委员会、总参谋部、总政治部、总后勤部承担；国家边海防委员会，具体工作由总参谋部承担；国家防汛抗旱总指挥部，具体工作由水利部承担；国务院抗震救灾指挥部，具体工作由中国地震局承担；国务院防治艾滋病工作委员会，具体工作由卫生部承担；国家森林防火指挥部，具体工作由国家林业局承担。

2003年"非典"疫情发生之后，依托各行政部门设立的跨部门、跨单位的专项应急管理议事协调机构和联席会议快速增长。据国务院应急办统计，在2008年政府机构改革之前与应急管理相关的国务院16个议事协调机构（包括指挥部7个、领导小组5个、委员会4个）和9个联席会议制度中，有20个是在2003年或之后新成立或重新设立的。省（区、市）政府也建立了相应的机构。据统计，31个省（区、市）共成立省级专项应急管理指挥机构682个，省均22个。但在目前的体制下，这些应急管理议事协调机构和联席会议的作用有待进一步明确和细化。一方面，这些议事协调机构与同级的应急办之间职责重叠，关系没有完全理顺。随着应急办在应急管理中发挥的作用日益显著，这种职责上的冲突可能会日渐显露。另一方面，议事协调机构和联席会议的权威性不足，协调政府强势部门存在难度。而且，议事协调机构不是常设机构，只在重大突发事件发生时才被紧急启动，无法有效组织各地区各部门开展日常的预防、演练、储备等工作。①

**四是职能导向。**以职能为中心的应急管理工作模式，本质上是

① 国务院发展研究中心"应急管理行政体制建设研究"课题组：《应急管理行政体制的历史演进和存在问题》，《调查研究报告》2007年第189期。

一种职能型组织(functional organization)的管理模式。① 按职能来组织部门分工,即从行政高层到基层,均把承担相同职能的管理业务及其人员组合在一起,设置相应的管理部门和管理职务;各职能机构在自己业务范围内可以向下级下达命令和指示,直接指挥下属(见图3-3)。职能型组织最基本的特点,是实行垂直型权责结构,管理权力高度集中,能实现很好的工作控制。由于各个职能部门和人员都只负责某一个方面的职能工作,唯有最高领导层才能纵观企业全局,因此决策权必然集中于最高领导层。职能型组织的最大缺点,是下级部门的主动性和积极性的发挥受到限制,信息在传递过程中容易失真,职能部门之间职责与职权划分不够明确,横向和纵向协调都十分困难,整个组织系统的适合性较差。其一,在这种组织架构中,信息传递路线较长,反馈较慢,难以适应环境的迅速变化。由于所有的沟通都必须经过上一管理层,信息点和决策点之间距离太长,信息在经过多个管理层的传递后容易失真。其二,各职能部门之间的横向联系较差,容易产生脱节和矛盾。由于职能型组织结构建立在高度"职权分裂"的基础上,各职能部门与直线部门之间如果目标不统一则容易产生矛盾。特别是对于需要多部门合作的事项,往往难以确定责任的归属。其三,"职权分裂"导致组织对外部环境的适应性较差。由于行动方案要获得各有关部门的一致同意,各职能部门都有自己的利益诉求,都强调各自的重要性以争取到更多的决策权力,协调配合不畅导致对问题的解决反应迟钝。其四,下级缺乏必要的自主权。职能型组织属于典型的"集权式"结构,权力集中于最高管理层,下级需要被动服从,缺乏必要的自主权。

---

① 职能型组织结构(functional organization structure)也称U型组织,又称为多线性组织结构。职能制结构起源于20世纪初亨利·法约尔(Henry Fayol)在其经营的煤矿公司担任总经理时所建立的组织结构形式,故又称"法约尔模型"。

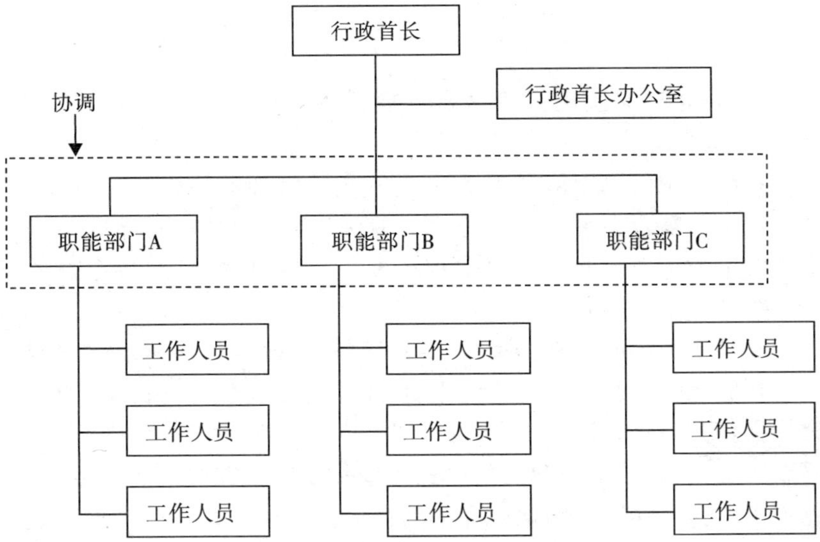


**图 3-3　职能型组织的基本架构**

组织学大师弗莱蒙特·E. 卡斯特(Fremont E. Kast)认为，当组织“环境相对稳定而确定；目标明确而持久；技术相对统一而稳定；决策可以程序化时”，以采用职能型组织结构为宜。① 传统的职能型应急管理组织运行模式，适合于应对各种规模比较小、性质比较单一、不确定因素较少的突发事件(如小型的火灾或洪涝灾害)。这类应急管理工作相对简单，需要涉及的职能部门较少，横向协调的难度小，对适应性的要求较低，因此职能制结构的缺点不突出，而优点则得到较为充分的发挥。不过，当所发生突发事件的规模比较大、性质比较复杂、事态演变迅速、外部环境不确定性很高甚至各种新情况、新问题不断出现时(如 2003 年的“非典”疫情、2008 年初南方低温雨雪冰冻灾害、2008 年四川汶川特大地震等罕见巨灾)，往往需要不同地区、不同部门之间倾力合作，对跨地区和跨部门之间的综合协调要求很高，需要在第一时间获得信息和必要的资源，前线指挥者需要根据现场不断变化的情况及时采取必要的行动，职能型组织这种典型的“集权式”结构就凸显其缺陷，无法迅捷有效地完成应对突发事件

① 〔美〕弗莱蒙特·E. 卡斯特等：《组织与管理：系统方法与权变方法》，中国社会科学出版社 2000 年版，第 144 页。

的任务。

### 2. 职能导向型应急管理机制模式的主要弊病

我国传统的以职能导向为中心的应急管理运行模式，在应对各种非传统的复合型突发事件方面存在一些严重的缺陷，导致无法在事件发生的第一时间及时有效地采取应对措施，甚至导致事态的不断升级和扩大。

**一是职责和职权划分模糊，责任不够清晰，致使决策反应比较迟缓。**在职能型组织的工作机制中，由于实行多头领导，妨碍了组织的统一指挥，容易出现管理混乱的问题，不利于明确划分职责与职权。受制于责权利的影响，我国的应急管理长期缺乏综合性协调机构，多龙治水、上下不畅，不同地区和部门在信息、资源、人力调动上不能共享，资源无法有效整合，不仅导致各种设备和人力资源重复投入和大量闲置，也使得在突发事件发生时各地区各部门职责不明，甚至互相推诿，可能由此失去最佳的抢险救灾时机。例如，在对各种传染病疫情的防控过程中，卫生部门和农业部门之间非制度化的职责划分降低了工作效率。由于卫生部门主要开展人类疾病监测和检测，农业部门主要负责动物疫情监测，双方职能交叉重叠，一旦界定不清则合作就可能产生问题，致使疫情不能及时沟通，不能共同采取行动。① 以禽流感为例，在疫情防控过程中，尽管各级政府和卫生部门层层设防，但疾控系统处于条块分割的状态，使得病毒扩散的危险仍然存在。这种"各自为政"的防控行为对从整体上控制疾病不利。例如，因农业部主管动物传染病而卫生部负责人类传染病，在没有迹象表明禽流感从动物转移到人之前，卫生部无权介入疫情防控工作，而事实上两个部门应该同步进行调查。②

**二是各职能机构基于自身利益来开展工作，部门之间互通情报少，横向协调沟通不畅。**职能型组织所实行的分类别、部门化管理模

---

① 高强：《高度警惕 落实措施 坚决控制人感染高致病性禽流感疫情——在全国卫生系统防控人感染高致病性禽流感电视电话会议上的讲话》，http://www.jxwst.gov.cn/default.aspx? newsid = 2998。

② 钟开斌：《政府危机决策——SARS 事件研究》，国家行政学院出版社 2009 年版，第 220 页。

式不仅导致资源分散，而且降低了应急决策的层次，全局性紧急事态往往被当作局部性问题来应对。各个应急管理信息系统相互分割，缺乏互通互连，难以实现信息资源共享，是导致综合性的信息分析和研判不足，综合评估和预测预警欠缺的体制性原因。为了加强对突发事件的监测，气象、地理、地震、卫生、防疫和统计等政府部门都建立相应的监测体系，开展有关灾害风险的预报预警工作，但对灾害风险信息的综合利用、分析评估和趋势预测不足，风险评估指标体系不健全，导致信息无法实现横向的共享共同，不利于实现综合减灾和早期预警。同样，在传染病疫情防控的实际工作中，虽然卫生部门和农业部门共同制定了信息通报制度，但很多地方卫生主管部门均未和农业部门及时沟通，导致它们未能充分了解动物间疫情。①

**三是敏感性、灵活性和适应性不够，无法及时对各种新情况新问题进行认知决策。**职能型组织适合于应对各种传统的常规情形，但无法在第一时间对不断发展变化的新环境、新情况、新问题做出正确认知和决策。对各种经常发生的常规性突发事件，我国从中央到地方一般都能在比较快的时间内做出有效决策，积极主动地采取各项应对措施，果断加以处置，在较短时间内以较快速度控制事态蔓延，政府应急决策过程表现出聚敛型、满意型的特征。② 而对各种不常见的新型突发事件，政府的应急决策过程突出地表现为扩散型和弥补型甚至失效型决策的特点，决策过程呈明显的撞击式被动反应模式，突出表现为反应迟钝，决策迟缓，响应时间过长，延误各种战机，最终导致危机的升级、扩大甚至引发各种连锁反应，致使小问题升级为危机，或小范围的危机演化为区域性、全国性甚至跨国性、全球性

---

① 何春荣、吴水新、邱晓春：《基层医疗、疾控机构在人禽流感防治应急处置准备工作中存在的问题与对策》，《医学动物防制》2006 年第 9 期。

② 中国成功应对常规性危机的一个典型例子是治水中的防汛抗洪。美国著名中国史教授魏特夫（Karl A. Wittfogel）认为，“治水社会”是中国古代专制国家的社会基础：东方社会的农业由于干旱而需要依赖于协作的灌溉系统，而这种协作进而需要纪律、从属关系和强有力的领导，从而形成政治权力控制的庞大社会组织网，这是“东方专制主义”的根源。见 Karl A. Wittfogel, *Oriental Despotism: A Comparative Study of Total Power* (New Haven: Yale University Press, 1957)。

危机。①

**四是地方缺乏必要的激励和制度化授权，无法在第一时间自主性地主动进行决策处置。**职能型组织属于典型的“集权式”结构，管理层级具有很强的“命令—服从”的特征，权力集中于最高管理层，下级主要的工作是服从和执行，缺乏必要的自主权。因此，在缺乏明确的制度化授权的前提下，下级更多的选择照章办事，不会轻易采取各种创新性的举措。各种紧急情况和突发事件实际考验的是决策的快速反应和临机应变能力。然而，在职能型组织架构下，随着各地区、各部门都在建立和完善突发事件应急处置工作责任制，并将落实情况纳入干部政绩考核的内容，很容易出现下级部门、基层单位和第一现场处置力量被动反应，甚至可能产生消极等待、片面依赖上级指令的情形。由于很多突发事件无章可循，既定的应急预案难以照搬，在很多时候需要决策者在紧急情况下做出非常规决策，在这种情景下就需要更多地鼓励创新和勇于承担风险。因此，在强化责任追究的同时，也要提倡对特定的应急管理与决策行为予以“容忍”和“宽恕”，鼓励下级在突发事件应对中积极行动、勇于承担责任，而不是消极等待、推卸责任。

### 3. 职能导向型应急管理机制模式的产生原因

我国传统的以职能为中心的职能导向型应急管理运行模式，是政府管理工作模式长期积累的产物，有其深厚的体制惯性和历史文化传统。

**职能导向型应急管理机制模式产生的根本原因，在于我国传统的部门分割的职能型行政管理体制。**与“金字塔”式的传统组织形态的对比，流程型组织是一种扁平化的组织结构，它强调打破职能部门之间的隔阂，促成信息流在水平方向和垂直方向的顺畅流动。我国应急管理的工作流程是多年政府行政管理过程中积累下来并不断沿

① Frank Miller and Andrew Scobell, "'Decision-making Under Stress' or 'Crisis Management'? in Lieu of a Conclusion," in Andrew Scobell and Larry M. Wortzel, eds., *Chinese National Security Decision Making Under Stress*, (Carlisle, PA, Strategic Studies Institute, US Army War College, September 2005), pp. 229—248.

用的产物，具有很强的惯性特征。我国传统的行政管理体制在很大程度上是一种"金字塔"式的部门分割的职能型体制，一项完整的业务流程被人为地割裂到不同的职能部门，导致应急管理业务流程中的各项活动和环节呈断续和分割的状态，人为地降低了突发事件应对的效率。应急管理机构应当以"使能性"(enabling)为职能定位。一般政府机构多为"职能性"或"功能性"(functional)的，具有某一专业领域的具体职能；而应急管理机构的本质与"功能性"机构不同，它具有"使能性"的特征，其设立不是要替代或重建现有的政府职能机构。相反，它充分依托现有行政资源，以业务流程为主干，在保持现有功能性部门机构职能基本不变的情况下，通过应急管理业务流程的重组和优化，来推动和促进现有机构在应急管理工作中发挥其应有作用，提高整体应急管理能力。①

**职能导向型应急管理机制模式产生的客观原因，在于我国应急管理工作起步较晚。**运行机制是对已有工作经验的总结与提升，是长期被实践证明有效的各种措施和办法；同时，运行机制也需要随着实践的发展（尤其需要随着科学技术的进步与政府管理水平的提高）而不断得到修订、更新与再造。因此，运行机制的设计和优化，是一项需要长期积累的动态演进过程。西方国家在应对突发事件的过程中，不断总结实际工作经验，逐渐制定了切实可行的工作计划和行动方案，把应急管理活动逐步纳入严谨的规范化、程序化管理中，通过日常的应急管理业务流程重组和再造，建立和完善应急管理的运行机制和工作流程并最终使之法制化和规范化，从而在实践工作中不断提高应急管理的科学化、规范化和程序化水平。与西方国家相比，我国应急管理体系建设工作起步较晚，实践工作积累的经验相对比较有限，目前应急管理体系建设正处在由编制应急预案、理顺体制、完善法制逐步向建立健全运行机制、开发和再造业务流程的重要阶段。② 同时，与西方国家相比，我国受传统行政管理体制下非制度化工作流程模式的影响更深。

**职能导向型应急管理机制模式产生的主观原因，在于对应急管**

---

① 薛澜：《从更基础的层面推动应急管理——将应急管理融入和谐的公共治理框架》，《中国应急管理》2007年第1期。

② 高小平、刘一弘：《我国应急管理研究述评（上）》，《中国行政管理》2009年第8期。

**理机制建设缺乏全面科学的认识。**我国应急管理机制建设工作进展比较缓慢的主观原因，是过度依赖个人经验和能力的决策者对应急管理机制建设这项重要工作缺乏全面的科学认识。经验行政是我国传统行政管理的一个重要特征，这种行政管理模式以经验作为行政管理的基本依据，以手工式的操作技巧作为行政管理的方式方法，过分强调行政管理者个人的作用，不重视科学的行政管理制度建设和专家参与。① 由于缺乏相关的业务流程、工作制度和行为规范，我国在突发事件预防和处置过程中有时仍主要依靠领导个人经验和知识进行决策指挥，各种临时性授权、临时性决策、临时性审批行为的存在有可能延误决策处置的时机，造成不必要的损失。要实现从“经验行政”到“科学行政”的积极转变，必须提高决策者对流程优化工作重要性的认识，进一步细化应急管理工作流程，提高应急管理工作的规范化、系统化、科学化水平，做到职责明确、流程科学、运转协调。

## 三、改革方向：从以职能为中心到以流程为中心

### 1. 实行流程型应急管理机制模式的重要意义

将应急管理运行机制由以职能为中心的传统形态转变为以流程为中心的新型形式，是应急管理工作模式的革命性转变，是提高应急管理制度化、规范化、程序化水平的基本途径。与传统的职能型应急管理机制模式相比，流程型的应急管理机制具有一些突出的特点和优点，有利于提高应急管理的工作效能（表 3-4）。具体表现为实现应急管理工作的如下“四个转变”。

**一是实现应急管理从粗放式管理向精细化管理转变。**流程型应急管理运行机制模式本质上是一种精细化的管理方式，它强调以岗位为单元、以流程为中心，“纵横交错”地框定每个岗位的关键职责和权力。我国传统的应急管理运行机制是一种粗放式的管理模式，各个组织、部门和岗位的权责利模糊，导致在运行中普遍存在相互分

① 胡象明：《全球化背景下中国行政管理面临的十大挑战》，《探索》2006 年第 1 期。

割、资源无法共享共通的情形，影响突发事件应对的综合效能。因此，建立健全流程型应急管理运行机制模式，有利于实现突发事件应对从粗放式管理向精细化管理的积极转变，不仅能有效降低应急管理的成本，减少各地区各部门之间的内耗，增强彼此之间的协同能力，更主要的是让应急管理组织形成以战略导向、以流程为中心、追求绩效、关注结果的管理模式和管理文化。

**二是实现应急管理从临时性管理向制度化管理转变。**流程型应急管理运行机制模式是一种制度化的管理模式，不同组织、部门和岗位的权责以及工作程序、内容、要求、时限等都通过各种制度规范进行明确界定，从而有效减少非制度化管理中容易出现的相互推诿、扯皮以及过度依靠上级部门和领导的现象。我国传统的职能型应急管理运行机制是一种非制度化的临时性管理模式，由于地方缺乏制度化授权和必要的自主权，突发事件发生后往往出现一线人员和地方领导片面和过度依靠上级部门和领导的情形，信息点（事发地）和决策点（决策措施产生区域和层级）之间的链条被人为地延长，导致有时错过应对突发事件的最佳时机。因此，流程型应急管理运行机制模式的建立，有利于推动突发事件应对从过度依靠领导临时决策到依靠制度进行规范决策的积极转变，改变以往应急管理工作中事件发生后下级官员过度依靠和等待领导批示和指示进行处置的做法。

**表 3-4　职能型应急管理机制模式与流程型应急管理机制模式的区别**

| 机制模式 | 职能型 | 流程型 |
|---|---|---|
| 运作依据 | 按职能来组织部门分工；各职能机构在自己业务范围内向下级下达命令和指示，直接指挥下属。 | 按突发事件应对流程组织分工，将突发事件应对看作是各方共同参与的全过程管理过程。 |
| 纵向结构 | 垂直型集权式结构，管理权力高度集中，下级部门的主动性和积极性的发挥受到限制。 | 管理权力比较分散，弱化上下级之间的指挥—服从模式，各职能部门之间平等和相互支持关系。 |
| 横向结构 | “职权分裂”导致各职能部门间横向联系较差，容易脱节和矛盾。 | 典型的扁平式组织体系，各职能部门按照应对流程建立对接口。 |
| 适用环境 | 规模较小、性质较单一、不确定因素较少的常规性突发事件。 | 规模较大、性质较复杂、不确定性较高的非常规突发事件。 |

**三是实现应急管理从经验式管理向科学化管理转变。**流程型应急管理运行机制模式是在对以往工作实践的经验和教训积累后进行总结、提炼、升华后的产物,因此它以科学决策为重要基础,能有效地指导现实的突发事件应对工作。我国传统的以职能为中心的应急管理机制模式,具有很强的集权特征,在应急处置过程中经常出现"一把手政治"现象和"一言堂"的决策困局。这导致应急处置更多地依靠领导者个人的积累经验和现场判断能力,而领导者个体的经历和经验通常难于在不同领导和部门之间进行交流和共享。为此,流程型应急管理运行机制模式的建立,有利于从经验决策到科学决策转变,使决策者对决策内容的认识与分析以及对决策方案的选择,从以往凭借决策者在长期工作中所积累的经验和解决问题的惯性思维,到凭借科学思维、利用科学手段和科学技术进行决策转变。

**四是实现应急管理由部门化管理向综合化管理转变。**流程型应急管理运行机制模式是一种超越部门和地域界限的综合性管理模式。以流程为中心的流程再造能够打破部门界限、跨越地域的阻隔,有效地整合组织和流程。"权力部门化、部门利益化、利益法定化",是我国政府运行中长期存在的一个突出问题。我国传统的职能型应急管理运行模式强调对突发事件进行分类别、分部门的管理,缺乏强有力的综合协调部门和"使能型"机构。由于各部门存在严重的部门利益倾向,各自的权、责、利缺乏制度化的清晰界定,责任边界划分不清晰,一旦发生复合型的各种突发事件,需要各地区各部门协同配合时,经常出现部门利益冲突严重、综合协调能力严重不足的现象。跨越部门界限和地域阻隔的流程型应急管理运行机制模式,有利于推动从单部门管理到综合化管理的积极转变,实现各地区、各部门、各单位在应急管理过程中有机衔接和配合,形成整体合力。

### 2. 实行流程型应急管理机制模式的工作基础

以过程为中心的流程型应急管理运行机制模式,强调跨越部门和地区既有的职能划分边界,借助信息技术来完成工作流程的重新设计和再造,提供面向公众的公共服务需求。从当前我国应急管理体系建设的实践来看,积极推进应急管理运行机制和管理模式从以职能或任务为中心向以流程为中心的积极转变,建立和完善以业务流程为中心的流程型应急管理机制模式，已经初步具备了重要的组织基础、制度基础、技术基础和实践基础。

**一是应急管理综合协调部门的成立，为实行流程型应急管理机制模式提供了重要的组织基础。**与传统的政府其他职能相比，应急管理是一项综合性很强的工作，需要不同地区和部门的协同配合。流程型应急管理运行机制模式强调跨越部门和地区既有职能的划分边界，通过整合不同的资源来提供无缝隙的应急管理服务。在目前的应急管理体系建设中，我国开始逐渐从以往过分倚重职能型机构和临时性机构，向使能型机构和功能型机构相结合、临时性机构和常设性机构相结合转变，逐渐建立和完善"统一领导、综合协调、分类管理、分级负责、属地为主"的应急管理体制。目前各地成立的具有履行值守应急、信息汇总和综合协调职责的综合性应急管理机构，主要是从总体统筹规划的角度考虑应急管理体系，在保持现有职能型部门机构职能基本不变的情况下，通过统筹协调来推动和促进现有政府机构在应急管理工作中发挥其应有的作用。这种强调功能整合的应急管理组织架构，为实行流程型应急管理机制模式提供了强有力的组织保证。

**二是《突发事件应对法》、应急预案有关应急管理工作的规定，为实行流程型应急管理机制模式提供了重要的制度基础。**我国近几年应急管理工作最突出的特点，是"在深入总结群众实践经验的基础上，制订了各级各类应急预案，形成了应急管理体制机制，并且最终上升为一系列的法律、法规和规章，使突发事件应对工作基本上做到有章可循、有法可依"①。截至 2005 年底，全国应急预案编制工作已基本完成，地方总体应急预案的编制工作也陆续完成，许多市、区（县）也制定了应急预案，全国应急预案框架体系初步建立。我国自 2007 年 11 月 1 日起正式施行的《突发事件应对法》，是新中国第一部应对各类突发事件的综合性法律应急管理法律，被称为"非常时期的小宪法"、"龙头法"和"兜底法"。它的施行标志着我国规范应对各类突发事件共同行为的基本法律制度也已确立，为有效实施应急管理提供了更加完备的法律依据和法制保障。各地还根据《突发事件应对法》制定了相应的实施办法。例如，2008 年 5 月 23 日，北京市十三

---

① 华建敏：《依法全面加强应急管理工作》，《中国应急管理》2007 年第 10 期。

届人大常委会第四次会议通过了《北京市实施〈中华人民共和国突发事件应对法〉办法》；2009年11月24日至26日，广东省十一届人大常委会第十四次会议对《广东省实施〈中华人民共和国突发事件应对法〉办法（草案）》进行了一审。应急管理相关法律、法规以及各级各类应急预案，对突发事件应对行为进行了比较明确的制度规定，为实行流程型应急管理机制模式提供了重要的制度基础。

**三是信息技术特别是电子政务的快速发展，为实行流程型应急管理机制模式提供了重要的技术基础。**信息技术及其理念指导是流程优化的重要基础和前提。从我国政府业务流程重组的实践来看，它与电子政务发展密不可分。① 一方面，信息技术的应用把传统的相互割裂、各自为政的政府职能部门有机地结合在一起，使流程精简管理层次与中间环节、快速反应、系统高效，并有效提高对管理活动的过程控制和监督能力。② 另一方面，电子政务的发展要求对传统的业务流程进行根本性的再设计，使其更符合电子政务的发展要求。因此，由传统的以职能为中心的职能导向型应急管理工作模式转向建设以流程为中心的流程导向型应急管理工作模式，重视应急管理体系建设中的程序管理和规范管理，开展和强化应急管理绩效评估，是适应信息技术发展带来的需要。从我国应急信息管理系统的网络建设现状来看，构建基于电子政务平台的应急信息管理系统网络是一项重要任务。③ 信息技术特别是电子政务的飞速发展、国家应急平台建设的稳步推进，为下一步建立流程型应急管理机制模式提供了重要的技术基础。④

**四是政府机构改革和地方政府创新实践中政府流程再造的建设经验，为实行流程型应急管理机制模式提供了重要的实践基础。**政府流程再造借鉴企业流程再造理论，整合公众服务职能，不断完善工作流程，使传统的职能导向型政府向流程导向型政府转变。经过多

---

① 毕建新、朱淑媛：《电子政务与政府业务流程再造》，《现代情报》2004年第4期。

② William H Dutton, and Malcolm Peltu, eds., *Information and Communication Technologies: Visions and Realities*. (Oxford: Oxford University Press, 1996), pp. 265—282.

③ 吴庄莹：《构建基于电子政务平台的应急管理系统》，《电子政务》2009年第1期。

④ 范维澄、袁宏永：《我国应急平台建设现状分析及对策》，《信息化建设》2006年第9期。

年的努力，我国当前实行流程型应急管理机制模式具有一定的实践基础。一方面，我国政府机构改革的重要内容之一，是适应信息技术发展带来的由传统的以职能为中心的职能导向型政府转向建设以流程为中心的流程导向型政府。例如，我国政府机构改革中大部门体制的实行，将那些职能相近的部门、业务范围趋同的事项相对集中，由一个部门统一管理，有利于整合分散在不同政府职能部门的资源，再造政府工作流程，确保全面履行政府职能，为公众提供便捷高效的公共服务，最终通过整合不同的体制提供无缝隙的服务。另一方面，我国在全国范围内展开的行政服务中心建设，积累了很多政府管理流程再造的经验。从我国行政服务中心的演变历程看，政府流程再造发挥了重要作用，通过对既往流程的不断再造实现了我国行政服务中心发展的阶段性突破。

# 第四章　流程导向：我国应急管理机制的新模式

实现由以职能为中心的传统形态向以流程为中心的新型形态的积极转变，建立流程导向型应急管理机制，是我国应急管理运行机制和工作模式的重要改革思路。积极推进基于流程优化的应急管理机制建设，首先要了解有关流程优化的相关理论基础和实践经验。本章首先分析了流程的基本涵义、功能属性、类型特点，阐述了流程优化的基本内容、主要类型、基本程序，总结了应急管理流程优化的理论基础，在此基础上提出了应急管理流程优化的核心目标和基本原则。

## 一、流程：基本涵义与主要特征

### 1. 流程的基本涵义

流程(process)是流程优化理论的重要基石。流程可理解为过程，业务流程可理解为业务活动过程。学术界和理论界有多种关于流程的解释和定义。例如，《朗文当代英语词典》(*Longman Dictionary of Contemporary English*)(第 4 版)认为，流程是一系列相关的、有内在联系的活动或事件。在业务流程重组研究中，不同的学者给出了许多关于流程的定义。例如，哈默(Michael Hammer)认为，流程是指把一个或多个输入转化为对顾客有价值的输出的一系列活动的集合。[1] 达文波特(Thomas H. Davenport)和绍特(James E. Short)认为，流程是为达到某一个具体的输出而进行的一系列逻辑相关、结构化、可测量的活动集合。它接收某一输入，经处理后产生的输出对接收者来说更有用和有效。“流程具有一个起点和一个终点，流程具有明确的输入和输出。”[2]加尔文(David A. Garvin)认为，流程的本质就是做事情的方法。[3] 梅兰(Eugene H. Melan)认为，从操作的观点来看，流程是一组密切联系、相互作用的活动，每一项流程都有内容明确的输入和输出，都有定义明确的开始和结束。[4] ISO9000质量管理体系标准认为，流程是一组将输入转化为输出的相互关联或相互作用的活动。清华大学陈禹六等人认为，流程是完成某一目标(或任务)而进行的一系列逻辑相关的活动的集合。[5]

归纳起来，可把流程看作是为完成某一目标或任务而进行的一系列有序的活动的集合。组织所有的活动都通过各种流程表现出来，这些流程最终输出的是组织交付给社会的产品或服务。换言之，流程是一个为实现既定目标的有序活动，它具有很强的目的性、有序性，其对象范围包括为达成目标的所有活动的集合。简言之，工作流程是一组输入转化为输出的过程。

### 2. 流程的功能属性

从定义来看，流程是为完成某一目标或任务而进行的一系列有序的活动的集合。流程构成了组织流程优化的重要基石。

**首先，从本质属性来看，流程具有很强的目的性、有序性。**流程是在实现既定目标的管理活动中一系列相互关联行为的序列结构，

---

① Michael Hammer, “Reengineering Work: Don't Automate, Obliterate,” *Harvard Business Review*, (July/August, 1990), pp. 104—112.

② Thomas H. Davenport and James E. Short, “The New Industrial Engineering: Information Technology and Business Process Redesign,” *Sloan Management Review*, Vol. 31, No. 4, (Summer, 1994), pp. 11—27.

③ David A. Garvin, *Managing Quality*. (New York: Free Press, 1988).

④ Eugene H. Melan, *Process Management: Methods for Improving Products and Service*. (New York: McGraw-Hill, 1993).

⑤ 陈禹六:《经营过程重构与系统集成》,清华大学出版社2001年版。

因此它具有很强的目的性、有序性，反映了在某种活动目标的导向下，这些活动的先后顺序、承转关系，制约、推进和输入输出的客观规律。一方面，流程型组织通过活动过程趋向或追求既定的目标，并采取相应的手段和方法促使该目标的实现，因此具有很强的目的性。另一方面，各项流程之间的互相联系和制约关系是有规律、有序的，表现在时间顺序、空间结构、功能行为等各个方面，因此流程具有很强的有序性。

**其次，从对象范围来看，流程包括组织所有的各项活动，具有很强的系统性和整体性。**业务流程是一组将输入转化为输出的相互关联或相互作用的活动，包括为达成目标或任务的所有活动的集合。因此，流程型组织本身是一个综合性的有序系统，它跨越了传统的部门分割和地域阻隔的缺陷，以活动过程为中心来充分整合不同部门和岗位的资源，节约运行成本，提高运作效率。从时间序列来看，流程涉及事前、事发、事中、事后全过程各阶段的各项组织活动。组织所有的活动都通过各种流程表现出来，这些流程最终输出的是组织交付给社会的产品或服务。

**最后，从对外部环境的适应性来看，流程具有一定的柔性和开放性。**流程柔性指流程快速、低成本、一致地响应环境变化的能力，并且不对流程功能和效率造成影响。柔性同时要求变革具有一致性，没有一致性的柔性将导致混乱。① 一方面，组织的业务流程处在不断变化中。随着组织的内外环境变化、组织的体制变化、组织机构变化以及管理改进、人员岗位变动等因素的不断演变，组织的业务流程必然随之变化。如何在一个外部环境日益开放、内部竞争日益激烈的条件下通过有效地实施组织过程变化管理，直接关系组织发展的前途。因此，受环境的影响，流程还应该具有一定的柔性和弹性，提高应对不确定环境的适应能力。另一方面，信息技术的应用也会促使组织业务流程发生变化。因此，组织在流程设计和再造的过程中，必须建立基于柔性和变革的管理模式，使组织的流程体系在保持必要的稳定性的同时具有可持续改进的特点，能根据内部和外部环境的变化进行调整。实际上，面对动态的环境，柔性建模已引起研究者

---

① 刘杰、方丁、赵卫东：《基于模块化理论的柔性流程及其影响因素的实证研究》，《上海管理科学》2008 年第 5 期。

的注意。①

### 3. 流程的类型

流程包括不同的类型。组织在运行过程中通常包含了各个层级和各种类型的业务流程，这些业务流程共同构成了组织的综合流程体系。根据流程的价值、流程的形态、流程的层次，可以将流程划分为不同的类型（见表 4–1）。

**表 4–1　流程的类型**

| 分类标准 | 流程分类 | 主要内容 |
|---|---|---|
| 活动价值 | 核心流程 | 为组织创造利益的关键性业务流程 |
| | 支持流程 | 为核心流程直接服务的辅助性业务流程 |
| | 管理流程 | 为核心流程和辅助流程提供管理支持的流程 |
| 活动形态 | 单向流程 | 从开始到结束只有单一方向及单一路径 |
| | 树状流程 | 相互独立的并联活动在各个路径终点结束 |
| | 单步骤往返流程 | 从本部门传到第二个部门再传回本部门 |
| | 汇集流程 | 从不同的起点开始最后回到共同的结束点 |
| | 循环流程 | 从起点到终点结束时又回起点重新循环执行 |
| 结构层次 | 一级流程 | 有关组织活动的分类的业务流程 |
| | 二级流程 | 有关组织活动的具体过程的业务流程 |
| | 三级流程 | 有关组织活动具体过程的具体步骤的业务流程 |

**根据在组织价值链上价值的不同，流程可分为核心流程（关键流程）、支持流程（辅助流程）、管理流程。**其中，核心流程（关键流程）是指直接为组织创造利益的关键性业务流程，如企业中的销售、产品开发、采购、制造、送货等。支持流程（辅助流程）是指为核心流程直接

① 如赵卫东、苏健敏、戴伟辉：《柔性流程建模研究》，《管理工程学报》2003 年第 3 期；杨瑾、赵嵩正、王娟茹：《供应链中基于柔性和变革的流程管理集成框架模型》，《科研管理》2005 年第 5 期；张耕：《组织间流程柔性评价方法探索》，《现代管理科学》2009 年第 1 期。

服务的辅助性业务流程，如企业中的生产管理、品质保证、信息、人事、财务、总务等。管理流程是为核心流程和辅助流程提供管理支持的流程，如策略分析、营运计划、绩效考核等。一般在进行组织的业务流程分析时，会以核心流程为主体，先确认最核心、最关键的业务流程，然后依据核心流程的需求，规定起支持和辅助作用的机制与流程（支持/辅助流程），最后依据产业的特性，针对必要的管理项目制定管理流程。①

**根据在活动过程中形态的不同，流程又可以分为单向流程、树状流程、单步骤往返流程、汇集流程、循环流程。**其中，单向流程在整个流程从开始到结束只有单一的方向及单一的路径。树状流程用来描述流程中有许多的活动可供选择，然后依不同的选择走不同的路径，而且这些活动是相互独立的，活动执行完毕在各个路径终点结束，不会回到共同的结束点。单步骤往返流程是指组织活动从第一个部门传到第二个部门，再从第二个部门传回第一个单位，主要用于审核、会签、请求支持等方面。汇集流程是指各项流程从不同的起点开始，最后这些流程回到共同的结束点。循环流程是指整个流程从起点到终点，结束时又回起点重新执行一次，不断循环，必须在某项条件达成的前提下才能进入到下一个阶段。②

**根据结构层次的不同，流程又可分为一级流程（总体流程）、二级流程（局部流程）、三级流程（细部流程）。**一级流程侧重如何对组织的活动进行分类，二级流程针对的是组织活动的具体过程，三级及三级以后流程针对的是组织活动具体过程的具体实现步骤。具体而言，一级流程（总体流程）规定了组织管理活动的阶段划分以及各阶段之间的相互关系，构成了二级流程和三级流程设计的基础。二级流程（局部流程）反映了各个管理阶段和重要环节之间的相互关系。三级流程（细部流程）则反映了各管理环节中业务活动之间的相互关系和流转过程。

---

① 李国良：《流程制胜：业务流程优化与再造》，中国发展出版社 2005 年版，第 10—20 页。

② 《流程的类型》，http://pm.csai.cn/deploy/NO386.htm。

### 4. 应急管理流程

根据前文有关流程的定义，可把应急管理流程看作是在突发事件事前、事发、事中、事后的全过程中，由多个部门、多个岗位、多个区域，经过多个环节协调及顺序工作共同完成突发事件应对活动的集合。换言之，应急管理流程是突发事件应对活动过程中各种程序化的方法和措施，是应急管理实践工作的经验总结。

应急管理流程设计具有全面整合、系统优化的特征。从时间序列来看，应急管理流程是指从事应急管理活动所经过的各条路线，包含了突发事件事前、事发、事中、事后全过程中各项突发事件应对活动和协调环节，如预防和应急准备、监测和预警、应急处置和救援、恢复与重建等。从参与主体来看，应急管理流程是由包括多个地区、多个组织、多个部门、多个岗位以及多个人员相互协调、按照一定顺序共同完成突发事件应对活动的过程。① 在突发事件应对活动的过程中，各个部门经多个环节协调，按照一定的工作顺序共同完成既定的任务和目标。从本质属性来看，应急管理流程反映了突发事件应对的客观规律和活动特点，将突发事件应对过程所需要的人、财、物、信息和技术等要素进行有机组合，并为应急管理活动输入行为目标、物质条件、运作规则，促使其产出预期的结果。

## 二、流程优化：内容、方法与途径

### 1. 流程优化的基本内容

流程优化是指以组织的业务流程为优化的对象和中心，以建立标准化的操作程序（standard operating procedure，SOP）为目标，对组织现有的业务流程进行分析，保留其符合先进的管理模式及信息化要求的部分，改进、调整或重建不合理的环节，实现组织科学合理

---

① 詹承豫：《中国应急管理体系完善的理论与方法研究——基于“情景—冲击—脆弱性”的分析框架》，《政治学研究》2009 年第 5 期。

的流程体系，从而提高组织运作效率、降低组织运行成本的过程。它是一个对现有工作流程的梳理、完善和改进的过程。在流程的设计和实施过程中，要对流程进行不断的改进，以期取得最佳效果。

流程优化是一项组织策略，其目的是通过不断改革、调整、发展、完善、优化组织的业务流程，以让组织更好地及时适应外部环境的变化，保持组织的核心竞争优势，提高组织的运作效率。因此，以组织业务流程为主干的流程优化工作，是对传统的以职能或任务为中心的运行管理模式的重大变革。流程优化不仅指做正确的事（确立正确的目标），还包括如何正确地做这些事（找到实现目标的途径和方法）。对流程的优化，不论是对流程整体的优化还是对其中部分的改进（如减少环节、改变时序），都是以降低组织的运行成本、提高组织的工作质量等为目的。在传统的以职能为中心的管理模式下，流程隐蔽在臃肿和复杂的组织框架背后，业务流程运作复杂，部门和岗位权责划分不清，组织效率低下、冲突频频发生等问题层出不穷。为了适应组织所面对的新环境，解决在传统的以职能为中心的管理模式下所产生的各种问题，必须对业务流程进行重整，从本质上反思既有的业务流程，彻底重新设计业务流程，以取得组织绩效的突破性改变。①

### 2. 流程优化的主要类型

广义的流程优化，包括对现有工作流程的梳理、完善和改进的各项工作。根据不同的标准，流程优化可以化分成不同的类型。具体而言，主要可以依据流程优化的程度、范围以及方式方法这三个标准进行划分（表 4–2）。

**从流程优化的程度来看，流程优化主要包括业务流程改进、业务流程优化、业务流程重组、业务流程再造及业务流程电子化（E 化）。**按照其幅度、广度、深度三个方面的不同程度，业务流程优化在具体实践中可分为业务流程改进、业务流程调整、业务流程整合、业务流程再造及业务流程电子化（E 化）五个方面——前四个方面依据流程

① 蔡晋才：《流程优化的过程和途径》，《管理变革》2009 年第 56 期。

变化程度由低到高逐个递进，最后一个方面为流程变化的手段。①其中，业务流程改进是指对现有的流程进行小幅度的改进和局部的微调。业务流程调整是指在不改变现有组织架构的条件下，对涉及组织岗位变动、职能划分及业务顺序等方面的因素进行合理调整，起到提高工作质量和工作效率的作用。业务流程整合是指对组织架构、职能划分、岗位设置、业务分工等方面都做了较大幅度的梳理、整合及重新规范。业务流程再造是指在充分打破了部门分割、行政阻隔的状态，充分按业务的流程需要，再造了“流程型组织”及畅通、明快、迅速的业务流程。业务流程 E 化是指用电子信息技术实现业务流程的优化、重组、再造。概括而言，流程优化包括流程改造和流程重新设计两个方面——前者是对既有不合理流程的补充、调整和完善，后者是采用重新设计的全新方法优化流程。其中，流程改造包括取消所有不必要的工作环节和内容、合并必要的工作、合理重排程序、简化所需的工作环节等具体措施。

**表 4-2 流程优化的主要类型**

| 标准 | 类型划分 | 主要内容 |
|---|---|---|
| 优化程度 | 业务流程改进 | 对现有流程进行小幅度和小范围的局部微调 |
| | 业务流程调整 | 对现有组织架构不做变化条件下的合理调整 |
| | 业务流程整合 | 对活动进行较大幅度的梳理、整合及重新规范 |
| | 业务流程再造 | 按业务需要再造畅通、明快、迅速的业务流程 |
| | 业务流程电子化 | 用电子信息技术实现流程的优化、重组、再造 |
| 优化方式 | 功能内流程优化 | 对组织职能内部的业务流程进行优化 |
| | 功能间流程优化 | 组织内跨越职能部门边界的业务流程优化 |
| | 组织间流程优化 | 两个组织以上的组织之间的业务流程优化 |

① 广义的业务流程包括业务流程改进、业务流程优化、业务流程重组、业务流程再造及业务流程电子化（E 化）五个方面，狭义的业务流程优化仅为其中的方式之一，是指在不改变现有组织架构的条件下，对涉及组织岗位变动、职能划分及业务顺序等方面的因素进行合理调整，起到提高工作质量和工作效率的作用。本书所谓的业务流程是指广义的业务流程，包括改进、优化、重组、再造、电子化。基于论述的方便，本书交替使用“业务流程优化”、“业务流程开发和优化”的概念。

续表

| 标准 | 类型划分 | 主要内容 |
|---|---|---|
| 优化方式 | 水平工作整合 | 将原来分散在不同部门的工作或资源集中 |
| | 垂直工作整合 | 适当授权员工权力和信息以减少监督和控制 |
| | 工作次序最佳化 | 通过调整工作步骤来达到流程次序的最佳化 |

**从流程优化的范围来看，包括功能内的流程优化、功能间的流程优化、组织间的流程优化。**功能内的流程优化是指对职能内部的流程进行优化，主要通过取消不必要的中间层次，由一个职能机构来管理，从而实现机构不重叠、业务不重复的目标。功能内的流程优化主要局限在组织特定职能部门内部的范围，不涉及其他组织或一个组织内部的其他职能部门。功能间的流程优化指在组织范围内跨越多个职能部门边界的业务流程优化，这种方式的流程优化局限在同一个组织内部不同职能部门之间。组织间的流程优化指两个或两个以上组织之间的业务流程优化，其发生范围涉及两个或两个以上的组织与组织之间。①

**从流程优化的方式来看，流程优化包括水平工作整合、垂直工作整合和工作次序最佳化。**水平工作整合是指将原来分散在不同部门的相关工作，整合或压缩成为一项完整的工作；或将分散的资源进行集中，由一个人、一个小组或一个组织负责整体运作，减少不必要的沟通协商，为服务对象提供单一的接触点，从而有效降低组织冲突发生的概率，提高信息传递的效率。垂直工作整合是指适当地给予员工决策权及必要的信息，减少不必要的监督和控制，使工作现场的事能当场解决，而不必经过层层汇报，由此提高工作效率。垂直工作整合改变了传统的上下级之间“命令—服从”的集权模式，有利于提高下级部门特别是一线人员的积极性。工作次序最佳化是指利用工作步骤的调整，达到流程次序的最佳化。②

---

① 彭均中：《企业信息化建设的基本步骤》，http://www.ippr.com.cn/news.do?cmd=show1&id=5539。

② 李茂海、杨俊：《什么才是真正的流程优化》，《IT 时代周刊》2005 年第 23 期。

3. **流程优化的基本程序**

流程优化是一个包括流程改造和流程重新设计在内的破旧立新过程。它围绕优化对象要达到的目标有序进行：在现有的基础上，提出改进后的实施方案，并对其做出评价；针对评价中发现的问题，再次进行改进，直至满意后开始试行，并在试行总结后正式实施。组织业务流程优化与设计一般包括如下七个主要的操作步骤，这些步骤共同构成了一个组织流程优化的闭环程序系统（图 4–1）。

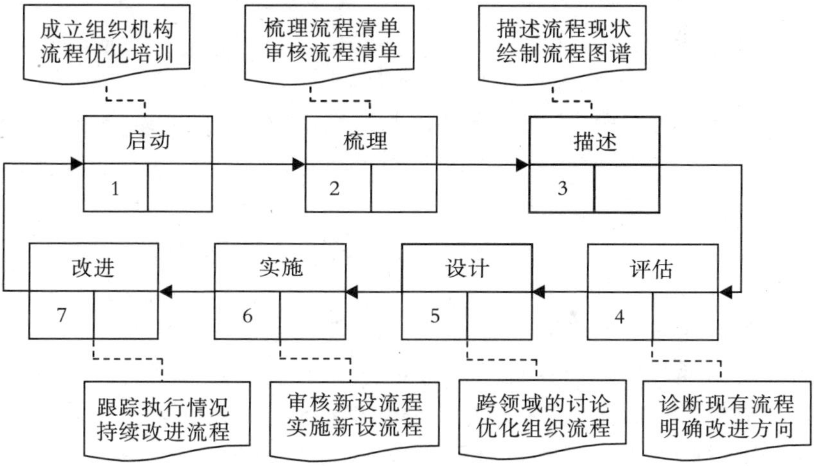


**图 4–1　组织流程优化的基本程序**

**一是启动阶段：成立组织领导机构，进行流程优化工作的总体规划。**组织首先要成立流程优化的领导小组，组长一般由组织的一把手担任，负责动员和对重大事项的决策、指挥和协调。领导小组下设日常工作小组，成员由流程维护部门的人员组成，在流程优化过程中负责跟进与协调。流程日常工作小组组织成立流程编写小组。编写小组以业务系统为单位而不以部门为单位（因为部门容易站在本位的角度考虑问题，而忽视部门间的衔接）。在成立组织机构后，进行流程优化与设计方法培训，让培训对象掌握流程优化与设计的实操方法。

**二是梳理阶段：提炼各小组的流程清单，审核小组间的流程情**

**况。**各流程编写小组在了解与本小组有关的现有制度、标准、规定等的基础上，提炼本小组的流程清单。编写人提出流程清单后，组长组织一起讨论。讨论的内容涉及流程的输入(流程第一步)、输出(流程最后一步)、流程的责任部门(负责维护此流程的部门)及所涉及的部门、编写人。各流程编写小组提出流程清单后交与日常工作小组审核，审核时主要关注小组与小组间的流程是否有重叠、遗漏或是否可以合并。流程梳理的目的，是把组织原有的业务流程绘制成流程图。

**三是描述阶段：编写组织业务流程的初稿，描述流程的现状全貌。**各流程编写小组提炼的流程清单审核通过后，流程编写人开始编写反映组织业务流程的流程初稿。编写人要根据统一的规范化要求，针对组织现行的作业程序，采用规范的流程图符号，绘制细致、明了的业务流程图，全面系统地描述流程全貌。

**四是评估阶段：诊断现有的工作流程，并进行改造和优化。**流程现状描述出来后，编写小组组长组织编写人一起评估现有的流程，并进行优化。评估、优化流程时不仅要关注流程步骤，还要关注涉及的职位、表格，并且要详细描述每一步骤的操作说明，对每一步骤的时限要求、涉及的制度都要写清楚，便于操作。在诊断过程中要注意与其他流程的衔接、合并、拆分。同时，优化诊断时要站得更高、看得更远，首先要明确该流程的目的、衡量指标，力求突破原来的框架。

**五是设计阶段：开展跨部门跨领域的讨论，设计和评估新流程。**编写小组筛选出一些跨小组的流程，判断是否需要邀请相关人员一起参与；如果某流程涉及别的小组，但他们只是被动地执行，就无须进行跨小组的讨论。各组长组织本组成员、相关小组人员一起讨论跨部门、跨领域流程。研讨结束后，编写小组进一步修改完善，然后提交给日常工作小组审核，日常工作小组主要审核格式，然后挑选一些关键流程和涉及组织领导层的流程，提交给领导小组审核。

**六是实施阶段：组织推行新流程，跟踪、收集和分析所反馈的信息。**日常工作小组编写新流程体系的推行计划，指导新流程体系推行工作的实施。各编写小组负责推行本小组的流程。小组先将流程分发给流程所涉及的部门，然后组织培训，培训完后依照新流程执行。在推行期间，流程责任小组及时跟踪流程实施的情况，收集和分析各部门的意见或建议。经过试推行后的完善，正式下发执行。

**七是改进阶段：根据对新流程实施情况的评估结果，动态调整组

**织的流程。**组织流程优化是一项长期工程，流程优化方案的实施并不意味着流程优化工作的终结。一方面，优化后的组织流程可能在实施中会存在一些问题，因此需要根据实施的具体情况进行持续改进和调整；另一方面，在社会发展日益加快的时代，组织总是不断面临新的挑战，随时都有可能调整架构、变更职能，流程也会跟随发生变化，因而需要对组织流程优化方案不断进行改进，以适应新形势的需要。

## 三、应急管理流程优化的理论基础

基于流程优化的政府应急管理机制建设，其理论基础主要来自两个方面。一是应急管理的阶段模型。应急管理是一项包括预防、准备、处置以及恢复与重建等各项工作在内的全过程、多阶段的任务，在突发事件应对过程中包含了各级各类的业务流程。目前国内外有关应急管理阶段划分的理论探索和实践积累，为应急管理流程优化工作奠定了很好的管理基础。二是企业管理领域的业务流程再造(BPR)理论。政府流程再造在很大程度上借鉴了企业业务流程再造的做法和经验，借助现代电子信息技术，将面向公众需求服务的各项工作整合起来，不断提高政府绩效，从而使传统的职能导向型政府转变为流程导向型政府。业务流程再造的有关思想和做法，为政府应急管理流程优化提供了重要的理论指导。

### 1. 应急管理的阶段模型

国内外不同学者和实践部门对应急管理的阶段界定有着许多不同的划分方法。① 例如，最基本的三阶段模型把应急管理分成事前(Pre-crisis)、事中(During-crises)、事后(Post-crisis)三大阶段，每一阶段又可分为不同的子阶段。芬克(Steven Fink)提出了应急管理的四阶段模型：一是征兆期(Prodromal)，征兆显示有潜在的紧急事件可能发生；二是发作期(Breakout)，具有危害性的事件发生并引发紧急情况；三是延续期(Chronic)，紧急事件的影响持续扩散，决策者努

① 石磊：《应急管理关键词：通用模型和应急机制》，《中国应急管理》2009 年第 8 期。

力控制事态发展;四是痊愈期(Resolution),紧急事件已经完全得到解决。[①] 米特罗夫(Ian I. Mitroff)等提出了应急管理的五阶段模型:一是信号侦测——识别新的紧急事件发生的警示信号并采取预防措施;二是探测和预防——决策者搜寻已知的风险因素并尽力减少潜在损害;三是控制损害——决策者努力使紧急事件不影响组织运作的其他部分或外部环境;四是恢复阶段——尽快让组织运转正常;五是学习阶段——组织成员回顾和审视所采取的应急管理措施,并整理使之成为今后的运作基础。[②] 希斯(Robert Heath)提出了应急管理的4R模型:减少(Reduction)、预备(Readiness)、反应(Response)、恢复(Recovery)。[③] 库姆斯(Timothy W. Coombs)指出,应急管理活动涉及四个基本因素:预防(Prevention)、准备(Preparation)、绩效(Performance)、学习(Learn)。[④]

目前,PPRR模型是比较得到应急管理理论研究和实践部门认可、应用范围比较广的通用模型。该模型认为,应急管理主要包括如下四个阶段的工作:一是事发前预防(Prevention)——分析事件所处的环境,对组织管理范围内的政治、社会、经济、自然等条件进行评估,找出可能导致紧急事件发生的关键因素,并尽可能提早加以解决;二是事发前准备(Preparation)——提前设想紧急事件可能爆发的方式、规模以及影响后果,并且编制好多套应急预案,同时建立监测和预警机制,依靠这种参照物指标来加以检验;三是事件爆发时响应(Response)——避免事态恶化和蔓延,将事件限定在一定的范围之内,同时加强媒体管理,减少谣言流传,防止虚假信息散布影响决策;四是事件结束期恢复(Recovery)——修复灾害损失和受害人的精神损失,从事件中学习,弥补漏洞,避免重蹈覆辙。后来,美国对

---

① Steven Fink, *Crisis Management*: *Planning for the Inevitable* (New-York: Amacom, 1986).

② Ian I. Mitroff, and Christine M. Pearson, Crisis Management: A Diagnostic Guide for Improving Your Organization's Crisis-Preparedness(San Francisco: Jossey-Bass, 1994).

③ Robert L Heath, *Crisis Management for Managers and Executives*: *Business Crises - The Definitive Handbook to Reduction*, *Readiness*, *Response and Recovery*(London: Financial Times Management, 1998).

④ W. Timothy Coombs, *Ongoing Crisis Communication-Planning*, *Managing*, *and Responding*(New York: Sage Publications, 1999).

PPRR 模型修正为缓和（Mitigation）、准备（Preparation）、反应（Response）、恢复（Recovery），所以 PPRR 模型有时又称 MPRR 模式。

2007 年 8 月 30 日，第十届全国人大常委会第 29 次会议通过了《中华人民共和国突发事件应对法》，标志着我国的突发事件应对工作全面纳入法制化的轨道。该法在吸收应急管理国际通用模型思想的基础上、立足我国应急管理实际工作情况，将应急管理工作划分为如下四个阶段：一是预防与应急准备，是指在突发事件发生前，通过政府主导和动员全社会参与，采取各种有效措施，来消除突发事件隐患，避免突发事件发生；或者在突发事件来临前，做好各项充分准备，包括思想准备、预案准备、组织机构准备、应急保障准备等，在第一时间有效控制突发事件，防止事态升级或扩大，最大限度地减少事件造成的损失和影响。二是监测与预警，是指对突发事件隐患及其发展趋势进行监测、诊断与预控，其目的在于尽早发现突发事件爆发的征兆。三是应急处置与救援，是指突发事件发生后，组织营救和救治受伤人员，防止事态的扩大以及各种次生、衍生事件的发生。四是恢复与重建，是指在突发事件的威胁和危害基本得到控制和消除后，及时组织开展事后恢复和重建工作，以减轻突发事件造成的损失和影响，尽快恢复生产、生活、工作和社会秩序，妥善解决突发事件处置过程中引发的矛盾和纠纷。

### 2. 业务流程再造

西方兴起的新公共管理运动，强调对政府管理流程进行再造和优化。它借鉴了企业管理中业务流程再造和优化的成熟经验。自 20 世纪 80 年代开始，西方管理学界认识到，管理要做的首要工作是预防问题的发生，从源头上阻止问题的出现，而不是“同犯不咎，下不为例”。而从源头上解决问题的关键则是业务流程的设计，这是管理者的主要工作，实际操作者只是在设定的流程范围内从事工作。

业务流程再造（Business Process Reengineering/Redesign，缩写为 BPR）也称业务流程重组、企业流程再造，是指为大幅度改进企业在成本、质量和服务等方面的绩效，企业对其所从事的最关键、最基本的管理工作及作业程序进行根本性的思考和彻底重建的过程，从而使企业能最大限度地适应以顾客（Customer）、竞争（Competition)、变化(Change)为特征的现代企业经营环境(图 4-2)。业务流程再造是 20 世纪 90 年代由美国麻省理工学院(MIT)的计算机教授迈克尔·哈默(Michael Hammer)和 CSC 管理顾问公司董事长钱皮(James Champy)提出的。他们在 1993 年合作出版的《企业再造:工商业革命宣言》(*Reengineering the Corporation: A Manifesto for Business Revolution*)一书中指出,二百年来,人们一直按亚当·斯密(Adam Smith)的劳动分工思想来建立和管理企业,注重把工作分解为最简单和最基本的步骤;实际上,应把工作任务重新组合到首尾一贯的工作流程中来建立和管理企业。① 组织业务流程再造理论的提出,是西方发达国家在 20 世纪末,对已运行了一百多年的专业分工细化及组织分层制的一次反思及大幅度改进,该理论在 20 世纪 90 年代的经营管理思想中占有重要的一席。

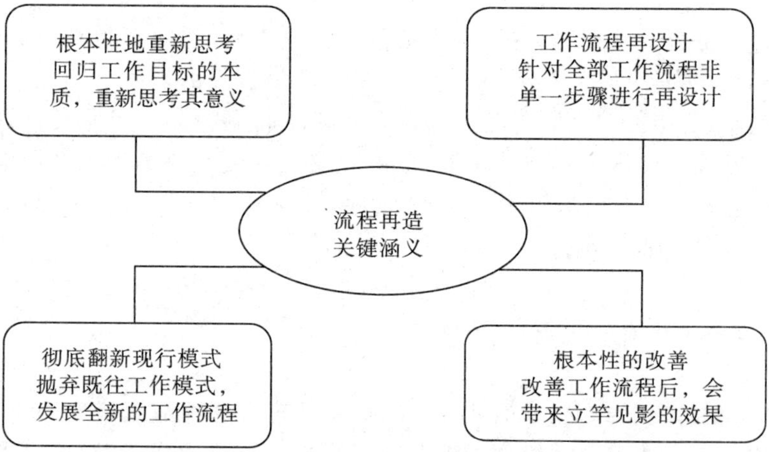


**图 4-2 企业业务流程再造的关键涵义**

业务流程再造的基本思想,是彻底改变自工业革命以来、按照分工原则把一项完整的工作分成不同部分、由各自相对独立的部门依次进行工作的传统工作方式,强调对企业的管理工作及作业程序进行系统的重新设计和构建。在具体实施过程中,业务流程再造可以按以下程序进行:一是对原有流程进行全面的功能和效率分析,发现

① Michael Hammer, and James Champy, *Reengineering the Corporation: A Manifesto for Business Revolution*(New York: Harper Business Books, 1993).

其存在的问题。根据企业现行的作业程序，绘制细致、明了的业务流程图。一般而言，原来的作业程序是与过去的市场需求、技术条件相适应的，并由一定的组织结构、作业规范作为其保证的。当市场需求、技术条件发生的变化使现有作业程序难以适应时，工作效率或组织结构的效能就会降低。二是设计新的流程改进方案，并进行评估。为了设计更加科学、合理的业务流程，必须群策群力、集思广益、鼓励创新。三是制定与流程改进方案相配套的组织结构、人力资源配置和业务规范等方面的改进规划，形成系统的企业再造方案。企业业务流程的实施，是以相应的组织结构、人力资源配置方式、业务规范、沟通渠道甚至企业文化作为保证的，所以，只有以流程改进为核心形成系统的企业再造方案，才能达到预期的目的。四是组织实施与持续改善。实施企业再造方案，必然会触及原有的利益格局。因此，必须精心组织，谨慎推进。既要态度坚定，克服阻力，又要积极宣传，达成共识，以保证企业再造的顺利进行。企业再造方案的实施并不意味着企业再造的终结。在社会发展日益加快的时代，企业总是不断面临新的挑战，这就需要对企业再造方案不断地进行改进，以适应新形势的需要。

理论研究和实践表明，企业实施业务流程再造应遵循以下基本原则：一是以企业目标为导向调整组织结构；二是让执行工作者有决策的权力；三是取得高层领导的参与和支持；四是选择适当的流程进行重组；五是建立通畅的交流渠道。

受企业流程再造思想的影响，公共组织和公共服务的流程优化也逐渐成为重要的研究领域和实践热点。例如，林登（Russell M. Linden）提出了有关公共部门流程优化的七条原则：围绕结果而非职能进行组织，并行代替串行，把后阶段的信息反馈到前阶段，在源头一次捕捉信息，提供单点接触，确保主要序列的持续流动以及先优化、再自动化等，与哈默和钱皮有关企业流程再造的方法并没有实质性的区别。[①] 国内有关公共组织和公共服务流程优化的研究，大多聚焦于流程优化的具体方式和方法上。在流程优化的方法方面，有以信息流程的诊断为切入点来牵动整个政务流程的优化的，有以知

---

① 〔美〕拉塞尔·M. 林登：《无缝隙政府：公共部门再造指南》（汪大海等译），中国人民大学出版社2002年版。

识仓库为核心的电子政务流程优化方法以及对适合优化的政务流程类型及其共同特点的分析来探寻流程整合的策略的。在流程建模方法方面，有电子政务流程设计中的工作流建模方法，基于本体的政务流程建模方法以及角色网络模型方法等。[①]

## 四、应急管理流程优化：核心目标与基本原则

### 1. 应急管理流程优化的核心目标

应急管理流程开发和优化的根本目标，是实现应急管理工作机制和运行模式的重大积极转变，即从传统的以部门职能或任务为主干的"金字塔"式运行模式向以业务流程为主干的流程型运行模式转变，以组织的各种流程为基础来设置部门，决定人员的分工，在此基础上建立和完善组织的各项机能，通过明确职责、理顺关系来控制风险，提高管理效率。换言之，实现应急管理机制从传统的职能导向模式向新时期流程导向模式转变，其切入点和关键途径在于进行应急管理流程的开发和优化（见图 4–3）。

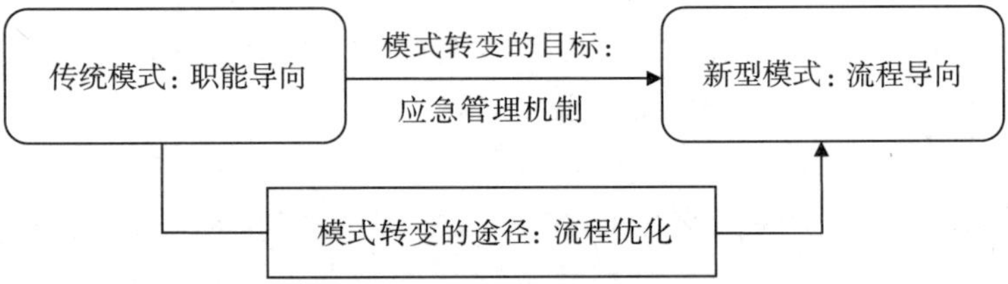


**图 4–3　应急管理机制模式转变的目标与途径**

在以业务流程为主干的运行模式中，流程团队取代了传统的以任务或职能为中心的分割型职能部门，以稳定闭合、可持续改进和跟踪控制的完整业务流程来取代碎片化、相互分割的职能实体，每一个工作环节都以标准化、规范化、制度化的业务流程为运行依据，做到

① 耿华、陈文波、黄丽华：《面向电子政务的公共服务流程优化方法研究》，《软科学》2009 年第 5 期。

职能清晰、运行畅通、相互对接，从而实现应急管理工作的程序化、规范化、常态化、制度化。建立健全以应急管理流程开发和再造为核心的运行机制，有利于实现应急管理工作的积极转变。

**一是从经验应急到科学应急转变。**以业务流程为主干的政府应急管理运行模式，能使决策者对突发事件的认识、分析以及对决策方案的选择，从以往凭借在长期实践工作中所积累的经验和解决问题的惯性思维，到凭借科学思维、利用科学手段和科学技术进行管理积极转变。流程本质上是对过去经验和做法的科学总结和升华，应急管理流程的开发和优化有利于将过去碎片化的实践经验转化为系统化的工作方法、程序和措施，用于科学地指导应急管理实践工作。

**二是从依靠领导临时指挥协调到制度化指挥协调转变。**以业务流程为主干的政府应急管理运行模式，有利于改变以往突发事件发生后下级官员普遍缺乏主导权，经常过度等待领导批示和指示进行决策处置的做法。在传统的基于任务或职能的应急管理运行机制下，决策权高度集中在上级部门和上级领导，下级部门和人员缺乏必要的授权和充足的激励，因此事件发生后需要进行临时指挥协调。应急管理流程是一种实现设计好的运行规范，具有相对的稳定性，不因指挥者或指挥部门的改变而改变，也不因上级部门或上级领导个人意志的改变而改变。

**三是从非制度化的粗放式应急管理模式到程序化、规范化的精细化应急管理模式转变。**传统的过度依靠个人经验和能力的粗放式应急管理模式具有很强的非制度化特征，重大战略决策通常由一人或少数人拍板，单纯依靠人海战术、增强劳动强度、延长工作时间来完成工作任务，管理无序、效率降低等弊端给突发事件应对工作带来很大的阻碍和风险。基于流程开发和优化的应急管理运行机制实际上是一种精细化、规范化、程序化的管理模式，每个阶段、环节、岗位和人员都有具体可行的执行标准，为绩效评价指标的设定提供了科学依据。

**四是从单部门分割指挥到综合指挥协调转变，实现各地区、各部门、各单位之间在突发事件应对过程中的有机衔接和配合。**以业务流程为主干的应急管理运行模式，具有很强的整合性和系统性，强调各地区、各部门、各单位之间的无缝对接，发挥不同地区和组织之间在突发事件应对过程中的整体合力，这是对传统以职能部门分割为典型特征的"碎片化"应急管理运行模式的重大调整。

**五是从重治标不重治本的管理方式向标本兼治、从源头解决问题的管理方式转变。**业务流程的设计和优化是管理者的主要工作，实际操作者主要在设定的流程范围内从事工作。传统的管理模式强调对实际操作环节进行改良，是一种"头痛医头、脚痛医脚"的思维定式，治标不治本。与此不同，基于流程优化的管理模式强调从源头上解决问题，预防问题的发生，从源头上阻止问题的出现。

### 2. 应急管理流程优化的基本原则

突发事件具有很强的不确定性、很大程度的紧急性以及严重的社会危害性，需要紧急采取措施予以应对。因此，在进行应急管理流程优化的过程中，应当始终强调时效性，并以此作为关键的绩效评价指标，通过采取规范化、程序化、标准化的流程来快速、高效、有序地应对各项突发事件。具体而言，应急管理流程优化必须遵循以下基本原则。

**一是闭合循环、环环连锁。**应急管理是一个包括事前、事发、事中、事后各个时间段在内的连续活动过程，包括了预防和应急准备、监测与预警、应急处置与救援、事后恢复与重建等多个环节和多个阶段。因此，应急管理流程是一个复杂而闭合的循环系统，它要求在进行应急管理流程设计和再造时必须具有严格意义上的闭合性，使得各项业务流程环节都以突发事件的发生为开始，以突发事件的控制为终结。在进行流程设计和再造的过程中，必须做到应急管理流程循环系统从起点到末梢畅通闭合，消除各种断裂、梗阻、栓塞以及冗余、不够之处，添加必要的新的流程系统，充分实现责任闭合、全面衔接、环环连锁。

**二是标准兼容、无缝对接。**应急管理是一项综合程度非常高的工作，涉及不同部门、不同地区之间的协同配合问题。因此，在流程设计和再造时必须考虑标准、术语的通用性与流程的兼容性。在应急管理机制建设过程中，全国可出台统一不同专业指挥部门的格式化、模版化的技术标准，建立系统化、标准化的工作流程和制度规范，提高相关标准和术语的通用性和兼容性。在应急管理流程优化中，要整合各方面的应急力量和资源，理顺应急管理指挥机构、办事机构和工作机构的关系，充分发挥各自的职能作用。各级政府、各部门和单位、各社会团体组织要在统一领导下，认真负责地做好应急管理流程优化的有关工作，做到思想统一、顾全大局、步调一致、上下沟通、左右协调、规范有序，整体推进。

**三是需求导向、制度规范。**在各种亟待解决的矛盾和问题面前，流程优化要分清主次，抓住关键问题。当前，应急管理流程优化要按照需求导向、急用先行的原则，立足我国国情和社会需求，从应急管理工作的实际需要出发，着眼于应急管理实践中最亟须解决的矛盾和问题。要根据国家《突发事件应对法》、国家总体应急预案和相关法律法规的具体要求，优先开发有助于把全国应急管理工作推上一个新台阶的关键性工作流程和制度规范，以适应新形势对我国应急管理工作的新要求。同时，优化后的应急管理流程必须满足标准清晰的基本要件，通过制度来规范每一个环节都有岗位、人员及实现相关职责的具体可行的执行标准。

**四是安全管理、稳定可靠。**应急管理流程是应急管理系统各项活动的有序集合，各项业务活动都必须严格执行已有的规范化、标准化的工作流程。为此，在流程优化过程中，必须保证每一项流程的合理稳定，每一管道上的设计流量合理，实际流动中的量达标。在突发事件应对过程中，流程执行者必须无条件地服从已有的工作流程，原则上不能以突发事件情况特殊为理由越过已有的流程开展应急处置工作。同时，应急管理流程必须坚持制度规范的原则，具有相对的稳定性和可靠性，不能因指挥者或指挥部门的改变而改变，做到成于制度、行于规范。

**五是简明实用、经济高效。**应急管理流程优化要力求简明实用，提高应急管理工作流程的可操作性、实效性和针对性。同时，应急管理流程优化必须讲求经济效益和社会效益的有机统一，既要避免对应急管理工作不重视的反应不足倾向，又要避免“不计成本、不论代价”的过度响应倾向，在措施的经济性与结果的安全性之间求得平衡，以最小的成本实现最大的安全保障。要运用经济学的理论和方法来衡量评价应急管理工作流程优化的经济效益，提高应急管理流程优化后创造的净收益；在讲求经济效益的同时，要关注应急管理流程优化的社会效益，力求实现经济效益与社会效益相统一。[1]

**六是动态调整、持续改进。**流程管理不是一朝一夕之功，而是有一个持续改进和优化的过程。在应急管理实际工作中，各种突发紧急情况瞬息万变，特别是各种新型的非常规突发事件的发生往往超出现有的制度框架规定和组织的应对能力。[2] 因此，应急管理流程在优化时必须具有一定的弹性和适应性，能够随着内部环境和外部环境的变化而不断进行调整和提高。为此，在流程中适当设置检查控制机制，使流程整体可控。每一次应急管理工作发生后，都要对应急处置过程进行全方位的调查和评估，检验现有应急管理流程是否科学合理，找出可以改进的环节和地方，通过规范化的流程调整和纠错工作提高流程的动态稳定性。

---

① 钟开斌：《安全优化与适度应急响应——基于成本—收益视角的分析》，《经济体制改革》2009 年第 2 期。

② 面对各种非常规突发情景时的非常规决策是当前理论界和实践部门的热点。它要求决策指挥者在没有完全适合预案的情况下，在一定时间限制和紧急情况下，根据经验和知识制定应急对策。见 Tricia Wachtendorf, "Improvising 9/11: Organizational Improvisation Following the World Trade Center Disaster," Doctoral dissertation, Department of Sociology and Criminal Justice, Disaster Research Center, University of Delaware; Karl E. Weick, and Kathleen M. Sutcliffe, "Organizing and the Process of Sensemaking," *Organization Science*, Vol. 16, No. 4, (July-August, 2005), pp. 409—421。

# 第五章　基于流程优化的政府应急管理机制：基本框架

基于流程优化的政府应急管理机制建设，需要明确主要内容、基本思路和关键对策。本章首先提出了应急管理机制建设的基本程序与主要方法，在此基础上将应急管理机制的总体框架划分为 4 项一级机制、18 项二级机制、55 项三级机制，对每一项核心机制的关键流程进行规划和设计，并通过明确每一项应急管理流程的基本要件，对各项具体的应急管理流程进行具体化和规范化。

## 一、应急管理机制建设的基本程序与主要方法

### 1. 应急管理机制建设的基本程序

基于流程优化的政府应急管理机制建设，要求坚持以流程管理而非任务管理或职能管理为导向和原则，即把应急管理从以任务或职能为中心转化为以流程为中心，将原来孤立的各个职能管理连接成一条流程树，在流程树上标明各个职能之间的相互关系。根据流程优化的基本理论和方法，结合我国突发事件应对的基本特点，基于流程优化的政府应急管理机制建设，其核心和重点是设计和再造关键应急管理流程，重点需把握以下基本工作程序（图 5-1）。

**一是明确流程优化的基本原则，确定流程优化的基本框架。**面向管理目标是实施流程管理的基本原则之一。基于流程优化的政府应急管理机制建设，其目标是提高应急管理的效率，即缩短信息点

(突发事件发生地)与决策点(管理者的决策场域)之间的距离,减少不必要的决策链和信息链,缩短信息传递和沟通的时间,在尽可能短的时间内有效采取正确措施,减少人员伤亡和财产损失。在紧急情景下,通常有效控制事态发展的时间愈短,做出决策的科学合理程度越高,则事件所造成的损失和影响就愈小,反之愈大。根据这一目标,要找出现有应急管理活动的阻塞环节,砍掉无价值的管理活动,合并分散管理环节。当前的工作重点,是把《突发事件应对法》、国家总体预案和其他各级各类预案以及相关法律、法规和政策文件中的各项原则性规定,转换为具体可操作的工作指南和流程。

**二是对流程进行选择性地再造和规范。**流程优化具有很强的系统性和全面性特征,它包括流程的再造和流程的规范两个方面——前者是对存在较大弊端的流程进行重新再造和设计,后者是对设计后的流程制定操作标准和规章制度,使之规范化、标准化。我国传统的各项应急管理流程产生于传统的职能型应急管理模式下,具有特定的时代背景和历史特征,需要随着环境的变化进行调整和完善。为此,对那些效率、效益不高或在运行中容易出现问题的流程,要进行调整和改造;对那些对应急管理活动非常重要、急需改造的关键流程,要进行开发和再造。经过优化改造的流程要与没有经过改造过的管理活动原有流程衔接紧密。①

**三是对流程进行标准化和规范化。**经过优化和改造的应急管理流程必须满足标准清晰的基本要件,具有实际可操作性和相对稳定性,做到每一个部门、岗位、人员等相关具体事项都有清晰明了、可操作的执行标准。为此,必须明确各项流程的负责人,划分流程的边界(流程范围),界定流程所涉及的横向关系,确定流程涉及各层面的界面和职责划分,明确在哪个环节应当采取什么决定。当前,要把各个应急管理机构和组织的职能细化为具体的管理流程和工作流程,进而能

---

① 如前所述,流程优化包括新流程的开发和旧流程的再造两个方面。在应急管理流程优化活动中同样如此。例如,门东卡(David Mendonca)认为对极端突发事件的非常规决策包括两个阶段:决策者根据当时情况很快分析出是否有合适的预案和预案能不能被执行;实时开发并部署一系列新的处理流程。见 David Mendonca,"Decision Support for Improvisation in Response to Extreme Events: Learning from the Response to the 2001 World Trade Center Attack," *Decision Support Systems*, Vol. 43, No. 3, (April, 2007), pp. 952—967。

够用一组关键流程来描述本单位、本部门、本岗位的工作职能或职责。

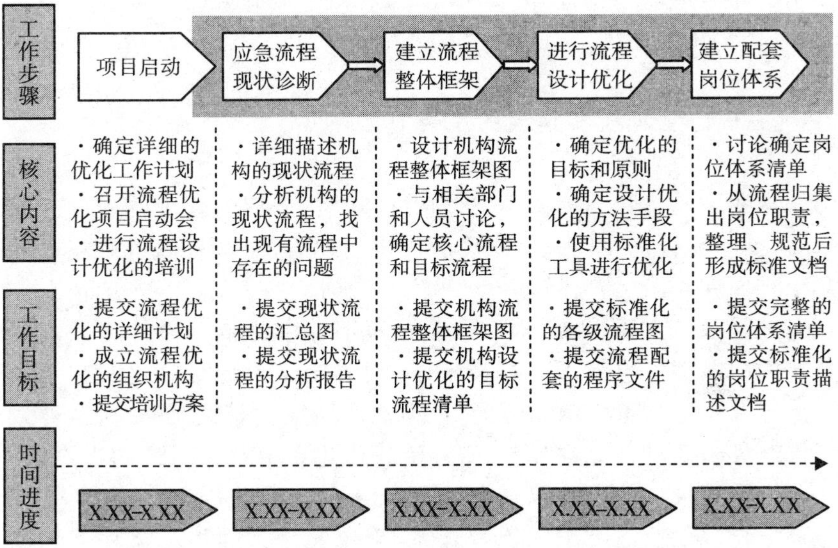


**图 5–1　基于流程优化的应急管理机制建设的基本程序**

**四是建立横向流程对接机制，实现流程体系的闭合循环。**应急管理流程优化必须体现共享职能部门统一集中管理的原则。部门分割是我国传统职能型应急管理运行模式的重要缺陷。目前，全国通用的应急管理术语与标准体系还有待开发，各部门的内部管理流程固然可沿用已有的部门标准与专业术语，但涉及外部衔接的流程必须考虑相容与通用问题。当前，在应急管理流程中要加强各地区、各部门之间的协调和配合，提高标准、术语的通用性及其与流程的兼容性。①

**五是建立流程持续优化和管理的配套岗位体系和配套制度。**一方面，要根据流程设计和优化的过程，讨论确定机构的岗位体系清单，从流程归集出岗位职责，经整理、规范后形成标准化的文档。另一方面，流程优化必须遵循闭环管理、不断优化、持续改进的原则。为此，要分析流程优化方案在实际工作中实施的约束条件，明确流程的关键控制点和配套措施，为流程优化工作提供必要的组织保障以

---

① 石磊：《应急管理关键词》，《中国应急管理》2009 年第 8 期。

及人、财、物、技术等资源。当前,在将应急预案转化为可操作的流程体系的同时,可考虑利用电子政务信息技术,提高应急预案的可数字化、可操作化水平。

### 2. 应急管理机制建设的主要方法

从我国应急管理的实际工作情况以及国外应急管理的先进经验来看,基于流程优化的政府应急管理机制建设工作,可以重点从以下几个方面展开。

**一是系统全面整合:从工作全过程而非单个步骤设计流程。**在传统的职能型应急管理运行模式下,职责交叉不清、部门分割、条块分治导致产生严重的信息隔阂,人为地增加了认知决策的时滞,导致事件升级扩大。因此,在应急管理流程优化中要坚持系统的观点,以流程为中心来代替以往以任务或职能为中心的运行模式,在此基础上科学合理地设计组织的流程体系,确定关键性的核心流程和辅助性的支持流程,并建立流程的标准化通用模板。在应急管理组织由职能为导向的管理方式转化为以流程为导向的管理方式后,组织内所有人员都有各自明确的流程要求,各个流程活动环环相扣,下一个环节就是上一个环节的结合点。

**二是管理重心下移:让最明白的人最有权。**流程优化要做到管理重心下移,"让最明白的人最有权",即职责和权限要适度下放。我国传统的职能型应急管理运行模式的一个重要特征,是决策权和管理权高度集中,给掌握信息的一线人员和基层人员的授权严重不足,导致信息点和决策点过长,一线和基层人员工作动力不足,很多时候只有在决策者发号施令才能推动工作。而在流程梳理顺畅之后,很多以前需要决策者发号施令的工作环节能够得到自动运行,很多需要决策者审批才得以通行的事情现在则变得不再需要。通过管理重心下移和对下属的有效授权,整个应急管理的效率大大提高,而且在效率提高的同时让"最明白"的人承担了更大的职责,有利于其主观能动性的发挥,使流程质量同时得到提升。

**三是以事为中心:从对人负责转变为对事负责。**流程优化不仅要求主管的工作重心发生转移,也要求员工的思想认识和行为取向从传统的对上级领导和上级部门负责,只需完成上级领导和上级部门交代的任务就行的观念，转变到对流程和结果负责的观念上来。在传统的职能型组织“倒 U”型的沟通方式中，本来是业务流程链上的两个岗位之间的沟通联系，却变成了至少四个岗位之间的沟通。其结果是突发事件应对工作的延误：一方面，信息链的延长，增加了沟通的时间成本；另一方面，容易造成信息偏差，影响工作质量。[①]

**四是精简过程：消除不必要的环节。**减少等待时间是流程优化的一个重点内容。在我国传统的职能型应急管理运行模式下，决策链和信息链过长，导致在突发事件（尤其是各种不为决策者所熟悉的新型突发事件）发生后需要经历较长的决策时滞。[②] 减少一些不必要的过程性活动，有利于提高决策者对突发事件的反应速度。为此，在应急管理流程优化中，要减少流程中的上下汇报、审批环节，让沟通、决策和问题的解决尽可能在直接参与作业层面进行。上级部门对具体问题的了解比一线人员少，凡事汇报给部门领导，由上级领导进行沟通和解决问题的方式会导致时间浪费，并会增加流程中的等待时间，增加时间成本，造成浪费。

## 二、应急管理机制的整体架构

### 1. 应急管理机制的总体框架

机制的流程总体框架图是整体机制的表现，为流程优化设计提供整体结构，建立了系统性的流程解决思路。结合流程优化的基本原则及应急管理工作的基本性质和特点，依据《突发事件应对法》和国家总体应急预案的相关规定，应急管理机制的基本框架共包括 4 项一级机制、18 项二级机制、55 项三级机制作为核心流程（见图 5–2），并根据机制的流程框架图进行其他辅助流程的优化设计。

---

① 明天：《合同毁约背后——管理流程优化》，《印刷经理人》2009 年第 3 期。

② Carolyn Kousky, John Pratt, and Richard Zeckhauser, “Virgin versus Experienced Risks,” in Erwann Michel-Kerjan, and Paul Slovic (eds.) *The Irrational Economist: Making Decisions in a Dangerous World*. (New York: Public Affairs Books, 2010), pp. 99—106.

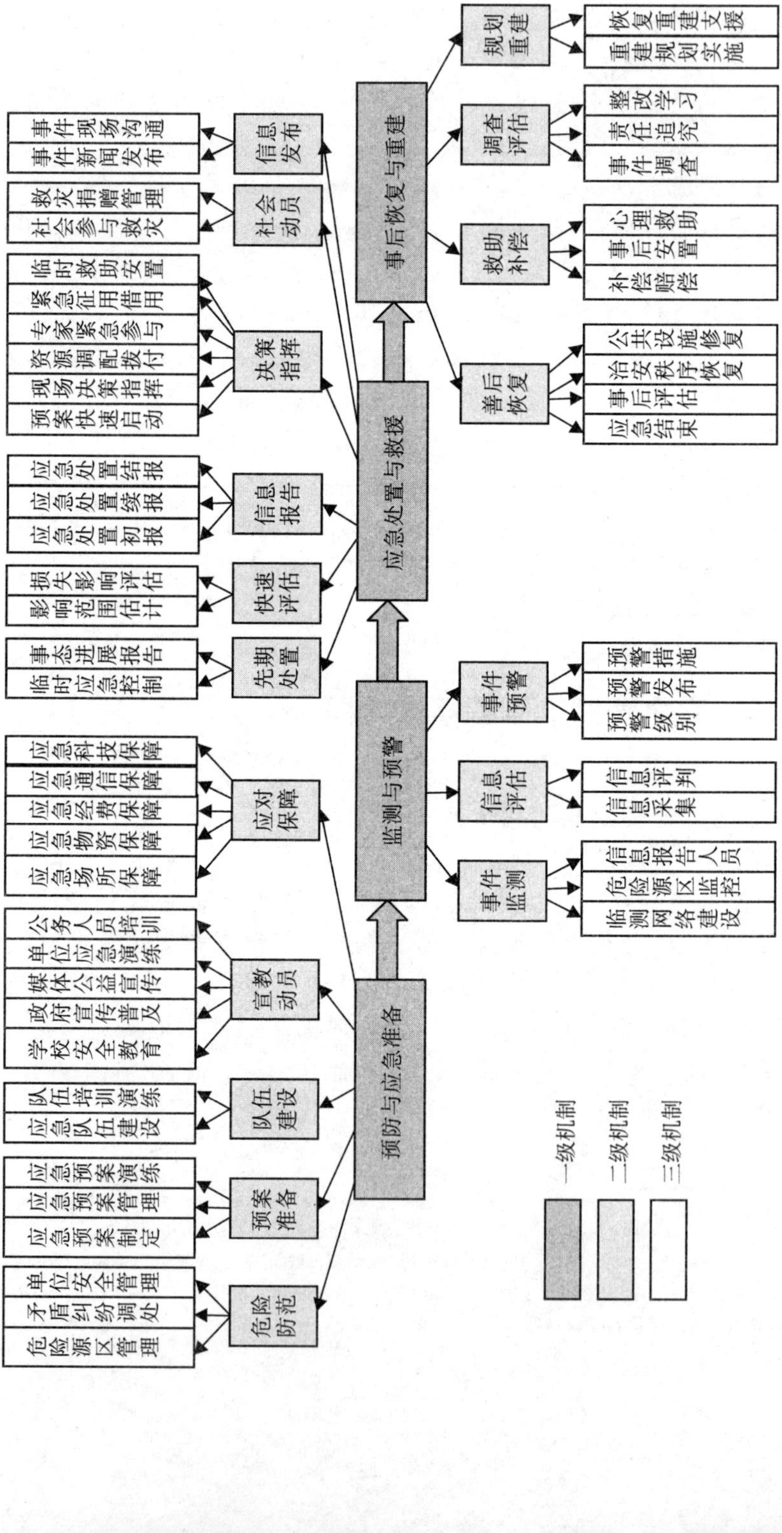


图5-2 基于流程优化的应急管理机制的总体框架

整个应急管理从整体上划分为预防与应急准备、监测与预警、应急处置与救援、事后恢复与重建四个主要环节，这构成了应急管理最基本的一级流程，对应了应急管理的四个阶段。17 项二级机制相当于应急管理的二级流程，反映了应急管理各个阶段中重要环节之间的相互关系。其中，预防与应急准备阶段主要包括风险防范、预案准备、队伍建设、宣教动员、应对保障五个重要环节，监测与预警阶段主要包括事件监测、信息评估、事件预警三个重要环节，应急处置与救援阶段主要包括先期处置、快速评估、决策指挥、社会动员、信息发布五个重要环节，事后恢复与重建阶段主要包括善后恢复、救助补偿、调查评估、规划重建四个重要环节。每项二级机制又包括若干三级机制。这 55 项三级机制相当于应急管理的三级流程，反映了各管理环节中业务活动之间的相互关系和流转过程。

### 2. 流程优化：预防与应急准备

突发事件预防和应急准备是做好应急管理工作的重要基础。对预防和应急准备工作重视不够，做得不实，是很多突发事件之所以发生和造成严重后果的重要原因。突发事件预防和应急准备要求高度重视做好日常的应急准备、预测、预警、预控和预备等各项基础性工作，通过提高政府对突发事件的防范和准备能力，充分实现日常预防与应急处置、常态管理与非常态管理的有机结合。①

从预防与应急准备的工作内容来看，需要重点开发和优化的二级机制主要包括如下四个方面（表 5-1），每项二级机制又包括若干三级机制。

**(1) 风险防范。**风险防范是指针对社会公共领域各级各类突发事件的风险管理过程，通过对公共风险的识别、衡量和控制，从而以较小的成本使风险所可能导致的损失达到最低程度的管理方法（图 5-3）。风险防范主要包括三方面的工作内容：一是危险源和危

---

① 例如，美国行政学家奥斯本和盖布勒提出了“有预见性的政府——预防而不是治疗”的治理范式，认为政府管理的目的是“使用少量的钱预防，而不是花大量钱治疗”。见〔美〕戴维·奥斯本、特德·盖布勒：《改革政府——企业家精神如何改革着公共部门》（周敦仁译），上海译文出版社 1996 年版，第 205 页。

险区域管理。这要求对区域内容易引发自然灾害、事故灾难和公共卫生事件的危险源、危险区域进行调查、登记、风险评估，定期进行检查、监控，责令有关单位采取安全防范措施，及时向社会公布规定登记的危险源、危险区域。二是矛盾纠纷调解处理。这要求建立矛盾纠纷预警、排查制度，及时调解处理可能引发社会安全事件的矛盾纠纷。三是单位安全管理。这要求单位建立健全安全管理制度，定期检查本单位各项安全防范措施的落实情况，及时消除事故隐患；掌握并及时处理本单位存在的可能引发社会安全事件的问题，防止矛盾激化和事态扩大；对本单位可能发生的突发事件和采取安全防范措施的情况，应当按照规定及时向政府或政府有关部门报告。

(2)**预案准备。**预案即预先制定的行动方案，是指根据国家、地方法律、法规和各项规章制度，综合本部门、本单位的历史经验、实践积累以及当时当地特殊的地域、政治、民族、民俗等实际情况，针对各种突发事件类型而事先制订的一套能切实迅速、有效、有序解决问题的行动计划或方案。[①] 预案准备主要包括如下三个方面的工作内容：一是预案编制，主要包括成立应急预案编制小组、基本情况调查、风险源识别与风险评价、应急能力评估、应急预案编制、应急预案的发布、应急预案的实施等活动内容。二是预案动态管理，包括预案的评审、批准(备份)、发布(公布)、更新与修订、宣传教育与培训等。要根据事件现场反馈的信息、新的预测分析结果等，对应急准备体系中已生成的方案进行实时动态调整。要提出应急预案动态更新的基本原则和操作流程，并提出基于应急平台和数字化预案的更新流程与规范。三是预案演练，包括应急预案演练计划的编制、演练实施、演练评估等，不断提高应急预案的针对性和可操作性。

(3)**队伍建设。**应急队伍的建设和管理是应急管理工作的重要人力资源保障。应急队伍的建设和管理主要包括以下两个方面的工作内容：一是应急队伍建设，主要包括综合性应急救援队伍、专业应急救援队伍以及由成年志愿者组成的应急救援队伍三种类型。专职和兼职应急救援队伍的建设将主要包括综合性应急救援队伍建设、专业应急救援队伍建设和厂矿企业专兼职队伍建设等；志愿者管理主要包括志愿者的等级及其管理、志愿者的调配和使用、志愿者的保

---

① 钟开斌、张佳：《论应急预案的编制与管理》，《甘肃社会科学》2006 年第 3 期。

障和补偿等方面；基层应急队伍主要包括县级综合性应急救援队伍以及乡镇、街道、企业等基层组织和单位的应急救援队伍。二是应急队伍的培训和演练，主要包括专业应急救援队伍与非专业应急救援队伍合作进行联合培训、联合演练，县和乡镇等基层应急队伍的培训演练，志愿者应急队伍的培训演练，军队参与应急救援。

(4)**宣教动员。**应急知识的宣传教育是增强全社会应急能力的重要途径。应急管理科普宣传和社会动员主要包括如下五个方面的工作内容：一是学校安全教育，包括组织编写大、中、小学及幼儿园公共安全课程教材、利用教育电视台等远程教育平台对社区、农村、企业等基层单位开展普及教育。二是政府宣传普及，包括预案的宣传和解读、应急知识的宣传普及，增强公众的公共安全意识和法制意识。三是媒体公益宣传，包括媒体应急管理公益宣传报道的开展、政府对媒体进行应急管理公益宣传报道的支持和鼓励。四是单位应急演练，包括基层单位的应急演练以及政府、企事业单位组织的应急演练。五是公务人员培训，包括对高危行业的从业人员进行安全知识的教育培训，对各级领导干部、应急管理机构负责人、公务员及新闻发言人培训以及对军队参与应急处置人员的培训。

(5)**应对保障。**应对保障有利于为突发事件应对提供重要的支撑。具体来看，突发事件应对保障包括如下五个方面的工作内容：一是应急场所保障，包括符合预防、处置突发事件需要的城乡规划，统筹安排应对突发事件所必需的设备和基础设施建设，合理确定应急避难场所。二是应急物资保障，包括应急物资的监管、生产、储备，应急救援物资、生活必需品和应急处置装备的调拨和紧急配送，政府与有关企业签订协议以保障应急救援物资、生活必需品和应急处置装备的生产、供给。三是应急经费保障，包括应急财政经费保障制度、巨灾风险保险与人身意外伤害保险、社会捐赠管理制度。四是应急通信保障，包括建立健全应急通信保障体系，完善公用通信网，建立有线与无线相结合、基础电信网络与机动通信系统相配套的应急通信系统。五是应急科技保障，包括教学科研机构以及有关企业等培养应急管理专门人才，应急管理科研攻关，研究和开发公共安全新技术、新设备和新工具等。

表 5-1 预防与应急准备机制建设的主要内容

| 一级机制 | 二级机制 | 三级机制 | 主要内容 |
| --- | --- | --- | --- |
| 预防与应急准备 | 风险防范 | 危险源区管理 | 危险源(区域)调查、登记<br>危险源(区域)风险评估<br>危险源(区域)检查、监控<br>危险源(区域)公布 |
| | | 矛盾纠纷调处 | 矛盾纠纷预警<br>矛盾纠纷排查<br>矛盾纠纷调解处理 |
| | | 单位安全管理 | 单位隐患排查<br>单位安全管理报告<br>单位应急救援设备、设施配备 |
| | 预案准备 | 应急预案编制 | 应急预案编制组织领导<br>基本情况调查<br>风险源识别与风险评价<br>应急能力评估<br>应急预案编制<br>应急预案的发布<br>应急预案的实施 |
| | | 应急预案管理 | 预案评审<br>预案批准(备份)<br>预案发布(公布)<br>预案更新修订<br>预案宣传培训 |
| | | 应急预案演练 | 应急预案演练的计划编制<br>应急预案演练的组织实施<br>应急预案演练的评估总结 |
| | 队伍建设 | 应急队伍建设 | 综合性应急救援队伍建设<br>专业应急救援队伍建设<br>志愿者应急救援队伍建设 |
| | | 队伍培训演练 | 专项培训、演练<br>联合培训、演练<br>军队参与应急救援 |

续表

| 一级机制 | 二级机制 | 三级机制 | 主要内容 |
| --- | --- | --- | --- |
| 预防与应急准备 | 宣教动员 | 学校安全教育 | 公共安全课程教材<br>基层单位安全教育 |
| | | 政府宣传普及 | 预案的宣传和解读<br>应急知识普及<br>安全意识和法制意识宣传 |
| | | 媒体公益宣传 | 媒体应急管理宣传报道<br>媒体宣传报道支持 |
| | | 单位应急演练 | 政府应急演练<br>企事业单位演练<br>基层单位应急演练 |
| | | 公务人员培训 | 应急管理职业培训<br>应急管理综合培训<br>军队应急管理培训 |
| | 应对保障 | 应急场所保障 | 城乡安全规划<br>应急避难场所建设 |
| | | 应急物资保障 | 应急物资的监管、生产、储备<br>应急物资的调拨和紧急配送<br>企业协议生产应急救援物资 |
| | | 应急经费保障 | 应急财政经费保障<br>巨灾风险保险<br>人身意外伤害保险<br>社会捐赠管理 |
| | | 应急通信保障 | 应急通信系统<br>特殊通信保障 |
| | | 应急科技保障 | 应急管理专门人才培养<br>应急管理科研公关<br>应急新技术、设备和工具研发 |

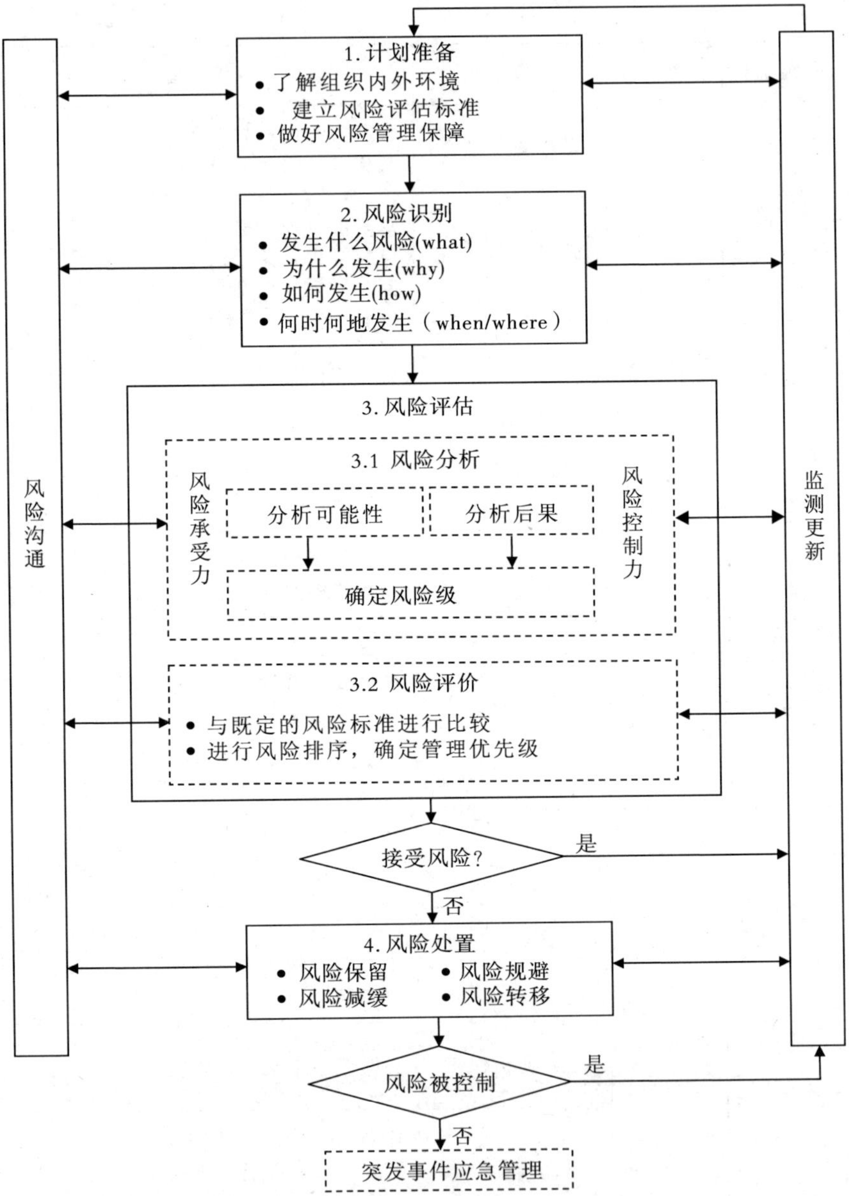


**图 5–3　风险防范的基本工作程序**

资料来源：澳大利亚/新西兰风险管理标准（Risk Management，AS/NZS 4360：2004）；钟开斌：《风险管理：从被动反应到主动保障》，《中国行政管理》2007年第11期。

### 3. 流程优化：监测与预警

突发事件监测与预警是指以先进的信息技术为平台，通过预测和仿真等技术，对各类潜在的隐患、威胁、危害或当前国家和社会的运行状态进行有效的动态监测，做出前瞻性的分析和判断，及时评估各种紧急情况发生的可能性及其危险程度，进行预防和警示，并通过分析和判断各种影响因素综合发挥作用的状况及各要素系统自身运行的状况等，从而制定针对性较强的应对措施的过程（图 5-4）。突发事件监测和预警是开展应急管理工作的重要基础。当前美国、日本、俄罗斯、德国等都因地制宜地建立国家安全、社会稳定等各个方面的监测预警系统，形成上下相结合、分工协作、效能统一的突发事件监测和预警网络，以监测全球或区域的安全状况和灾情态势，分别为其战略决策、安全体系、外交政策、经济发展、政策后效评估、危机综合分析等实行全方位服务。①

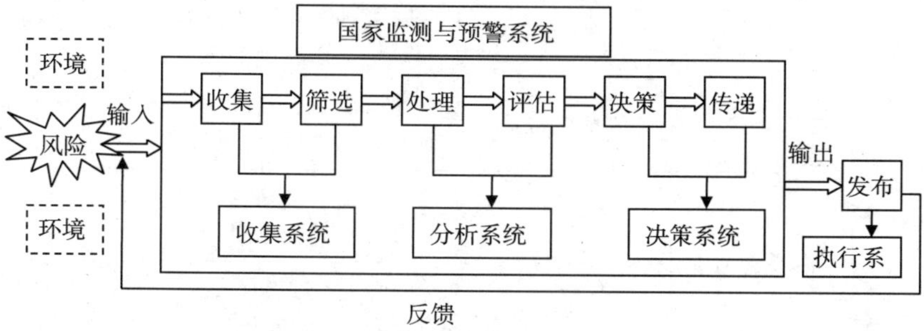


**图 5-4　突发事件监测与预警流程**

从监测与预警的工作内容来看，需要重点开发和优化的二级机制主要包括如下三个方面（表 5-2），每项二级机制又包括若干三级机制。

**(1)事件监测。**事件监测是指政府部门以先进的信息技术平台，通过预测和仿真等技术收集、整合、处理相关信息，预测某一类事件

---

① 郭济：《中央和大城市政府应急机制建设》，中国人民大学出版社 2005 年版，第 83—103 页。

的发展动态。具体而言，事件监测主要包括如下工作内容：一是完善监测网络，包括完善气象、水文、地震、地质、海洋、环境等自然事件监测网，完善省市县乡村五级公共卫生事件信息报告网络系统的同时健全传染病和不明原因疾病、动植物疫情、植物病虫害和食品药品安全等公共卫生事件监测系统，健全社会安全事件监测网络。二是危险源和危险区域监控。这要求建立危险源、危险区域的实时监控系统和危险品跨区域流动监控系统。三是信息报告员制度。这要求县级政府应当在居民委员会、村民委员会和有关单位建立专职或者兼职信息报告员制度，各类突发事件的监测系统都要加大监测设施、设备建设，配备专职或者兼职的监测人员或信息报告员。

**表 5-2　预测与预警机制建设的主要内容**

| 一级机制 | 二级机制 | 三级机制 | 主要内容 |
| --- | --- | --- | --- |
| 监测与预警 | 事件监测 | 监测网络建设 | 自然灾害监测网<br>公共卫生事件监测系统<br>社会安全事件监测网络 |
| | | 危险源(区)监控 | 危险源(区域)的实时监控<br>危险品跨区域流动监控 |
| | | 信息报告员 | 专职监测员(信息报告员)<br>兼职监测员(信息报告员) |
| | 信息评估 | 信息采集 | 政府突发事件信息收集<br>社会面灾情信息报告 |
| | | 信息评判 | 信息分析、会商<br>突发事件影响评估 |
| | 事件预警 | 预警级别 | 预警级别划分<br>预警级别标识 |
| | | 预警发布 | 预警信息确认<br>预警信息公布<br>预警信息取消 |
| | | 预警措施 | 发布三四级警报后的措施<br>发布一二级警报后的措施 |

(2)**信息评估。**信息评估是指借助现代先进信息技术，在及时、准确、全面捕捉突发事件征兆后，对各类信息进行多角度、多层面、全

方位的研判，为预警信息发布和采取预警措施提供科学的决策依据。具体而言，信息评估主要包括如下工作内容：一是信息采集。这要求政府及其有关部门、专业机构以及监测网点和信息报告员通过多种途径全方位地收集各种突发事件信息。获悉突发事件信息的公民、法人或者其他组织，应当向所在地人民政府、有关主管部门或者指定的专业机构报告。二是信息评判。这要求建立信息分析、会商和评估制度，及时汇总分析突发事件隐患和预警信息，必要时组织有关部门、专门技术人员、专家学者进行会商，对发生突发事件的可能性及其可能造成的影响进行评估。

(3) **事件预警。** 预警是指根据有关突发事件的预测信息和风险评估，依据突发事件可能造成的危害程度、紧急程度和发展趋势，确定相应的预警级别，发布相关信息、采取相关措施。事件预警的实质是根据不同情况提前采取针对性的预防措施，包括预警级别制度、预警警报的发布权制度、发布不同级别警报后应当采取的措施。具体而言，事件预警主要包括如下工作内容：一是预警级别制度。根据突发事件发生的紧急程度、发展态势和可能造成的危害程度，分为一级、二级、三级和四级，分别用红、橙、黄、蓝色标示。二是预警警报的发布权制度。原则上，预警的突发事件发生地的县级政府享有警报的发布权，但影响超过本行政区域范围的，应当由上级政府发布预警警报。确定预警警报的发布权，应当遵守属地为主、权责一致、受上级领导三项原则。三是发布各级警报后应当采取的措施。例如，做好突发事件发展态势的预测，向公众发布警告，宣传避免、减轻突发事件危害的常识，公布咨询电话，对相关信息报道工作进行管理。

### 4. 流程优化：应急处置与救援

应急处置与救援是指突发事件发生后，依法及时采取各项措施，控制事态发展，防止事态扩大和发生次生、衍生事件，努力减轻和消除其对生命财产造成损害的过程。应急处置和救援要求决策者在面临紧急情况时能够迅速地搜集信息，果敢做出重要决策，它包含对紧急情况的认识能力、信息收集能力、对策研究能力以及勇敢决断能力等要素，是对决策能力的重大考验。从应急处置与救援的工作内容来看，需要重点开发和优化的二级机制主要包括如下六个方面(表 5-3)。

**(1)先期处置。**先期处置是指在有关部门未做出事件性质及规模判定、预案启动之前,对事件进行的临时应急控制处置,并随时报告势态进展情况。先期处置主要包括以下工作内容:一是在事件发生的第一时间,及时采取各种临时性的应急控制措施。例如,立即开展调查;将事件情况报告上级应急领导小组;向有关部门通报有关情况;做好救治和维护社会稳定工作;收集、保护有关资料和证据;采取有效控制措施,防止事态扩大;做好上级指示的其他工作。二是向有关部门和领导报告事态进展情况,必要时可向上级有关部门和领导请求支援。

**(2)快速评估。**快速评估(又称为盲估)是指在突发事件发生后较短时间内,依据突发事件衰减模型估计出灾区的范围,再根据所掌握的灾区统计资料,估计灾区破坏的直接经济损失和人员伤亡情况,快速判定事件的损失、性质、规模及影响,为采取后续措施提供依据。快速评估主要包括以下两个方面的工作内容:一是受灾范围估计,结合所发生突发事件的基本情况,利用突发事件衰减模型得出。二是灾害损失和影响评估,通过迅速收集受灾地区相关方面的准确数据、详细信息以及评估对象的资料,确定灾害的损失情况及其造成的影响范围。

**(3)信息报告。**信息报告是指当突发事件发生或可能发生时,各级应急管理部门在接到下级部门、专业机构、社会组织或公众的报告后,依据突发事件分级标准或敏感程度,及时、准确、客观地向同级部门或上级部门报告,为突发事件的预防和应对提供信息支持和保障的工作过程。根据发生时间的先后,信息报告主要包括以下三个方面的工作内容,同时每种类型的事件报告都需要明确基本要素(表 5-4),并使用通用的信息报告卡(表 5-5):一是事件初报(首报),即在事件发生后的第一时间先行通过电话口头报告,随后尽快形成文字材料书面报告。二是事件续报,即在事件发生重大变化或应急处置和救援工作的重要阶段告一段落时,对突发事件处置的新进展、可能衍生的新情况进行续报。续报可采取电话口头报告和书面材料报告两种形式,随时多次报告。三是事件结报(终报),即在突发事件处置结束后,对整个事件的发生及处置情况进行全面性的书面总结报告。

**表 5-3　应急处置与救援机制建设的主要内容**

| 一级机制 | 二级机制 | 三级机制 | 主要内容 |
|---|---|---|---|
| 应急处置与救援 | 先期处置 | 临时应急控制 | 立即开展调查<br>向有关部门通报有关情况<br>现场救治和维护社会稳定<br>收集保护有关资料和证据<br>采取防止事态扩大的措施 |
| | | 事态进展报告 | 向上级报告事态进展情况<br>向上级请求必要的支援 |
| | 快速评估 | 事态影响范围估计 | 突发事件信息收集<br>突发事件影响地区资料收集<br>突发事件影响范围估计 |
| | | 事态损失影响 | 突发事件损失评估<br>突发事件影响评估 |
| | 信息报告 | 事件初报（初始情况报告） | 信息报告内容<br>信息报告主体<br>信息报告程序<br>信息报告时限 |
| | | 事件续报（进展情况报告） | 信息报告内容<br>信息报告主体<br>信息报告程序<br>信息报告时限 |
| | | 事件结报（结案情况报告） | 信息报告内容<br>信息报告主体<br>信息报告程序<br>信息报告时限 |
| | 决策指挥 | 预案快速启动 | 预案快速启动的标准<br>预案快速启动的程序 |
| | | 现场决策指挥 | 现场指挥部的成立条件<br>现场指挥部的构成要素<br>现场指挥部的职能定位<br>现场指挥部的组织架构<br>现场指挥部的工作流程 |
| | | 资源调配拨付 | 辖区内资源紧急调配<br>跨区域资源紧急调配 |
| | | 专家紧急参与 | 专家紧急参与的条件<br>专家紧急参与的方式<br>专家紧急参与的程序 |

续表

| 一级机制 | 二级机制 | 三级机制 | 主要内容 |
|---|---|---|---|
| 应急处置与救援 | 决策指挥 | 紧急征用借用 | 紧急征用的条件和程序<br>紧急借用的条件和程序 |
| | | 临时救助安置 | 临时救助的条件和程序<br>临时安置的条件和程序 |
| | 社会动员 | 社会参与救灾 | 灾民自救互救<br>社会参与救灾<br>志愿者的组织与管理 |
| | | 救灾捐赠管理 | 组织捐赠与募捐<br>接受救灾捐赠<br>救灾捐赠款物的管理和使用 |
| | 信息发布 | 灾害新闻发布 | 信息发布<br>舆论引导 |
| | | 灾害现场沟通 | 现场讲话沟通<br>现场安抚慰问 |

**表 5-4　信息报告(初报、续报、结报)要素表**

| 要素分类 | 信息报告要素 | 初报 | 续报 | 结报 |
|---|---|---|---|---|
| 信息报送情况 | 签发人 | | √ * | √ |
| | 信息提供者或单位 | √ | √ | √ |
| | 信息类别 | √ | √ | √ |
| | 严重级别、敏感级别 | | √ | √ |
| | 报送时间 | √ | √ | √ |
| 事件基本信息 | 发生事件的时间 | √ | √ | √ |
| | 地点 | √ | √ | √ |
| | 信息来源 | √ | √ | √ |
| | 事件起因和性质 | | √ * | √ |
| | 基本过程 | √ | √ | √ |
| | 已造成的后果 | √ | √ | √ |
| | 危害程度 | | √ * | √ |
| | 影响范围 | | √ * | √ |
| 处置工作情况 | 事件发展趋势和已经采取的措施 | | √ * | √ |
| | 续报事件处置进展情况 | | √ * | √ |
| | 下一步工作建议 | | | √ * |

注：√ * 表示在该列中新增的要素。

**表 5–5　突发事件通用信息报告卡**

初步报告　　　　　进程报告（　次）　　　　结报

| | |
| --- | --- |
| 事件本身信息 | 事件名称：________________<br>信息类别：1. 水旱灾害　2. 地震灾害　3. 地质灾害　4. 气象灾害　5. 森林火灾　6. 交通事故　7. 生产安全事故　8. 环境污染和生态破坏事故　9. 重大传染病疫情　10. 重大动植物疫情　11. 食品安全和职业危害　12. 重大群体性事件　13. 重大刑事案例　14. 涉外突发事件 ……<br>事件等级：Ⅰ 特大　Ⅱ 重大　Ⅲ 较大　Ⅳ 一般　Ⅴ 未分级　Ⅵ 非突发事件<br>事件发生时间：______年______月______日______时______分<br>事件发生地区：______区（县）______街道（乡镇）______社区（村）______<br>详细地址：________________<br>________________<br>事件基本过程：________________<br>________________<br>事件原因：________________<br>________________<br>已经造成的后果：________________<br>________________<br>已经采取的措施：________________<br>________________<br>事态发展趋势：________________<br>________________ |
| 信息源 | 事件最初报告单位：________________<br>最初报告时间：______年______月______日______时______分<br>事件最初报告人：__________联系电话：__________ |
| 上报信息 | 报告人：________联系电话：________ 报告人单位：________<br>填报时间：______年______月______日______时______分<br>签发人：____________（主任、副主任、其他〈请注明〉）<br>签发人联系电话：________________ |
| 信息接收情况填选卡 | 接报单位：________________<br>接报时间：________年________月________日________时________分<br>接报人：________<br>接报人联系电话：____________ |
| | 信息准确性评价：________________<br>上报时效性评价：________________<br>接收报告情况小结：________________<br>________________ |

(4)**决策指挥。**决策指挥是指应急管理机构或决策者借助科学的手段和方法，及时采取各项应急措施，对突发事件实施紧急救援行动，以消除或减少突发事件危害的行为，其宗旨是落实决策规定。决策指挥主要包括以下六个方面的工作内容：一是在第一时间紧急启动预案，要明确各级各类预案快速启动的标准和程序，实现不同地区和不同部门之间的协调联动(图 5-5)。二是现场指挥，包括现场指挥部的建立，不同部门、不同地区、不同单位以及与军队之间的指挥协调。现场指挥部是指在应急决策与处置过程中，由相关部门组织的、临时性地应对突发事件的决策指挥与应急处置机构。要明确现场指挥部的成立条件、构成要素、职能定位、组织架构、工作流程。三是资源调配，包括人、财、物、通信、技术等资源的紧急调配。四是专家参与，要明确专家紧急参与的条件、方式和工作程序。五是紧急征用借用，包括紧急征用和借用的启动条件、基本程序。六是临时救助安置，即对因天灾人祸、意外事故等突发性、偶然性因素造成临时生活困难家庭的吃饭、穿衣等基本生活的救助和生活场所安置。临时救助安置是一种非定期、非定量的临时生活救助和安排制度，要明确临时救助安置的条件和程序。

(5)**社会动员。**社会动员(狭义的紧急社会动员)是指在突发事件即将或已经发生后，政府动员社会力量进行自救、互救或参与政府应急管理行动的各种活动、手段或方式方法。① 社会动员主要包括以下两个方面的工作内容：一是社会参与抢险救灾(包括国际组织以及其他国家和地区的参与)，包括灾民自救互救、社会通过捐款捐物等各种形式参与抢险救灾、志愿者的组织与管理。社会参与抢险救灾机制的建立健全，有利于为应急处置和救援工作提供重要的群众基础和社会基础。二是救灾捐赠管理(包括对来自境外的救灾捐赠的管理)，包括组织捐赠与募捐、接受捐赠、救灾捐赠款物的管理和使用。加强救灾捐赠管理的目的，是规范救灾捐赠活动，加强救灾捐赠款物的管理，保护捐赠人、救灾捐赠受赠人和灾区受益人的合法权

① 广义的社会动员还包括日常应急管理的宣传、教育等工作，提高全社会的安全意识和应急技能。《突发事件应对法》第六条规定："国家建立有效的社会动员机制，增强全民的公共安全和防范风险的意识，提高全社会的避险救助能力。"它是从宣传教育的角度来定义社会动员的。

益，推进应急处置和救援工作的有序开展。

(6)**信息发布。**信息发布是指政府有关部门或被授权的组织向社会公众或特定群体发布各种应急管理信息的行为。信息发布主要有两种形式：一是政府有关机构或负责人借助一定的传媒手段直接面对社会公众发布信息，如政府有关领导人直接在电视上发表谈话或在报纸上发布政府公告等；二是政府向媒体发布信息并回答媒体的提问，即习惯所称的新闻发布。具体而言，信息发布主要包括以下两个方面的工作内容：一是信息发布和舆论引导，如召开新闻发布会、在电视上发表谈话或在报纸上发布政府公告。二是决策者在灾害现场进行现场沟通，如现场决策指挥人员和上级领导在灾害现场接待、慰问、安抚灾民和救援人员等。

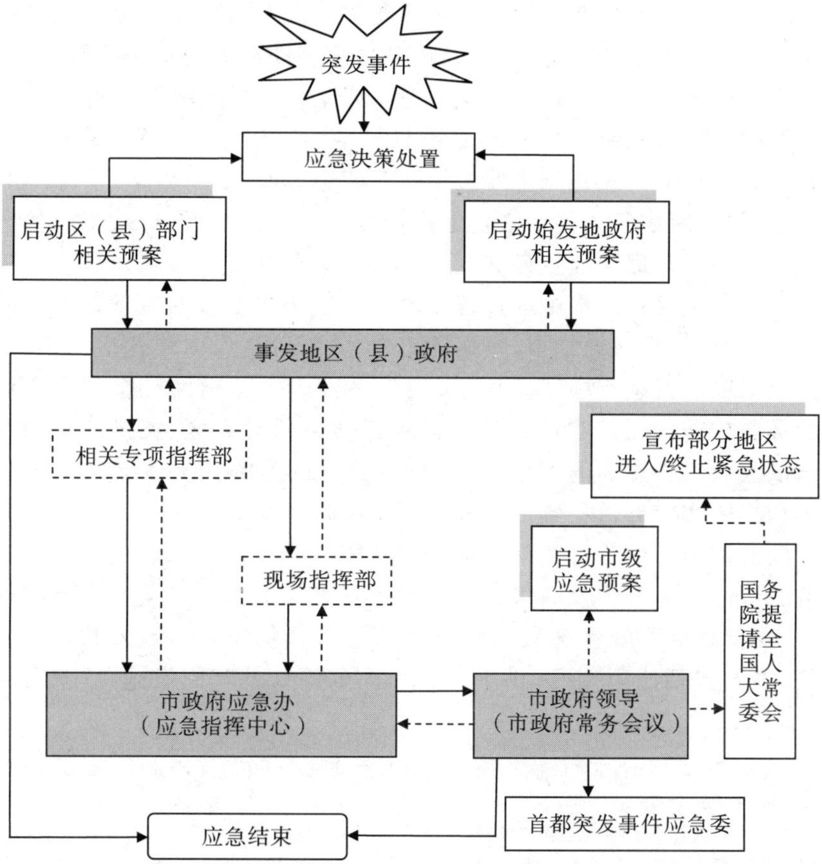


**图 5-5 应急决策处置的基本流程(以北京市为例)**

### 5. 流程优化：事后恢复与重建

事后恢复与重建是指在应急处置结束后，管理主体为恢复正常的社会秩序和运行状态所采取的一切措施的总和。恢复重建是完整的应急管理周期的最后一个阶段，是在突发事件结束后，遭受损失的社区和民众向事前正常的生活和生产秩序的回归。恢复重建开始于突发事件的稳定，结束于受损地区完全从灾难后果中恢复。这一阶段是应急管理由非常态转向常态的关键环节，其基本要求是实现常态管理与非常态管理的有机结合与顺利转换。①

事后恢复与重建阶段是一项跨越较长周期的错综复杂的系统工程。② 突发事件的威胁和危害基本得到控制和消除后，应当及时组织开展事后恢复和重建工作，以减轻突发事件造成的损失和影响，尽快恢复生产、生活、工作和社会秩序，妥善解决处置突发事件过程中引发的矛盾和纠纷。从应急处置与救援的工作内容来看，需要重点开发和优化的二级机制主要包括如下四个方面（表 5–6）。

(1) **善后恢复。**善后恢复是指在突发事件发生后，针对正常的社会和经济活动遭到严重破坏，各类基础设施遭到破坏和人员伤亡等实施善后恢复相关措施的过程。善后恢复将主要包括以下四方面的工作内容：一是应急结束，根据事态发展的情况，及时停止应急措施，同时采取或继续实施防止次生、衍生事件或重新引发社会安全事件的必要措施。二是灾后评估。灾后评估包括对灾区、灾民需求的评估以及对灾害影响的评估两个方面，其目的是为恢复重建方案的制定和具体实施提供科学的数据支持，以确定恢复重建所需要资源与救助的种类与数量。三是社会治安秩序恢复。这要求受突发事件影响地区的政府应当及时组织和协调公安等有关部门恢复社会治安秩序，妥善解决因处置突发事件引发的矛盾和纠纷。四是公共设施修复，主要包括修复交通、供水、通讯、供电等公共基础设施，以及对受

---

① 李程伟、张永理：《自然灾害类突发事件恢复重建政策体系研究》，中国社会出版社 2009 年版。

② 根据日本阪神大地震的经验，重建阶段投入的经费、人力等资源，是紧急救援阶段的四倍甚至更多。见王柯：《阪神大震灾的教训与创造性复兴》，中国民主法制出版社 2009 年版。

损的公共设施和危险建筑物进行抢险排险加固等。

(2)**救助补偿。**救助补偿是指对受突发事件影响的地区和民众提供足额的食品和日常生活用品，保障灾区和灾民的基本生活。救助补偿主要包括如下三方面的工作内容：一是补偿赔偿，针对应急处置阶段的紧急征用和借用情况，进行合理的补偿和赔偿。二是灾后安置，涉及对灾民的中长期转移安置、紧急救援物资的统筹分配管理、救灾物资和款项的发放与公示、恢复重建过程中的争端解决等。三是心理救助。突发事件所造成的除了人员伤亡、财产损失和建筑物倒塌外，也对受突发事件影响的人员的心理造成不可磨灭的损害。心理救援机制主要包括心理救援队伍建设、心理救援机制的启动和大规模人群的心理救援机制等。

(3)**调查评估。**调查评估是指是对突发事件的原因、处置过程、结果进行总结式论断的过程。评估结果对应急管理制度的完善和发展有重要的促进作用，定期和不定期的调查评估有助于推动应急管理制度的不断完善。[①] 调查评估主要包括如下三方面的工作内容：一是事件调查。主要包括突发事件的调查评估主体、调查评估对象和流程、应急救援人员的补偿和表彰。二是责任追究。根据调查评估的结果，对相关的责任部门和责任人进行处理。三是整改学习，提出改进应急管理工作的对策和措施。调查评估的主要目的不在于责任追究，而在于以查促改，查找、发现工作中的问题和薄弱环节，进而改进和推动全市应急管理工作，即通常所说的“变少部分的经历多大多数人的财富，为全社会的财富”。

(4)**规划重建。**当突发事件所引发的次生衍生灾害的后果基本消除，已基本恢复正常社会秩序后，由相关机构宣布应急期结束，解除有关紧急应急措施，进入长期恢复重建阶段。具体而言，规划重建包括以下两个方面的工作内容：一是恢复重建规划的制定和实施。突发事件应急处置工作结束后，有关政府应在对突发事件造成的损失进行全面评估的基础上，组织制定受影响地区恢复重建计划。二是为恢复重建提供支援。受突发事件影响地区的政府开展恢复重建工作需要上一级政府支持的，可以向上一级政府提出请求；上级政府

---

① 张欢、陈学婧：《应急管理调查评估的要素分析与分类》，《中国应急管理》2008年第12期。

根据受突发事件影响地区或行业遭受损失的情况，制定扶持该地区有关行业发展的优惠政策；上级政府也可以有计划地组织对口支援进行灾后恢复重建。①

**表 5-6 事后恢复与重建机制建设的主要内容**

| 一级机制 | 二级机制 | 三级机制 | 主要内容 |
|---|---|---|---|
| 事后恢复与重建 | 善后恢复 | 应急结束 | 及时停止应急措施<br>采取防止次生衍生灾害的措施 |
| | | 事后评估 | 受影响地区和民众需求的评估<br>突发事件影响的评估 |
| | | 治安秩序恢复 | 社会治安秩序恢复<br>事后矛盾纠纷解决 |
| | | 公共设施修复 | 公共设施修复的启动<br>公共设施修复的程序 |
| | 救助补偿 | 补偿赔偿 | 补偿赔偿的标准<br>补偿赔偿的程序 |
| | | 事后安置 | 受影响民众的中长期转移安置<br>紧急救援物资的统筹分配管理<br>救灾物资和款项的发放与公示<br>恢复重建过程中的争端解决 |
| | | 心理救助 | 心理救援队伍建设<br>心理救援机制启动<br>大规模人群的心理救援 |
| | 调查评估 | 事件调查 | 调查评估的启动<br>调查评估的工作流程<br>应急救援人员的补偿和表彰 |
| | | 责任追究 | 责任追究的启动<br>责任追究的工作程序<br>重大事故责任追究 |

---

① 例如，在2003年抗击“非典”期间，为保证疫情期间生产经营活动的正常进行，经国务院批准，财政部、国家税务总局发出紧急通知（《财政部国家税务总局关于调整部分行业在非典疫情期间税收政策的紧急通知》，财税〔2003〕113号），对受“非典”疫情影响比较突出的部分行业在2003年5月1日至9月30日期间实行税收优惠政策。同时，财政部和国家税务总局还联合下发通知，对企业和个人税收优惠政策：“非典”疫情发生期间个人取得的特殊临时性工作补助等所得免征个人所得税，企业和个人等社会力量用于防治非典型肺炎的捐赠可在所得税前扣除，企业和个人等社会力量通过各级政府民政部门、卫生部门，中国红十字总会、中华慈善总会等机构进行的捐赠允许在所得税前扣除。

续表

| 一级机制 | 二级机制 | 三级机制 | 主要内容 |
|---|---|---|---|
| 事后恢复与重建 | 调查评估 | 整改学习 | 整改学习的启动<br>整改学习的工作流程<br>整改学习的监督检查 |
| | 规划重建 | 重建规划实施 | 调查评估的启动<br>调查评估的工作流程 |
| | | 恢复重建支援 | 上级支持援助<br>受影响地区发展优惠政策<br>突发事件发生后对口支援 |

## 三、应急管理机制的细化和标准化

### 1. 应急管理流程的基本要件

在建立基于流程优化的政府应急管理机制的基本框架后，要通过明确每一项应急管理流程的基本要件，对各项具体的应急管理流程进行具体化和规范化。一般而言，每一项标准化、模版化的应急管理流程应包括如下基本要件。

**一是流程负责人。**政府应急管理具有很强的跨部门、跨地域属性。除了部门内的流程外，应急管理流程通常还涉及多个部门或多个区域。例如，部门间流程为跨越多个部门的业务流程，组织内流程为跨越组织内各部门的运行流程，组织间流程则是跨越多个组织的业务流程。在开展应急管理工作的过程中，由于部门和区域之间的职责划分不清，因此在跨部门、跨区域联合进行突发事件应对时经常存在多头管理和无人负责并存的现象。① 应急管理流程管理的最大隐患是缺乏流程负责人，特别是涉及多个部门或多个组织的流程。由于没有人对整体流程负责，部门之间和组织之间的流程接口处将

① Eric K. Stern, Bengt Sundelius, Daniel Nohrstedt, Dan Hansen, Lindy Newlove, and Paul't Hart, "Crisis Management in Transitional Democracies: The Baltic Experience," *Government and Opposition*, Vol. 37, No. 4, (Autumn, 2002), pp. 524—550.

成为流程运行的真空和瓶颈。为了消除该隐患，对各种流程必须指定一名负责人（流程负责人）。流程负责人的责任是：确定流程界限，设计规定范围中的业务流程，协调业务流程接口，确定子流程并指定所有者，规定业务流程的输出，监督业务流程的运行效果，提出流程优化建议，提出流程效率标准。一般情况下，应急管理机构的基本流程负责人、设计者为该机构的总负责人，跨部门的流程负责人、设计者及执行者为应急管理机构确定的高层领导人，部门流程所有者、设计者及执行者为应急管理机构的部门领导。

**二是流程执行者。**好的管理在于好的流程，好的流程在于好的执行；"流程都有，就是得不到执行"是组织在开展流程管理过程中经常面临的难题。流程执行者主要是指工作流程的岗位人员，经过统一培训达到流程要求的标准后能根据流程要求进行工作。换言之，流程执行者可被看作是最低层的流程负责人。流程管理人员、流程审计人员的其中一个重要职责是要对流程执行者进行培训，培训的时机可以选择在流程发布后或一个项目的启动阶段。过程控制不规范、流程执行者以及素质偏低、效率不高导致流程执行不力，是应急管理流程管理中的常见问题。应急管理流程执行者的重要职责，是在接受培训、通过考核后，执行既定的标准化业务流程，并根据实施的情况对业务流程提出改进意见和建议。在流程管理中，流程设计者和流程执行者分别承担着不同的功能定位：对流程设计者而言，更主要的是人管流程；而对流程执行者而言，则是流程管人，而实际上流程执行者也应有权根据实际运行情况对流程提出改进意见和建议。

**三是流程启动条件。**政府应急管理流程有些是常态性、日常化的，需要常年启动；有些则是非常态性的，只有在特定的时间和特定的条件下才会被启动。通常，可以把政府应急管理流程分成常态和非常态两大类：一类是常态条件下的流程，基本上属于日常的各项基础性工作，常年启动；另一类是非常态条件下的紧急应变流程，具有特殊性和紧急性，只有在紧急情况发生时才被紧急启动。为此，需要针对各种不同的情形，确定各自不同的启动条件和具体的启动程序。

**四是流程的工作步骤及具体要求。**基于流程优化的政府应急管理机制建设，通过对政府应急管理流程的分解，科学界定完成各项流程的工作步骤、工作动作及其相应的达标标准，从而为各项具体突发事件活动的展开提供切实有效的控制方法。在此过程中，需要明确各项业务流程的工作步骤和具体要求，在此基础上制定一般程序和简易评估文书模版，使评估工作具有较强的操作性。

**五是流程上下左右的无缝衔接机制。**应急管理流程具有严格意义上的闭合性，要覆盖突发事件事前、事发、事中和事后全过程的各个环节。在业务流程优化过程中，必须保障各项流程之间的连续性、通畅性和简捷性，确保不同流程之间以及流程中的各项活动和各个环节之间实现有序贯通和无缝对接，做到责任闭合、环环相扣。同时，政府应急管理涉及不同部门、区域和人员，因此需要建立纵向和横向不同流程之间的无缝衔接和协同工作机制。当前，我国应急管理流程之间缺乏无缝化衔接，尚未实现完全闭合，影响工作效率。通过编制整体流程框架体系，尽可能使一个岗位完成一项完整的工作（职责完整性原则），明确流程节点之间的相互协作关系，表现多领域业务流程的工作步骤、先后顺序以及协作关系，从而实现衔接流程的无缝衔接，让不同流程之间能够主动配合。

**六是制度化的流程管理机制。**流程管理需要建立制度化、规范化、程序化的流程管理机制。例如，本流程应多长时间审查修订一次、谁负责审查、谁负责管理、如何进行更新完善等。通过与每个流程图配套程序文件的编写，进一步明确每个流程设置的目的、适用范围等相关信息，为流程的实际操作奠定基础。

### 2. 应急管理流程的编码体系

在确定了应急管理流程的基本框架和基本要件后，要对整个流程图绘制的图例、模板、格式要求等方面进行规范，根据标准化、规范化的要求建立流程的编码体系，实现不同流程之间的共享共通、无缝对接。

一般而言，每一项应急管理流程图的配套程序文件主要包括以下六个部分（表5-7）。[①] 一是目的，主要描述本流程为了实现何种工作目标。二是适用范围，主要描述本流程使用的对象。三是定义，主

① 韩凤君：《优化流程、明确职责，提高组织效率——某特大型国有集团公司流程优化设计项目》，《中华通讯》2006年第20期。

要描述流程中涉及的专业用语的解释。四是工作内容，主要描述流程过程、相关规定和要求、流程主要控制点、流程流转时间。五是职责，主要描述流程中涉及的部门或岗位在本流程中的职责。六是相关文件，主要描述与本流程有关的文件和本流程生成的文件。

**表 5–7 应急管理流程图的配套程序文件**

| 文件 | 描述的主要内容 |
|---|---|
| 目的 | 本流程所要实现的工作目标 |
| 适用范围 | 本流程使用对象和范围 |
| 定义 | 流程中涉及的专业用语的解释 |
| 工作内容 | 流程过程及相关规定、主要控制点及流转时间 |
| 职责 | 流程中涉及的部门或岗位在本流程中的职责。 |
| 相关文件 | 与本流程有关的文件和本流程生成的文件 |

### 3. 应急管理流程优化的保障机制

基于流程优化的政府应急管理机制建设是一项综合性的复杂系统工程，必须具有很好的组织领导、责任机制、监督机制和技术保障。

**一是组织领导。**流程型组织是对基于职能的传统“金字塔”式组织的重大改革，是对传统管理模式的一次“自我革命”，是应急管理理念的一次改革和创新。这项综合性的系统工程必须要有强有力的组织领导保障。在制订详细、全面，可操作强的实施方案的过程中，要明确流程优化工程的组织领导，以科学确定工程的目标和任务，对流程优化工作做出具体安排并提出明确要求。为加强组织领导，各地区各部门可成立由主要负责人为组长、相关部门负责人为成员的协调领导小组，负责应急管理流程优化工作的统一领导和协调，明确工作分工。同时，要加强不同地区和部门之间的沟通协调。在确定全国应急管理流程基本框架的基础上，各地区、各部门根据分工实现内部流程优化；在此基础上，逐步进行跨部门、跨地区的流程优化，实现各地区各部门应急管理流程之间的共享共通。

**二是责任机制。**应急管理流程优化要求以流程为中心取代传统的以任务或职能为中心的工作模式，这是对传统“金字塔”式职能相互分割组织的重大改革。应急管理流程优化要求积极创新管理体制，认真细致地梳理管理上的弊病和工作流程上的不足，找准症结所在，明确改进方向，向“制度管人，流程管事”要效益。这项工作有利于进一步明确组织的职能，解决实际工作中一定程度上存在的职能交叉、职能不清和责任不明等问题。在开展应急管理优化的过程中，必须强化责任，明晰管理流程，明确管理内容和各自职责，使管理标准涵盖各个领域，突出深层次的专业管理，有创新和前瞻性，避免职能交叉，明确责任主体。

**三是监督机制。**应急管理流程优化是一项持续改进的工作，需要建立监督检查制度，明确监督检查机构或人员的职责权限，定期或不定期地进行检查。强化监督检查的关键在于建立科学、完善的绩效考评体系。在制定考核目标上，要做到必要性与可行性相结合，按照标准化应急管理流程的相关规定，制定一套具体明确、科学客观、容易操作的指标。在考核内容上，要做到定性与定量相结合，定性指标力求体现全局性、宏观性和普遍性，定量指标力求体现合理性、严格性和绩效性。在考核方法上，要做到日常考核与年终考核相结合，内部考核与外部评议相结合，主管部门与相关部门评价相结合。在考核结果的运用上，要建立信息反馈体系，对监督检查过程中发现的内容控制中的薄弱环节，应及时向上级有关部门报告检查情况和有关部门的整改情况，采取措施，及时加以纠正和完善。

**四是技术保障。**信息技术是应急管理流程优化的重要工具。几十年以来，以互联网为基础的信息技术的迅猛发展对组织的业务流程产生了深远的影响。一方面，信息技术的发展为新式的流程优化提供了可能和工具，推动应急管理工作方式和程序的改变，因而可以通过技术创新推动管理创新，提高管理效率；另一方面，流程优化反过来也扩大了对信息技术的要求，促进了信息技术的发展工作。在应急管理流程优化中，要进一步加大信息技术的应用，可重点结合我国电子政务的建设成果，改造原有应急管理工作中不合理的冗余的业务流程关系，在此基础上改善应急管理组织的结构关系，实现资源的优化配置，提高整体运作效率。

# 第六章　政府应急管理机制建设案例：北京市

北京市的应急管理机制建设一直走在全国的前列，为全国基于流程优化的政府应急管理建设提供了重要的引领和示范作用。有必要对北京市应急管理机制建设的实践经验进行全面总结和探讨。本章总结了北京市应急管理机制建设的重要进展，分析了仍需解决的问题，在阐述北京市应急管理机制建设的基本目标和主要任务的基础上，提出了北京市应急管理关键流程优化的主要对策。①

## 一、北京市应急管理机制建设的成效和仍需解决的问题

### 1. 北京市应急管理工作的主要成效

自 2003 年以来，北京全市应急管理系统以“一案三制”为核心，以“平安奥运”为重点，以“首都安全”为目标，应急管理体系不断完善，功能不断健全，为保护人民群众生命财产和维护首都安全稳定，发挥了重要作用。**一是建立“覆盖全市、专兼结合”的应急组织体系。**

---

① 本部分有关北京市应急管理机制建设的资料，主要来自作者所参与的北京市应急指挥系统总体设计二期课题《北京市应急管理机制研究》总报告和分报告相关内容。

近年来，北京立足首都工作实际，建立了“3＋2＋1”为基本框架的应急管理组织体系（图 6–1），“覆盖全市、责任明确、专兼结合、全民参与”的应急管理工作网络已初步形成。其中，“3”是指市级应急管理机构、市属 13 个专项应急指挥机构、18 个区县应急管理机构。[①] 2005 年 11 月，北京市 18 区县全部成立了应急委及其办事机构。2006 年 11 月，市反恐和刑事案件、公共卫生、建筑、城市公共设施等 13 个专项应急指挥部及办公室整合组建完成。市环保局、市国防工办、市气象局等单位和部门也成立了应急管理专门机构。“2”是指以 110 为龙头的市紧急报警服务中心和以市政府便民电话 12345 为统一号码的市非紧急救助服务中心。“1”是指以属地为主，企业、学校、社区、村等社会单元为基础的基层应急工作体系。目前，北京全市共有专职应急管理人员 520 余人，专业抢险救援队伍 200 余支、2.74 万人，专兼结合及群众性抢险队伍 35.5 万人。97%的街乡镇建立了应急管理责任体系，82%的社区村建立了应急管理工作机制。总的来看，北京市应急管理组织体系的基本形成，为全市突发事件的有效预防和处置提供了强有力的组织保障。

**二是建立“横向到边、纵向到底”的应急预案体系。**北京市预案体系从零散到逐步规范，预案的科学性、有效性和可操作性逐步提高。自 2005 年以来，北京市发布并修订了《北京市突发公共事件总体应急预案》，出台了《北京市突发公共事件应急预案管理暂行办法》，规范和指导全市应急预案体系建设工作。目前，全市初步形成了以市总体预案为核心，区县总体预案、专项预案、部门预案为依托，各类社会单元预案为基础，“横向到边、纵向到底、覆盖全市”的应急预案管理体系。据统计，北京全市各级各类预案达 6.61 万个，其中，电力、防汛、轨道交通、流感大流行等市级管理的预案共有 68 个。通过经常性演练和修订完善，预案发挥了重要作用。2006 年 9 月，市交通安全应急指挥部等单位共制定 7 套应急预案，5 个交通疏导方案，确保西直门北立交危桥施工改造圆满成功。2007 年 7 月 7 日，延庆 12 万户大面积停电事故发生后，市电力事故应急指挥部立即启动预

---

① 2010 年 7 月 1 日，经国务院批准，北京市宣布将撤销原宣武区、崇文区。西城区与宣武区合并，成立新的西城区；东城区则与崇文区合并为新的东城区。北京市区县数量由 18 个变为 16 个。

案，延庆县和北京电力公司等单位迅速响应，用 2 小时 20 分钟恢复供电。完整的应急预案体系，为有效应对突发事件提供了强有力的保障。

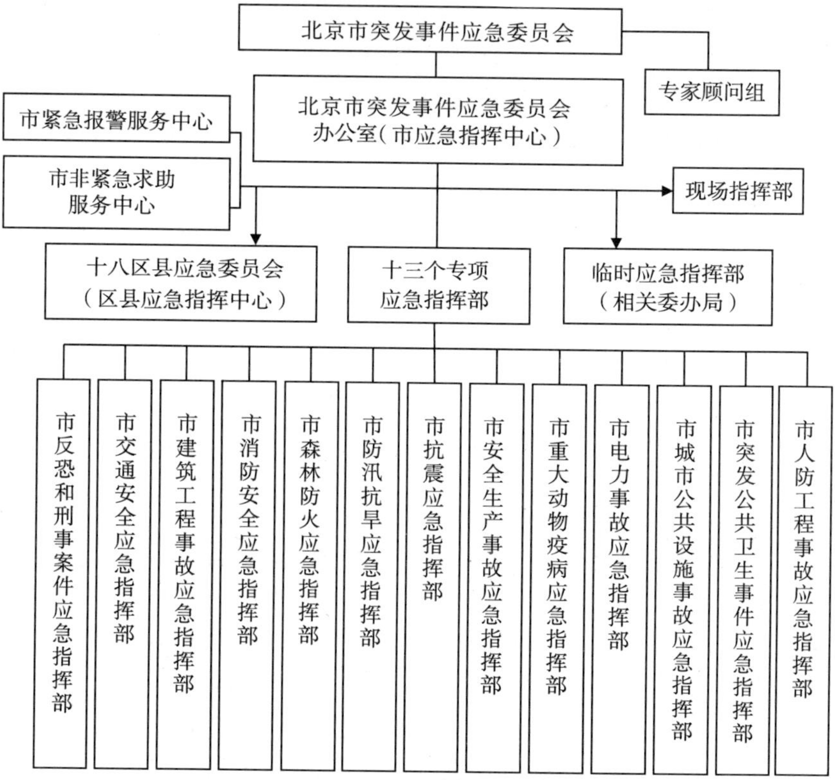


**图 6-1 北京市"3＋2＋1"为基本框架的应急管理组织体系**

**三是建立"责任清晰、及时有效"的信息管理体系。**全市突发事件信息工作队伍组建完成，"市—区（县）—街（乡镇）—社区（村）"四级应急信息报告网络初步形成，应急信息报告工作机制基本建立。北京市初步建立了依托全市应急体系，与中央有关部委、周边省市及重点单位应急信息互通共享，引导新闻媒体积极参与的信息管理体系，确保市委、市政府及时掌握重要的敏感信息。及时主动向中央、国务院报告各种突发事件，做到信息报告快速、准确。制定了《信息管理暂行办法》，规范了信息报告的标准和程序，明确了责任和时限。坚持"四早"方针（早发现、早报告、早控制、早解决）和"三敏感"原则

（敏感时间、敏感地点、敏感事件），各区县、各专项、各有关部门的信息报告意识不断增强，及时性、准确性不断提升，杜绝了迟报、漏报、谎报等现象的发生。《值班快报》、《应急管理动态》等信息刊物全天候及时反映全市突发事件和应急管理工作动态，总结研究国内外典型突发事件应对的经验教训，成为市领导和各部门及时掌控公共安全信息的重要载体。在2006年1月东三环京广桥附近路面塌陷等突发事件处置中，第一时间发布信息，主动把握舆论导向，得到广大市民的理解和支持。其中，手机短信发布方式，效果良好，得到国务院领导充分肯定，并在全国推广。强化信息报告工作，为有效预防和处置突发事件提供了优质高效的信息服务。

**四是建立“政府主导、共同参与”的宣教动员体系。**按照“主责在政府，主体是市民”的理念和“政府主导，充分发挥各区县应急委、各专项应急指挥部作用，全社会共同参与”的总体架构，北京市初步建立了应急管理的宣教动员体系。出台了《北京市应急管理科普宣教工作总体实施方案》，深入开展应急管理进社区、进农村、进学校、进企业“四进入”工程；免费发放了600万册《首都市民防灾应急手册》，编制了200万册地铁、防汛、建筑工地、山区泥石流、应对流感等防灾减灾和应急管理读本，大力普及安全知识和应急技能；积极推进安全知识进课堂工作；广泛开展“社区减灾平安行”、“全国安全生产月”、“国际减灾日”等活动；建成市民防灾教育馆、生产安全教育基地等科普教育场所，其中海淀公共安全馆是全国首家公共安全教育基地。朝阳区望京、麦子店、亚运村、建外四个街道被世界卫生组织（WHO）授予国际“安全社区”称号。在烟花爆竹“禁改限”、中非论坛以及“好运北京”综合测试赛等重要时期，北京编织了以“红袖标”为主体的群防群治防控网络，确保全市治安秩序良好。

**五是建立“功能完备、适应需要”的技术支撑体系。**近年来，北京市积极整合全市“十五”期间信息化建设重要成果，全面实施应急指挥技术系统建设，先后制定了《应急指挥系统平台建设指导意见》等文件。依托市信息办有线、无线政务信息专网，建成了市应急指挥平台、市级移动应急指挥平台。在全市18个区县和13个专项指挥部中，已有12个区县、消防、人防工程、生产安全、防汛抗旱等9个专项应急指挥部建成应急指挥平台。目前，北京市初步形成了以市应急指挥平台为龙头，区县、专项指挥部平台互联互通，应急移动指挥平台为辅助的应急管理指挥技术支撑体系，初步具备了社会面监控、有线通信、无线调度、异地会商、移动指挥、信息资源共享等六大功能，全面提升应急指挥平台的技术含量，为及时掌控和专业处置突发事件提供了有力的技术支持。

**六是不断加强应急管理法制建设。**近些年来，北京市先后制定了《北京市"十一五"时期城市减灾应急体系建设规划》、《市应急委工作规则》和《关于进一步加强全市值守应急工作的通知》等一系列规范性文件，指导全市应急管理体系建设。2007年，北京市健全应急管理法制，全面启动贯彻实施国家《突发事件应对法》地方立法调研工作，强化应急管理普法教育，提高干部群众法制意识和依法管理能力。根据《突发事件应对法》，北京市对全市出台的地方性法规、规章和规范性文件进行清理、修改和废止。2008年5月23日，北京市十三届人大常委会第四次会议通过《北京市实施〈中华人民共和国突发事件应对法〉办法》。①

### 2. 北京市应急管理机制建设的主要成就

近年来，北京市坚持完善应急管理机制，加强统筹协调，不断完善统一指挥、上下一致、部门联动、应急办综合协调的工作格局。市应急办牵头完善首都地区信息沟通与应急协作机制，推进了预测预警、信息报告、决策处置、信息发布、社会动员、恢复重建、调查评估等七大应急管理机制建设，基本涵盖了突发事件的关键环节，把日常值守应急、应急处置和恢复重建有机结合起来。此外，市地震、森林防火等应急指挥部还建立了华北地区协作联动机制。

**一是实施风险评估，推进预防与应急准备工作。**为保障奥运会安全顺利举办，北京市于2007年2月开始，在全市启动奥运期间突发事件风险评估工作。此次风险评估工作共涉及自然灾害、事故灾难、公共卫生和社会安全等4大类、41项突发事件，各区县、首都国际机场、铁路场站、重点商业和大型活动场所、旅游区域等94个重点地区。北京市出台了《风险评估框架指南》和《风险评估实施细则》等指

① 《北京市实施〈中华人民共和国突发事件应对法〉办法》，《北京日报》2008年5月24日。

导性文件，加强了对全市55个相关责任单位的指导。北京市开展并完成了风险源调查和各专项风险评估与对策报告，初步摸清了奥运期间北京市可能出现的37大类、155小类风险源，针对94个重点地区开展较为细致的风险源调查，并提出具体的风险防范对策措施。同时，全市应急系统在反恐、应对极端天气等重点领域，利用奥运会之前在同样气候条件下保障城市运行的演练机会，有针对性地开展了首都机场地区防汛演练、奥运期间生物恐怖袭击医疗救援演练等近10余次专项或综合演练，以确保"好运北京"测试赛顺利举办，为2008年奥运会积累经验。此外，北京市还大力加强应急演练制度建设，结合奥运期间风险评估工作，与4家科研单位合作，开展四大类突发事件全市综合性应急预案演练方案的研究，并起草了北京市应急演练管理办法。

**二是开展宣传教育，做好社会动员工作。**北京市坚持以应急工作"主责在政府、主体是市民"的理念为指导，充分发挥群众团体、红十字会等民间组织、基层自治组织和公民在灾害防御、紧急救援、救灾捐赠、医疗救助、卫生防疫、恢复重建等方面的作用，配合政府共同做好防范和处置工作。2006年3月，按照国务院的统一部署，北京市制定并实施了《北京市应急管理科普宣教总体实施方案》，全面启动应急管理"四进入"(进社区、进乡村、进学校、进企业)工程。起草了《全面开展应急管理宣教动员工作的意见》，提出了总体工作目标和今后的主要任务。同时，编写并免费发放《首都市民防灾应急手册》，在全市范围内开展了"社区减灾平安行"等系列活动，深入开展防灾减灾知识宣传。在首都高校和全市初中全面推进安全知识教育进课堂工作，并经常性地开展"中小学生安全宣传日"等多种形式的宣传和教育活动。不断加强应急基础设施建设，海淀区建成全市第一个公共安全馆，市消防局建设了北京市民防灾教育馆。此外，为提高应急管理人员的综合素质，北京市在市委党校局处级干部培训班和局级干部短训班分别增加了安全教育和应急管理专题课程。市应急办组织应急系统人员开展国内外各类培训30余次，增强了相关人员的应急决策和指挥处置能力。

**三是建立信息系统，完善监测与预警工作。**目前，北京市已经初步建成值守应急、数字化预案、应急空间信息和资源目录等综合应用系统，并整合了防汛、气象、交通、安全生产和水电气热等相关单位信息资源，涵盖了奥运场馆、定点医院、接待宾馆、重要交通路线、周边设施及水电气热等城市运行体征数据和实时监测信息，为“好运北京”测试赛和奥运期间的城市运行和应急管理发挥了重要的辅助决策作用。例如，市防汛部门为泥石流易发区、采空区的村庄及病险水库下游的险村安装了简易雨量监测桶，并指派专人负责，做到及时预警、及时组织群众疏散转移。东城区有400余名基层城管监督员，及时进行巡查和信息采集，保证了对辖区内安全隐患实施全时段监控，对可能发生的各种事件提前预警。

**四是坚持信息先行，健全信息报告和通报制度。**北京市依法建立健全信息报告制度，重视社会舆情，做好信息汇总和研判分析工作，提高信息报告的及时性和准确性。全市逐步健全了综合应急管理机构与专项应急机构的会商通报机制。目前，北京市制定了《北京市突发公共事件信息管理工作暂行办法》，并建立了突发事件和应急管理信息季度通报制度和考核制度，进一步明确了信息报告的标准、程序和责任。全市应急系统的绝大多数单位创办了不同形式的信息工作刊物，《值班快报》、《应急管理动态》等刊物已成为市领导和各部门掌控公共安全和应急管理信息的重要载体，为预防和处置突发事件提供了有效的信息服务。同时，北京市还积极推进信息报告体系向基层延伸，开发应用了四级值守应急系统，在部分区县建立了“市—区县—街道（乡镇）”信息报告网络。目前，全市突发事件信息工作队伍基本组建完成，覆盖全市的信息报告网络初步形成，信息报告渠道不断拓宽，信息报告的及时性、准确性、全面性不断增强。

**五是坚持综合协调，强化应急指挥协调工作。**北京市进一步加强各级政府应急管理领导机构和办事机构建设，明确地方各级政府主要领导是本区域突发事件应对工作的第一责任人，将应急管理纳入各级领导干部的绩效考核内容。目前，北京市实行市领导带班和赴现场处置制度，深入一线，靠前指挥；每逢节假日，由市领导带队进行安全大检查。据统计，近年来，北京市领导共赴现场处置或到市应急指挥中心坐镇指挥140余次。北京市还建立公共安全季度形势分析会制度，2007年成功召开四次，对全市公共安全形势进行科学的分析研判。

**六是发挥合力作用，完善防范应对联动工作。**北京市积极整合各方面应急力量和资源，理顺应急管理指挥机构、办事机构和工作机构的关系，加强部门联动和军地协同优势。北京市和各区县应急办综合协调的功能不断得到完善，对防范处置政策措施合理性、合法性的审核评估不断强化，应对工作规范化水平不断提高。目前，市级及9个区县和8个专项应急指挥部的应急指挥平台先后建成，初步具备了社会面监控、图像无线传输、视频资源整合、无线通信指挥调度、有线通信指挥和各类信息资源共享等六大功能，并实现了互联互通，为市领导及时处置突发事件提供了指挥场所。同时，北京市还建立了与奥运安全保障相关部门的沟通协调机制，就“好运北京”测试赛和奥运会期间的运行机制、信息交流和指挥平台对接等问题，进行了多次研讨沟通，建立健全了信息交流制度和突发事件应对协作机制，以切实为奥运安全做好服务保障。此外，北京市不断加强首都地区信息沟通与应急协作机制，华北地区地震、京冀和京津区域森林防火、华北东北七省市重大传染病、首都机场地区等应急联动联防机制已初步建成。

**七是坚持公开透明，强化信息发布和舆论引导。**在应急处置过程中，北京市坚持快速反应、主动引导和正面宣传为主的原则，完善应急管理信息发布制度。近年来，北京市已制订《北京市突发公共事件新闻发布预案》，依法加强对大众传播媒体的监管，规范信息发布的分级管理制度和程序。在突发事件处置过程中，各单位与宣传部门建立了通畅的联系沟通渠道，在第一时间通过电视、广播、报纸、网络等媒体，采用手机短信、新闻发布会等多种方式，主动、及时、准确地向社会发布突发事件和应急管理方面的信息，增强信息的透明度，保证市民的知情权。比如，在2006年1月东三环京广桥附近路面塌陷事故处置期间，政府及时通过手机短信告知广大市民，各媒体及时发布事故处置进展情况和交通管制信息。由于信息公开，宣传到位，处置工作得到了广大群众的充分理解和支持，为抢险工作的顺利进行创造了良好的舆论环境。

### 3. 北京市应急管理机制建设仍需解决的主要问题

北京市应急管理机制建设取得了积极的进展，但与北京市所面临的严峻公共安全形势相比，与北京的首都城市性质和特殊功能相比，北京市的应急管理机制建设总体上仍处于初创和发展阶段，尚存在一些薄弱环节和需要完善之处。为此，要充分借鉴国内外应急管理机制建设的各种好做法，进行深入研究，进一步明确各应急管理机构在运行机制方面的工作原则、工作内容、工作标准与规范，对应急管理各环节之间的部门协调与业务联动提出更加明确的要求。

**一是应急管理机制的内涵有待进一步明确。**近几年，党中央、国务院提出要完善应急管理机制，但对应急管理机制建设的主要内容、基本原则等只做了原则性规定。兄弟省市也处在探索阶段，尚没有形成相对成熟的运行机制。发达国家相对完善的应急管理机制建设做法和经验，对北京市应急管理机制建设具有一定的参考价值，但要结合我国的政治体制、行政体制，有选择、有创新地将国外的成果和经验运用于北京市的实践，从而为北京市应急管理机制建设提供可参考的思路。目前，北京市应急管理机制尚处在初创阶段，主要针对预测预警、信息报告、决策处置、社会动员、信息发布、恢复重建、调查评估等七大机制开展相关研究工作，尚没有对应急管理机制进行科学、统一的界定。为加强应急管理机制建设，需要进一步从理论上科学界定应急管理机制的基本内涵，明确应急管理机制建设在以“一案三制”为核心的应急管理体系中的地位和作用。同时，对信息报告、决策处置、调查评估等具体的应急管理机制方面所作的原则性、概括性规定，也需要进一步细化，使相关制度规范变得更具体、更细致、更具操作性。

**二是应急管理的工作流程有待进一步规范。**应急管理机制建设的中心工作，是规范工作流程，完善相关工作制度。工作流程是指完成一项任务的工作步骤或行动的顺序。完成一项任务并不只有一种工作顺序或行为，因此工作流程有效率高低之分。我国应急管理的工作流程是多年政府运行过程中积累下来并不断沿用的产物，目前需要进行改革，一方面是因为信息技术发展等带来了政府应急管理工作方式和程序的改变，因而可以通过技术创新推动管理创新，提高管理效率；另一方面，是因为传统的非制度化的工作流程不适应当前公共安全形势和应急管理工作的要求。通过应急管理流程的开发和规范，可以提高政府应急资源配置效率，提高应急管理的规范化和制度化水平。目前，北京市应急管理的监测预警、应急指挥协调、恢复重建等机制研究和建设工作刚刚启动，尚未形成一整套贯穿于突发事件事前、事发、事中、事后全过程管理的规章、制度、工作程序和标准。由于缺乏相关的工作制度和规范，在突发事件预防和处置过程中，有时仍主要依靠领导个人经验和知识进行决策处置，各种临时性授权、临时性决策、临时性审批行为的存在有可能延误决策处置的时机，造成不必要的损失。因此，需要进一步细化应急管理工作流程，用一整套事先设计好的标准化、规范化、程序化、制度化的措施来规范应急管理工作流程，提高应急管理工作的规范化、系统化、科学化水平，做到职责明确、流程优化、运转协调，提高运行效率。

**三是专业处置和综合保障需要进一步加强。**应急管理机制建设需要坚持统一领导、综合协调、分类管理的基本原则。为提高应急管理机制的合成作用，需要进一步强化北京市应急管理指挥协调机制建设，发挥各综合协调机构、专业机构的专业处置和综合保障作用。目前，北京市各区县和专项多数应急机构人员编制紧张，市属专项应急指挥部办公室的作用尚未充分发挥。区县专项应急指挥部、街乡镇应急管理机构还未完全建立，深入到基层、一线的责任体系和工作机制还未形成。一些专项应急指挥部在突发事件综合应对上还有差距，统筹协调作用发挥得不够充分，尚不能全面履行监测预警、应急处置和恢复重建等各项工作职责。同时，风险治理、信息资源整合等各项应急管理工作的投入需要加大，应急队伍、物资、资金、场所等资源尚需进一步全面统筹规划。

**四是多方联动和综合协调需要进一步完善。**应急管理强调合成应急、协同应急，因此应急管理机制建设要建立建立多方联动和综合协调机制，实现不同机制之间的有机衔接。在应急管理机制建设过程中，北京市需要进一步理顺市应急管理机构、专项应急指挥机构、区县应急管理机构之间的关系，加强磨合，完善协调联动机制，不断提高统一指挥、协调运转、高效处置和协同应对的能力。为进一步加强首都地区应急信息沟通机制建设，需要完善与民航、铁路等部门的区域协调和应急联动机制，加强与国家有关部门、军队、武警及周边兄弟省区市应急管理机构的沟通协调，做好地区、部门、军地应急管理机构之间的综合协调和各方联动，尽快建立首都地区省部级应急管理联席会议、应急办负责人联络会商、信息通报和发布、联动处置等工作制度。目前，部分单位与政府各应急管理部门的信息互联互通程度还不高，没有建立起有效的沟通协调机制。当前，要进一步强化卫生系统的120与公安系统的110、119、122等紧急报警服务台之间在应急通信和协调指挥方面的应急联动机制，使它们发挥更大的作用。

## 二、北京市应急管理机制建设的目标和任务

### 1. 北京市应急管理机制建设的基本目标

根据国家应急管理工作的统一要求，结合北京市的实际情况和应急管理工作的进展，北京市应急管理机制建设的基本目标，是实现“统一指挥，专业处置；功能齐全，结构完整；协调有序，多方联动；反应灵敏，运转高效”。

**一是统一指挥，专业处置。**完善北京市应急管理组织领导体制、指挥体系，市和区县两级应急办要加强综合协调职能。由北京市和区县政府统一指挥协调所辖地区的中央机关、企事业单位，建立健全市区两级应急指挥机构，形成市、区两级管理，分级负责、分类指挥、综合协调、逐级提升的突发事件处置体系。进一步加强市和区县两级应急管理领导机构和办事机构建设，明确地方各级政府主要领导是本区域突发事件应对工作的第一责任人。当前，需着力提升市、区（县）两级应急指挥机构的能力，使它们更好地履行值守应急、预案管理、信息汇总和综合协调职能，发挥它们在应急管理工作中的运转枢纽和指挥中心作用。

**二是功能齐全，结构完整。**建立统一领导和分级负责、集中指挥和属地管理、日常办事和应急响应、专业抢险和群众自救互救、善后处理和恢复重建有机结合、整体运作的制度体系。完善市和区县两级应急指挥机构的职能，建立功能齐备、网络健全、平战转换的应急指挥协调网络。充分发挥公安、武警、解放军以及预备役民兵的骨干作用，重点加强综合性和专业性应急救援队伍的建设，形成各负其责、互为补充的应急救援体系。当前，要根据进一步按照“整合资源、优化配置、更新装备、下移重心、照顾远郊”的原则，加强公安、消防、医疗救护、交通、市政工程等专业应急队伍建设，包括空间布局、资源配置、队伍结构等，实现应急队伍的一专多能，提高不同应急队伍之

间合成应急、协同应急的能力。各专项指挥部按照分工，加强专业知识、技术装备、人才队伍等建设，以便在应急处置中充分发挥后勤保障功能。

**三是协调有序，多方联动。**北京市要进一步建立健全信息通报、预防预警、应急处置、舆论引导等方面的沟通协作机制，强化综合应急管理机构与专项应急机构的会商通报机制，实现互联互通和资源共享。加强以属地管理为主的应急处置队伍建设，建立联动协调制度，充分动员和发挥乡镇、社区、企事业单位、社会团体和志愿者队伍的作用，依靠公众力量，形成规范、高效的应急管理工作流程。按照属地为主的原则，在将要发生或已经发生特别重大或重大突发事件时，北京市突发事件应急委员会（市应急委）负责与在京国家机关、北京卫戍区、武警北京总队的沟通与协调。在京国家机关、北京卫戍区和武警北京总队在北京市统一指挥协调下，共同应对突发事件。

**四是反应灵敏，运转高效。**以科学高效、规范有序为标准，分阶段、有步骤地建立健全应急管理各项工作制度和工作程序。制定防范预警、信息汇总、咨询决策、先期处置、预案启动、指挥协调、现场救援、服务保障、调查评估各项工作和各个环节的制度规范。加强应急管理机制的实战演练，在实践中不断提升应急管理能力。全市可在重点地区、大型国企等单位，有针对性地组织2—3次综合应急演练，提高各部门之间的协同配合能力。通过规范应急管理工作流程，完善相关工作制度，提高突发事件预防和处置能力，实现应急管理工作依法管理、依法处置、依法监督，推动北京市应急管理工作再上一个新台阶，逐步走向规范化、系统化、科学化的轨道。

### 2. 北京市应急管理机制建设的主要任务

北京市应急管理机制建设的根本任务，是促进北京市应急管理工作的常态化、规范化、制度化，推动北京市应急管理工作由经验管理走向科学管理，进而极大提升政府有效防范和处置各类突发事件的能力。根据基于流程优化的政府应急管理机制建设的有关理论，结合北京市当前应急管理机制建设的现状，可重点从以下几个方面入手，推进北京市应急管理机制建设。

**一是以落实《突发事件应对法》为契机，为机制建设创造良好环境。**就应急管理工作流程开发而言，既需要依据相关的法律法规，又需要以一系列标准化的工作为依托，如标准化的应急管理信息系统、标准化的术语体系以及有关事件分级分类的标准体系等。当前，应以落实国家《突发事件应对法》为契机，结合《北京市实施〈中华人民共和国突发事件应对法〉办法》的宣传，进一步促进北京市的地方性应急管理法律法规建设，加快北京市的应急管理标准体系建设，为应急管理机制建设和工作流程优化提供良好的制度环境。

**二是以关键工作流程的开发和优化为重点，采取渐进式推进策略。**在应急管理法制环境与标准体系尚不健全的情况下，应急管理机制建设应以关键工作流程的开发、创新与规范化为重点，以解决应急管理实践中存在的突出矛盾和问题为目标，采取由点及面的渐进式推进策略，并与应急管理法制建设和标准体系建设形成良性互动，相互促进。需要根据应急管理流程优化的有关理论，结合当前北京市应急管理机制建设的实际，确定当前北京市需要重点开发和规范的应急管理工作流程，提出每一项关键工作流程的基本内容、工作原则和实现方法。

**三是把应急管理机制建设与预案建设、组织体系建设有机结合，通盘考虑。**应急预案、应急管理组织体系是应急管理机制的"载体"，必须把应急管理机制建设与预案建设、组织建设结合起来，把"一案三制"作为有机统一的整体通盘考虑，把关键工作流程的开发和规范确立为下一阶段北京市应急管理体系建设的重点内容。一方面，要把关键工作流程的开发、创新与规范化管理确立为深化预案建设成果的核心内容，提高应急预案的实用性和可操作性；另一方面，要把各级各类应急组织的职能落实到关键工作流程的开发、创新与规范化管理上，健全应急管理组织的运行机制，并通过流程开发和规范进一步明确组织的职能，解决实际工作中一定程度上存在的职能交叉、职能不清和责任不明等问题。

**四是着眼于重点机制和关键流程的开发，建立全市工作网络。**结合北京应急管理工作实际，着眼于预防与应急准备、监测与预警、信息报告与通报、应急指挥协调、信息发布与通报、善后恢复与重建、调查评估、社会动员、应急保障等重点机制和关键流程，研究制定实施意见和具体工作方案。北京市应急办可考虑成立一个小规模的应急管理工作流程开发工作协调小组，成员由市应急办、区县应急办和专项应急指挥部的人员以及有关专家组成，定期开展活动，统筹协调全市的应急管理工作流程开发、优化和规范工作。协调小组的主要工作职责包括：规划北京市、各专项指挥部、各区县和相关委办局和单位应急管理关键工作流程的开发和规范；组织相关的培训和研讨，解决流程优化工作中遇到的各种问题；对已开发的应急管理工作流程进行评议和修订。

**五是加快市级综合应急平台开发，通过平台开发促进机制建设。**以计算机网络技术为核心的应急管理平台开发可为应急管理机制建设提供重要的推动力，即平台开发将对机制建设与流程开发提出了“硬性”的要求，同时二者又具有相互促进、相互提高的作用。目前，北京市各专项指挥部和区县应急指挥平台已经基本建设完成，基本形成统一高效的应急指挥决策网络。下一步，要按照“统一领导、统筹规划，资源整合、平战结合，讲求实效、适应发展”的原则，加快市级综合应急平台开发，实现不同应急平台之间的互联互通和资源共享，并通过技术创新不断推动管理创新，从而不断完善应急管理机制建设。

## 三、北京市应急管理关键流程优化及其成效

### 1. 预防与应急准备

结合当前北京市应急管理预防与应急准备机制的工作实际，要进一步优化突发事件应对的各项基础性流程，包括突发事件预防、应急预案编制与管理、隐患排查、宣教动员、队伍建设、应急保障以及应急体系建设规划等。近几年，北京市以应急预案的编制、管理与演练工作为抓手，建立健全“横向到边、纵向到底”的应急预案体系，并不断提高预案的针对性、实用性和可操作性。

(1) 应急预案的编制与管理流程。

**一是应急预案编制。**自 2006 年起，北京市全面推进和深化全市

应急预案体系建设，已发布或修订电力、专网通信保障、涉外、地震、轨道交通、危化品事故等 37 个专项和保障预案。各级各类机关、团体和企事业单位预案制定率大幅提高，全市共制定各级各类应急预案 41.8 万个。目前，北京市应急预案体系分市、区县、街道（乡镇）三级管理，由总体应急预案、专项应急预案、应急保障预案、部门应急预案及单位应急预案、大型群众性活动应急预案等组成（见图 6–2，表 6–1 和表 6–2）。

各部门除了按类别制定预案外，还根据有关行业的规定和具体的事件，制定了针对性更强、更细的行动预案或方案。例如，消防系统根据《中华人民共和国消防法》和《北京市消防条例》以及公安部《关于公安消防部队分级分类制定灭火救援预案通知》要求，针对全市 1400 多个重点单位和要害部位，分别制定了灭火救援、处置突发事件、处置重特大灾害事故、大型活动灭火执勤等 10 多类工作预案。防汛系统依照《中华人民共和国防洪法》、《中华人民共和国水法》和《北京市实施〈中华人民共和国防洪法〉办法》，制定了全市 3 条大河、4 座水库、城区及小清河分洪区的防洪预案。市公安局制定的《北京市公安局 110 接处警实施细则》，明确了接警、处警、出警、情况反馈及回访等工作的要求；结合实际工作经验编写了《110 接处警常见问题处置规范》以及《110 报警服务台接处警规范用语》等 10 余项规章制度；针对轨道交通安全，根据预测到的可能在地铁内发生的多种突发事件，先后制定了 16 种处置预案。这些行动预案或方案更加细化，有的甚至类似于行动手册或指南，具有很强的操作性，在具体的灾害或事故处置中发挥着重要作用。同事，加大基层应急预案体系建设力度。以应急预案体系向基层延伸为重点，推进各地区、各行业和各单位的应急预案体系建设，加快编制社区、农村、学校、企事业等各社会单元的应急预案。

从效果来看，应急预案编制对有效应对突发事件起到了积极的作用，预案的实操性经受了检验。例如，针对 2008 年 8 月 7 日至 9 日极端不利气象条件，北京市环保局紧急启动《重污染天气应急预案》（试行），实施工地停止重污染作业、停产限产减排等临时措施，空气污染指数迅速恢复正常。奥运会、残奥会开闭幕式期间，市气象局按照预案，共发射人工消雨火箭 1355 枚，累计飞机作业 17 架次，播撒吸湿性催化剂 40.5 吨，成功实现了奥运史上的首次人工消雨。

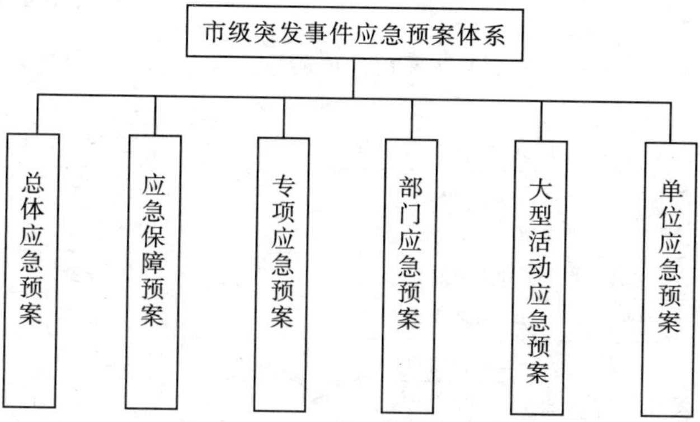


**图 6-2 北京市应急预案体系**

**二是应急预案管理。**2006 年，北京市制定下发《北京市突发公共事件应急委员会办公室关于印发北京市突发公共事件应急预案管理暂行办法的通知》。依据《北京市实施〈中华人民共和国突发事件应对法〉办法》、《北京市突发事件总体应急预案》以及相关法律、法规、文件的规定，经梳理总结近年来《预案管理暂行办法》在执行中取得的经验和面临的问题，吸收应急管理法律规章制度建设和相关理论研究的成果，形成应急预案管理长效机制，2010 年全面修订《预案管理办法》并正式下发。应急预案的管理工作包括应急预案体系建设，应急预案编制、审查、批准、印发、备案、公布、培训、演练、实施、修订、考核、奖惩、保密、信息化管理以及人员、科研、经费保障等方面内容。

**表 6-1 北京市市级专项应急预案目录**

| 序号 | 名　　称 | 牵头编制部门 |
|---|---|---|
| | 自然灾害类 | |
| 1 | 北京市地震应急预案 | 市地震局 |
| 2 | 北京市突发地质灾害应急预案 | 市国土局 |
| 3 | 北京市防汛应急预案 | 市水务局 |
| 4 | 北京市抗旱应急预案 | 市水务局 |
| 5 | 北京市雪天道路交通保障应急预案 | 市公安局公安交通管理局 |

续表

| 序号 | 名　　称 | 牵头编制部门 |
| --- | --- | --- |
| 6 | 北京市扑救森林火灾应急预案 | 市园林绿化局 |
| | 事故灾难类 | |
| 7 | 北京市危险化学品事故应急预案 | 市安全监管局 |
| 8 | 北京市矿山事故应急救援预案 | 市安全监管局 |
| 9 | 北京市轨道交通突发事件应急预案 | 市交通委 |
| 10 | 北京市道路突发事件应急预案 | 市交通委 |
| 11 | 北京市桥梁突发事件应急预案 | 市交通委 |
| 12 | 北京市人防工程事故应急预案 | 市民防局 |
| 13 | 北京市火灾事故应急救援预案 | 市公安局消防局 |
| 14 | 北京市建设工程施工突发事故应急预案 | 市住房城乡建设委 |
| 15 | 北京市城市公共供水突发事件应急预案 | 市水务局 |
| 16 | 北京市地下管线突发事件应急预案 | 市市政市容委 |
| 17 | 北京地区电力突发事件应急预案 | 市发展改革委 |
| 18 | 北京市燃气突发事件应急预案 | 市市政市容委 |
| 19 | 北京市供热突发公共事件应急预案 | 市市政市容委 |
| 20 | 北京市突发环境事件应急预案 | 市环保局 |
| 21 | 北京市重污染天气应急预案 | 市环保局 |
| 22 | 北京市核应急预案 | 市国防科工办 |
| 23 | 北京市网络与信息安全事件应急预案 | 市经济信息化委 |
| 24 | 北京市突发公共卫生事件应急预案 | 市卫生局 |
| 25 | 北京市应对流感大流行准备计划和应急预案 | 市卫生局 |
| 26 | 北京市食品安全事件应急预案 | 市食品办 |
| 27 | 北京市重大动物疫情应急预案 | 市农业局 |
| 28 | 北京市高致病性禽流感应急预案 | 市农业局 |
| | 社会安全类 | |
| 29 | 北京市恐怖袭击事件和重大刑事案件应急预案 | 市公安局 |
| 30 | 北京市群体性事件应急预案 | 市维稳办 |
| 31 | 北京市民族宗教群体性事件应急预案 | 市民委 |
| 32 | 北京市影响校园安全稳定事件应急预案 | 市委教育工委 |
| 33 | 北京市涉外突发事件应急预案 | 市政府外办 |
| | 公共卫生类 | |
| 34 | 北京市突发公共事件新闻发布应急预案 | 市委宣传部 |

续表

| 序号 | 名　　称 | 牵头编制部门 |
|---|---|---|
| 35 | 北京粮食供给应急预案 | 市粮食局 |
| 36 | 北京市金融突发事件应急预案 | 市金融局 |
| | 应急保障类 | |
| 37 | 北京市应急通信保障预案(专网) | 市经济信息化委 |
| 38 | 北京市气象应急保障预案 | 市气象局 |
| 39 | 北京市灾害救助应急预案 | 市民政局 |
| 40 | 北京市突发事件医疗救援应急预案 | 市卫生局 |

**表 6-2　北京市市级部门应急预案目录**

| 序号 | 预案名称 | 编制主责部门 |
|---|---|---|
| | 自然灾害类 | |
| 1 | 北京市住房和城乡建设委员会防汛应急预案 | 市住房城乡建设委 |
| 2 | 北京市建设系统破坏性地震应急预案 | 市住房城乡建设委 |
| 3 | 北京市交通行业安全迎汛应急预案 | 市交通委 |
| 4 | 北京市交通行业雪天交通保障工作实施方案 | 市交通委 |
| 5 | 北京市农业重大自然灾害应急预案 | 市农委 |
| 6 | 北京市永定河防御洪水方案 | 市水务局 |
| 7 | 北京市潮白河防御洪水方案 | 市水务局 |
| 8 | 北京市北运河防御洪水方案 | 市水务局 |
| 9 | 北京市密云水库防御洪水方案 | 市水务局 |
| 10 | 北京市官厅水库防御洪水方案 | 市水务局 |
| 11 | 北京市小清河分洪区运用预案 | 市水务局 |
| 12 | 首都机场周边应急排水预案 | 市水务局 |
| 13 | 北京市突发林木有害生物事件应急预案 | 市园林绿化局 |
| 14 | 北京市沙尘暴灾害应急预案 | 市园林绿化局 |
| 15 | 北京市人防工程防汛应急预案 | 市民防局 |
| 16 | 北京市地震系统应急预案 | 市地震局 |
| 17 | 北京市民政局突发事件应急预案 | 市民政局 |
| 18 | 北京市国土资源局汛期突发地质灾害应急预案 | 市国土局 |
| 19 | 北京铁路局防洪应急预案 | 北京铁路局 |
| 20 | 北京铁路局破坏性地震应急预案 | 北京铁路局 |

续表

| 序号 | 预案名称 | 编制主责部门 |
|---|---|---|
| | 事故灾难类 | |
| 21 | 北京市800兆无线政务网应急预案 | 市经济信息化委 |
| 22 | 北京市电子政务网络应急预案 | 市经济信息化委 |
| 23 | 北京市电子政务信息安全应急预案 | 市经济信息化委 |
| 24 | 北京国防科技工业生产安全事故应急预案 | 市国防科工办 |
| 25 | 北京市无线电管理应急预案 | 市无线电管理局 |
| 26 | 北京市轨道工程施工突发事故应急预案 | 市住房城乡建设委 |
| 27 | 北京市城镇房屋安全突发事故应急预案 | 市住房城乡建设委 |
| 28 | 北京市户外广告突发事件应急预案 | 市市政市容委 |
| 29 | 北京市城市照明系统突发事件应急预案 | 市市政市容委 |
| 30 | 北京市垃圾粪便处理设施突发事件应急预案 | 市市政市容委 |
| 31 | 北京市公共停车场突发事件应急预案 | 市交通委 |
| 32 | 北京市汽车租赁突发事件应急预案 | 市交通委 |
| 33 | 北京市公共电汽车突发事件应急预案 | 市交通委 |
| 34 | 北京市水域游船安全应急预案 | 市交通委 |
| 35 | 北京市城市排水突发事件应急预案 | 市水务局 |
| 36 | 北京市农村供水突发事件应急预案 | 市水务局 |
| 37 | 北京市城市水源系统突发事件应急预案 | 市水务局 |
| 38 | 北京市烟花爆竹生产安全事故应急预案 | 市安全监管局 |
| 39 | 北京市尾矿库事故灾难应急预案 | 市安全监管局 |
| 40 | 北京市环境保护局辐射污染事件应急预案 | 市环保局 |
| 41 | 北京市环境保护局突发环境事件应急处置实施办法 | 市环保局 |
| 42 | 北京市环境保护局突发环境事件应急监测预案 | 市环保局 |
| 43 | 北京市特种设备事故应急预案 | 市质监局 |
| 44 | 北京市广播电视安全播出保障方案 | 市广电局 |
| 45 | 北京市道路交通事故处置救援应急预案 | 市公安局公安交通管理局 |
| 46 | 北京市互联网网络安全应急预案 | 市通信管理局 |
| 47 | 北京首都国际机场应急救援计划手册 | 首都国际机场有限公司 |
| 48 | 北京铁路局处置铁路交通事故应急预案 | 北京铁路局 |

续表

| 序号 | 预案名称 | 编制主责部门 |
|---|---|---|
| — | | |
| 49 | 北京铁路局火灾事故应急预案 | 北京铁路局 |
| 50 | 北京铁路局危险化学品运输事故应急预案 | 北京铁路局 |
| 51 | 北京铁路局动车组行车事故应急处理预案 | 北京铁路局 |
| | 公共卫生类 | |
| 52 | 北京市鼠疫控制应急预案 | 市卫生局 |
| 53 | 北京市突发食物中毒事件应急预案 | 市卫生局 |
| 54 | 北京市突发生活饮用水污染事件应急预案 | 市卫生局 |
| 55 | 北京市霍乱疫情应急预案 | 市卫生局 |
| 56 | 北京市突发急性职业中毒事件应急预案 | 市卫生局 |
| 57 | 北京市高温中暑事件卫生应急预案 | 市卫生局 |
| 58 | 北京市医疗机构突发药品和医疗器械不良事件应急预案 | 市卫生局 |
| 59 | 北京市突发陆生野生动物疫情应急预案 | 市园林绿化局 |
| 60 | 北京市突发重大动物疫情应急实施方案 | 市农业局 |
| 61 | 北京市农业重大有害生物及外来有害生物入侵突发事件应急预案 | 市农业局 |
| 62 | 北京市农业转基因生物安全突发事件应急预案 | 市农业局 |
| 63 | 北京市水生动物疫病应急预案 | 市农业局 |
| 64 | 北京市药品监督管理局应对三品一械突发事件应急预案 | 市药监局 |
| 65 | 北京市药品监督管理局应对突发保健食品安全事件应急保障预案 | 市药监局 |
| 66 | 北京铁路局突发公共卫生事件应急预案 | 北京铁路局 |
| 67 | 北京出入境检验检疫局国境口岸突发公共卫生事件应急处理预案 | 北京出入境检验检疫局 |
| 68 | 北京口岸《进出境重大动物疫情应急处理预案》实施方案 | 北京出入境检验检疫局 |
| 69 | 北京地区进出境重大植物疫情应急处置预案 | 北京出入境检验检疫局 |
| 70 | 北京出入境检验检疫局进出口危险货物事故预防和应急预案 | 北京出入境检验检疫局 |

续表

| 序号 | 预案名称 | 编制主责部门 |
| --- | --- | --- |
| 71 | 高致病性禽流感疫情进出境检验检疫应急预案的实施细则 | 北京出入境检验检疫局 |
| 72 | 北京出入境检验检疫局应对口岸流感大流行实施方案 | 北京出入境检验检疫局 |
| 73 | 北京出入境检验检疫局炭疽监测与控制应急实施方案 | 北京出入境检验检疫局 |
| 74 | 北京出入境检验检疫局霍乱防治方案 | 北京出入境检验检疫局 |
| | 社会安全类 | |
| 75 | 北京市市场价格异常波动预警和应急监测工作实施办法 | 市发展改革委 |
| 76 | 北京市反恐怖处置行动工作规范 | 市公安局 |
| 77 | 北京市公安局处置爆炸恐怖袭击事件工作预案 | 市公安局 |
| 78 | 北京市公安局处置枪击恐怖袭击事件工作预案 | 市公安局 |
| 79 | 北京市公安局处置撞击恐怖袭击事件工作预案 | 市公安局 |
| 80 | 北京市公安局处置劫持人质恐怖袭击事件工作预案 | 市公安局 |
| 81 | 北京市地铁突发恐怖袭击事件处置工作方案 | 市公安局 |
| 82 | 北京市处置航空器撞击地面目标和被击落事件预案 | 市公安局 |
| 83 | 北京市配合处置在北京地区机场内劫机事件预案 | 市公安局 |
| 84 | 北京市处置辐射恐怖袭击预案 | 市公安局 |
| 85 | 北京市建筑业农民工群体性事件应急预案 | 市住房城乡建设委 |
| 86 | 北京市房屋拆迁纠纷群体性事件应急预案 | 市住房城乡建设委 |
| 87 | 北京市出租汽车维稳应急预案 | 市交通委 |
| 88 | 北京市水务反恐怖袭击应急预案 | 市水务局 |
| 89 | 北京市生物恐怖袭击防范工作方案 | 市卫生局 |
| 90 | 北京市处理涉台突发事件应急预案 | 市台办 |
| 91 | 北京市教育系统突发事件应急预案 | 市教委 |

**续表**

| 序号 | 预案名称 | 编制主责部门 |
|---|---|---|
| 92 | 北京市国家安全局处置突发事件工作预案 | 市国家安全局 |
| 93 | 北京市司法行政系统应急预案 | 市司法局 |
| 94 | 北京市涉及劳动保障方面群体性事件处置工作方案 | 市人力社保局 |
| 95 | 北京市公共文化场所和大型社会文化活动突发公共事件应急预案 | 市文化局 |
| 96 | 北京市涉外突发事件应急保障预案 | 市政府外办 |
| 97 | 北京市境外领事保护应急预案 | 市政府外办 |
| 98 | 北京市工商行政管理系统市场监管应急预案 | 市工商局 |
| 99 | 北京市文物局处置突发事件应急预案 | 市文物局 |
| 100 | 北京市大型体育赛事及群众体育活动突发公共事件应急预案 | 市体育局 |
| 101 | 北京市山地户外运动突发事件应急预案 | 市体育局 |
| 102 | 北京市旅游突发事件应急预案 | 市旅游局 |
| 103 | 北京市信访办信访突发情况应急预案 | 市信访办 |
| 104 | 天安门城楼毛主席画像受损应急工作处置预案 | 天安门地区管委会 |
| 105 | 西站地区处置铁路旅客大量滞留专项应急预案 | 北京西站地区管委会 |
| 106 | 北京市处置大规模恐怖袭击事件应急通信专项预案 | 市通信管理局 |
| 107 | 北京保险业突发事件应急预案 | 北京保监局 |
| 108 | 北京铁路局处置群体性事件应急预案 | 北京铁路局 |
| 109 | 北京铁路局突发大客流及旅客列车大面积晚点应急预案 | 北京铁路局 |
| 110 | 北京市邮政业突发事件应急预案 | 市邮政管理局 |
| 111 | 北京海关突发事件应急处理预案 | 北京海关 |
| | 应急保障类 | |
| 112 | 北京市货物运输应急保障预案 | 市交通委 |
| 113 | 北京市客运应急保障预案 | 市交通委 |
| 114 | 北京市突发事件殡葬应急处置预案 | 市民政局 |
| 115 | 北京市财政应急资金保障预案 | 市财政局 |
| 116 | 北京市生活必需品市场供应应急预案 | 市商务委 |

**续表**

| 序号 | 预案名称 | 编制主责部门 |
|---|---|---|
| 117 | 成品粮油应急投放方案 | 市粮食局 |
| 118 | 北京市突发公共卫生事件医药物资供应保障预案 | 市药监局 |
| 119 | 北京市突发事件国防动员应急预案 | 市国动委综合办 |
| 120 | 北京市红十字会突发事件应急预案 | 市红十字会 |
| 121 | 北京市重大活动气象保障应急预案 | 市气象局 |
| 122 | 北京市通信保障应急预案 | 市通信管理局 |

**三是应急预案演练。**在充分吸收、借鉴应急演练组织工作经验的基础上，北京市在奥运会前颁布施行《北京市突发事件应急演练管理暂行办法》(京应急办发〔2008〕5 号)，规范奥运期间和指导全市应急演练工作。市属各专项应急指挥部、各区(县)和相关部委办局采取“提前准备，制定方案，召开会议、研究部署，征求意见、修改完善，多方协调、沟通联络，保证效果、确保安全”的方式，卓有成效地开展了 17 次专项或综合应急演练。市应急办采取“提早介入、把关定向、提前协调、联络畅通”的思想，协助 14 类主要风险的演练主责部门与北京奥组委相关职能部门沟通，通过各种演练实现了市政府所属部门与北京奥组委职能部门奥运体制、战时机制的及早对接。通过应急演练为保障奥运期间城市安全运行和奥运赛事顺利进行奠定了基础，同时，全市应急系统组织应急演练的水平逐步提高。2009 年 9 月 25 日，国务院应急办下发了《突发事件应急演练指南》后，市应急办启动了《应急演练管理暂行办法》的修订工作。通过全市应急系统的共同努力，2010 年 3 月 31 日，《北京市突发事件应急演练管理办法》(京应急委发〔2010〕3 号)，以市应急委名义正式颁布实施。全市应急系统通过落实《演练管理办法》和配套制订工作细则，解决应急演练规范化和标准化问题。

(2) 应急体系建设规划流程。

要完善全市应急体系建设规划和各专项规划，为应急管理提供指导。全市城乡规划应当符合预防、处置突发事件的需要，统筹安排应对突发事件所必需的设备和基础设施建设，合理规划和建设应急避难场所。

2010年12月，北京市完成《北京市"十二五"时期应急体系发展规划》(征求意见稿)。规划内容包括"十一五"时期应急体系建设主要成就和存在的问题、"十二五"时期应急体系发展面临的形势、"十二五"时期应急体系发展的总体思路、主要任务、重点项目、保障措施等内容。针对自然灾害、事故灾难、公共卫生事件和社会安全事件等突发事件，按照预防与应急准备、监测与预警、应急处置与救援、恢复与重建等工作环节，以及基层应急、社会参与、风险管理、重要基础设施与关键资源安全、巨灾应对等重点领域和技术体系建设的不同要求，统一规划"十二五"时期全市应急体系发展的总体目标、主要任务和重点项目。

(3) 风险隐患排查和脆弱性评估流程。

要重点关注重大危险源、危险区域、关键基础设施和重要防护目标等的空间分布、运行状况以及社会安全形势等有关信息，进行动态监测，分析风险隐患。要以开展奥运期间城市公共安全风险评估与控制工作为新起点，加强全市系统性风险分析和评估工作，研究制定科学、统一的风险隐患分级分类标准，加强普查数据的统计和分析，逐步建立起全市主要危险源地理信息系统，并逐步实现危险源电子化管理。加强对社会脆弱性的评估和分析。当前要重点加强对脆弱性(包括易感性和恢复能力)、应急能力和应急资源进行评价，保持忧患意识，及时掌握自身弱点，寻找有效的应对方式。

2007—2009年，北京市完成了北京奥运会、残奥会期间城市公共安全风险评估控制工作和新中国成立60周年庆祝活动风险评估控制工作，成功保障了活动顺利举办和城市有序运行。随后，北京市全面启动了风险管理长效机制建设，通过下发《北京市突发事件应急委员会关于印发北京市公共安全风险管理实施指南的通知》(京应急委发〔2010〕8号)和《北京市人民政府关于加强公共安全风险管理工作的意见》(京政发〔2010〕10号)等制度规范，要求"建立并完善风险管理工作体制、机制、规范、流程、标准和要求"。通过建立科学、规范、系统、动态的风险管理工作体系，北京市逐步健全"各级政府分级负责、政府部门依法管理、责任主体认真履责，社会公众积极参与"的风险管理工作格局。目前，北京市的风险管理工作流程由计划和准备、风险识别、风险评估、风险控制、风险监测、风险预警和风险沟通等几个环节组成(见图6–3)。

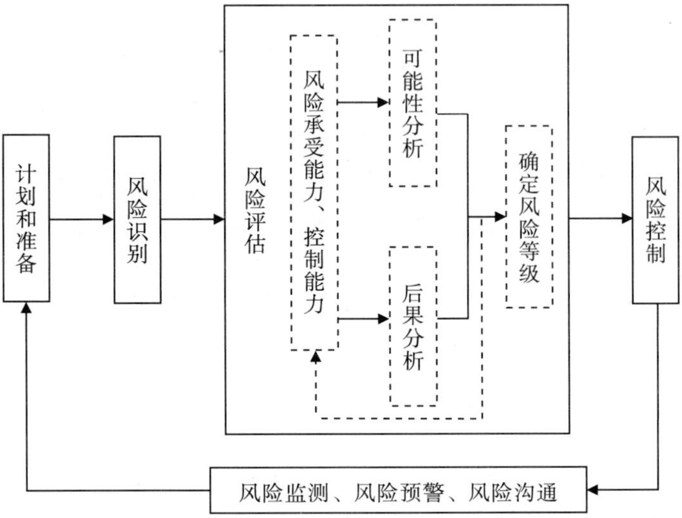


**图 6-3　北京市风险管理工作流程**

（4）应急管理宣传教育和培训演练流程。

由北京市应急办牵头，相关部门协同配合，制定有关全市应急管理宣传教育和培训演练的工作计划、指导纲要、实施方案，必要时与相邻省份以及国务院相关各部门进行跨地区、跨部门的联合培训和演练。编制全市应急管理宣传教育规划、计划，组织指导全市应急管理宣传教育工作。指导机关工作人员进行应急知识和法律法规知识的培训。

2006 年底，按照市应急委总体工作部署，北京市应急办增设宣教动员处（以下简称宣教处），负责全市应急管理和防灾减灾的宣传、教育、培训和社会动员工作。根据工作职责，在宣教处成立之初，首先对全市应急管理有关工作部门从事宣教工作的人员情况进行摸底调查，并建立应急管理宣教动员联系人机制，出台《科普宣教总体实施方案》，着手建立“以政府为主导，以社会单元为基础，以广大市民为主体”的应急管理宣教动员体系。同时，于 2007 年委托北京零点调查与分析公司对全市 18 个区县 3 大类 17 小类人群进行了问卷调查，并形成了《北京市民公共安全和应急知识调查报告》，全面分析了本市市民公共安全、防灾减灾与应急知识的掌握水平和对应急防灾宣教工作的需求。市应急办根据调查结果研究制订了《市应急委关于全面加强应急管理宣教动员工作的意见》和《市应急委关于进一步加强本市基层应急管理工作的意见》，明确应急管理宣传教育和培训演练流程，作为在全市范围内开展此项工作的指导性文件。

(5) 应急救援队伍建设流程。

整合全市的应急资源，统筹协调全市综合性应急救援队伍建设，根据需要建立或者确立全市综合性应急救援队伍。指导各单位建立由本单位职工组成的专职或者兼职应急救援队伍。指导专业应急救援队伍和非专业应急救援队伍联合培训、联合演练，提高合成应急、协同应急的能力。

从体制上，北京市的应急救援队伍包括政府部门的专业队伍、大型企业集团公司所属的专业队伍、社会团体和志愿者为主体的群众性应急救援队伍三大类。政府部门的专业队伍主要应对自然灾害、公共卫生、社会安全三类突发公共事件。有公安、交管、消防、医疗、防汛、人防、森林消防、地震、动物疫病等9类抢险救援队伍。2010年9月，北京市依托消防部队成立了综合应急救援队伍体系，主要职责是在做好消防工作的基础上，承担综合性应急救援任务，配合各专业应急救援队重点承担以抢救人员生命为主的综合应急救援工作，实施社会公众应急救助。

(6) 综合应急保障流程。

建立应急物资储备、财力保障、场所和队伍建设制度。在对现有各类应急资源普查和有效整合的基础上，统筹规划应急处置所需物料、装备、通信器材、生活用品等物资储备和调配管理、应急避难场所和应急队伍建设，建立数据库并进行动态管理，不断提高物资动态管理和紧急调拨能力。

**一是建立标准化的应急资源管理制度。**根据民政部《救灾物资储备库建设标准》的要求，制定《北京市应急物资储备保障制度》，建立健全重要应急物资的监管、生产、储备、调拨和紧急配送体系，建立标准化的资源目录，用标准化的流程和方法来预订、确认、调动、分配和跟踪资源，确定最佳的资源保障配送方案。对应急保障资源进行实时更新，实行分类、分级管理，以实现应急保障资源动态管理和优化配置。重要应急保障资源应设定储备警戒线，具备自动预警功能。

**二是强化应急资金投入的长效机制。**建立市、区县两级应急专项资金和公共财政应急储备资金制度，制定出台使用办法，为各项应急管理工作正常开展提供强有力的资金保障。根据当地突发事件情况和应急保障资源的储备状态，各专项指挥部、各区县根据全市的统筹安排，建立稳定的应急保障资金来源渠道。

**三是加大全市应急资源整合力度。**做好全市应急队伍、物资、场所等资源普查和统计工作，统筹规划应急处置所需物料、装备、通信器材、生活用品等物资的储备及应急避难场所的建设，建立数据库，制定全市应急物资储备和调用管理制度，提高统一调配能力。建立定期的应急保障资源库检查制度。组建通信保障和信息安全专项应急指挥部，确保奥运通信与信息安全。根据首都城市特点和应急处置工作的需要，合理配置特种高端装备，提高全市应急装备的技术含量。

**四是建立健全部门联动和社会参与机制。**各地区、各部门的应急保障资源数据库必须保证全天候互联互通，并实时更新，动态管理。应急保障资源系统可设定公开查询、应急查询和管理查询三级查询权限。对于应急保障资源的查询、使用与变更的情况，必须详细记录并保存。与相关部门和单位建立应急保障联动机制，达成有关应急资源监管、生产、储备、调拨和紧急配送的相关协议。

**五是完善应急保障物资的征调程序和赔偿制度。**根据《突发事件应对法》、《国家赔偿法》等相关法律以及国家和北京市总体预案的有关规定，制定在紧急情况下政府对劳动力、生产资料和其他物资的紧急征调和征用、解除征调和征用、补偿和赔偿（包括赔偿和补偿的范围、方式和标准等）等工作的基本程序。

### 2. 监测与预警

近年来，北京市一直致力于构建符合本市实际情况的监测预警机制，目前已在多个行业、部门建立了相应的监测预警方案（如SARS预警系统、气象预警系统、地震监测预警系统等）。当前，北京市的监测与预警机制建设，应着重于搭建城市综合预警信息平台，完善监测点布控、信息获取和汇总、模拟预测与综合研判、预警分级核定、预警结果输出以及预警过程管理等关键流程（图 6-4）。

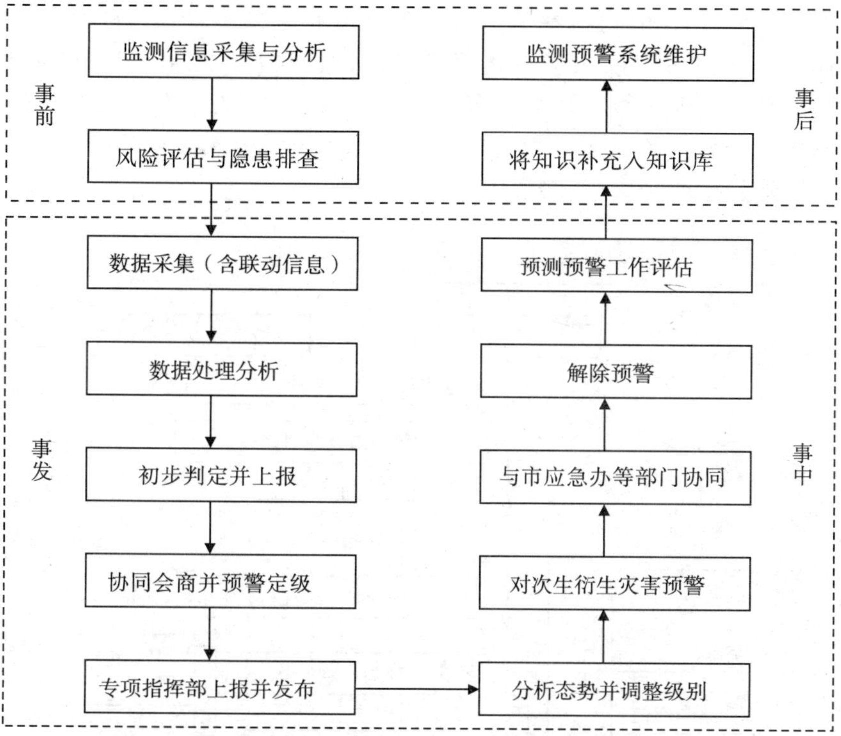


**图 6-4 北京市突发事件监测与预警工作流程示意图**

**一是监测点布控和隐患监测流程。**北京市突发事件的信息监测来源包含布点监测、其他部门的预警联动信息、外省市的预警联动信息以及国家下达的预警信息。整个监测点布控和隐患监测遵循特定的工作流程(图 6-5)。根据各行业的具体情况设立各级监测站点，进行 24 小时持续监测，获取数据并将数据传送至预测分析部门。常规数据根据事先规定的周期收集传送，异常数据第一时间传送。对于其他专项部门以及其他省市的数据，进行筛选和综合，进行传送。通过整合各部门专业系统资源，获取重大危险源、危险区域、关键基础设施和重要防护目标等的空间分布、运行状况以及社会安全形势等有关信息，进行动态监测，分析风险隐患。同时，对社会系统进行评估，排查隐患。根据事件的性质、严重程度、影响范围、可控性等因素，对城市的防灾抗灾能力进行综合分析和评价，评估城市社会系统所存在的缺陷和薄弱环节，提出防范和处置对策。同时，对各类风险隐患进行普查和监控，特别是对位于城市和人口密集地区的高危企业，对其可能引发突发事件的风险隐患，组织力量限期治理，尽快消除隐患。加强对影响社会稳定因素的排查调处，认真做好预警报告和快速处置工作。重点对社区、乡村、企业、学校等基层单位经常开展风险隐患的排查，及时解决存在的问题。

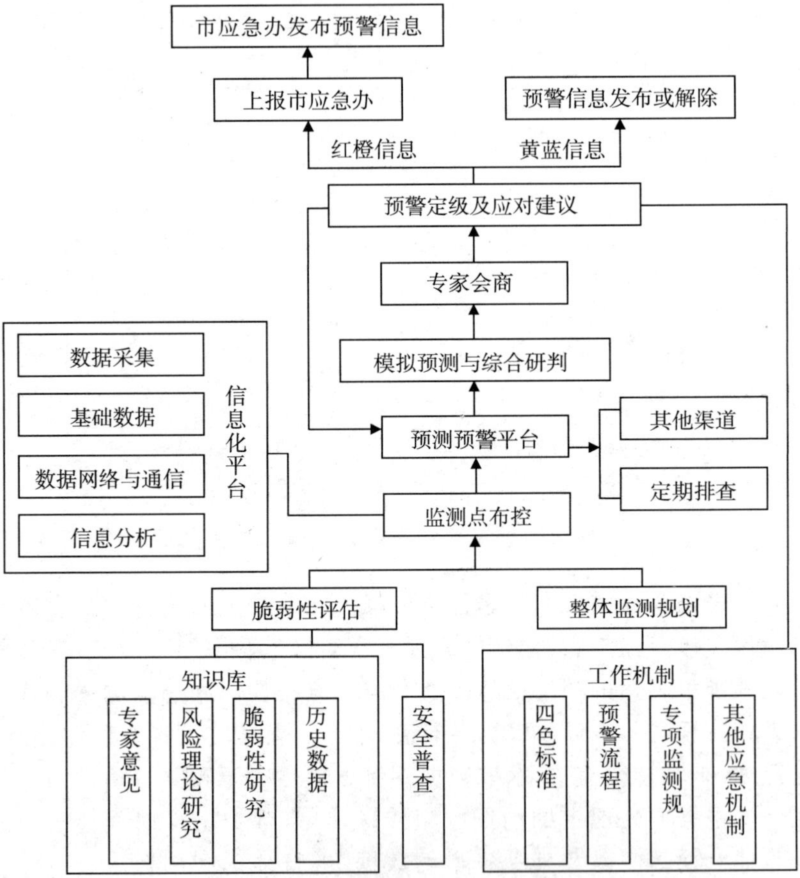


**图 6-5　北京市监测点布控和隐患监测流程**

**二是信息获取和筛选流程。**市应急办、各专项指挥部、相关委办局和各区县按照分工接收事件信息。市应急办负责接收各种历史数据、各类统计数据、各种现场监测监控数据，包括：区县政府事件信息直报，市委办局事件信息直报，区县、市委办局监测监控网络数据、预测分析相关基础数据（如三维空间数据、地震、气象等专业领域数据)，国家下达和外省市通报的信息，以及北京市所直接监测监控的数据。在获取信息后，依据历史数据进行数据推演和分析，根据时间发展的常规规律给出事态发展的初步分析和预测。通过各种统计数据的分析和挖掘，诊断异常数据并分析其可能的影响因素，从而发现隐患，实现早期预警。对各种监测数据进行分类和聚类，通过数据特征分析以及与历史事件的数据特征进行比对分析，对事发场所类型、区域、时间段、社会因素、环境、自然条件等进行分类和图形化显示，分析事态趋势，提供决策建议。北京市应急办负责对区县和专项指挥部的数据进行汇总和综合分析，掌控重大和特别重大事件的详细状态和未来走向，并根据分析结果对应急处置部门的处置策略进行提醒和指导。

**三是模拟预测与综合研判流程。**根据重大和特别重大突发事件发生发展的规律，根据各专项指挥部、相关委办局和各区县预测分析的结果和报送的情况，在更大范围和更多领域内，利用预测模型，给出重大和特别重大突发事件发生后形成的各种物理参数的强度时空分析，分析评估事件后果的危险性和严重性，预测分析事件可能的影响范围、影响方式、持续时间和危害程度等，综合研判事件可能造成的后果(包括人员伤亡、经济损失、重要工程受损情况、生命线系统受损情况、重点防护目标及次生、衍生灾害发生的可能性及危害性等)。

**四是预警分级核定流程。**在对数据模拟预测和综合研判的基础上，通过与预警分级指标进行比对，判定事件级别并进行动态调整，形成警情报告，上报监测预警领导小组。必要时监测预警领导小组组织专家组进行会商，形成预警定级最终结果。预警级别首先由主要承担应急处置的专项指挥部、相关委办局或区县按各自制定的分预案、专项预案中所确定的预警等级提出预警建议，并报市应急委批准。根据事态发展进程，适时调整预警级别。各专项指挥部要建立明确的符合国家和北京市总体预案的四色预警指标体系，其内容要求清晰明确，并涉及突发事件的性质、严重程度、影响范围、可控性等多个方面(表 6–3)。同时，应明确各等级突发事件可能造成的次生衍生灾害及其影响，作为预警联动的基础。

表 6-3　北京市突发事件预警四色标准体系规范

| 级别 | 颜色 | 致灾因子 | 事件现象（技术指标） | 次生衍生灾害 | 责任主体 | 响应措施 |
|---|---|---|---|---|---|---|
| | | | | | | |
| | | | | | | |
| | | | | | | |

填表说明：①此表由各专项应急指挥部监测预警管理部门如实填写。②内容填写完整，真实有效，不应有缺项，数字及时间采用阿拉伯数字、公历填写。③填表原则：根据“人民生命财产高于一切，首都安全责任重于泰山”的原则，按照“以人为本、同国际接轨、适应国际大都市和世界城市的需要，有首都特点”的思路，各专项应急指挥部必须坚持理论、实践和信息化“三结合”，充分发挥专家学者的作用，合理提高预警级别，加强相应的响应措施，确保首都的安全。④级别：根据《北京市突发事件总体应急预案》第1.6条的规定执行。

**五是预警结果输出流程。**预警结果输出包括预警信息发布、预警信息下达、预警信息存储三方面。一是预警信息发布。预警信息发布部门根据事件类型（参照北京市预案规定和预警级别），启动相应的预警信息发布流程。预警信息包括突发事件的类别、预警级别、起始时间、可能影响的范围、警示事项、应采取的措施和发布机关等。一般或较大级别事件由本部门按照有关规定，组织对外发布或宣布取消。严重或特别严重级别事件的预警信息发布，需报请市主要领导批准，由市应急办负责组织，统一对外发布或宣布取消。二是预警信息下达。将预警信息（含预警调整建议、综合性预测结果等）下发到各专项指挥部、相关委办局和各区县，供随时了解综合、全面的事件信息。三是预警信息存储。将预警任务运行时的过程信息、输出结果信息存储入数据，供各专项指挥部、相关委办局和各区县等外部系统查询。各专项指挥部、相关委办局和各区县保持与市应急办及相关部门的协同联动，紧密跟踪和监测事件的发展状态，对其发展趋势进行预测、上报。特别是对原发性突发事件可能造成的次生衍生事件进行预测并通报相关部门。预警信息发布单位密切关注事件的进展情况，依据事态的变化情况和专家顾问组所提出的预警建议，适时调整预警级别，并将调整结果及时通报各相关部门，在事件结束后及时对外发布预警取消信息。

**六是预警信息管理流程。**在预警工作结束后，市应急办、各专项指挥部、各区县和相关委办局对预测预警工作进行总结评估，将相关的信息数据归入知识库，作为未来预测预警工作的参考依据。同时，通过对预测预警过程进行评估，实现对预警模型和预警分级指标的管理。预测预警信息的流转分为数据采集、数据分析处理、技术分析以及预警信息发布四个阶段。在信息流转的各个过程中，预测预警领导小组和专家组提出运行建议，作为各项工作进行的前提。

### 3. 应急处置与救援

根据北京市应急管理机制建设情况，当前要重点做好信息报告、决策指挥、社会动员、信息发布四项二级机制的流程开发与优化工作。

（1）信息报告。

近年来，北京市不断强化信息报告工作。2006 年 4 月制定并下发《北京市突发公共事件信息管理工作暂行办法》，按照逐级负责、分级管理、及时准确的原则，进一步规范了信息报告的标准和程序，明确各区县和专项应急指挥部及相关委办局信息报告的责任和时限。同时，全市突发事件信息报告工作网络已基本建成。优化北京市信息报告流程，需重点解决以下几个关键问题（图 6-6）。

**一是优化信息报告的关键工作流程。**在突发事件信息报告过程中，目前应该重点开发的工作流程包括：应急值守、信息接报、信息确认、分级筛选。信息筛选在政府内部的不同层级和不同部门进行，是一个由粗到精、由多到少、由繁到简的过程。目前需要做的工作主要是进一步明确区县应急办和市应急办这两级应急指挥机构的信息筛选标准，在此基础上开发标准化的突发事件信息筛选流程。

**二是明确信息报告的责任和时限。**目前，北京市对各类突发事件信息的报送主责单位、时限、内容和程序方式等进行了原则性规定，初步形成了条块交叉上报的“三报”机制（初报、续报和结报）。要进一步按照逐级负责、分级管理、及时准确的原则，规范信息报告的标准和程序，明确各区县和专项应急指挥部及相关委办局信息报告的责任和时限，做到分工合理，权责对称，实现信息报告和通报的及时、全面、准确。同时，要科学界定“三敏感”原则（敏感时间、敏感地点、敏感事件）的具体内容和标准，提高“三敏感”原则的实用性和可操作性。此外，要加快建立基层社区的信息报告网络，提高基层信息员的素质和能力。

**三是实现管理信息的标准化。**加快信息报告和通报相关标准、通用表格的开发和优化，尽快编制全市《应急管理标准术语手册》。用一系列标准化的表格来规范全市突发事件信息报告和通报的各个环节，进而实现全流程的表格化管理。这是管理信息报告标准化的基础。在信息报告和通报的过程中，政府各部门内部的信息流可以按本部门自定的一套标准进行报告，但“流出”部门时应该使用应急管理的通用标准与通用术语。通过加强信息标准化的基础工作，实现从基层报告和应急指挥中心接报到整个应急管理过程的标准化表格管理。

**四是充实信息报告和通报的内容。**当前，政府信息报告和通报的内容主要是突发事件信息。而对于应急管理而言，突发事件发生的环境信息和如何处理事件的管理信息也很重要。为此，应建立全市综合性信息平台，使有关部门的相关基础数据（如三维空间数据、地震、气象等专业领域数据）能够互联互通，资源共享。同时，对北京而言，由于特殊的地理位置和首都的特殊功能，在信息报告和通报中，还需要处理好与中央在京单位、周边省市区、北京卫戍区、武警北京总队等机构的关系，建立相互之间的信息共享共通和及时报告制度。

**五是强化信息通报和共享。**信息通报是当前突发事件信息报告和通报的薄弱环节之一，需要形成跨部门、跨区域的信息网络。北京市应依托全市应急体系，与中央有关部委、周边省区市及重点单位应急信息资源共享，建立上下左右互联互通和信息及时交流制度，拓宽信息来源渠道，确保市委、市政府及时掌握重要的敏感信息，并及时向中央有关部委、周边省区市及重点单位通报重要信息。

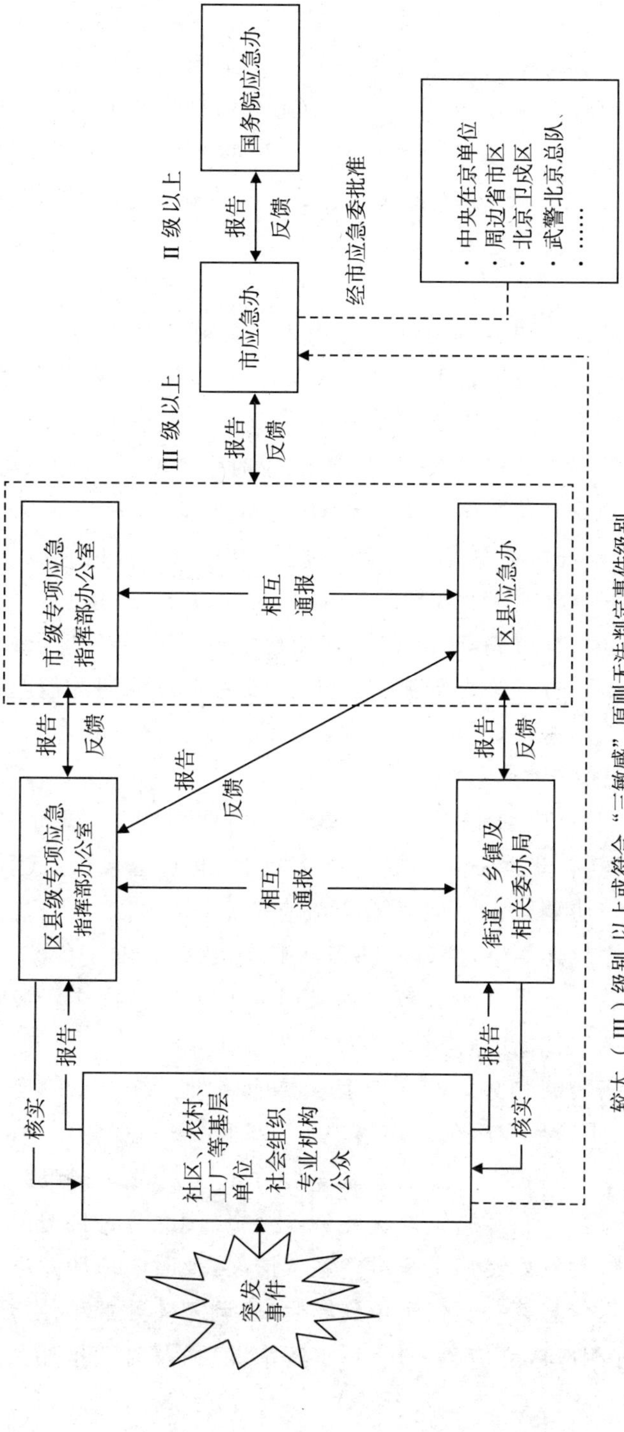


较大（III）级别 以上或符合"三敏感"原则无法判定事件级别

**图6-6　北京市突发事件信息报告与通报工作流程示意图**

以上各项工作的重要体现，是完善《北京市突发公共事件信息管理工作暂行办法》，使其更具合理性和可操作性。当前，可以在以下几个方面进行修改完善。其一，规范值班台信息报送的工作流程，进一步理顺各级应急管理部门值守应急人员的各项工作职责，规范信息报告的工作程序，减少不必要的运行环节，强化信息报告的时效性，确保信息先行，快速反应。其二，建立健全企业、社区、农村、学校等基层单位的信息报告员制度，指导各单位就本辖区内个人及机构应急管理信息报告建立相应的信息报告流程和内容规范。其三，规范现场处置时的信息报送工作，强化动态追踪反馈，强调信息报告的完整性和及时性。信息报告要贯穿突发事件处置的全过程，全面追踪反馈突发事件的处置过程，加强核报，及时获取真实、动态、全面的信息，并做好督促检查和落实。要本着"有始有终、一事一结"的原则，做好突发事件的善后结报工作，为下一步工作提供指导。其四，做好信息的综合分析和研判工作。加强对突发事件的性质、产生的影响、危害程度、发展趋势、处置措施和建议等综合情况进行综合研判。对一时难以进行综合研判的信息，要及时报告掌握的情况，并加强分析研究工作。

(2) 决策指挥。

近年来，北京市细化了应急管理组织机构的职责，明确了指挥协调的基本程序，初步建立了与在京中央机关、北京卫戍区、武警北京总队的沟通与协调机制。但目前全市应急指挥协调工作的规范化、制度化和程序化还不够，协调联动程度不是很高，影响了应急决策和紧急处置的效率。为在更大范围内及时有效地动员社会资源，保证应急指挥协调工作高效，需重点完善以下工作流程。

**一是现场控制和分级响应流程。**要明确"两级响应、综合处置"的基本原则，明确界定区(县)内第一响应单位、第一责任单位的职责和权力(图 6–7)。按照应急响应基本程序的规定，第一响应单位接报后 30 分钟内赶到现场；第一责任单位接报后 60 分钟内赶到现场。第一响应单位到场后迅速了解事件基本情况，及时向市应急办、事件主责单位报送信息第一责任单位到场后，协调相关处置单位，成立现场指挥部，并相应成立应急工作组；了解情况后，及时续报相关信息，

1.5个小时内报送详细信息。市应急办依据事件的级别和种类，适时建议派出由该领域具有丰富应急处置经验人员和相关科研人员组成的专家顾问组，共同参与事件的处置工作。专家顾问组应根据上报和收集掌握的情况，对整个事件进行分析判断和事态评估，研究并提出决策和处置措施，为现场指挥部提供咨询意见。发生涉外突发事件时，市政府外办、市外宣办等相关部门应根据应急处置工作的需要和职责分工，派人参与现场指挥部工作，并负责承办相关事项。

**二是现场指挥部组建流程和工作流程。**成立现场指挥部，是有效处置突发事件的基本要求和重要方式。按照"统一指挥、属地为主、综合处置"的要求，成立由各部门负责人参加的现场指挥部，全权负责应急处置工作。在确认突发事件即将或已经发生时，区（县）和/或市成立相应的现场指挥部（图6–8）。现场指挥部的组建，要根据不同级别的突发事件进行（表6–4）。应急处置工作结束后，要适时撤销现场指挥部，并将情况及时通知参与事件处置的各相关部门，必要时还应通过新闻媒体向社会发布应急结束的消息（表6–5）。现场处置工作首先以始发地的区县为主，相关部门到场后，现场指挥部将前期处置详细情况、具体联络方式、事件进展等信息全部移交市现场指挥部，并配合市现场指挥部继续完成处置工作。区县应急办负责统筹协调全区县各相关部门，主要任务转向群众工作、后勤保障工作等，各相关职能部门按照市现场指挥部应急工作组设置情况，对口参与相关工作，并及时向市应急办汇报工作进展情况。现场指挥部全权确定联系人和通信方式，指挥协调公安、交通、消防和医疗急救等部门应急队伍先期开展救援行动，并组织、动员、帮助群众开展防灾、减灾和救灾工作。

**三是扩大响应流程。**如果突发事件事态进一步升级扩大，预计凭北京市现有应急资源和人力难以实施有效处置时，经报北京市委市政府主要领导同意后，以市应急委的名义，协同中央在京单位、北京卫戍区、武警北京总队共同参与处置工作。需要宣布北京市部分地区进入紧急状态的，市应急办在报请市主要领导批准后，依法以市政府名义提请国务院决定；如需全市进入紧急状态，则依法并按《突发事件应对法》、《国家突发公共事件总体应急预案》的有关规定，报请国务院提请全国人大常委会决定后实施。当突发事件波及北京市大部分地区，造成的危害程度已十分严重，超出北京市自身控制能力，需要国家或其他省市提供援助和支持时，市应急委应将情况立即上报党中央、国务院，请求成立首都突发事件应急委员会，由党中央、国务院直接指挥或授权北京市指挥，统一协调、调动北京地区各方面应急资源共同参与突发事件的处置工作。

**四是多部门协同处置流程。**要明确横向和纵向不同机构、地域之间的应急联动和协调处置程序，通过建立制度化、规范化的规定实现紧急情况下不同部门和单位协同应对突发事件。这包括同级政府各个职能部门之间的联动，北京市相邻区、县或乡镇、街道办之间的联动，北京市与相邻省、自治区和直辖市之间的联动，北京市与驻京单位、北京卫戍区和武警部队之间的联动。

**五是紧急征用流程。**根据《突发事件应对法》、《国家赔偿法》等法律法规的有关规定，通过事先的约定，明确规定一般征用、征收和紧急征用、征收的条件、程序、补偿标准、补偿机构、补偿期限和争议的解决方法等。市、区县政府及其部门为应对突发事件，可以征用单位和个人的财产。被征用的财产在使用完毕或突发事件应急处置工作结束后，应当及时返还。财产被征用或者征用后毁损、灭失的，应当按照规定给予补偿。

**六应急结束流程。**一般而言，应急处置工作已基本完成，次生、衍生事件和其他危害基本消除，应急处置工作即告结束。在应急处置工作结束后，承担事件处置工作的市各专项指挥部、区县、相关委办局和现场指挥部，需将应急处置工作的总结报告上报市应急办，报请市应急委主要领导批准后，做出同意应急结束的决定。应急处置工作结束后，应将情况及时通知参与事件处置的各相关部门，必要时还应通过新闻媒体向社会发布应急结束的消息。

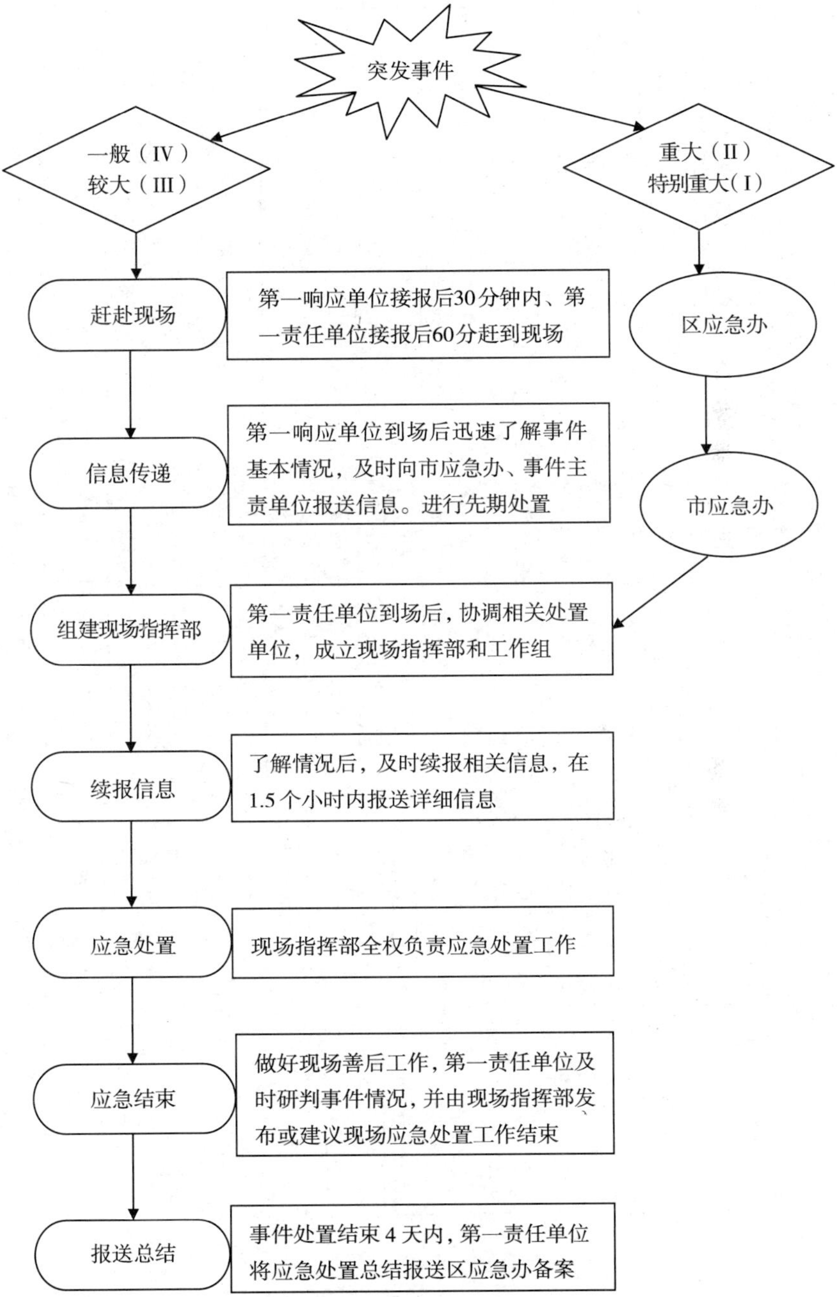


**图 6-7　北京市应急决策指挥工作流程图**

图6-8 北京市现场应急指挥部构成框架图

表 6-4　北京市现场应急指挥部的组建程序

| 事件级别 | 现场指挥部的组建 |
| --- | --- |
| 一般<br>（Ⅳ级） | 由相关委办局或区县负责启动应急预案，整个事件由相关委办局或区县全权负责处置。根据事件的类型和现场指挥部组成要素，按照“减少层级、沟通畅通”的原则组成现场指挥部。 |
| 较大<br>（Ⅲ级） | 由各专项应急指挥部、相关委办局或区县负责启动应急预案，由各专项应急指挥部、相关委办局或区县负责指挥。必要时分管副秘书长或市应急办负责同志赶赴现场指挥，成立现场指挥部，并由分管副秘书长或市应急办负责同志任现场指挥部的最高领导。 |
| 重大<br>（Ⅱ级） | 由市应急办或各专项指挥部负责启动应急预案。分管市领导或副秘书长应赶赴现场，并成立由各专项指挥部、相关委办局和区县组成的现场指挥部。其中，分管市领导或副秘书长任总指挥，负责参与制定方案，协调有关部门开展工作；各专项指挥部、相关委办局和区县的相关负责同志任副总指挥，负责事件的具体指挥和处置工作。 |
| 特别重大<br>（Ⅰ级） | 由市应急办报请市主要领导批准后启动应急预案，市委书记、市长或分管市领导应赶赴现场，并成立由各专项指挥部、相关委办局和属地区县政府组成的现场指挥部。其中，市委书记、市长或分管市领导任总指挥，负责参与制定方案，指导、协调、督促有关部门开展工作；各专项指挥部、相关委办局和事件属地区县相关领导任副总指挥，负责事件的具体指挥和处置工作。 |

表 6-5　北京市现场应急指挥部的撤销程序

| 事件级别 | 撤销条件 | 撤销程序 |
| --- | --- | --- |
| 一般（Ⅳ）<br>较大（Ⅲ） | 若成立了现场指挥部，则现场处理完毕，各种秩序恢复正常 | 由负责处置的主责单位提出建议，区县应急办报应急委领导批准后宣布应急结束，撤销现场指挥部。 |
| 重大（Ⅱ）<br>特别重大（Ⅰ） | 应急处置工作完成，次生、衍生事件被确认彻底消除 | 由负责处置的主责单位提出建议，市应急办报市应急委领导批准后宣布应急结束，撤销现场指挥部。由发布启动预案的市应急办、专项指挥部、区县或相关委办局宣布应急结束。 |

(3) 社会动员。

近年来，北京市按照"以属地政府为主导，以社会单元为基础，以广大市民为主体"的总体架构，初步建立了宣教动员体系，出台了《应急管理科普宣教总体实施方案》，深入开展应急管理进社区、进农村、进学校、进企业"四进入"工程。今后应结合当前应急社会动员工作的薄弱环节，有针对性地开展工作。

**一是推动"政府自上而下地对社会动员"向"由社会自下而上地动员"转变。**在社会多元化趋势日趋明显、社会结构越来越复杂的今天，应急管理中的社会动员模式必然是多种机制和手段相互补充的模式。要探索在新的形势下进行有效社会动员的新模式。现阶段应急社会动员的主体是政府，即主要是"政府自上而下地对社会动员"。从长远来看，随着社会组织化程度的提高与社会自主性的加强，上下结合的多元动员机制模式将会显现出强大生命力。要逐步提高全社会的公共安全意识，充分调动非政府力量参与应急管理的积极性和主动性，培育其积极自主动员的能力，即"由社会自下而上地动员"。[①] 当前，要注意培植与新的社会经济环境相适应的社会动员机制，如在应急设备与队伍建设上的政府与社会共建机制、志愿者招募机制，应急物质储备方面的市场契约和目录管理机制等。

**二是重点全面强化军地合作和基层应急能力。**发挥好军民共建的优势，成立"军地应急救助队"，建立军民、军地合作机制。注重军队资源和地方资源的有效整合优化，以实现军地资源兼容部分的高度统一，相互融合和共同发展，追求通用、统一、高效和协调发展的原则。同时，抓紧时间出台北京市加强基层应急管理工作的实施意见，加强基层应急体系建设，进一步建立健全街乡镇、社区村、企事业单位等社会单元的应急工作责任体系和工作机制。同时，要全面加强宣教、培训、动员等各项工作。建设首都公共安全文化，规范统一全市的应急标识。

**三是实现广义的社会动员与政府紧急动员相结合。**广义的社会动员即注重预防与应急准备的社会参与动员，这曾是我们的强项，但以往的动员方式比较单一，两种动员方式结合不够，在很大程度上依

---

① 龙太江：《从"对社会动员"到"由社会动员"——危机管理中的动员问题》，《政治与法律》2005 年第 2 期。

靠的是自上而下的行政命令，因而成本比较高。因此，需要结合《中华人民共和国国防动员法》（2010 年 2 月 26 日第十一届全国人民代表大会常务委员会第十三次会议通过），探索新形势下各种灵活有效的新型动员机制和军地合作机制。紧急动员即“战时”动员，仍需要动用自上而下的压力式动员方式，必要时还须运用强制征用甚至戒严等极端手段。

**四是明确各级应急管理机构在社会动员机制建设中的职责。**市应急办宣教组负责制定全市的中长期社会动员规划和短期行动计划；筹备和实施全市范围内的大型宣教项目，如统一编制《北京市应急管理手册》等。目前比较急需的是针对基层的指南性读本，如《社区应急管理员手册》、《应急管理词汇手册》等。应确立区县应急办在社会动员机制建设中的核心地位，区县应急办都应设立类似于市应急办宣教动员组这样的内部组织，负责本区县范围内的社会动员项目策划、管理与具体实施工作，尤其是各种社区合作计划项目。专项指挥部的作用主要是为区县应急办的基层动员工作提供知识、技术、人才培训等方面的支持。

**五是以区县应急办为责任主体，建立健全社区应急管理员网络。**社区应急管理员在国外一般称为社区应急管理工作协调员，为对社区应急管理非常有兴趣因而责任心很强的兼职志愿者，其职能定位与工作开展方式都有很成熟的经验并有《社区应急管理协调人手册》等工作规程可供参考。借鉴国外的先进经验和做法，北京市有必要建立健全社区应急管理网络，通过招募和管理志愿者，来代替传统的自上而下指挥命令的行政命令，以提高民众的自主参与水平。

**六是进一步细化社会动员的工作流程。**一方面，在“（向上级行政部门）报批（局部小范围动员不需要）—颁布社会动员令—实现动员—提供相关保障、组织人员疏散、隐蔽和隔离等—报上级行政部门备案（全市范围动员不需要）”的动员过程中，需要明确每个动员级别的启动条件、启动范围和组织架构（图 6-9）。另一方面，要明确长期、中期和短期社会动员的具体工作环节。紧急社会动员是一个全过程的活动，包括事前动员、事中动员和事后动员三个主要环节。一般而言，应急社会动员的过程包括动员的准备、实施与恢复三个阶段（图 6-10）。在准备阶段，要进行事前动员；在实施阶段，要进行事中动员和事后动员。其中，准备阶段的动员是实施阶段动员的基础。

要明确各个阶段的工作步骤和流程。

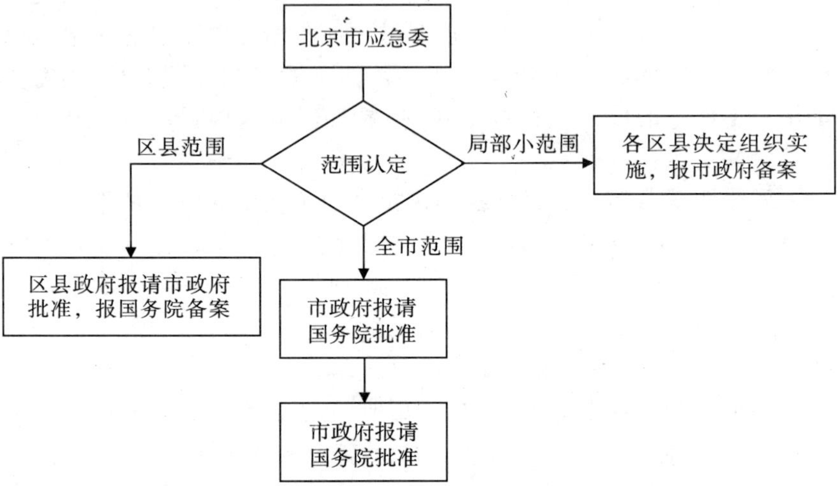


图 6-9　北京市应急社会动员工作流程图

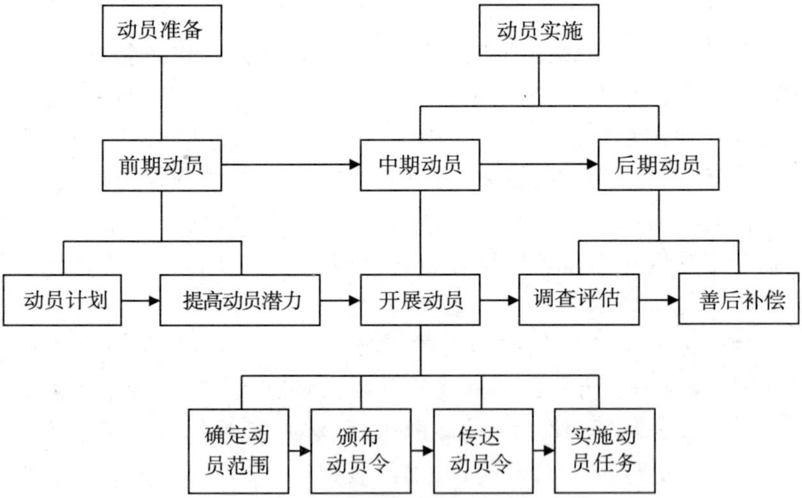


图 6-10　应急社会动员工作阶段

（4）信息发布。

近年来，北京市不断探索和完善新闻发布和舆论引导机制，制订了《北京市突发公共事件新闻发布预案》，各部门和 18 个区县都设立了新闻发言人并进行了培训，市总体预案和各专项预案都有应急信息发布的相关规定。在京广桥附近路面塌陷事故处置期间积极探索手机短信等新的信息发布方式，为有效预防和处置突发事件营造了良好的舆论氛围。今后应结合信息化发展的趋势，明确关键工作流程，健全相关工作制度，更加积极主动地做好新闻发布和舆论引导工作。

**一是明确信息发布和舆论引导的关键工作流程。**突发事件信息发布和舆论引导需要遵循特定的工作规范和环节。当前，北京市需要规范、开发或再造的关键流程包括：新闻发布协调小组建立流程（图 6–11）、新闻发布工作组建立流程、内部通报流程、现场新闻发布中心和新闻发言人设立流程、现场新闻发布流程。

**二是完善信息发布和舆论引导的标准化工作程序。**对现行应急新闻发布预案进行修订，尽可能简化和细化，提高其可操作性（图 6–12）。要结合关键工作流程的开发和优化，用制度化授权替代其中一些临时性协调、决策、审批行为。编写全市统一的应急管理信息与新闻发布手册；开发适合各种场合和情况下进行应急信息与新闻发布的模板系列，以节省临时性审核把关所需的时间。

**三是建立信息发布的授权机制。**把现场新闻发布规定为现场指挥者的一项职权。在现场新闻中心（工作组）尚未建立或现场新闻发言人尚未被任命的情况下，这项职权由现场指挥者代为履行，由现场指挥者自己或临时授权适当人员进行信息发布。授权各级应急管理负责人和现场指挥者在新闻协调小组和新闻工作组未建立前，可按标准化操作手册的相关规定接受媒体采访并在自认为有必要时主动进行信息发布，但不能发布上述分类管理原则中所明确禁止的内容。

**四是加强新闻发言人培训。**制订和实施全市应急信息发布与应急新闻发言人的培训计划。通过统一培训，使新闻发言人认识新形势下应对境内外媒体采访的策略以及国内外媒体的主要趋势特点，理解新闻发言人的传播策略与语言艺术、政府新闻发布工作的组织与策划等内容。全市应急信息发布与应急新闻发言人要学习继承《北京奥运会及其筹备期间外国记者在华采访规定》有关精神。

**五是主动加强与媒体的沟通。**要积极主动跟踪和分析境内外主流媒体有关北京市应急管理工作的动态信息，并采取有针对性的对策。制订计划，采取研讨会、午餐会等多种形式，开展政府应急管理工作人员和应急新闻发言人与在京主要媒体代表之间的定期交流活动，主动加强与京外和境外主流媒体的交流。

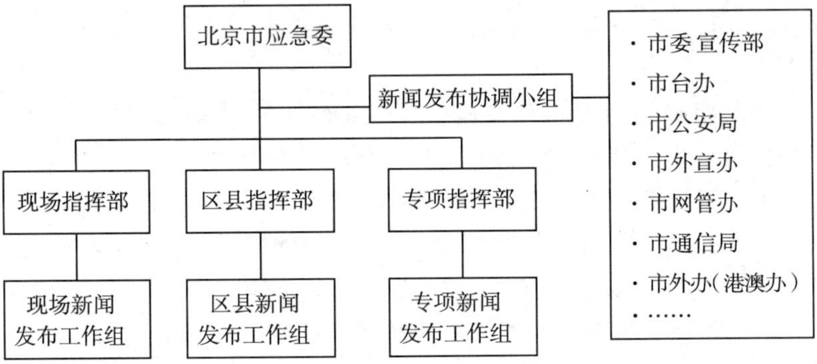


图 6-11 北京市突发事件信息发布组织架构图

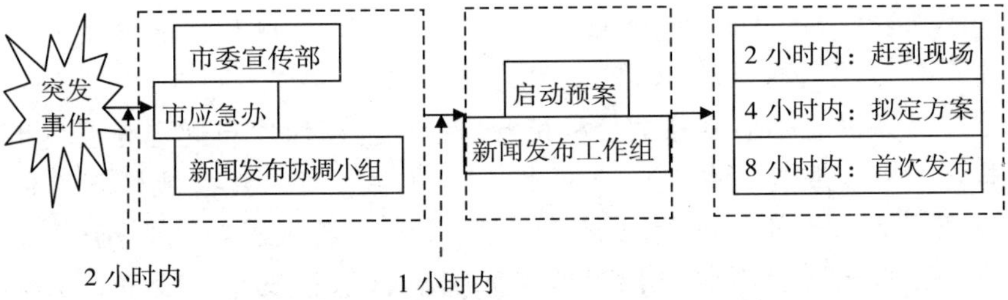


图 6-12 北京市突发事件信息发布流程图

### 4. 事后恢复与重建

(1) 调查评估。

从应急管理工作发展的需要来看，调查评估需从以下几方面加以强化。

**一是明确调查评估的目的。**调查评估以改进应急管理能力和效果为主要目的，以加强应急管理工作特别是应急预案、应急管理体制、机制和法制为落脚点，通过组织调查评估，查找应对过程中所出现的问题与存在的薄弱环节，并明确事故发生的责任性质，核定损失补偿等，总结经验，吸取教训，使得每一次突发事件应对工作都能够为下一次应急处置和有效预防控制提供有益的经验和教训。

**二是提高评估的独立性和公正性。**提高专家、民众、新闻媒体、非政府组织等社会力量在调查评估工作中的参与力度，尝试建立独立的第三方调查评估机制。结合当时当地的特定情景进行评估判断，对事件应对给予客观公正的评价。

**三是完善调查评估的指标体系。**调查评估指标体系包括若干一类指标，如应急准备、预警预测、事件发生、应急反应、应急处置、扩大应急、应急结束、后期处置、信息管理和保障措施。这些一类指标可分解为各项具体指标。

**四是确定结果发布程序。**应急管理调查评估具有特定的工作环节和工作程序（图 6-13、图 6-14）。调查评估工作应在不影响事件处置的前提下尽快开展。事件评估报告完成后，应提交给事件评估的组织者，并同时提交市应急委备案，事故责任单位、责任人的处理意见移交有关部门。市应急委和事件评估组织者应将调查评估报告纳入政府的奖惩考评等绩效考核体系，并适时针对报告提出的各项建议开展可行性研究和政策修订工作。调查评估的组织者应以适当的形式，就事件应对工作和事件应对调查评估报告等向市人大和/或区县人大进行报告。当调查评估工作受到社会公众广泛关注时，要以适当的方式对公众公布评估报告。

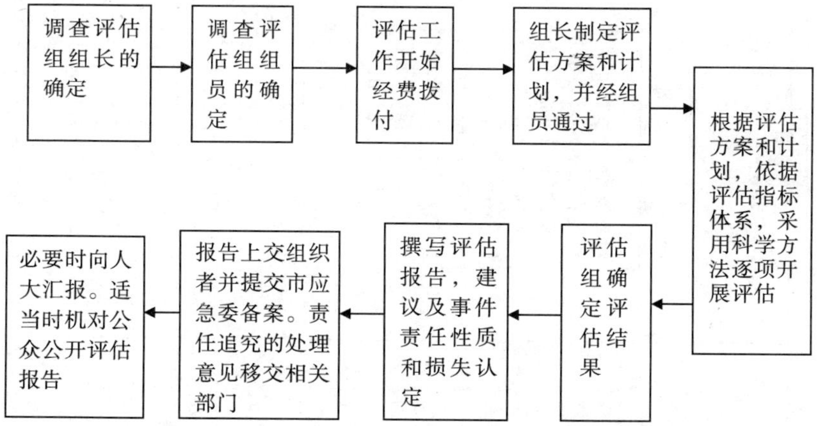


**图 6-13　北京市应急管理调查评估工作流程图**

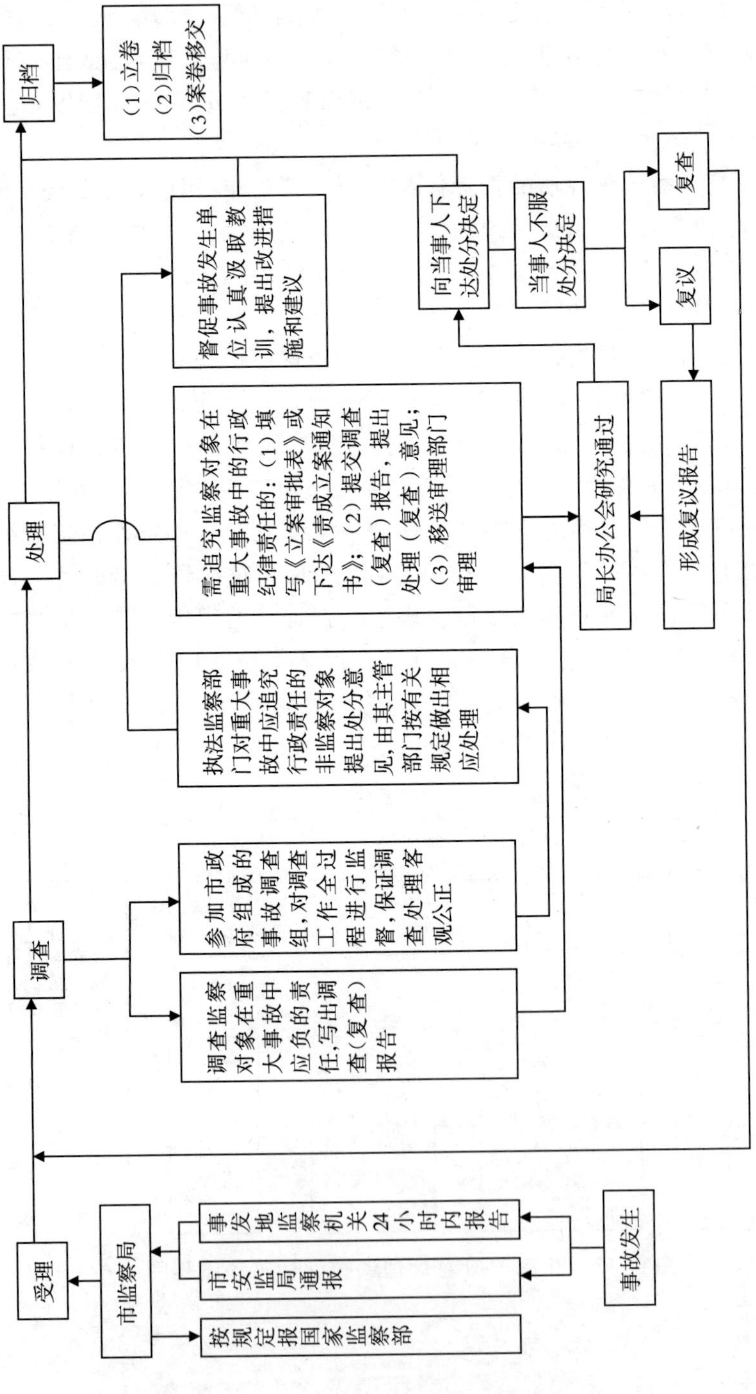


图6-14 重大责任事故调查处理工作流程（以生产安全事故为例）

（2）恢复重建。

北京市善后恢复与重建机制的基本框架是：按照“两级响应、综合协调”的总体要求，党委领导，政府主导，职能部门具体实施，社会组织积极参与，与中央有关部门协调配合，与兄弟省市加强合作，依据相关法律法规，遵循制度化工作流程，科学制定并实施相关计划与项目，高效有序地开展受灾人群生命救护、城市生命线恢复、物质设施重建、经济社会秩序恢复、灾后心理干预与生活救助、损失补偿与赔偿等各项工作（图 6–15）。

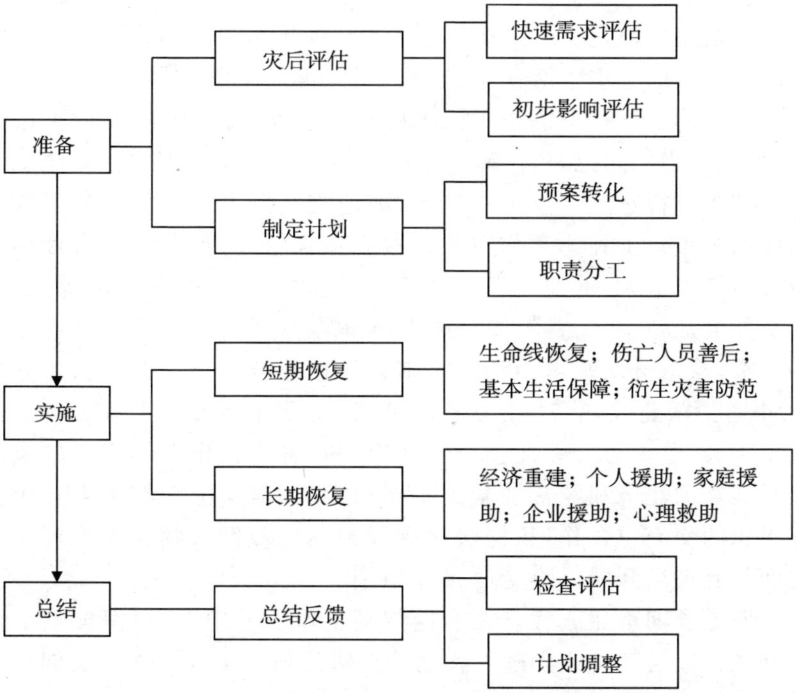


**图 6–15 北京市恢复重建工作流程**

**一是灾后评估流程。**灾后评估包括对灾区、灾民需求的评估以及灾害影响的评估两个方面，其目的是为恢复重建方案的制定和具体实施提供数据支持，以确定恢复重建所需资源与救助的种类与数量。评估分为快速需求评估和初步损害评估两阶段——前者的目的是认清灾难程度，确定在灾难应对中救生及维持生命所必须具备的资源；后者的目的是获得灾害影响的准确信息，以确定灾区所需服务、人员、资源的要求，在此基础上判断是否需要申请援助。接到特别重大、重大突发事件预警或发生特别重大、重大突发事件后，市民政部门组织力量，对损失情况进行评估，并逐户核实等级，登记造册，并组织实施救助工作。

**二是恢复重建计划制订流程。**在灾后调查评估的基础上，根据相关预案规定，由北京市应急办、市各专项指挥部、各区县或相关委办局等政府和部门编制具体的恢复与重建计划，包括职责分工、工作目标、资源配置、监督检查等内容，用以指导恢复重建实践。要明确各项任务的具体工作流程。

**三是短期恢复流程。**短期恢复重建的主要目的是恢复基本公共设施和民众的基本生活秩序，为进一步救援与重建提供支持，清除障碍。具体的工作内容包括：恢复城市生命线工程，伤亡人员善后处置，衍生灾害的防范，提供基本生活保障等。不同类别和不同级别突发事件具有特殊的专业工作流程，如地震等巨灾应以物质恢复即生命线恢复重建工程为工作重点。接到特别重大、重大突发事件预警或发生特别重大、重大突发事件后，市民政部门应会同相关部门，迅速引导群众转移，安置到指定场所，及时组织救灾物资和生活必需品的调拨，保障群众基本生活。全市各级接受救灾捐赠部门立即开通24小时捐赠热线，启动社会募捐机制，动员社会各界提供援助。市红十字会、慈善协会等社会公益性组织在各自工作条例规定的范围内开展互助互济和经常性救灾捐赠活动，加强与国际红十字会等国际组织的交流与合作，积极吸纳国际捐赠的救助款物。保险机构应立即赶赴现场开展保险受理、赔付工作。

**四是长期重建流程。**在短期恢复工作的基础上，根据突发事件的种类特征与灾害级别确立长期的重建计划并予以实施。长期恢复重建的主要内容包括：经济恢复重建、个人援助计划、家庭援助计划、企业援助计划、心理援助计划。

**五是总结反馈流程。**由组织部门牵头，会同监察部门、审计部门、物价部门、工商部门、税务部门等组成联合调查组，对恢复重建的项目建设、任务执行、资金使用、人员安排、恢复重建政策执行效果进行评估，并进行反馈，以决定恢复重建行动实施的时限和调整策略，以及是否需要建立更为长久的恢复重建计划。

**六是救灾物资和款项的发放与公示流程。**救灾物资和款项按照市应急办和现场指挥部的统一调配计划发放并做好公示工作。按照《救灾捐赠管理办法》等规定，明确捐赠灾区的物资要尊重捐赠单位和捐赠人的意见，按捐赠意愿送到接收地，发给指令对象或安排用于指令项目。切实加强协调和管理，保证各种救灾物资在运送途中的安全。各受灾区（县）要求各乡镇明确一名领导分管救灾物资发放。保证到达乡镇的救灾物资必须在24小时内发放到灾民手中；乡、村、组都必须设立救灾物资发放情况公开专栏，当天分发物资必须当天公示；发放各种救灾物资要突出重点、统筹兼顾；加强管理，健全账卡，造册发放并签收。各受灾乡镇成立救灾物资和款项监督管理领导小组，负责对乡村两级赈灾物资、资金管理使用的全过程进行监督、检查。受灾县纪检监察部门对各乡镇、县级各有关部门加强监督检查，保障救灾物资、资金公平、公开、合理使用。

**七是恢复重建争端解决流程。**针对善后恢复重建过程中可能出现的矛盾纠纷和分歧争议，要按照公开、公平、公正的原则采取有效的解决方法，由上级政府或独立的第三方充当协调人，明确协调解决的程序、时限和范围。同时，做好低保资金的落实、救灾资金的发放以及扶助特殊群体和区域项目的实施等工作。

## 四、小结

2003年抗击SARS疫情的过程，充分暴露了北京市应急管理体系在监测预警、信息报送、信息发布等运行机制方面存在的薄弱环节。自2005年以来，北京市从预测预警、信息报告、应急决策和处置、信息发布、社会动员、恢复重建、调查评估等七大机制建设研究入手，通过流程开发和优化，形成了一整套贯穿于突发事件事前、事发、事中、事后全过程管理的规章、制度、工作程序和工作标准，预防和应对突发事件的能力明显增强、维护首都安全的作用明显提升。

**一是部分工作流程从无到有，不断得到开发和应用。**自2005年以来，北京市出台了很多新的规章、制度、工作程序和工作标准，完善应急管理运行机制，规范工作程序，提高突发事件应对的科学化水平。在预防与应急准备方面，出台了《应急预案管理办法》、《应急演练管理办法》、《公共安全风险管理实施指南》等；在监测与预警方面，建立了危险源监测、突发事件预警制度；在应急处置与救援方面，制定出台《突发事件信息管理办法》、《应急管理系统信息工作考核评比暂行规定》、《应急管理科普宣教工作总体实施方案》、《突发公共事件新闻发布应急预案》等；在恢复与重建方面，《北京市实施〈中华人民共和国突发事件应对法〉办法》和《北京市突发事件总体应急预案》对相关内容加以明确和规范。

**二是部分工作流程从有到优，不断规范化和标准化。**例如，在应急预案方面，2004 年、2005 年、2010 年，三次对《北京市突发事件总体应急预案》进行修订。在应急预案管理和演练方面，先制定《应急预案管理暂行办法》、《应急演练管理暂行办法》，后修改为《应急预案管理办法》、《应急应急演练管理办法》。在信息报告方面，先制定《突发公共事件信息管理暂行办法》，后修定为《北京市突发事件信息管理办法》。同时，通过修订《北京市突发事件总体应急预案》，把在奥运期间所取得的良好成果和成功经验，以制度的形式巩固下来。

**三是基于流程优化的应急管理机制建设，取得了积极的成效。**近年来，北京根据相关规章、制度、工作程序和工作标准，有力推进突发事件应对的程序化、规范化、制度化，有效处置河北山火蔓延北京市北部山区、京广桥和国贸桥附近路面塌陷、地铁苏州街站工地塌方、安华桥下积水、央视新址大火、甲型 H1N1 流感、2010 年元旦期间低温冰雪天气、大栅栏“9 · 17”刑事案件等情况复杂、处置难度大的突发事件。总的来看，“十一五”时期，北京全市突发事件形势总体平稳，各级各类突发事件总体呈下降趋势，重大和特别重大突发事件有所减少。

# 第七章　政府应急管理机制建设案例：卫生系统

2002年底至2003年上半年发生的SARS疫情是对我国卫生应急管理工作的一次重大考验，也是我国应急管理体系建设的重要起点。此次SARS疫情早期流行和蔓延，暴露了我国在突发公共卫生事件应急管理机制方面存在的主要缺陷；突发公共卫生事件应急管理机制不健全，是导致疫情在早期不断流行和蔓延的重要原因。在取得抗击疫情的重大胜利后，党和政府开始全面加强突发公共卫生事件应急管理工作，应急管理机制建设成为其中的工作重点。经过努力，我国突发公共卫生事件应急机制已经初步建立并逐步完善。本章分析了2003年SARS疫情对我国卫生应急机制的经验教训，总结和评价了取得抗击疫情胜利后我国在推进卫生应急管理机制建设的规范化、程序化、制度化方面所开展的主要工作。*

## 一、SARS疫情对应急管理机制建设的经验教训

### 1. 2003年SARS疫情的重要启示

2002年底至2003年突如其来的SARS疫情，是一个典型的突

* 本部分有关2003年SARS疫情经验启示及后SARS时期我国卫生应急管理机制建设进展的部分资料，见作者撰写的《政府危机决策——SARS事件研究》(国家行政学院出版社2009年版)，第205—238页。

发公共卫生事件，它严重威胁了广大人民群众的身体健康和生命安全，对我国的经济发展、社会稳定和对外交往都产生了重大的影响。[①] SARS疫情在早期的流行和蔓延，暴露了我国在突发公共卫生事件应急管理机制方面存在的主要缺陷，如应急指挥系统不统一、应急预案操作性不强、信息报告网络不健全、应急救治能力低下、预防控制体系薄弱、协调联动机制不健全等。SARS疫情之所以在早期不断流行和蔓延，主要原因在于我国公共卫生体系存在缺陷，有效应对突发公共卫生事件的机制不健全，处理和管理危机的能力不强，缺乏应对突发事件的必要准备。

突发公共卫生事件应急机制不健全，是导致SARS疫情在早期不断流行和蔓延的重要原因。2003年5月15日，温家宝在贯彻实施《突发公共卫生事件应急条例》座谈会上指出，SARS疫情"暴露出我国在处置重大突发公共卫生事件方面机制的不健全，特别是在疫情初发阶段，组织指挥不统一，信息渠道不畅通，应急准备不充分"[②]。胡锦涛在2003年7月28日召开的全国防治非典工作会议上讲话指出：通过抗击非典斗争，我们比过去更加深刻地认识到，我国的经济发展和社会发展、城市发展和农村发展还不够协调；公共卫生事业发展滞后，公共卫生体系存在缺陷；突发事件应急机制不健全，处理和管理危机能力不强；一些地方和部门缺乏应对突发事件的准备和能力。在同日召开的全国卫生工作会议上，吴仪在总结公共卫生建设存在的缺陷和应汲取的教训时提到："突发公共卫生应对机制不健全。我们一直没有建立完善突发公共卫生事件应急机制，缺乏公开、透明的报告制度和监测网络；医疗资源条块分割，没有实现属地化管理，导致指挥不统一，信息不畅通，反应不灵敏，难以有效应对突发公

---

① "传染性非典型肺炎"（简称"非典"）是我国对此次爆发的"严重急性呼吸道综合征"（severe acute respiratory syndrome，简称SARS）的称呼。由于SARS并非典型的由细菌所引起的肺炎，故在我国最初称"非典型肺炎"，后改为"传染性非典型肺炎"（infectious atypical pneumonia），大众口语和媒体经常简称为"非典"。WHO则命名为"严重急性呼吸道综合征"（SARS）。其实"非典"是一个特定时期内性质比较特殊的用名，是一种不够准确的名称。

② 丁伟：《温家宝在贯彻实施〈突发公共卫生事件应急条例〉座谈会上强调运用法律武器坚决打胜非典型肺炎防治攻坚战》，《人民日报》2003年5月16日。

共卫生事件。”①

在认识到公共卫生事业严重滞后于经济发展的问题后，中央明确提出了2003—2005年加强公共卫生体系建设的目标，确定用三年时间建立健全突发公共卫生事件应急机制，加强疾病预防控制体系和应急医疗救治体系建设。根据中央的建设规划，各地也纷纷着手进一步建立健全地方卫生应急管理体系。例如，2003年8月，湖南省政府决定用三年建立健全突发公共卫生事件应急机制、疾病预防控制体系和卫生执法监督体系；用更长一段时间，完善农村卫生体系、城市基本医疗服务体系、环境卫生体系和财政经费保障体系，在全省构筑起一个体系健全、链条完整、布局合理、运转协调的突发公共卫生事件应急系统。②

### 2. 后SARS时期的卫生应急管理

在2003年4月4日SARS扩散和蔓延之际，吴仪在中国CDC调研时强调，要抓紧建立和完善突发公共卫生事件应急处理机制。4月6日，温家宝在中国CDC考察工作时强调，要切实加强疾病预防控制，抓紧建立和完善突发公共卫生事件应急处理机制。5月12日，国务院公布实施的《突发公共卫生事件应急条例》提出，要建立“信息畅通、反应快捷、指挥有力、责任明确”的处理突发公共卫生事件的应急法律制度。在2003年7月28日召开的全国防治非典工作会议上，温家宝强调要切实加强公共卫生建设。其目标是，争取用3年左右的时间，建立健全突发公共卫生事件应急机制、疾病预防控制体系和卫生执法监督体系；用更长一段时间，完善我国农村卫生体系、城市基本医疗服务体系、环境卫生体系和财政经费保障体系；总的要求是：“统筹规划、因地制宜，增加投入、健全体系，改革体制、整合资源，城乡兼顾、重在农村。”同时，要加强疾病预防控制，提高突发公共卫

① 《加强公共卫生建设 开创我国卫生工作新局面——国务院副总理兼卫生部部长吴仪在全国卫生工作会议上的讲话》(2003年7月28日)，《中国卫生质量管理》2003年第4期。

② 周立耘：《湖南省政府决定三年健全全省公共卫生体系》，《人民日报》2003年8月14日。

生事件应急能力；加快农村卫生发展，改善农民卫生服务条件；加强环境卫生体系建设，广泛开展全民爱国卫生运动。在同日召开的全国卫生工作会议上，吴仪强调要加强公共卫生建设，建立健全突发公共卫生事件应急机制，做好应对突发公共卫生事件预案；建立畅通的疫情信息网络、医疗救治体系和应急救治队伍；完善疾病预防控制体系，提高各级疾病预防控制中心的能力。

从2003年起，国家投入建设“完善国家突发公共卫生事件应急反应体系”项目，优先建设传染病报告与突发公共卫生事件应急机制监测信息系统。该项目具有应用多、数据量大、用户覆盖面广的特点。2005年1月5日，卫生部发布《关于疾病预防控制体系建设的若干规定》（卫生部令第40号），对全国疾病预防控制体系建设提出了具体要求。按照2006年卫生部编制并组织实施的《“十一五”期间国家突发公共卫生事件应急体系建设规划（2007—2010年）》，国家和省级要完成突发公共卫生事件应急指挥平台建设，建设达标率90%以上；地市级突发公共卫生事件应急指挥平台建成率达到60%以上；突发公共卫生事件应急响应的及时率达到100%，医疗卫生应急救援的及时率达到100%。

在后SARS时期，我国把建立健全突发公共卫生事件应急机制、有效开展卫生应急工作，看成是国家应急管理工作的重要组成部分以及国家整个卫生工作的重要内容。国务院在安排2004年工作时，把加快建立健全突发事件应急机制，提高政府应对公共危机的能力，作为全面履行政府职能的一项重要任务作了部署。党的十六届三中和四中全会都把提高公共卫生服务水平和突发公共卫生事件应急能力作为重要问题进行讨论和安排。2003年10月，党的十六届三中全会提出：提高公共卫生服务水平和突发性公共卫生事件应急能力。2004年9月，党的十六届四中全会进一步明确提出：“要建立健全社会预警体系，形成统一指挥、功能齐全、反应灵敏、运转高效的应急机制，提高保障公共安全和处置突发事件的能力。”2005年7月和2006年7月，国务院连续二次召开全国应急管理工作会议，对应急管理机制建设工作做出了全面部署。党的十六届五中全会《中共中央关于制定国民经济和社会发展第十一个五年规划的建议》指出："建立健全社会预警体系和应急救援、社会动员机制，提高处置突发性事件能力。"应急机制建设和应急能力提高被列入"十一五"规划的重要内容。

经过多年努力，我国的突发公共卫生事件应急管理机制建设取得了重要进展。2004 年 4 月 4 日，时任卫生部常务副部长高强在向十届全国人大常委会第八次会议做《关于建立健全突发公共卫生事件应急机制工作情况的报告》时指出：一年来，经过各级政府和广大医疗卫生工作者的共同努力，我国突发公共卫生事件应急机制已经初步建立并逐步完善。我国突发公共卫生事件应急机制建设，主要包括突发公共卫生事件应急指挥体系、疾病预防控制体系、医疗救治体系和卫生执法监督体系等方面。高强在报告中指出，卫生部设立了突发公共卫生事件应急办公室，建设应急指挥中心。各级卫生行政部门普遍设立了应急指挥机制，遇有重大疫情等突发公共卫生事件，立即组织力量进行调查处理和医疗救治。

## 二、后 SARS 时期的卫生应急管理机制建设

在 2003 年上半年取得抗击 SARS 疫情的胜利后，全国卫生应急管理的体制、机制、法制以及应急预案各项工作开始全面启动，应急管理机制建设则成为全国突发公共卫生事件应急管理的工作重点。2003 年，国家开始投入建设"完善国家突发公共卫生事件应急反应体系"项目，优先建设传染病报告与突发公共卫生事件应急机制监测信息系统。2005 年 1 月 5 日，卫生部发布《关于疾病预防控制体系建设的若干规定》（卫生部令第 40 号），对全国疾病预防控制体系建设提出具体要求。同时，建设了涵盖应急保障、指挥决策、应急队伍、监测预警、应急处置、风险沟通和科技教育在内的七大系统的卫生应急体系（图 7–1），实际上明确了重点的应急管理机制工作。从我国卫

生应急管理机制建设的实际情况来看，应急预案编制、监测与预警、信息报告与通报、决策指挥、信息发布成为其中的工作重点。

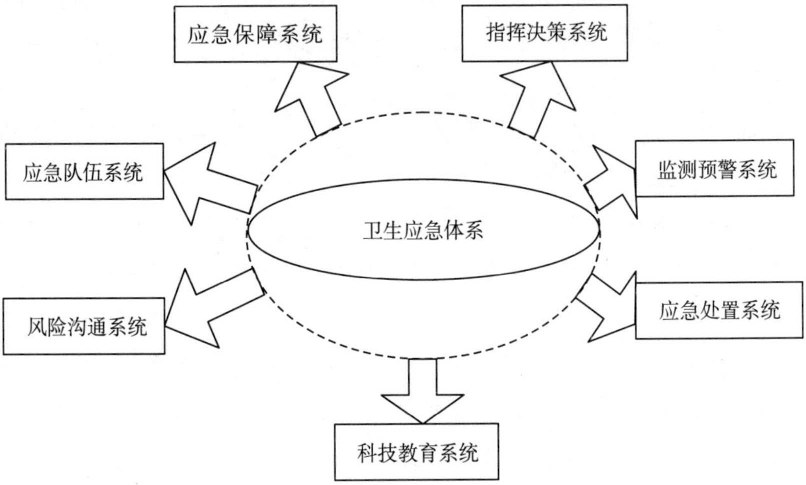


**图 7-1 我国突发公共卫生事件应急体系的七大系统**

1. **预防与应急准备**

预案编制、管理与演练，是卫生部门在突发事件预防与应急准备领域所开展的关键工作。在 2003 年 7 月 28 日召开的全国防治“非典”工作会议上，胡锦涛强调“要大力增强应对风险和突发事件的能力，经常性地做好应对风险和突发事件的思想准备、预案准备、机制准备和工作准备，坚持防患于未然”。在 2003 年 SARS 疫情结束后，在国务院和各级政府的统一领导下，卫生部门有计划、有系统地开展了突发公共卫生事件应急预案的编制工作。经过努力，我国卫生应急法律法规和预案体系逐步建立健全，全国突发公共卫生事件预案体系初步形成。

从我国突发公共卫生事件应急预案的结构层次和类型特点来看，主要包括如下五个方面(图 7-2)：

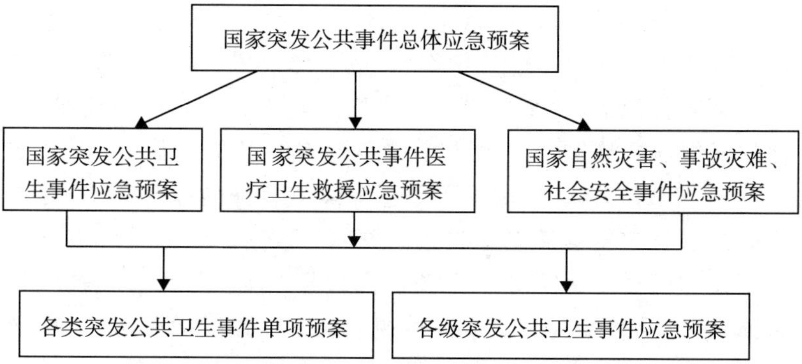


**图 7–2　我国突发公共卫生事件应急预案体系**

资料来源：根据国务院和卫生部组织制定的突发公共卫生事件方面的总体预案、专项预案和部门预案整理。

**一是国家突发事件卫生应急专项预案。**国家突发事件卫生应急专项预案是我国突发事件卫生应急预案体系的总纲，是制定卫生部各单项预案和相关部门预案的重要依据。目前，国家突发事件卫生应急专项预案主要包括《国家突发公共卫生事件应急预案》和《国家突发公共事件医疗卫生救援应急预案》两项。

**二是国家突发公共卫生事件应急单项预案。**国家突发事件卫生应急单项预案是根据《国家突发公共事件总体应急预案》、《国家突发公共卫生事件应急预案》及《国家突发公共事件医疗卫生救援应急预案》的要求，针对自然灾害、事故灾难、社会安全事件等不同类型的突发事件卫生应急工作的实际需要，由医疗卫生部门制定的预案。自然灾害类如《全国救灾防病预案》、《全国抗旱救灾防病预案》、《全国破坏性地震医疗救护卫生防疫防病应急预案》、《高温中暑事件卫生应急预案（试行）》；事故灾难类如《卫生部核事故与放射事故应急预案》；传染病类如《国家鼠疫控制应急预案》、《卫生部应对流感大流行准备计划与应急预案》、《人感染高致病性禽流感应急预案》、《全国肠出血热大肠杆菌 O157：H7 感染性腹泻应急处理预案》、《青藏铁路鼠疫控制应急预案》、《新发传染病应急处理预案》、《天花应急处理预案》、《脊髓灰质炎应急处理预案》、《埃博拉、马尔堡出血热应急预案》、《传染性非典型肺炎应急预案》；中毒事件类如《非职业性一氧化碳中毒事件应急预案》、《国家突发中毒事件医疗卫生应急预案》和

《全国食物中毒突发事件应急预案》;恐怖事件类如《卫生部处置核和辐射恐怖袭击事件医学应急预案》、《卫生部处置生物、化学恐怖袭击事件医学应急预案》、《全国炭疽生物恐怖紧急应对与控制预案》、《卫生部处置爆炸恐怖袭击事件医学应急预案》;其他类如《红火蚁伤人预防控制技术方案》、《重大活动卫生保障应急预案》等。

**三是国家突发事件卫生应急相关部门预案。**国家突发事件卫生应急相关部门预案是国务院有关部门根据《国家突发公共事件总体应急预案》以及突发公共卫生事件的应急专项预案的要求,为更加有效应对突发公共卫生事件而制定的预案,包括《国际医疗卫生救援应急预案》、《国家医药储备应急预案》、《突发公共卫生事件民用航空应急控制预案》、《铁路突发公共卫生事件应急预案》、《公路交通突发公共事件应急预案》、《水路交通突发公共事件应急预案》及《口岸应对突发公共卫生事件及核与辐射恐怖事件处置预案》。

**四是突发公共卫生事件的地方应急预案。**《突发公共卫生事件应急条例》及《突发事件应对法》颁布后,全国大多数省(自治区、直辖市)人民政府都制定了本省的突发公共卫生事件应急预案,部分市、县级人民政府也制定了本管辖区域的突发公共卫生事件应急预案。有些省还根据突发公共卫生事件类型、涉及部门,分类编写预案,形成有多个应急预案构成的突发公共卫生事件应急预案体系。

**五是突发公共卫生事件的技术方案。**国务院卫生行政主管部门在制定了一系列突发公共卫生事件单项预案后,为进一步指导和规范突发公共卫生事件应急处理工作,为一些单项预案配套制定了相应的技术方案,如与《人感染高致病性禽流感应急预案》配套的《人间禽流感病毒感染状况调查方案》、《禽流感实验室检测技术方案》、《与禽流感病禽密切接触人员防护指导原则》等技术方案。

### 2. 监测与预警

2003年防治SARS疫情的过程充分暴露了我国卫生信息系统建设存在信息收集分析迟缓、卫生信息网络覆盖面小、缺乏统一的公共卫生信息平台、信息整合能力差等弱点,导致我国公共卫生应急系统在疫情爆发早期无法有效发挥应急作用。2003年4月14日,国务院常务会议在讨论建立国家应对突发公共卫生事件应急处理机制时，强调要"完善信息网络，及时、准确地对突发公共卫生事件作出预测、预报和预警"[①]。疫情结束后，我国开始建立统一的突发公共卫生事件监测、预警与报告网络体系，包括法定传染病、突发公共卫生事件监测报告网络、症状监测网络、实验室监测网络、出入境口岸卫生检疫、监测网络以及全国统一的举报电话等（表7–1）。《国家突发公共卫生事件应急预案》规定："国家建立统一的突发公共卫生事件监测、预警与报告网络体系。各级医疗、疾病预防控制、卫生监督和出入境检疫机构负责开展突发公共卫生事件的日常监测工作。"[②]

目前我国传染病和突发公共卫生事件监测的纵向信息，主要来自疾控机构报告系统、卫生行政部门报告系统以及政府报告系统三级监控体系。其中，卫生系统内各类疾病与公共卫生监测信息系统是最重要的信息来源，它包括疾病监测系统和健康危害因素监测系统两大类。通过这些常规的监测活动，卫生部门可了解已知疾病、不明原因疾病及其相关因素在不同地域、不同时间、不同特征人群中的分布，及时发现异常情况或时间、空间、人群聚集性，一旦发现达到突发公共卫生事件预警指标时，立即做出报告并提出预警的建议（监测业务流程见图7–3）。同时，我国还建立了覆盖16个省份、8.3亿人口的食品污染物和食源性疾病监测网络，并自2004年起开始建立不明原因肺炎监测体系，恢复和新建了20种重点传染病和病媒生物的国家级监测点。据统计，截至2006年底，全国共有762个监测点开展主动监测工作，为传染病疫情的控制提供了可靠的依据。[③]

---

① 《温家宝主持召开国务院常务会议 讨论建立国家应对突发公共卫生事件应急处理机制》，《人民日报》2003年4月15日。

② 见《国家突发公共卫生事件应急预案》（2005年）第三部分"突发公共卫生事件的监测、预警和报告"的相关规定。

③ 《增强信心 完善机制 规范管理 提高能力 全面推进卫生应急工作——王隆德副部长在全国卫生应急工作会议上的讲话》（2006年3月2日），载卫生部卫生应急办公室：《2006年全国卫生应急工作会议材料汇编》，2006年3月，第1—13页。

表 7-1 我国突发公共卫生事件的监测体系(2004 年 12 月)

| 项目 | 监测内容 | 监测方法 | 监测机构和个人 |
|---|---|---|---|
| 法定传染病 | 法定传染病 | 国务院卫生行政部门建立传染病疫情网络直报系统,网络直报系统由现有的国家、省、市(地)、县延伸到乡级,同时,由疾控机构延伸到各级各类医疗机构 | 各级各类医疗机构;报告机构为卫生行政部门认定的机构和个人 |
| 卫生监测 | 职业卫生(如职业病、工作场所)、放射卫生(如放射源)、食品卫生(如食品、食源性疾病)、环境卫生(如水源污染、公共场所环境)、社会因素、行为因素等环境监测 | 国务院卫生行政部门根据各专业监测需要,科学合理地在全国建立监测哨点,各监测单位必须按照国家制定的监测方案、监测计划进行监测 | 卫生行政部门认定的医疗机构、疾控机构 |
| 疾病与症状监测 | 主要开展一些重大传染病、不明原因疾病和可能引发暴发流行的疾病及其相关症状进行监测 | 在大中城市指定的综合性医院建立监测哨点 | 卫生行政部门指定的监测哨点的医疗机构 |
| 实验室监测 | 重大传染病病原体、传播疾病的媒介生物、菌株耐药性、环境中有毒有害物质等 | 在市(地)级以上疾控机构和指定的医疗机构建立实验室监测网络,开展相关内容监测,并将监测结果及时上报上一级疾控机构 | 市(地)级以上疾控机构和有关医疗机构 |
| 国境卫生检疫监测 | 境外传染病、传播疾病的媒介生物和染疫动物、污染食品等 | 在出入境口岸建立监测点,将监测信息连接到国家疾病监测信息网 | 质检总局指定的技术机构 |
| 全国报告和举报电话 | 国家设立统一的举报电话,建立与国家公共卫生信息网络衔接的信息收集通路 | 举报 | 公众 |

传染病监测中的信息采集需要实现从疾病报告人到卫生部的信息网络通道,尽可能减少手工传递信息的工作过程。传染病监测网络将建设形成"五级网络、三级平台"——五级网络即依托国家公用

数据网，综合运用计算机技术、网络技术和通讯技术，建立连接乡（镇）、县（区）、地（市）、省（区、市）、国家五级卫生行政部门和医疗卫生机构的双向信息传输网络，形成国家传染病监测虚拟专网；三级平台即地（市）、省（区、市）、国家建立三级公共卫生信息平台。传染病监测横向网络建设是形成“区域卫生信息”的主要部分。按照区域卫生规划要求和属地管理原则，在地（市）建立区域公共卫生信息网络平台的基础上，形成区域内各级卫生部门和各级各类医疗卫生机构有效的网络连接。随着国家、省（区、市）、地（市）、县、乡（镇）五级传染病信息报告网络的逐步建立，传染病疫情可在2小时内完成初次报告，事件的进程变化随时上报，事件的总结报告则在事件处理结束后10个工作日内上报。①

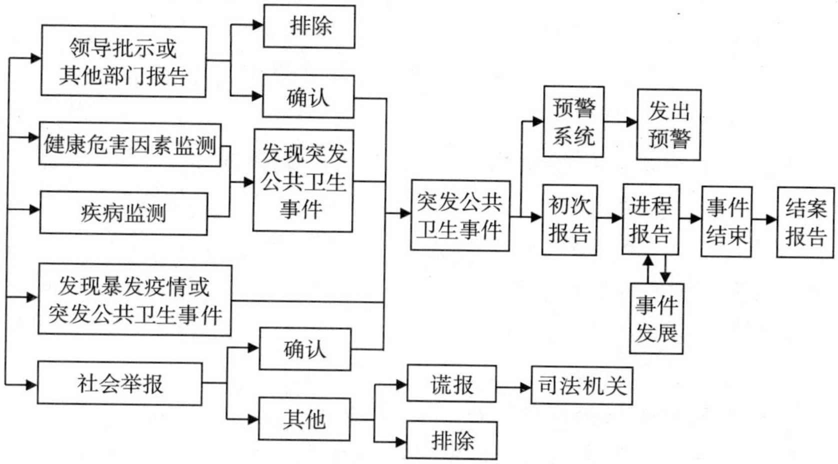


**图7-3　我国突发公共卫生事件监测业务流程图**

资料来源：王隆德：《卫生应急工作手册》（2005年版），人民卫生出版社2005年版，第32—33页。

### 3. 应急处置与救援

在应急处置与救援阶段（一级机制），重点建立健全信息报告、决

① 刘清伟：《黑龙江省突发公共卫生事件预警系统信息监测网络建设现状研究》，《中国公共卫生管理》2006年第2期。

策指挥、信息发布三大二类机制，提高突发公共卫生事件应对的规范化、制度化水平。

(1)信息报告。

2002年底至2003年4月中旬SARS疫情在早期的流行和蔓延，凸现我国疫情防治信息渠道不畅和报告不及时、不准确的问题。在疫情信息报告的过程中，我国传统的常规法定传染病报告主要属于被动监测，主要由下级医疗单位向上级疾控机构报告传染病的监测数据和资料，上级疾控机构被动接受。这种方式的弱点在2002—2003年的SARS疫情防控工作中充分暴露：由于该传染病病因不确定性，造成难以分类上报，因此也就难于做出有效预警。

在后SARS时期，我国政府和卫生部门致力于建立一个覆盖面更广、速度更快、信息双向流动的传染病监测信息网络，以实现主动疫情报告及传染病预警。① 为此，政府和卫生部门分别制定或修改了一系列的法律法规和部门规章，包括《突发公共卫生事件应急条例》(国务院令第376号公布，2003年5月9日)、《突发公共卫生事件与传染病疫情监测信息报告管理办法》(卫生部令第37号，2003年11月7日)、《传染病防治法》(主席令第17号，2004年8月28日修改)、《国家突发公共卫生事件应急预案》(送审稿)(2005年)。② 具体来看，后SARS时期我国在传染病信息报告机制建设方面所开展的工作，主要包括规定上报的程序和时限、建立网络直报系统、完善信息横向通报三个方面。

**一是规定信息上报的程序、时限和内容。**2003年5月7日，国务院第7次常务会议通过的《突发公共卫生事件应急条例》，对疫情报告程序和时限作了严格的限定。③ 根据该条例，最慢的疫情信息报告程序是：疫情发现→2小时内报告县卫生局→2小时内报告县级政府→2小时内报告市级政府→2小时内报告省级政府→1小时内报告卫生部→立即报告国务院，前后合计9小时(图7-4)。在逐级上报

---

① Yajiong Xue, and Huigang Liang, "IS-Driven Process Reengineering: China's Public Health Emergency Response to the SARS Crisis" *Journal of Information Technology Theory and Application*, Vol. 6, No. 3, (January, 2004), pp. 41—58.

② 有关《传染病防治法》修订前后的重要修改之处，见裴智勇：《解读新传染病防治法五大亮点》，《人民日报》，2004年9月14日。

③ 见《突发公共卫生事件应急条例》第十九条、二十条和二十一条。

的同时，条例规定可越级进行疫情信息上报。县卫生局在向县政府报告的同时，必须同时报告市（地）卫生局和卫生部；县政府在向市（地）政府报告的同时，还可以向省政府报告；国家公布突发事件报告电话，任何单位和个人都有权通过电话报告疫情。2003 年 5 月 12 日卫生部发布的《传染性非典型肺炎管理办法》（卫生部令第 35 号）对疫情报告、通报和公布做出专门的规定，要求任何单位和个人不得隐瞒、缓报、谎报或者授意他人隐瞒、缓报、谎报，并要求县级以上卫生部门加强农村疫情监测和疫情报告体系建设，建立健全县、乡、村三级疫情信息网络。

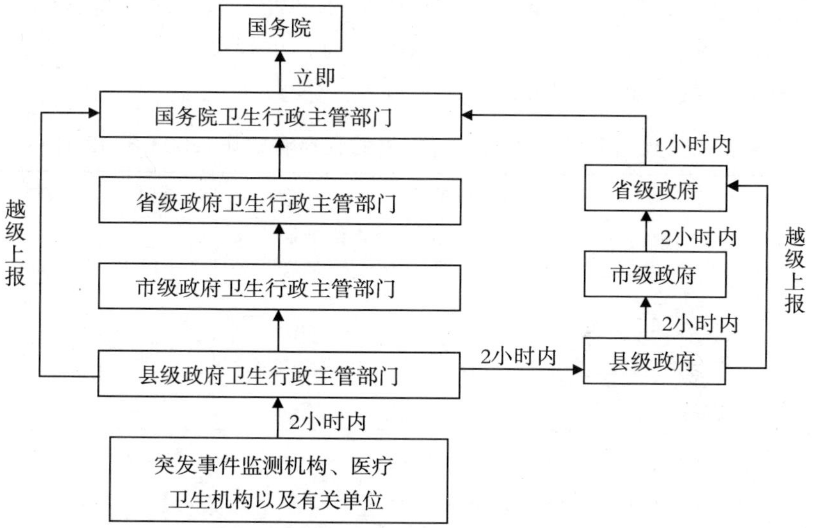


**图 7–4　我国突发公共卫生事件报告程序和时限(2003 年 5 月)**

注：→表示信息报告。

资料来源：根据《突发公共卫生事件应急条例》(2003 年 5 月）整理。

根据 2003 年 5 月制定的《突发公共卫生事件应急条例》，卫生部于 2003 年 11 月 7 日发布了《突发公共卫生事件与传染病疫情监测信息报告管理办法》，对各类传染病疫情报告的内容、程序、时限等做出明确的规定（见表 7–2）。该《办法》规定："国家建立公共卫生信息监测体系，构建覆盖国家、省、市（地）、县（区）疾控机构、医疗卫生机构和卫生行政部门的信息网络系统，并向乡（镇）、村和城市社区延伸。"该《办法》同时还规定："执行职务的医护人员和检疫人员、疾病预防控制人员、乡村医生、个体开业医生都为责任疫情报告人，各级各类医疗卫生机构和疾病预防控制机构为责任报告单位。”在此基础上，2005年编制的《突发公共卫生事件应急预案》对报告的时限、程序、内容以及报告主体等进一步做出明确的规定。该预案规定，县级以上各级政府卫生行政部门指定的突发公共卫生事件监测机构、各级各类医疗卫生机构、卫生行政部门、县级以上地方政府以及有关单位（主要包括突发公共卫生事件发生单位、与群众健康和卫生保健工作有密切关系的机构，如检验检疫机构、食品药品监督管理机构、环境保护监测机构、教育机构等）为责任报告单位，执行职务的各级各类医疗卫生机构的医疗卫生人员、个体开业医生为责任报告人。在报告内容上，预案规定突发公共卫生事件报告分为首次报告、进程报告和结案报告三种，并规定要根据事件的严重程度、事态发展和控制情况及时报告事件进程。

**表7-2 我国各类传染病疫情报告的程序和时限（2003年12月）**

| 序号 | 传染病疫情 | 城镇 | 农村 |
|---|---|---|---|
| 1 | 甲类传染病、传染性非典型肺炎和乙类传染病中艾滋病、肺炭疽、脊髓灰质炎的病人、病原携带者和疑似病人 | 2小时内 | 6小时内 |
| 2 | 对其他乙类传染病病人、疑似病人和伤寒副伤寒、痢疾、梅毒、淋病、乙型肝炎、白喉、疟疾的病原携带者 | 6小时内 | 12小时内 |
| 3 | 丙类传染病和其他传染病 | 24小时内 | 24小时内 |

资料来源：根据《突发公共卫生事件与传染病疫情监测信息报告管理办法》（卫生部令第37号，2003年11月7日）第19条整理。

随着网络直报的逐步推行，我国卫生部门强调利用网络系统进行突发公共卫生事件与传染病疫情监测信息报告。2005年12月27日，卫生部办公厅印发《国家突发公共卫生事件相关信息报告工作规范》（试行）（卫办应急发〔2005〕288号），对突发公共卫生事件相关信息的报告范围与标准，报告内容，报告方式、时限和程序，信息监控、分析与反馈等做了进一步的规定。其中，《规范》规定突发公共卫生事件报告标准不完全等同于《国家突发公共卫生事件应急预案》的判定标准，突发公共卫生事件的确认、分级由卫生行政部门组织实施。①

① 见《卫生部办公厅印发〈国家突发公共卫生事件相关信息报告工作规范〉（试行）的通知》（卫办应急发〔2005〕288号，2005年12月27日）。

2006年5月19日，卫生部印发了《传染病信息报告管理规范》(卫办疾控发〔2006〕92号)，对组织机构职责、传染病信息报告、报告数据管理、传染病疫情分析与利用以及资料保存等做出详细规定。2006年8月，卫生部修改了《突发公共卫生事件与传染病疫情监测信息报告管理办法》(卫生部第37号令)，调整了突发公共卫生事件与传染病疫情监测信息报告时限和程序，规定责任报告单位和责任疫情报告人发现甲类传染病和乙类传染病中的肺炭疽、SARS、脊髓灰质炎、人感染高致病性禽流感病人或疑似病人时，或发现其他传染病和不明原因疾病暴发时，应于2小时内将传染病报告卡通过网络报告(表7-3)。

**表7-3 我国各类传染病疫情报告的程序和时限(2006年8月)**

| 序号 | 传染病疫情 | 实行网络直报的责任报告单位 | 未实行网络直报的责任报告单位 |
|---|---|---|---|
| 1 | 甲类传染病和乙类传染病中的肺炭疽、SARS、脊髓灰质炎、人禽流感病人或疑似病人时，或发现其他传染病和不明原因疾病暴发 | 2小时内将传染病报告卡通过网络报告 | 2小时内以最快的通讯方式(电话、传真)向当地县级疾控机构报告，并于2小时内寄送出传染病报告卡 |
| 2 | 其他乙、丙类传染病病人、疑似病人和规定报告的传染病病原携带者在诊断后 | 24小时内进行网络报告 | 24小时内寄送出传染病报告卡，县级疾控机构收到报告卡后于2小时内网络直报 |

资料来源：根据《卫生部关于修改〈突发公共卫生事件与传染病疫情监测信息报告管理办法〉》(卫疾控发〔2006〕332号，2006年8月22日)整理。

**二是建立网络直报系统。**2003年8月，卫生部制定了《国家公共卫生信息系统建设方案》(草案)，重点突出疫情与突发公共卫生事件网络直报系统建设，提高疫情报告的及时性、敏感性和准确性，实现传染病和突发公共卫生事件监测的网络化、信息化和现代化。9月2日，卫生部下发《关于全国医疗机构开展传染性非典型肺炎疫情网络直报工作的通知》(卫办发〔2003〕244号)。网络直报系统建设包括国家公共卫生信息系统基础网络建设以及突发公共卫生事件监测系统建设两大任务。[1] 2003年，中央财政投入4700万元建设国家网络直报系

---

① 宋杨：《网络模式下医疗机构传染病疫情报告工作的考核》，《预防医学情报杂志》2005年第6期。

统网络数据中心监测信息系统，并补助西部地区网络基础设施建设7000多万元，整个项目建设投入1.2亿元，各地方财政也不同程度投入了一定的建设和保障经费。[①] 卫生部所提出的网络建设以“横向到边、纵向到底”为原则。截至2003年底，我国已在全国建立起传染病突发公共卫生事件网络直报信息系统，除全国个别省份使用电子报表外，已有29个省、自治区、直辖市均实现了传染病个案从基层医疗机构或县（区）级疾控机构通过网络向中国CDC的实时报告。[②]

2004年1月，全国正式启动以传染病个案报告为基础的传染病与突发公共卫生事件信息报告管理系统——疾病监测信息报告管理系统，各级各类医疗卫生机构可通过该系统网上直接报告法定传染病疫情等突发公共卫生事件，基本实现疫情监测资料从县级到中央通过计算机网络的实时报告与管理，改变了以往所采用的手工监测、层层报告审批导致疫情信息严重滞后的模式。各级疾控机构每日对通过网络直报的传染病个案进行审核，保障数据准确无误；每月初各级疾控机构对上月疫情报表进行统计和审核；每月上旬，中国CDC整理出全国法定报告传染病与突发公共卫生事件总体情况后上报卫生部及时对外公布。[③]

网络直报系统使得医疗机构和乡（镇）卫生院可直接通过互联网上的专用系统报告突发公共卫生事件，县级以上各级疾控机构接收到报告信息后，逐级审核信息并汇总统计、分析后，报告本级政府卫生部门（图7–5）。网络直报系统的建成是我国传染病报告和疾病监测工作的重大变革，自2004年1月1日投入使用以来效果明显。据统计，截至2004年底，全国县及县以上医疗机构直报率达到93.21%，乡镇卫生院直报率为42.77%，疾控中心实现100%网络直报；截至2005年底，全国31个省（区、市）的15198所县及县以上医疗机构直报率达到93.2%，40713个乡镇卫生院直报率为66%，疾控中心实现100%的网络直报。[④] 根据2006年卫生部出台的《“十一五”期间

---

① 马家奇：《21世纪中国互联网络的发展对传染病疫情报告系统的冲击》，《中国公共卫生管理》2003年第3期。

② 白剑峰：《2003年全国法定报告传染病疫情公布》，《人民日报》2004年2月12日。

③ 王宇、沈洁：《传染病监测信息网络直报工作与技术指南》，人民卫生出版社2005年版，第66页。

④ 王隆德：《明确职责 完善机制 全面开创卫生应急工作的新局面——在全国卫生应急工作会议上的讲话》（2005年4月18日），《卫生政务通报》2005年第12期。

国家突发公共卫生事件应急体系建设规划》，到 2010 年，传染病及突发公共卫生事件网络直报系统将进一步得到建设和完善，网络直报率在疾控机构和县以上医疗机构从 93% 达到 100%，乡镇医疗机构从 66% 达到 80% 以上；同时，完成网络直报系统的升级改造。

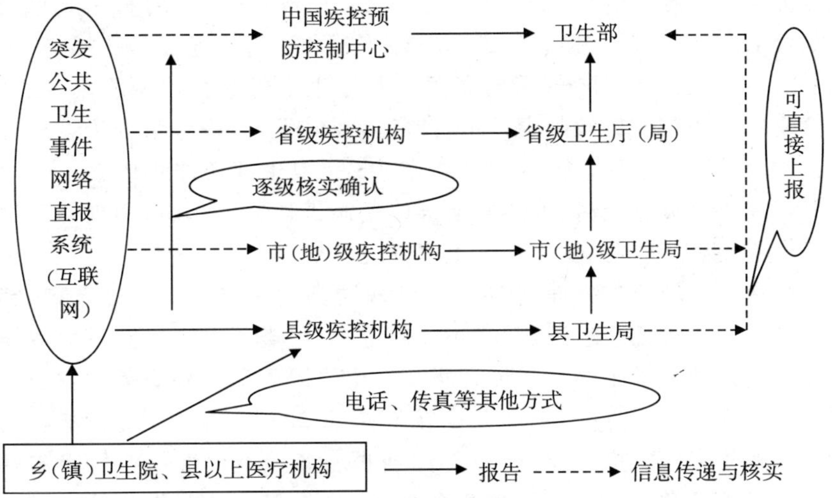


**图 7-5　我国突发公共卫生事件报告系统示意图**

资料来源：根据国家《突发公共卫生事件应急预案》（2005 年）整理。

**三是建立横向信息通报制度。**突发公共卫生事件的横向信息流主要涉及卫生系统内部、政府内部不同部门之间、不同地域之间以及军队与政府之间的信息通报问题。在 2003 年 SARS 疫情的早期防治过程中，我国卫生管理体系条块分割、各自独立，管理渠道不畅，不能达到卫生信息系统之间的资源共享和互联互通，形成多个"信息孤岛"，导致整个卫生管理体系的效率不能得到有效发挥。为此，在 2003 年 SARS 疫情结束后，我国卫生部门开始建立横向信息共享共通制度，以解决之前公共卫生信息体系所存在的条块分割、各部门和各医院之间缺乏有效联系、信息互不沟通等问题。《传染病防治法》（2004 年修订）和《突发公共卫生事件应急条例》均规定了疫情的横向信息通报制度。

在跨部门协调方面，我国在后 SARS 时期逐渐加强各部门间突发公共卫生事件的信息沟通与措施联动。2005 年 9 月，卫生部牵头与 31 个中央、国家有关部门建立了突发公共卫生应急协调机制，确定协调机制的主要内容包括信息沟通、联席会议、培训演练、联防联控等。例如，与农业部建立了防控人禽流感、人感染猪链球菌病等人畜共患疾病联防联控协调工作机制；与质检总局建立口岸突发公共卫生事件联防联控协调机制；与气象局建立应对气象条件引发公共卫生安全问题的合作机制；与铁道部、交通部、质检总局和民航总局联合下发通知，预防控制传染病境外传入和通过交通工具传播；完善了卫生与教育部门防范学校突发公共卫生事件联合协调机制，在学校建立专职或兼职教师责任报告制度，及时发现、报告学校传染病等突发公共卫生事件。此外，2004—2005 年卫生部还陆续成立了卫生部防控人禽流感疫情、人感染猪链球菌病工作领导小组，明确了各组工作职责，保证了突发公共卫生事件应急机制的有效运转。

在跨地域合作方面，按照《传染病防治法》(2004 年修订)和《突发公共卫生事件应急条例》的相关规定，对甲类传染病以及采取甲类传染病预防控措施的乙类传染病及不明原因群体性疾病等突发公共卫生事件个案信息，卫生部至少在发布前 2 小时向国务院其他有关部门和各省(区、市)卫生行政部门通报。各地卫生部门在发布本辖区上述信息时，应事先(至少 8 个小时)报告卫生部并告知具体发布时间，由卫生部提前向各省(区、市)卫生部门通报。针对重大疾病，卫生部加强了重点地区的联防工作。与港、澳、台地区的合作也得到加强。2003 年 9 月，粤港建立传染病防治信息通报机制和定期交流会晤制度。在继续执行"粤港澳传染病联系防治工作交流与通报机制"的基础上，卫生部、香港特区政府卫生福利及食物局、澳门特区政府社会文化司于 2005 年 10 月 21 日联合签署了《关于突发公共卫生事件应急机制的合作协议》，确定三方合作范围包括重大突发公共卫生事件和传染病疫情的信息通报，应急处置的协调联动，突发公共卫生事件应急的技术、培训及科研等方面的合作与交流。

在军民合作方面，明确了突发公共卫生事件信息报告和处理的属地管理原则和信息通报制度。例如，《突发公共卫生事件应急条例》第二十三条规定："国务院卫生行政主管部门应当根据发生突发事件的情况，及时向国务院有关部门和各省、自治区、直辖市人民政府卫生行政主管部门以及军队有关部门通报。"《传染病防治法》(2004 年修订)第三十条规定："军队医疗机构向社会公众提供医疗服务，发现前款规定的传染病疫情时，应当按照国务院卫生行政部门的规定报告。"《突发公共卫生事件与传染病疫情监测信息报告管理办法》(2004 年)第十三条规定："军队内的突发公共卫生事件和军人中的传染病疫情监测信息，由中国人民解放军卫生主管部门根据有关规定向国务院卫生行政部门直接报告。军队所属医疗卫生机构发现地方就诊的传染病病人、病原携带者、疑似传染病病人时应按属地管理原则向所在地疾病预防控制机构报告。"

(2)决策指挥。

2003 年 5 月 12 日，国务院公布实施的《突发公共卫生事件应急条例》提出，要建立"信息畅通、反应快捷、指挥有力、责任明确"的处理突发公共卫生事件的应急法律制度，规定"突发事件发生后，国务院设立全国突发事件应急处理指挥部，由国务院有关部门和军队有关部门组成，国务院主管领导人担任总指挥，负责对全国突发事件应急处理的统一领导、统一指挥"。5 月 14 日，温家宝主持召开国务院常务会议，讨论建立国家应对突发公共卫生事件应急处理机制，要求应当尽快建设和完善国家突发公共卫生事件应急反应机制，并确定建设这一机制应遵循的原则："中央统一指挥，地方分级负责；依法规范管理，保证快速反应；完善监测体系，提高预警能力；改善基础条件，保障持续运行"。

根据《突发事件应对法》、《突发公共卫生事件应急条例》、《传染病防治法》(2004 年修订)、《突发公共卫生事件应急预案》等相关法律法规和政策的规定，我国突发公共卫生事件应急管理和传染病防治工作根据统一领导、统一指挥、分级管理的原则建立相应的应急组织体系(见图 7-6)。在国务院统一领导下，卫生部负责组织、协调全国突发公共卫生事件应急处理工作，并根据突发公共卫生事件应急处理工作的实际需要，向国务院提出成立全国突发公共卫生事件应急指挥部的建议。地方各级政府卫生部门在本级政府的统一领导下，负责组织、协调本行政区域内突发公共卫生事件应急处理工作，并根据突发公共卫生事件应急处理工作的实际需要，向本级政府提出成立地方突发公共卫生事件应急指挥部的建议。地方各级政府及有关部门和单位按照属地管理的原则，做好本行政区域内突发公共卫生事件应急处理工作。同时，国家组建突发公共卫生事件应急处理的机动队伍，各地区组建省、市(地)级专业队伍，卫生部和地方卫生部门组织了业务培训。

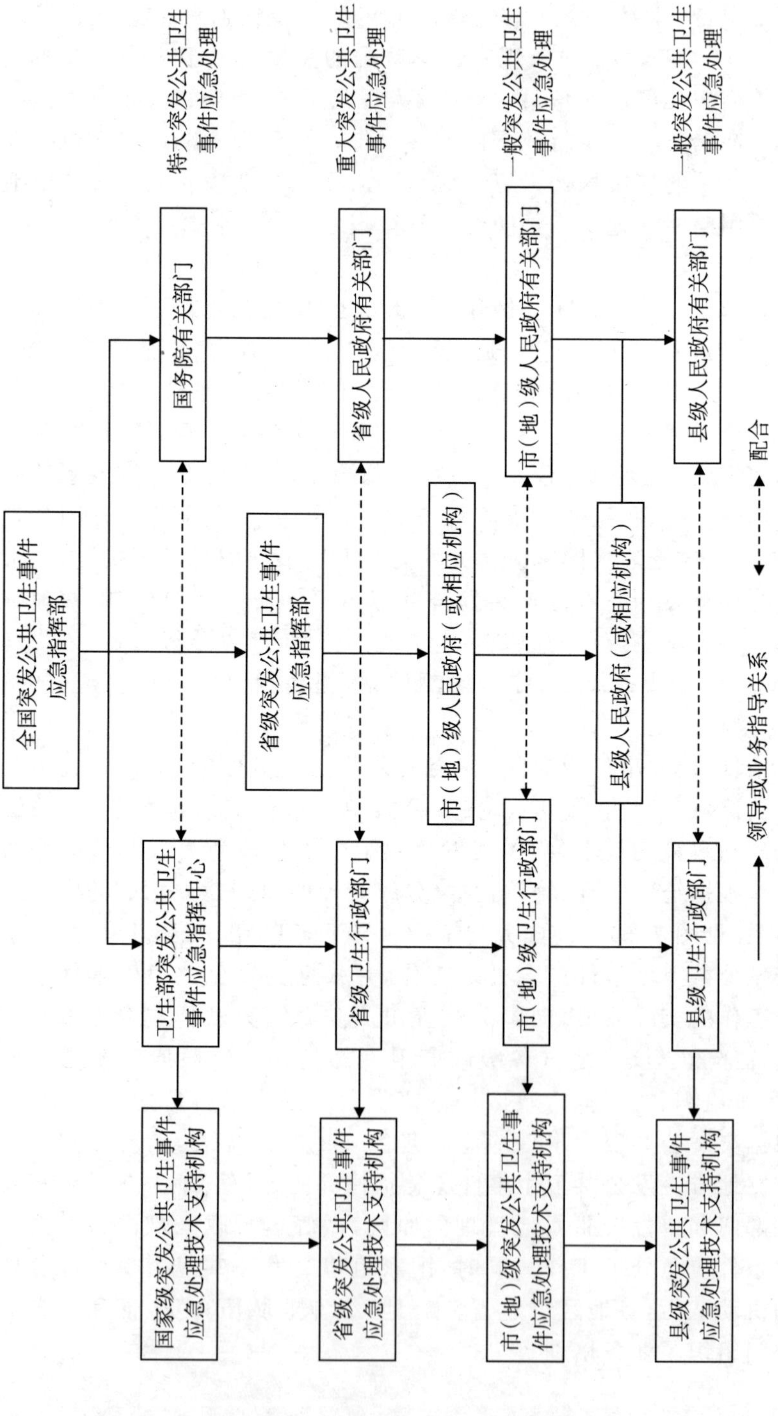


**图7-6 我国突发公共卫生事件应急组织体系框架图**

根据卫生部的规划，在国家、省、地、县四级卫生行政管理部门和相关的医疗卫生机构内设立卫生应急办事机构；农村乡镇、城市社区应有专人负责卫生应急工作。2003 年 10 月 10 日，中央机构编制委员会办公室批复卫生部增设卫生应急办公室（突发公共卫生事件应急指挥中心）。2004 年 3 月，卫生部设立正式设立了卫生应急办公室（突发公共卫生事件应急指挥中心），负责全国突发公共卫生事件应急处理的日常管理工作，包括突发公共卫生事件应急指挥体系建设、监测预警、应对准备和应急处理组织协调等工作。中国 CDC 和部分省级的疾控中心也成立了专门的应急处置部门。随后，全国共有 28 个省、自治区、直辖市相继成立卫生应急办公室；中国 CDC 和部分省级的疾病预防控制中心也成立了专门的应急处置部门（表 7–4）。由政府领导、统一指挥、属地管理、分级负责、分类处理、部门协调的突发公共卫生事件应急指挥体系和应急组织管理网络初步形成。据统计，截至 2006 年，只有个别省卫生行政部门尚未成立专门的有独立编制的卫生应急办事机构，地市级卫生行政部门内成立有独立编制的卫生应急办事机构的尚不足 30%，这个比例在县级卫生行政部门不到 20%。

**表 7–4　我国省级卫生部门应急办成立情况（截至 2005 年 12 月底）**

| 性质 | 省、自治区、直辖市 |
|---|---|
| 独立成立（23 个） | 北京（4）、天津（4）、河北（4）、山西（3）、辽宁（4）、吉林（4）、黑龙江（3）、上海（4）、江苏（5）、浙江（4）、安徽（5）、福建（5）、江西（4）、山东（5）、广东（4）、河南（4）、重庆（4）、四川（4）、贵州（5）、云南（5）、青海（3）、宁夏（2）、新疆（6） |
| 挂靠合署设立（4 个） | 内蒙古、广西（办公室）、湖南、陕西（疾控处） |
| 其他处代管（5 个） | 湖北、甘肃、海南、西藏等 4 省及新疆生产建设兵团 |

注：独立成立机构的 23 个省、自治区、直辖市。

资料来源：陈贤义：《依法科学、提高能力，规范有序协调有效开展卫生应急工作》，载卫生部卫生应急办公室：《2006 年全国卫生应急工作会议材料汇编》，第 16—32 页。

(3)信息发布。

2003年5月出台的《突发公共卫生事件应急条例》,对信息的发布做了"及时、准确、全面"的原则性要求。2003年10月9日,吴仪在全国预防非典工作电视电话会议上强调:疫情和相关信息由卫生部统一组织对社会发布。[1] 2003年12月31日,卫生部公布了《法定报告传染病疫情和突发公共卫生事件信息发布方案(试行)》,并决定从2004年1月1日起将以定期或不定期的方式向社会发布我国法定报告传染病疫情和突发公共卫生事件信息。2004年修订的《传染病防治法》要求建立传染病疫情和突发公共卫生事件信息发布制度,并规定由国务院卫生行政主管部门负责向社会发布突发公共卫生事件的信息。

2006年3月3日,卫生部公布了《法定报告传染病疫情和突发公共卫生事件信息发布方案》(卫办发〔2006〕79号)。发布方案规定的发布内容为法定传染病疫情、突发公共卫生事件个案信息和突发公共卫生事件总体信息。发布方案规定,法定传染病和突发公共卫生事件总体信息实行定期发布制度。卫生部以月报、年报方式在《卫生部公报》和卫生部网站上公布我国法定传染病疫情和突发公共卫生事件总体信息,必要时授权主要新闻媒体发布或召开新闻发布会通报有关情况。各省、自治区、直辖市卫生行政部门按照月报、年报的要求定期发布本辖区内法定报告传染病疫情和突发公共卫生事件总体信息,具体发布时间、方式和程序自行确定。必要时,可实行相关传染病疫情周发布和日报发布。发布方案同时规定,对于突发公共卫生事件个案信息、预警信息要及时分布。2006年9月,卫生部首次公布全国突发公共卫生事件信息,以后每月进行信息发布。

在建立健全突发公共卫生事件和传染病疫情信息发布机制的过程中,我国逐步实现了不同系统之间的信息共享,不断明确单位的职责,加大与媒体和公众的沟通力度。例如,2008年9月,三鹿牌婴幼儿奶粉重大食品安全事件发生后,按照国家处理三鹿牌婴幼儿奶粉事件领导小组的部署和卫生部的要求,全国各省(区、市)以最快的速度开通运行了婴幼儿奶粉事件健康咨询热线,及时建立了政府与公

---

① 吴仪:《在全国预防非典工作电视电话会议上的讲话》,《人民日报》2003年10月10日。

众之间广泛而有效的沟通渠道。北京市和上海市 12320 公共卫生公益服务热线，承担了服务于全国的艰巨任务，接听和咨询的电话量占全国咨询电话总量的 50%，保证了咨询热线 24 小时畅通，不间断解答群众的各种问题，取得了良好的社会效果。

### 4. 事后恢复与重建

根据《突发公共卫生事件应急条例》（2003 年）和《国家突发公共卫生事件应急预案》（2006 年）。突发公共卫生事件应急管理工作在事后恢复与重建阶段，重点做好以下工作。

**一是后期评估。**突发公共卫生事件结束后，各级卫生行政部门在本级政府的领导下，组织有关人员对突发公共卫生事件的处理情况进行评估。评估内容主要包括事件概况、现场调查处理概况、病人救治情况、所采取措施的效果评价、应急处理过程中存在的问题和取得的经验及改进建议。评估报告上报本级政府和上一级政府卫生行政部门。

**二是奖惩。**县级以上政府人事部门和卫生行政部门对参加突发公共卫生事件应急处理作出贡献的先进集体和个人进行联合表彰；民政部门对在突发公共卫生事件应急处理工作中英勇献身的人员，按有关规定追认为烈士。对在突发公共卫生事件的预防、报告、调查、控制和处理过程中，有玩忽职守、失职、渎职等行为的，依据《突发公共卫生事件应急条例》及有关法律法规追究当事人的责任。

**三是抚恤和补助。**地方各级政府要组织有关部门对因参与应急处理工作致病、致残、死亡的人员，按照国家有关规定，给予相应的补助和抚恤；对参加应急处理一线工作的专业技术人员应根据工作需要制订合理的补助标准，给予补助。

**四是征用物资、劳务的补偿。**突发公共卫生事件应急工作结束后，地方各级政府应组织有关部门对应急处理期间紧急调集、征用有关单位、企业、个人的物资和劳务进行合理评估，给予补偿。

## 三、小结

2003年上半年发生的SARS疫情,充分暴露出我国在处置重大突发公共卫生事件方面机制不健全、不规范的问题。特别是在疫情初发阶段,组织指挥不统一,信息渠道不畅通,应急准备不充分。此次疫情也成为推动我国突发公共卫生事件应急管理工作逐步迈向科学、规范化、制度化轨道的重要力量。

在取得抗击SARS疫情的胜利后,我国开始全面加强卫生应急预案体系和应急工作制度建设。各地逐步构建了覆盖各类突发公共卫生事件和突发事件相关医疗卫生救援的"横向到边、纵向到底"的应急预案体系,明确突发公共卫生事件的防范措施和处置程序。加强对预案的动态管理,建立动态修订机制,经常性地开展预案演练,检验预案的针对性、应用的可操作性和流程的合理性。同时,建立健全突发公共卫生事件的信息报告和发布、事件举报、事件评估和统计分析、专家咨询论证以及应急处理中医疗卫生人员的补助规定等工作制度,完善各种突发公共卫生事件应对处置程序,健全突发公共卫生事件应急调查处理标准、操作规范和技术方案,做到依法规范、科学有序、快速有效处置突发公共卫生事件。

通过应急机制建设,近几年来,我国的突发公共卫生事件应急管理体系经历了一个从弱到强、从初创到逐步完善的发展过程。具体而言,主要表现为如下几个方面:一是陆续发布实施了《突发公共卫生事件应急条例》等法律法规,以及《国家突发公共卫生事件应急预案》和《卫生救援应急预案》等。二是在工作体系的能力建设方面,已经建立健全了突发公共卫生事件的监测和预警制度、应急报告制度、信息发布制度、事件举报制度、协作联动制度、应急处理制度以及应急工作的督导制度和评估制度等。三是完成了以传染病院、医疗急救中心为主的突发公共卫生事件的医疗救治体系建设,实现了统一指挥、反应灵敏、协调有序、运转高效的卫生应急管理机制。四是已经建立完善了内地和香港、澳门三地的联防机制和措施。与周边国家就传染病防控的合作不断加强,特别是与世界卫生组织(WHO)的合作进一步加强。

从禽流感、甲型H1N1流感的应对情况来看，近几年我国以“统一指挥、反应灵敏、协调有序、运转高效”为目标的突发公共卫生事件应急管理机制建设，取得了长足的进步，对科学、规范、有效防控各种重特大突发公共卫生事件发挥了重要作用。在应对禽流感、甲型H1N1流感的过程中，我国坚持依法管理传染病，严格按照国内、国际法律法规和预案的规定开展防控工作，卫生应急机制发挥了特殊的重要作用，取得了重要的阶段性成果，从根本上扭转了2003年SARS时期信息不通、疫情不明、防控措施滞后的被动局面。可以说，通过积极加强应急管理机制建设，完善工作流程，建立健全相关运行机制，有效地推动了我国突发公共卫生事件应急管理工作逐步走向更加科学、规范、有序的轨道。

# 第八章　政府应急管理机制建设案例：汶川特大地震

2008年5月12日在我国四川省汶川县发生的8.0级特大地震，是新中国成立以来破坏性最强、波及范围最广、救灾难度最大的一次地震。正如胡锦涛在全国抗震救灾表彰大会上所言："在这场波澜壮阔的抗震救灾斗争中，我们积累了应对突发事件、抗击特大自然灾害的宝贵经验，也从中收获了许多极其宝贵的启示"，此次汶川特大地震是对我国应急管理体系特别是应急管理机制的重大考验。本章根据《突发事件应对法》有关突发事件应对活动的阶段划分和基于流程优化的政府应急管理机制框架，从预防与应急准备、监测与预警、应急处置与救援、恢复与重建四个方面，结合抗震救灾工作特点，选择其中若干有代表性的典型活动进行详细分析，以总结此次抗震救灾过程中应急管理机制的运行特点。*

---

* 本章有关汶川特大地震应急管理机制分析的资料，部分来自作者参与的研究课题成果：(1)《汶川地震应急处置与救援阶段评估报告》项目组：《汶川地震应急处置与救援阶段评估报告》，2009年5月；(2)郭伟：《汶川特大地震应急管理研究》，四川人民出版社2009年版；(3)国家减灾委员会科学技术部抗震救灾专家组：《汶川地震社会管理政策研究》，科学出版社出版2008年版；(4)张强、陆奇斌、张欢：《巨灾与NGO：全球视野下的挑战与应对》，北京大学出版社2009年版。

# 一、预防与应急准备

## 1. 预案准备

在2003年以来我国以“一案三制”为核心的应急管理体系建设过程中，中央及各地区、各部门都纷纷制定了各级各类应急预案。在抗震救灾方面，我国早在1989年就启动了地震应急预案的研究，由此产生了我国针对地震的第一个国家级的应急预案。2006年1月12日，国家正式发布《国家地震应急预案》。① 作为国家自然灾害类突发事件国家专项应急预案的一部分，该预案第一次从应急管理的角度，提出了在地震灾害发生时，协调、有序、高效地进行应急处理的具体办法和应对措施。依据《中华人民共和国防震减灾法》、《破坏性地震应急条例》和《国家突发公共事件总体应急预案》，《国家地震应急预案》共包括11个部分，分别从总则、组织指挥体系及职责、预警和预防机制、应急响应、后期处置、保障措施等方面对各方的职责和管理办法进行了原则性规定。

在汶川特大地震发生前，我国已针对地震灾害的特点以及行业和单位的特点制定了国家级的预案、行业的预案、各级不同政府的预案以及企事业单位的预案，以保证突发事件或地震发生后应急处置和救援工作能及时、有序、高效地开展。经过近几年的发展，我国已经初步形成了预案体系。不过，从2008年汶川特大地震发生后的实际情况来看，虽然科学有效的应急预案在汶川地震中发挥了重要作用，但这种预案体系也暴露出一些不足。从此次抗震救灾的具体情况来看，我国预案准备工作存在的最大问题是“重编制、轻管理”：各级政府部门忙于应急预案的编制，注重预案的整体数量，而疏于预案的具体管理和有效实施。其结果是导致预案在应急管理活动中所发挥的作用比较有限，“纸上画画，墙上挂挂，不如领导一句话”，甚至出

---

① 1988年，云南发生了一场地震造成748人死亡，直接推动了1989年地震应急预案研究的启动。见《地震局副局长：国家救援队通过国际最严格测试》，《中国日报》2010年1月28日，http://www.chinadaily.com.cn/dfpd/2010—01/28/content_9393224.htm。

现“预案无用论”（表 8-1）。具体而言，从汶川特大地震所反映的情况来看，我国的预案准备工作主要存在如下三方面的问题。

**一是预案太过抽象和概括，现实操作性较差。**真正的应急预案是以综合风险评估为基础、针对当时当地的灾害特点有针对性编制完成的。目前，我国各地区、各部门所牵头所编制的应急预案普遍缺乏对本地区、本部门危险源或危险区域的综合分析评估，因而只能对突发事件应对活动进行原则性、概括性的规定，缺乏各种详尽的运行机制和工作流程规范，致使脱离实际，缺乏现实针对性和可操作性。从全国应急预案编制的实际情况来看，从上到下各级政府及其有关部门虽然制定了各级各类预案，但这些预案呈现高度雷同的模式化特征，自上而下层层照抄，内容相差无几，缺乏地方或行业特色，甚至地处地震重点监测区和非重点地区的不同县市所制定的地震应急预案内容也基本雷同。对四川重灾区 6 个市州、39 个重灾县应急预案的分析结果表明，其中的 9 个县制定了地震相关应急预案，但这些预案的内容大体相同，并没有针对当地具体情况做出特殊规定。[①]

**二是预案具有浓厚的部门化色彩，导致部门和行业之间综合协调比较困难。**与我国当前部门化应急管理体制相对应，我国大部分应急预案是由各部门牵头编制的，主要针对的是单一类型突发事件的应对活动或某一个具体的管理环节。这些预案具有较强的专业性和行业性，大多对本部门、本行业的突发事件应对活动进行规定，因而在指导单一地区或部门应对各种常规型突发事件时基本能发挥作用。不过，由于与其他相关职能部门或技术部门缺乏衔接和配合，不同预案之间尚未建立无缝对接机制，在应对需要各地区、各部门协同应对的巨灾时则显得困难，有时出现对同一突发事件不同部门的预案分级响应标准不一致的情况，甚至出现相互封锁消息、互不支持配合的不利局面。汶川特大地震发生后，国家减灾委（办公室设在民政部）与中国地震局第一时间启动的应急响应级别不一致：中国地震局立即启动了应急预案一级响应；按照《国家自然灾害救助应急预案》，国家减灾委、民政部于 5 月 12 日 15 时 40 分（地震发生后 1 小时 12 分）紧急启动国家应急救灾二级响应，并于 12 日 22 时 15 分将响应

---

① 《汶川地震应急处置与救援阶段评估报告》项目组：《汶川地震应急处置与救援阶段评估报告》，2009 年 5 月，第 38 页。

等级提升为一级响应。

**表 8-1　四川省重灾市州和部分单位应急预案启动情况和效果评价**

| 地区/部门 | 地震应急预案名称 | 启动实施情况 | 自我评价 |
|---|---|---|---|
| 成都市 | 成都市地震应急预案 | 成立指挥机构，I 级应急响应，明确分工和工作职责等 | 专业预案，具有一定指导性和规范作用；操作性有待提高，应更细致 |
| 绵阳市 | 绵阳市突发公共事件总体应急预案、绵阳市自然灾害救灾应急预案 | 指挥机构设置，各职能部门职责，I 级应急响应，明确处置原则等 | 起一定的指导性和原则作用；宏观概略，不具体，缺乏可操作性；不适合巨灾 |
| 德阳市 | 德阳市突发公共事件总体应急预案 | 成立指挥机构，I 级应急响应，明确处置原则等 | 带动有关预案启动；过于宏观，不系统，不是专业的，需要其他专业要案配合 |
| 阿坝州 | 阿坝州破坏性地震应急预案 | 成立指挥机构，I 级应急响应，明确分工和救援处置工作职责 | 带动有关预案启动；宏观粗略，物资保障内容欠缺，演练不够 |
| 广元市 | 广元市地震应急预案 | I 级应急响应，成立指挥机构，组建各个工作小组，明确处置原则 | 宏观，操作性有待提高，组织机构设置不尽合理，报灾渠道不畅，救灾队伍和物资规范缺乏 |
| 四川省地震局 | 四川省地震局机关及直属单位地震应急预案、四川省地震系统地震应急预案 | 组建指挥机构，实施分类管理，明确工作指责和处置原则等 | 起到统一领导、明确职责和“自启动”作用；过于宏观，可操作性较差，具体指导作用不强 |
| 成都警备区 | 成都警备区处置突发公共事件应急预案 | 组建指挥机构，按照规定调动民兵，明确处置原则 | 熟悉内容，平时演练有序；过于宏观原则，与地方衔接、协调内容及规范不够 |
| 彭州市 | 彭州市突发公共事件总体应急预案 | 启动 I 级应急响应，明确处置原则 | 过于宏观，不明确、不具体，灾害巨大，无法按照实施 |

续表

| 地区/部门 | 地震应急预案名称 | 启动实施情况 | 自我评价 |
|---|---|---|---|
| 汶川县 | 汶川县突发公共事件总体应急预案及其相关预案 | 明确处置原则，I级应急响应，组织应急工作机构 | 带动其他预案启动，体系不完善、不符合巨灾实际，事前演练空白 |
| 什邡市 | 重大灾害应急预案 | 明确处置原则，I级应急响应，组建应急工作机构 | 有一定指导性，但不细致，不具有综合适用作用 |
| 石棉县 | 石棉县破坏性地震应急预案 | 成立指挥机构，进行应急响应 | 规范内容与巨灾实际不符，效果不理想 |

资料来源：《汶川地震应急处置与救援阶段评估报告》项目组：《汶川地震应急处置与救援阶段评估报告》，2009年5月，第40—41页。

**三是各级预案缺乏监督检查，致使预案流于形式、得不到有效落实。**开展宣传教育和综合演练，是提高应急预案针对性和操作性的重要手段。按照各级地震应急预案的要求，各级政府应当定期组织应急管理部门、救援人员和志愿者进行业务知识和技能培训，并按预案要求协调整合各种应急救援力量，根据各自的实际情况开展不同形式和规模的地震应急演习。不过，由于我国各地区、各部门缺乏具体的行之有效的督促检查措施，目前大部分应急预案还停留在书面上，流于形式，未能在突发事件应对中发挥应有作用。据调查，四川重灾区6个市州、39个重灾县(市、区)中，在地震前曾进行综合演练、落实应急避难场所的很少。

**四是各级官员对预案要点了解和把握不足，导致紧急情况发生后普遍还是采取临时应急性的决策模式。**由于缺乏宣传教育以及跨地区、跨部门综合演练等配套管理活动，各级政府官员虽然普遍知晓需要编制且实际也编制了为数不少的应急预案，但对已经制定的应急预案的详细规范和处置要点普遍缺乏详尽了解，致使预案流于形式，地方在各种突发事件发生后仍沿用传统的临时性被动反应的决策指挥模式，不能在真正意义上启动预案、按预案程序迅捷有序地采取各项应对措施。根据对四川德阳、绵阳、阿坝等部分重灾区市、县级、乡镇政府及其官员有关应急预案了解情况的访谈，大多数官员仅了解本地区、本部门制定了应急预案，也知道突发事件来临时要“启动应急预案”、“成立指挥部”，但对应急预案的具体内容和处置要点却普遍比较生疏。实际上，《突发事件应对法》及《国家地震应急预案》等相关法律法规和规定所要求的“预防为主”、“关口前移”方针以及相应的预防、预警、准备等措施要求，在地方官员头脑中还普遍比较缺乏。

### 2. 队伍建设

汶川特大地震发生后，我国应急救援队伍积极开展抢险救灾工作，共动用解放军、武警部队兵力超过 13 万余人，公安民警、消防官兵和特警 2 万余人，国内外地震专业救援队 5257 人（表 8–2）。从专业救援队的总数来看，共有 96 支队伍参加，其中包括国家队、23 支省级救援队、41 支矿山和危化救援队、除新疆、西藏外的所有省（直辖市）消防总队、台湾和香港地区救援队等 31 支消防队。从救援力量的总人数来看，共约 18 万人，其中专业救援队共约 1. 8 万人。从地震救出的人数来看，共救出 8. 7 万余人，其中自救互救约 7 万人，专业救援队合计救出 7439 人，军队救出约 1 万人。以上均为我国历次救援之最。特别是国家地震灾害紧急救援队救出 49 人，为建队以来之最。从地震后随即开展专业救援的效果来看，响应速度为历史之最，国家救援队在震后 8 小时就到达灾区，创国内救援新记录。此外，我国还首次邀请 8 支国际救援队参加国内巨灾救援。

虽然汶川特大地震发生后各级各类救援队在抢险救灾中发挥了非常重要的作用，但也存在一些不足和需要加强的地方。具体来看，主要存在如下几个问题：

**一是现有救援力量无法满足强震巨灾的救援需要。**我国是一个地震频发的国家，在过去一百年每年我国大陆 5 级以上破坏性地震就发生 20 起，因此，加强应急救援队伍建设显得非常重要。2001 年 4 月 27 日，国家地震灾害紧急救援队（对外称中国国际救援队）成立，其搜索和救援任务由北京军区工兵团担任，在汶川地震发生前共有人员近200人，设立1个指挥部和3支搜索救援支队。[①] 不过，汶川特大地震灾害范围广、受灾程度大、亟待救援的区域和场点众多，与如此巨大的救援需求相比，国家救援队的救援力量、装备等显得严重不足，尤其是适应于道路难以通行山区的轻便型救援车辆和救援设备，还不能满足强震巨灾的救援需要。在汶川大地震救援现场，由于国家紧急救援人手不足，只能同时在两个场地开展救援活动，而需要救援的场地却很多；而且，由于对现场情况不熟悉、车辆保障的机动性较弱，加上大部队作战，造成国家救援队在抵达灾区后行动略有迟缓。由于救援装备车辆仅有2辆，救援队仅分为2个分队，大量救援队员集中在聚源中学，而周围建筑物倒塌不严重，不能就近展开救援行动，使救援队在短时间内寻找不到新的救援目标，集中在中学建筑物废墟，造成救援资源浪费。

**表8-2　汶川特大地震专业救援的基本情况**

| 专业救援队伍数量 | | 专业救援队伍人数 | |
|---|---|---|---|
| 名称 | 数量（支） | 专业救援队伍 | 人数（人） |
| 国家地震救援队 | 1 | 解放军 | 137000 |
| 省级地震救援队 | 23 | 武警救援队 | 20000 |
| 矿山和危化救援队 | 41 | 消防救援队 | 13000 |
| 消防队* | 31 | 地震救援队 | 5000 |
| | | 矿山和危化救援队 | 4000 |
| 合计 | 96 | | 179000 |

*31支消防队是指除新疆、西藏外所有省（市、区）消防总队及台湾和香港地区救援队。

资料来源：中国地震局：《中国地震局汶川地震救援行动介绍》（内部资料）。

---

① 为改变这一局面，2008年汶川地震后国家地震灾害紧急救援队伍得到加强。据统计，截至2009年12月底，国家地震灾害紧急救援已将队伍扩大了两倍多，队伍的规模由近10年前成立时的222人扩大到480人，大多数队员都经受过汶川特大地震的锻炼。新扩编的队伍包括370名救援队员、60名地震局专家和协调员、50名医护人员。他们平均年龄小于30岁，其中约有30名是女队员。扩编后的救援队具备同时在3处复杂城市条件下，异地单独开展救援工作的能力，也可以同时实施6处一般城市或9处乡镇地区坍塌建筑物内的救援行动。见《赵和平：我国大幅扩编国家地震救援队伍》，《中国日报》2010年1月28日，http://www.chinadaily.com.cn/zgrbjx/2010—01/28/content_9393436.htm。

**二是各专业救援队缺乏统一的指挥协调和区域规划。**在汶川特大地震的抢险救灾过程中，各专业救援队以行业为主线各自为战，缺乏统一的指挥与协调机制和综合协调机构，在极震区面积大、灾害程度重的情况下，出现某些地区救援力量过剩，而大量重灾区救援力量却严重不足的现象。2008 年 5 月 12 日，有 20 个省份启动救援队伍，但从外省真正到达的队伍只有国家地震救援队，因此加强区域队伍规划和当地队伍建设势在必行。统计结果表明，四川省各地消防救援队（如成都、德阳、绵阳等）在建筑物废墟中救出的幸存者数量多，其次为国家地震灾害紧急救援队，第三为矿山救援队和外省救援队，第四为部分省级救援队和国际救援队，其救出人员数量最少或没有（图 8–1）。到达时间早、民情和当地状况熟悉的救援队救出的幸存者最多，而达到时间晚、民情和当地状况不熟悉的救援队救出的幸存者少，甚至没有救出。灾区救援力量分布不均，灾情信息畅通、道路畅通的地区（如都江堰）救援力量到达最早，救出人员多，但救援力量过剩；而沿龙门山中央断裂带和大型滑坡体带的城镇，救援力量到达较晚，一般在 14 日以后才有解放军和部分专业救援队进入，救援力量和救出埋压人员都少。

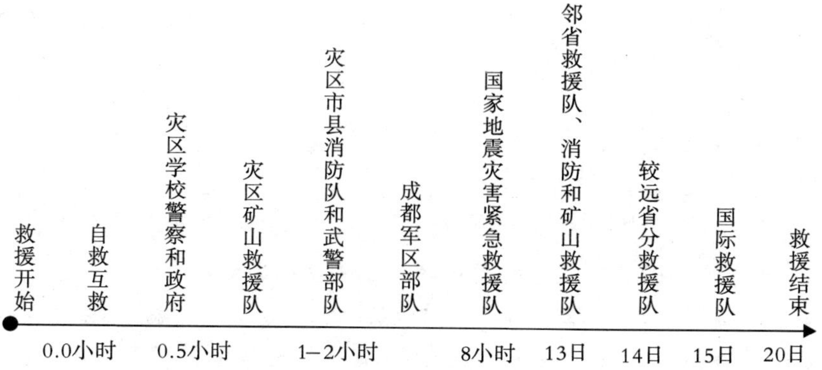


**图 8–1　汶川特大地震中救援力量到达灾区时序图**

**三是救援队伍的抢险救援技术设备缺乏有力保障。**在此次汶川特大地震专业救援队所救出的人员中，深层埋压人员救出的数量偏少，表明我国的专业救援能力整体偏低（表 8–3）。由于灾情不清，通讯不畅，降低了抢险救援的决策能力；在前方快速获取信息能力和后方信息支撑服务能力之间存在较大偏差，目前的技术系统尚不能提供全方位的救援决策服务。在汶川特大地震抢险救援过程中，仅对国家救援队进行了信息服务与跟踪，尚无能力对全国的专业救援队提供救援信息服务。同时，救援队中缺乏适用于类似龙门山山地巨灾区域灾情信息采集、尤其是山区和极震区有效的视频和音频通讯设备，尚没有能快速构建和覆盖3—5万平方公里极震区区域的通讯系统，救援队灾情获取和通讯传输的专家少，难以通过自身的能力充分了解整个灾区的灾情和布局救援资源，在救援队被埋压人员救援中缺乏有效的重灾区区域、埋压人员建筑物废墟位置等的科学指导。

**表8-3 汶川特大地震中专业救援队救出人员统计**

| 人员获救情况 | | 获救人数(人) |
|---|---|---|
| 埋压(存活) | | 2832 |
| 其中： | 深层埋压 | 49 |
| | 浅表层埋压 | 2754 |
| 转移疏散 | | 53060 |

资料来源：(1)中国地震局：《中国地震局汶川地震救援行动介绍》；(2)蒲茂民：《汶川地震深层埋压空间救人措施初探》，《中国西部科技》2008年第24期。

### 3. 宣教动员

我国《突发事件应对法》明确指出："国家建立有效的社会动员机制，增强全民的公共安全和防范风险的意识，提高全社会的避险救助能力。"《防震减灾法》(1997年)规定："各级人民政府应当组织有关部门开展防震减灾知识的宣传教育，增强公民的防震减灾意识，提高公民在地震灾害中自救、互救的能力；加强对有关专业人员的培训，提高抢险救灾能力。"不过，长期以来，我国公众的安全意识和应急技能教育一直没有得到应有的重视，广大老百姓的安全意识、自我保护意识严重不足，预防各类突发事件的常识、自救互救的知识非常缺乏。例如，2005年江西九江"11·26"地震所造成的人员伤亡中，相当一部分不是地震直接导致的，而是对地震常识不足、恐慌、跳楼、惊吓等所导致。从此次汶川特大地震的情况来看，自救互救能力在减少人员伤亡方面发挥着非常重要的作用。据统计，在此次特大地震中，共救出 87000 余人，其中自救互救约 70000 人，占救出总人数的八成。

我国民众的安全意识和应急技能普遍比较薄弱，社会宣传教育和动员开展的力度比较有限，主要有以下两个方面的原因。一是国家缺乏相应的法律法规和制度规范要求，使得城乡居民普遍没有接受系统的应急知识教育和应急技能训练。从此次汶川特大地震的情况来看，虽然四川地处灾害频发地区，但大部分有感地震、洪水、泥石流都发生在偏远山区甚至无人区，导致人们对发生自然灾害尤其是巨灾普遍存在侥幸心理。以房屋建筑设计为例，四川汶川地区属于地震多发带，但当地的房屋建筑设计并没有达到相应的标准；同时对地震相关的知识缺乏系统的认识，而且在地震后才组织编写地震救灾手册，这表明当地政府的防灾救灾意识比较薄弱。二是地方政府对防灾减灾和应急管理宣传教育的力度严重不足。在 2008 年汶川特大地震发生前，我国各类学校、城乡社区、企事业单位普遍缺乏应急管理方面的培训计划和必要的技能训练，导致公众所了解的应急知识十分匮乏，缺乏必要的自救、互救能力。按照《四川省防震减灾条例》(1996 年)有关规定实施的防震减灾科普教育基地和示范学校建设推行难度很大。据统计，2007 年，四川六个重灾市州仅有防震减灾科普示范学校 91 所，师生总数 11.7 万人，约占六个市州学校及师生数的 2.5% 和 16.8%；六个市州的农房安全示范乡镇 66 个，村 60 个；全省全年开展的防震减灾科普宣传仅 90 次，受众仅 12 万余人。①

### 4. 应对保障

2008 年我国汶川特大地震抢险救灾的过程表明，我国在防灾减灾和应急管理的应对保障方面工作力度还不够，除了前文提到的应急通信保障存在缺陷外，在经费、物资、场所和科技等方面也普遍存在不足。

---

① 四川省地震局内部资料(2009 年 1 月 8 日)。转引自《汶川地震应急处置与救援阶段评估报告》项目组:《汶川地震应急处置与救援阶段评估报告》，第 36 页。

**一是经费投入严重不足，地方缺乏激励。**与经济发展等“硬任务”相比，防灾减灾和应急管理工作属于“软任务”，具有“短期高投入、长期大收益”的特点，投入大、运作时间长、见效慢，短期内需要较大的投入但产生的社会效益和经济效益只有在较长时间后才能显现。在当前的政绩导向和考核体系下，地方政府和官员普遍缺乏在防灾减灾和应急管理方面进行高投入的积极性。据统计，2006—2008 年三年中，四川用于应急救援基地建设和应急装备更新的费用仅 8000 万元，这对于一个防灾减灾和应急管理任务繁重的大省来说显得杯水车薪。

**二是物资储备十分欠缺，数量不足、种类不全。**我国于 1998 年张北地震后建立了救灾物资储备制度。10 个中央级救灾储备物资代储单位设在天津、沈阳、武汉等地，由当地省级民政部门实行代储管理。帐篷则是唯一的中央救灾储备物资。2007 年 8 月 14 日，国务院办公厅印发的《国家综合减灾“十一五”规划》提出，在全国共要建立 21 个中央级救灾物资储备库。据民政部统计，截至 2008 年 5 月 24 日 12 时，汶川地震后有 547.52 万四川受灾群众失去了家园。为了安置这些无处安身的灾民，5 月 12 日地震发生当天，民政部就发出调令，从合肥、郑州、武汉、南宁四个物资储备库调拨救灾帐篷 45650 顶。5 月 13 日，民政部再次向各地发出指令，要求迅速调运中央直属库所有帐篷。仅仅两天，民政部设立在哈尔滨、沈阳、天津、郑州、合肥、武汉、长沙、南宁、成都、西安等 10 个城市的中央级紧急物资储备库灾前库存的约 18 万顶帐篷就被全部调空。但为安置川、陕、甘三省无处安身的灾民共需 300 多万顶帐篷，仅绵阳一市就至少需要帐篷 60 万顶。5 月 19 日，民政部部长李学举在四川民政厅工作汇报会上说：“在这样的自然灾害面前，应该说，从民政部自身来讲，我们缺乏必要的思想准备，也缺乏必要的物质准备。”[①]汶川特大地震的情况表明，我国救灾物资储备数量不足、品种较为单一，难以应对特大自然灾害救助的需要。我国自然灾害救助物资储备主要是基于过去发生过的自然灾害的类型特点进行安排的，四川在前期针对水旱灾害进行必要的储备，这种“单打一”式的储备与多方面的巨灾需求不

---

① 丁尘馨、周丽娜：《中国民政：1438 万灾民的“帐篷”》，《中国新闻周刊》，2008 年第 20 期。

相适应。在汶川大地震中最缺乏的是基本药品，而国家和当地物资储备库中却几乎没有。在种类和数量上，现有的物资储备库都无法应对大型自然灾害的需要。

**三是场所场地规划建设严重滞后，宣传告知工作不到位。**汶川特大地震暴露当前在防灾减灾和应急管理工作中，城乡应急避难场所规划建设比较滞后，宣传告知工作落实不到位的问题。2008 年 2 月 27 日，四川甘孜州曾发生 4.7 级地震，造成康定县城一度大面积停电，部分通讯中断，近 5 万居民前往户外避震。由于康定全城基本没有任何应急避难场所，居民躲避无序，局面十分紧张。该问题在此次汶川特大地震过程中再次凸显。例如，虽然成都市在 2008 年 3 月已经规划并向社会公布了首批 24 个应急避难场所，但因宣传告知力度不够，致使地震发生时仅有少数居民记得并前往避难，大多数居民就近自行寻找和建立应急避难场所。地震发生第二天，成都市政府发文件确定和公布了 26 个公共设施成为成都首批应急避难场所。各灾区也紧急开放体育场馆、公园等地作为临时应急避难场所，但这些临时性场所难以在短时间内配备能满足避难人员生活的设施设备。

## 二、监测与预警

### 1. 我国地震灾情监测和预报

早在 1956 年，“中国地震活动性及其灾害防御研究”就被列入《1956—1967 年国家科学技术发展远景规划》，这是世界上第一个国家级地震预报研究计划，比西方国家早十年左右。从 1966 年 3 月发生的邢台地震，到海城、松潘、盐源地震，再到唐山大地震、汶川大地震，科研工作者对地震的研究一直在跟进。中国防震减灾工作开展以来，已实现了多次有减灾实效的地震预报。1975 年海城地震的成功预报，至少减少了近 10 万人伤亡，这也是人类历史上第一次做出的具有减灾实效的地震预报，大大增强了人们战胜地震灾害的信心。此后，又先后对四川松潘县、云南孟连傣族拉祜族佤族自治县、辽宁岫岩满族自治县等多次地震实现了一定程度的中短期和临震预测预报，有效地减轻了地震灾害损失。

经过努力，我国地震观测技术系统开始向现代化迈进，地震预测预报处于世界领先地位。在地震观测技术方面，我国目前共有800余个地震台，通过“九五”改扩建，对包括47个国家级地震台站在内的398个地震台实现了数字化改造。我国地震前兆台网到汶川特大地震发生前已拥有400余个专业前兆台站和近500个地方前兆台点，包括20多种测项（前兆观测所用的技术手段）总计达到1400多个。中国地震信息网于“九五”期间初步建成，形成了我国地震行业计算机互联网络架构，并开始在防震减灾工作中起到积极作用。在地震预测研究方面，我国在观测、实验、理论等方面开展了大量工作，研究了强震活动与前兆场演化特征以及区域形变场、应力场动态演化图像及其与强震关系，给出了我国大陆主要地震活动区强震预报判据指标的理论、方法和量化指标体系，提出了地震长、中、短、临预测的思路和方法，并对一些特定类型的地震做出了近20次成功的预测，在地震预测实践方面居国际领先地位。在震灾防御科技方面，我国在强地震动的观测分析、结构抗震实验和结构分析研究方面已具备相当基础。针对重大建设工程开展地震安全性评价研究已成为我国防震减灾领域一项基本法律制度。地震区划编图研究也取得了重要的进展，其成果已在各类抗震设计规范中得到应用。我国开展地震活断层探测已有相当历史，不仅对我国大陆主要地区的活断层进行过综合探测，而且还对少数大城市市区内的活断层开展过探测。地震活断层探测与地震危险性评价技术已经进入世界前列，达到实用化程度。

但是，我国地震监测台网观测技术的落后状况没有得到根本改变。① 一是我国地震监测台网观测技术的落后状况还没有得到根本转变。我国地震台的布设存在“东密西疏”的现实问题，这与西部大开发形势极不相称。半数左右的地震台和近三分之二的前兆台依然是模拟记录，观测项目设置单调，综合程度较差，地震监测信息精度和结果的可靠性较低，严重制约了地震监测预报水平的提高。二是地震预测科技水平远没有达到社会公众满意的程度。对于强震发生

---

① 张志波：《依靠科技进步 推进事业发展》，中国地震局门户网（2006年5月22日），转引自 http://www.tianya.cn/techforum/content/140/579339.shtml。

机理缺乏足够的认识和地震预测研究受到观测技术的限制，是制约强震预测研究的主要困难。通过国际、国内几十年的研究与探索，人们对地震的某些规律特别是地震孕育阶段所表现出来的某些变化特征有了一定的认识，但现实的地震预测水平仍然很低，地震预测研究还依然处在统计分析阶段，与社会需求相比还存在很大的差距。三是作为我国防震减灾重要组成部分的抗震设防能力相对薄弱。我国强震观测与国际相比显得滞后，日本强震仪总数已达5000台左右，美国仅在加州已布设强震加速度仪约4000台，伊朗强震台站超过1000个。相形之下，我国目前强震观测仪器仅有数百台。由于强震观测能力太弱，抗震规范的修订、抗震设计和抗震设防要求不得不依赖国外的强震数据。这对制定适应我国大城市尤其是省会城市各项建设工程抗震设防要求和抗震设计规范带来较大影响。

### 2. 汶川地震的监测与预测

汶川特大地震是我国开展地震监测预报科学探索与社会实践以来发生在监测区范围内的最大地震。对这样高强度大灾害的地震，我国地震部门没有做出正确预测，甚至震前毫无觉察。在地震爆发的危急关头，本应当作为最可信赖的官方信息来源——地震信息网和中国地震局网站竟然都无法打开。这些问题引起社会、民众、媒体与相关学者们的高度关注，提出了这次地震前到底有无前兆异常、为何没能做出预测、地震到底能否预测等一系列有关地震预测的疑问。

从根本上讲，地震预测尚处在科学探索的初级阶段，很多基本的科学问题尚远没有弄清楚。然而，具体到汶川地震预测失败的原因，不能完全归因于地震预测科学发展的局限性，还与我们当前地震预测科学探索与社会实践中存在的一些不足与问题有关。[①] 一是对发生汶川地震的龙门山断裂带的地震危险性估计不足。1996—2005年间全国地震重点防御区的判定中，未能把龙门山列为重点地区，导致在台网建设及长期、中期地震前兆监测方面未能给予应有的重视。二是对8.0级地震缺少震例与经验。目前的地震预测仍处在以震例

① 车用太、鱼金子、刘成龙：《汶川地震的异常及地震预测问题》，《防灾科技学院学报》2009年第1期。

为基础的经验预报阶段,而我国从1966年3月开始进行地震预测的探索以来,在监测区范围内从未发生过8.0级地震,发生的地震多是5.0—6.0级地震,目前所积累的经验多是以中等或中强地震的震例为基础总结出的理论与方法,对于强震或大震的预测显得束手无策。三是我国目前的地震前兆观测技术系统的发展正处在由模拟观测向数字化观测的过渡阶段,一方面原有的模拟观测系统已老化,多数仪器“超期服役”或“带病工作”,产出的数据质量有所下降,另一方面新的数字化观测系统刚刚开始运行,新的技术系统自身还不够完善,部分仪器运行不够稳定,表现出零飘与原因不明的突跳、脉冲、阶变等不应有的“异常”变化。四是对已发现的异常调查与落实工作不到位。有些异常在震前已发现,而且也进行了一定的异常调查与落实,但多数工作不到位,震前没能认识到他们的震兆意义。震后调查结果表明,多数已发现的异常都未能确认其震兆意义,其结果必然导致对未来震情“毫无觉察”①。五是近十多年来对群测群防工作重视不够,对宏观异常的科学性及其在地震短临预测中的决定性作用认识不足。六是体制和管理上的问题,如地震行业长期以来被分割成专业与地方两条线的体制,专业队伍中过早地推行“程式化”分析预报方法,监测、预报与研究三个环节配合不够密切等。这些问题的存在不利于集中力量攻克地震预测的科学难关,不利于发挥地震分析预报人员创新性的探索,不利于有效促进我国地震预测能力的不断提高。

---

① 据中国地震台网中心首席预报员孙士鋐研究员介绍,汶川特大地震是我国从1966年开始搞地震预报以来,得到震前信息最少的一次。这次虽然地震监测部门观测到了一些地震前的信息,但是与20世纪六七十年代大地震的前兆相比很不一样,没有以往的前兆信息量丰富。而且大震发生前的一些震级相对较小的地震,也表现得“出奇的”平静,从2001年昆仑山8.1级地震发生以后,近7年时间里,7级地震一直都没有发生过,甚至6级、5级地震也“平静”了很长时间。不过,震后调查结果表明,汶川地震前存在一定的微观异常与较多的宏观异常,说明汶川地震前是存在一定的微观与较多宏观异常的,有些异常还是较为典型的,而且具有明显的短临前兆意义。见王大鹏:《专家解释汶川地震未准确预测原因》,《北京晨报》2008年5月14日,转引自新浪网 http://news.sina.com.cn/c/2008—05—14/051015533464.shtml。

## 三、应急处置与救援

### 1. 决策指挥

汶川8级特大地震突然发生后，党中央、国务院高度重视，一系列应对措施凸显出快速、高效、有序的特点。[①] 震后15分钟，国务院抗震救灾指挥部迅速启动国家地震应急预案一级响应。地震后第一时间，胡锦涛总书记就抗震救灾工作做出重要指示：尽快抢救伤员，保证灾区人民生命安全。国务院成立了抗震救灾总指挥部，温家宝总理任总指挥，李克强、回良玉副总理任副总指挥（见图8-2）。总指挥部下设八个工作组，分别为救援组、预报监测组、医疗卫生组、生活安置组、基础设施组、生产恢复组、治安组、宣传组。国务院办公厅负责承办总指挥部会议和总指挥、副总指挥召开的专题会议；统一收集、汇总、分析、报送、发布重要信息；负责总指挥部议定事项的督促落实；做好有关地区、部门以及军队、武警等方面重要事项的沟通、联络和协调；完成总指挥部交办的其他事项。国务院抗震救灾总指挥部震后立即赶赴地震灾区，直接指挥抗震救灾工作，当晚便在都江堰市一临时帐篷当中召开会议。[②] 震后1个半小时，温家宝总理飞赴四川重灾区统一指挥、协调救灾，国务院各部门地震应急响应，四川、甘肃、陕西三省灾区各级政府在30分钟内启动应急响应的占到了93.3%。

5月12日当晚，中央政治局常委会召开会议，全面部署抗震救灾工作。胡锦涛强调，灾情就是命令，时间就是生命。灾区各级党委、政府和中央各有关部门一定要紧急行动起来，把抗震救灾作为当前的首要任务，不怕困难，顽强奋战，全力抢救伤员，切实保障灾区人民

---

① 陈泽伟等：《中央抗震救灾决策：举国动员与死神抢时间》，《瞭望》新闻周刊，2008年第20期。

② 2008年5月15日，指挥部决定在原有八个工作组的基础上增设水利组，具体负责三项工作：一是水库安全；二是河道内因灾害变形可能引起的安全问题；三是解决饮水问题，保证水的供应。

群众生命安全，尽最大努力把地震灾害造成的损失减少到最低程度。灾后72小时内，温家宝辗转9次前往灾区7个地方视察，踩着废墟和瓦砾，走在抗震救灾最前线。12日晚11点40分，温家宝于地震灾区都江堰临时搭起的帐篷内，召开国务院抗震救灾指挥部会议。温家宝提出，抓紧时间救人是第一位的工作，要不惜一切代价连夜打通道路，从各地调医疗人员赶赴灾区，全力妥善安置好受灾群众等四项要求。13日上午和晚上，温家宝两次召开国务院抗震救灾指挥部会议，要求务必尽快打通通往震中灾区的道路，强调当前抗震救灾的核心任务仍然是救人。14日，中央政治局常委会再次召开会议，进一步研究部署抗震救灾工作，提出要把抢救被困群众放在第一位，只要有一线希望，就要尽一切努力施救。会议要求各地各有关方面务必把抗震救灾工作作为当前最重要最紧迫的任务，不畏艰难，连续作战，团结协作，全力以赴，坚决打胜抗震救灾这场硬仗。当晚，温家宝在从成都前往广元灾区的列车上召开国务院抗震救灾指挥部会议，强调救人仍是当前救灾工作的重中之重，决定向灾区新增90架直升机。15日晚，国务院抗震救灾指挥部再次在列车上召开会议，要求必须举全国之力，才能把这项工作做好。16日上午，温家宝离开四川地震灾区返回北京时说，面对这场特大地震灾害，必须举全国之力，以救人为核心，克服重重困难，把抗震救灾工作进行到底。

在北京，5月12日晚，李长春主持召开抗震救灾宣传报道专题会议，传达中央政治局常委会议精神，部署抗震救灾宣传报道工作。李克强几天来连续主持召开会议，研究部署抗震救灾保障工作。14日上午，贺国强主持召开中央纪委常委会，要求各级纪检监察机关和广大纪检监察干部认真贯彻中央的部署和要求，为夺取抗震救灾胜利做出应有贡献。15日下午，周永康赶赴宝成铁路109隧道塌方现场，实地查看险情，指导抢险工作，慰问抢险人员。16日下午，贾庆林出席政协委员抗震救灾捐赠活动时强调，抗震救灾是统一战线和人民政协当前最重要、最紧迫的任务。15日，回良玉赶赴受灾最严重、伤亡人数最多的四川绵阳灾区察看灾情，再次强调抗震救灾第一位的任务就是抢救被困群众。郭伯雄于13日赶赴灾区，现场布置救灾工作。地震发生后100小时内，已有3位中共中央政治局常委抵达四川灾区，亲临抗震救灾第一线。汶川大地震的头100个小时，中央高层对抗震救灾的指示，除反复强调的“救人摆在第一位”之外，重点集中在打通运输通道、派出医疗救护队伍、抢运救灾物资三个方向。

地震中的每一项决策都关系到灾区民众的根本利益，一有疏漏或失误，造成的后果是不堪设想。从此次抗震救灾的具体过程来看，当前我国的应急决策指挥体制在应对巨灾方面也还存在一些需要改进的问题。**一是第一时间的灾情查明机制启动滞后。**由于特大地震发生后灾区电力和通讯中断，导致地震台站数据和灾区一线信息无法及时上报；直到5月12日下午四时左右，四川省地震局才在行政区划图（而非专业数据图）上大致划出灾区范围首次报送省指挥部。当天下午军方有四架直升机升空查灾，但查灾范围及结果如何、信息是否军地共享均不清楚。在灾情发生的第一时间即可出动飞机赴灾区大范围探明灾情，并布设无线通讯、卫星通讯等设施，确保信息畅通本是可以实现的。由于错失了利用地震发生后大约四个小时天气良好的机会探明灾区范围，受灾详情报告明显滞后。**二是部门间、区域间和军地间的合作联动机制不够完善。**巨灾发生后，政府各部门之间乃至志愿者和政府救援人员之间，信息的沟通和共享非常重要。汶川特大地震发生后，在决策指挥过程中存在指挥部层级过多、多头指挥、救援力量沟通协调不力的情况。例如，地震发生之初，四川省抗震救灾指挥部对成都地区的急救药品实行严格管控，导致德阳、绵阳等灾区的药品采购面临极大困难；地震发生之初进入四川的其他兵种、军区部队的力量配置显得不够均衡；救援部队与灾区地方政府在灾情信息共享上不够畅通，指挥协调不够，造成不必要的延误等。**三是决策的科学性和灵活性不足。**巨灾条件下的应急决策，必须具有一定的灵活性和弹性，能够根据灾害情况及时进行调整和修正。在这次汶川特大地震的应急抢险救援过程中，由于决策的时间以及信息有限，救灾资源投放和灾情严重程度地区之间出现很多差错，一些灾区关于应急帐篷、板房的仓促决策与现实情况相距较远。

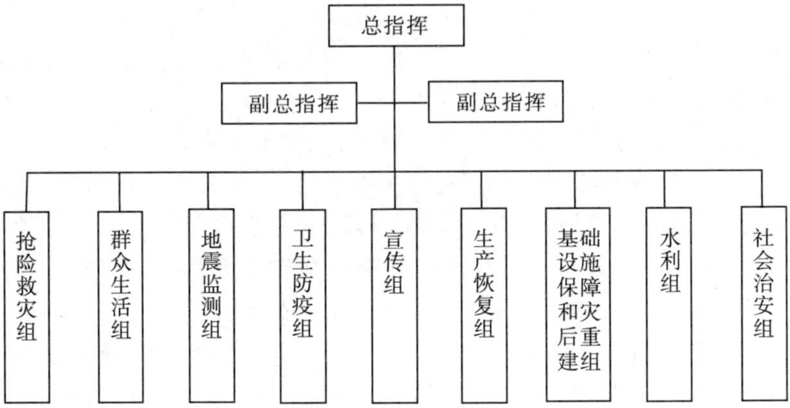


**图 8-2 国务院抗震救灾总指挥部组织架构**

资料来源:《关于国务院抗震救灾总指挥部工作组组成的通知》(2008 年 5 月 18 日),《中华人民共和国国务院公报》,2008 年第 16 期。

### 2. 信息报告

在汶川特大地震中,灾情信息成为科学决策和有效救援的重要前提和基本依据。例如,地震发生后,民政部利用卫星影像数据,对灾区倒塌房屋、灾民安置、耕地损毁、道路交通、次生灾害情况进行实时监测,建立模型对灾情进行快速评估,掌握灾区整理受灾情况和损失规模,为抗灾救灾提供决策依据。从此次汶川特大地震的情况来看,当前我国在巨灾条件下的信息报告机制还存在以下问题。

**一是信息传输设备落后,影响灾情信息的报告和统计分析。**汶川地震救援初期,很多救援队伍第一时间赶到重灾现场,却苦于没有有效的通讯设备,未能在第一时间上报,严重延误了整体灾情的报告和统计分析,导致地震发生之初对在灾情的分布判断不明和决策指挥困难。由于通讯和大量道路中断,救援队伍无法快速获取和传输灾情到前方指挥部,造成灾情分布和程度不清,海事卫星在 5 月 13—14 日也出现堵塞现象,无法对指令进行快速传送,救援队伍得不到准确的救援地点信息,达不到最需救援的区域,在一定程度上延误了最佳的救援时机。由于地震造成了通讯线路的破坏,致使很多县城过了三天才和外面取得联系,这也致使决策部门和救援部门的救援效率大大降低。例如,地震发生后,四川黑水、汶川、理县、北川、青川等7个县的对外通信完全中断，瞬间成为信息孤岛。直到5月18日17点28分，黑水县干线光缆在连续奋战后终于被艰难打通，7个重灾县对外通信才就此全部畅通；然而，此时距离地震发生已经147个小时。

**二是缺乏灾害现场与后方之间的信息交互机制。** 目前，我国在巨灾抢险救援过程中，尚缺乏现场救援队与后方信息保障中心之间进行海量信息交互的能力，缺乏对毁灭性灾害情况下快速覆盖灾区的灾情现场快速调查手段，致使不能在第一时间收集灾情的整体信息，现场所收集和统计分析后的信息也无法及时报送后方供决策参考用。在汶川地震中，承担国家地震紧急救援行动信息保障任务的中国地震应急搜救中心在信息保障基础设施建设方面基本处于空白状态。

**三是缺乏基于民众的地震灾情信息上报体系。** 为了快速有效地获取灾情信息，必须建立来自灾区内部的地震灾情信息上报渠道。但目前我国在巨灾信息报告体系中主要沿用的是传统的政府体系的垂直报告制度，尚缺乏基于民众的灾情信息上报渠道和上报机制，现场及周边群众的信息采集能力未被充分利用，没有实现与灾区民众的良性互动，致使不能有效利用灾区人员信息进行被埋压者的搜索定位，不能及时估计灾区灾民和被救助者的人员总量以开展有效的救助活动。

### 3. 社会动员

在汶川特大地震发生后的震后救灾过程中，以“政府主导、社会参与”为基本特征的抗震救灾格局表现突出。一方面，政府和军队救灾行动及时有效，体现出强大的政治优势、组织优势和动员能力，为抗震救灾取得重大阶段性胜利提供了强有力的组织保障和政治保障；另一方面，民间组织也积极行动起来，表现出令世人瞩目的志愿参与、无私奉献的精神和意志，行动速度和力度都超过以往任何事件，成为此次抗震救灾中另一道亮丽的风景线，为抗震救灾取得重大阶段性胜利提供了坚实的社会基础和强大的社会动力。许多政府体系外的民间组织秉承公益宗旨，为灾区捐款捐物，甚至赶赴灾区一线参与抗震救灾工作，成为抗震救灾中一支重要的救助力量。2008年

5月27日，新华网登载了一篇题为《中国民间救助力量在抗震救灾中发挥积极作用》的文章，对民间组织抗震救灾给予高度肯定。民间组织在此次特大地震发生后的参与行为，也引起了不少海内外媒体的关注和好评，为民间组织赢得了广泛的国际声誉。①

据统计，汶川特大地震发生后，我国公众、企业和民间组织参与紧急救援，深入灾区的国内外志愿者队伍达300万人以上，在后方参与抗震救灾的志愿者人数达1000万以上。总的来看，此次汶川特大地震发生后，社会动员速度很快、范围很广，力度很大，效果很显著。具体而言，各种各样的民间组织、志愿者等参与此次抗震救灾工作，主要工作内容体现在以下五个方面：②

**一是提供物款支持。**捐款及物资筹集是民间组织的主要工作。捐款捐物是灾害发生初期民众所能做的主要事情，也是民众表达善良心愿的最普遍方式。在这方面，民间组织可以发挥组织和引导的作用。民间组织所筹集的款物整体数量在地震发生初期虽然很难统计，但这些款物在应急抢险和恢复重建阶段已对灾区群众安置、应急救援保障等发挥了非常重要的作用。据统计，汶川特大地震发生后，国内外社会各界捐赠热情非常高涨，中国红十字会总会、中华慈善总会以及其他民间组织等在组织和接收社会各界的款物捐赠方面发挥了非常重要的协调作用。例如，在震后2周内，成都5·12抗震救灾民间救助服务中心筹募救灾物资价值100多万元。在5月30日以前

---

① 例如，加拿大《环球邮报》2008年5月17日报道："在这个民间慈善或社区行动传统不很彰显的国家，四川地震催生了一种值得注意的现象：声势浩荡的'草根'志愿者运动。一些分析家说，这可能是历史性时刻，中国第一次出现了广泛的公民社会。"同日，新加坡《联合早报》称："四川汶川的大地震，提高了由非政府组织（NGO）为代表的民间力量的社会地位，并因而将改变官方与NGO的互动关系。虽然官方的救灾行动及时有效，NGO的表现也不遑多让。通过这个劫难，中国的NGO将获得社会更大的尊重，迫使政府必须进一步放宽它们发挥功能的活动空间。"

② 更多信息可见钟开斌：《志愿者行动观察》，《决策》2008年第6期；张强、余晓敏：《NGO参与汶川地震灾后重建研究》，北京大学出版社2009年版；张强、陆奇斌、张欢：《巨灾与NGO：全球视野下的挑战与应对》，北京大学出版社2009年版；邓国胜等：《响应汶川——中国救灾机制分析》，北京大学出版社2009年版；萧延中等：《多难兴邦——汶川地震见证中国公民的社会成长》，北京大学出版社2009年版；韩俊魁：《NGO参与汶川地震紧急救援研究》，北京大学出版社2009年版；郭虹等：《NGO参与汶川地震过渡安置研究》，北京大学出版社2009年版；朱健刚等：《责任·行动·合作——汶川地震中NGO参与个案研究》，北京大学出版社2009年版。

的救灾活动期间，NGO四川地区救灾联合办公室遣调查队前往灾区进行基线调查，并按照灾区和灾区群众的需求，转运紧急救援物资价值1000万元左右，执行广东狮子会、中国民促会、自然之友等委托的救灾项目额度为102.555万元，为全国各地民间组织（如厦门绿十字、福建同人等）提供救灾物资仓储中心，并协助民间组织组织转运物资，派出车辆约150次。根据国务院抗震救灾总指挥部授权、国务院新闻办公室发布的消息，截至2008年6月13日12时，在短短一个月的时间内，全国共接收国内外社会各界捐赠款物总计455.02亿元，实际到账款物436.26亿元，已向灾区拨付捐赠款物合计140.16亿元。①据民政部统计，截至2009年4月30日，汶川地震全国共接受国内外捐款659.96亿元，捐赠物资折合人民币107.16亿元（见图8-3）。②

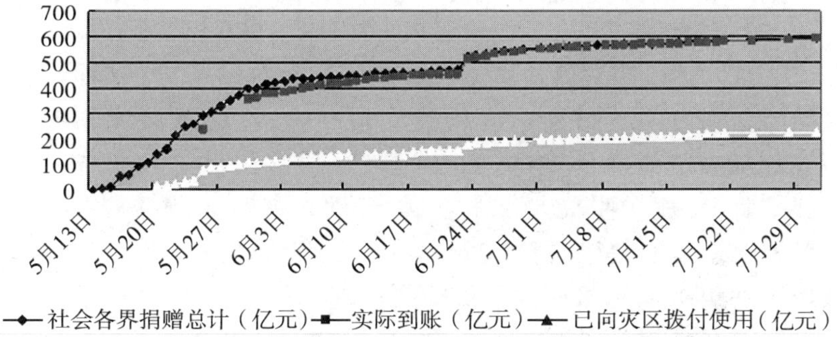


**图8-3　汶川特大地震国内外社会各界捐赠款物情况**

资料来源：根据国务院抗震救灾总指挥部授权、国务院新闻办公室每天发布的信息整理。

**二是直接服务灾区一线。**民间组织构成了汶川抗震救灾救援队伍的重要组成部分。地震发生后，一些民间组织迅速投入到机场、货站和灾区提供救灾物资运送服务，在临时安置区和医院照顾伤病员，开展医疗、心理救助以及开展后方救灾宣传等其他援助服务。来自共青团四川省委志愿者工作部的数据显示，截至2008年6月2日下午4时，报名参加抗震救灾志愿者人数已高达116.09万人，服务范

① 《至13日12时全国共接收国内外社会各界捐赠款物总计455.02亿元》，新华网快讯2008年6月13日。

② 潘跃：《抗震救灾捐赠款物如何管理使用》，《人民日报》2009年5月12日。

围覆盖了成都地区(都江堰市和彭州市)、阿坝藏族羌族自治州、德阳市、绵阳市、广元市、雅安市这六个四川省的主要重灾地区以及甘肃、陕西等其他灾区,服务的足迹遍及汶川、茂县、绵竹、都江堰、北川等受灾最严重的地区。这批民间组织有的来自四川本地(如四川省义工联、四川大学义工团队、四川团省委团市委下属的义工队等),也有来自全国其他地区(如深圳青年志愿者、南京抗震救灾志愿者服务队等)甚至其他国家和地区(如美国"心连心国际组织")。这些民间组织直接进入灾区,为后方多渠道了解灾区的真实情况提供了便利条件,也为后方的决策和行动提供了参照依据。例如,友成企业家扶贫基金会在绵竹市政府的全力支持下,于 2008 年 5 月 24 日至 2008 年 6 月 1 日间,在四川省绵竹市灾民安置中心附近建立了灾后首所完备的儿童活动中心——"友成之家儿童活动中心",该活动中心为受灾群众安置点的儿童提供一处寓娱乐、部分学前教育的场所。

**三是网络协同与信息交流。**在灾区一线参与救灾的同时,各种民间力量通过网络搭建起了信息交流平台,在信息和技术方面为一线的救灾服务提供支持,如及时转发政府在救灾方面所公布的权威信息,发放一些救灾需求信息,提供救灾物资、志愿者信息,发出各种倡议以及提供与抗震救灾有关的研究性资料等。联合倡议使得民间组织以积极和协同的姿态来应对抗震救灾工作,也为日后的协调行动提供了可能。震后 23 小时(2008 年 5 月 13 日中午一时半),平时擅长心理辅导的民间组织"爱白成都青年同志中心"即向外发布 100 个 QQ 群救灾行动的简报。成立于 2005 年的网络公益交流平台——NGO 发展交流网(NGOCN),在震后开设了一个专门网页"5 · 12 地震灾害救援行动",为民间组织参与震灾救援提供信息交流服务。成都本地以及分布在北京、贵州、上海等地的 20 多个专业民间组织于 5 月 14 日开会共同成立成都 5 · 12 抗震救灾民间救助服务中心,为民间组织和志愿者有序参与抗震救灾活动提供救助信息服务,并设立北京 5 · 12 联络处,负责筹募援助物资。该中心开辟了自己的专题网站,其中包括了服务信息、物资配送资料、灾后救助组织名录、物款募集等内容。5 月 13 日,由多家民间组织倡议发起民间救援行动。5 月 14 日,"NGO 四川地区救灾联合办公室"在成都成立,并在成都根与芽环境文化交流中心办公室正式开展工作。联合办公室将他们的物资及志愿者信息,及时统一通过 NGOCN 进行发放，并同时通过 NGOCN 网站直接吸纳社会捐赠的物资和志愿者资源，结合联合办公室在一线灾区所搜集到的信息，有效地将资源投放到一些受关注程度较少的灾区，起到对政府的抗震救灾活动拾遗补缺的作用。北京震旦纪公益信息技术中心于 5 月 13 日建立了支持联合办公室下各民间组织进行信息共享与工作统筹的信息平台，每日发布集合前、后方救灾信息的《民间组织救灾特刊》。

**四是志愿者管理和培训。**在救灾期间，许多民间组织结合自己组织的专长以及在志愿者工作方面的经验，迅速在各地开展起了相关的志愿者协调、管理和培训的服务。这些工作一方面吸纳和整合了很多民间组织和大批志愿者，另一方面也提高了民间组织和志愿者的协调性、规范性和服务质量。从之前的统计信息中可以明显地看到，在后方灾区开展服务的民间组织中有很大一部分都提供了针对志愿者方面的服务，如招募和培训志愿者、有序地向灾区输送志愿者等。而在灾区一线提供服务的组织，则根据实际情况和需求推出了多项针对民间组织和志愿者的综合性信息平台服务。其中比较典型的如“5 · 12 抗震救灾民间救助服务中心”。在救灾阶段的三周时间里，该中心招募 1000 多名志愿者，培训医护志愿者 20 多人。其中针对华西医院赈灾志愿者团队，该中心与医院合作开展了有针对性、有计划的医护专业志愿者培训，建立了一套医护专业志愿者培训模式，取得了较好的效果。

**五是提供政策建议和决策支持。**地震发生后，很多民间组织根据自己的专业特长，赶赴灾区开展调研，收集整理国内外相关资料，撰写有关的政策研究报告，积极为政府建言献策，为抗震救灾和恢复重建工作提供最广泛的民意资源和智力支持。例如，2008 年 5 月 29 日，社会性别与发展在中国(GAD)网络、首都女新闻工作者协会妇女传媒监测网络、行动援助中国办公室等 24 家在京民间组织成员组织讨论，并于 6 月 4 日向国家减灾委、国务院抗震救灾总指挥部、四川省抗震救灾指挥部、各援助机构及媒体提交了一份关于关注灾区妇女的需求与权利的建议。6 月 19 日之后，北京震旦纪公益信息技术中心决定将特刊更名为《社会组织救灾观察》，定位转向对社会组织重建阶段自我完善途径的观察与探讨，着手搜集经典案例、研究报告等供社会组织参考。在 5 月 30 日“NGO 四川地震救灾联合办公室”的工作暂告一段落后，“多背一公斤”随即公布了自己的灾后学校重建计划。工作分为帐篷阶段的帐篷图书室、活动板房阶段的学校服务小组和新校舍阶段的建校咨询服务三个层次。灾后学校重建计划从灾后一周开始,在三年的时间里逐步实现。在恢复重建阶段,一些组织开始协助震区农民尽快恢复生产。例如,“绿家园”等致力于环境保护的社会组织投入对震区地理水文状况的调研工作中;南都基金会主办了一系列专家讲座,邀请台湾“9 · 21”大地震中的义工团体组织者、亲历者,与广大社会组织分享救灾及恢复重建的经验。

### 4. 信息发布

及时、权威的信息公开与披露,是突发事件应急处置机制中的一个重要组成部分。2008 年 5 月 1 日起正式实施的《中华人民共和国政府信息公开条例》对此有明确要求。信息空前的公开透明,被认为是此次汶川特大地震抗震救灾高效进行的一大重要保障。信息发布的开放、公开、透明,达到了前所未有的水平。

此次汶川特大地震的信息报道从一开始就呈现出及时、详细、公开、透明和人性化的特征,为抗震救灾营造了一个有利的信息环境,既稳定了民心,保持了社会稳定,又为抗震救灾提供了实际的支持。地震发生后,新华社、中央电视台等主流媒体以及国内各主要门户网站都在地震发生后的第一时间及时发布消息,并进行滚动跟踪报道,地震灾情和抗震救灾信息几乎都是实时传播(表 8-4)。

14 时 46 分,新华网就对外发布消息:四川汶川发生 7.8 级强烈地震,此时距地震发生刚过去 18 分钟。紧随其后,国内各主要门户网站的头条都是此条消息。15 时(地震发生 32 分钟后),中央电视台新闻频道就在整点新闻头条首发地震消息,52 分钟后即推出直播特别节目《关注汶川地震》和《抗震救灾众志成城》直播报道和特别节目,地震发生后两个半小时,中央电视台第一批记者即开拔灾区;5 月 12 日晚 10 点起,综合频道与新闻频道实现同步并机播出。直播报道第一时间满足了观众的信息需求,对地震的流言及时辟谣,稳定了人心。四川卫视等省级卫视频道也在这次地震报道中表现出色。四川卫视从 5 月 13 日开始 24 小时滚动播出抗震救灾专题直播节目;湖南卫视在地震发生后除了滚动播出灾区情况之外,还制作了十台赈灾晚会为灾区的群众鼓劲加油。与此同时,海外媒体涌入四川灾区，积极参与到抗震救灾报道中。

**表 8-4　汶川特大地震发生后的信息发布情况**

| 时间 | 距离地震发生 | 发布机构 | 发布的信息内容 |
|---|---|---|---|
| 14 时 46 分 | 18 分钟 | 新华网 | 四川汶川发生 7.8 级强烈地震。 |
| 15 时 50 分 | 1 小时 22 分钟 | 新华网 | 总参谋部立即启动应急预案，成都军区已派出人员前往震中了解情况。 |
| 15 时 55 分 | 1 小时 27 分钟 | 新华网 | 胡锦涛指示要求尽快抢救伤员，保证灾区人民生命安全。温家宝赶赴灾区。 |
| 16 时 | 1 小时 32 分钟 | 新华社 | 民政部已从西安中央救灾物资储备库紧急调拨 5000 顶救灾帐篷支援四川灾区。 |
| 16 时 49 分 | 2 小时 21 分钟 | 国家地震局 | 召开新闻发布会，新闻发言人通报，针对四川汶川地震，中国地震局已启动一级预案，一支 180 人的救援队已经集结。 |
| 19 时 22 分 | 4 小时 54 分钟 | 中央电视台等 | 温家宝总理已抵达成都，正赶往地震灾区，指挥抗震救灾工作(电视画面)。 |
| 21 时 42 分 | 7 小时 14 分钟 | 新华网 | 国务院总理温家宝已经抵达地震灾区四川省都江堰市开始指挥抗震救灾工作。 |
| 5 月 13 日 7 时 56 分 | 17 小时 28 分钟 | 新华网、中央电视台等 | 救援工作正有条不紊进行，数以万计的军队人员、武警官兵和地震救援专家克服交通中断的困难，以最快速度赶赴灾区，部分先遣部队已徒步开进震中汶川。 |
| 5 月 13 日 16 时 | 25 小时 32 分钟 | 国务院新闻办 | 召开新闻发布会。民政部、中国地震局有关负责人向中外记者介绍进展情况。 |
| 5 月 13 日开始 | 信息由各部门分别对外发布改为国务院新闻办统一发布。国新办每天举行新闻发布会，各部门负责人现场答记者问。 | | |

资料来源：根据新华网等公开资料整理。

5 月 13 日 16 时(距地震发生 25 小时 32 分钟)，国务院新闻办召开新闻发布会。民政部、中国地震局有关负责人向中外记者介绍了地震灾害和抗震救灾的进展情况。面对记者的尖锐提问，这些负责人坦诚地一一如实回答。民政部还公布了最新统计数字——目前地震灾害死亡人数已经达到11921人。与此同时,新华网及时滚动播报、中央电视台不间断直播,及时转发地震权威信息。5月13日开始,抗震救灾信息由各部门分别对外发布,改为国务院新闻办统一发布。国新办每天举行新闻发布会,各部门负责人现场答记者问。在政府网站上,来自抗震救灾指挥部的信息总是第一时间发布。对抗震救灾的有关情况,电视等媒体不间断地直播。有关部门还为境内外媒体赴灾区采访提供方便。

据统计,截至2008年6月23日,国务院新闻办先后就汶川地震灾害和抗震救灾情况举行了28次新闻发布会,民政部、中国地震局、交通运输部、铁道部、卫生部、住房和城乡建设部、农业部、工业和信息化部、水利部、商务部、外交部、国侨办、国防部等十余个相关中央政府部委办的高层及有关权威专家相继在国新办进行新闻发布,中组部、四川省官员也走进了新闻发布厅。以四川省人民政府新闻办公室为代表的各省市新闻发布机构,是发布灾区一线状态及救援进展的主要渠道。从2008年5月12日地震发生后至5月末,四川省人民政府新闻办公室几乎每天举行一次新闻发布会,将全省地震受灾累计遇难人数、安葬人数、累计受伤人数、从废墟中救出人数、临时安置人数、失踪人数一一公之于众,并就财政收拨救灾资金情况、伤员救治情况、卫生防疫情况、物资保障及受灾群众安置情况、防止次生灾害、工业生产救灾情况、畜牧业生产救灾情况、堰塞湖险情处置情况、生产自救情况、中小学生复课情况逐日进行详细介绍。①

我国在抗震救灾、接受国际援助过程中所采取的公开、透明和积极合作的做法,得到了国内外的一致好评。美国有线新闻网络(CNN)2008年5月12日引述新华社和美国地质调查局的消息,发布地震灾情的最新报道,对中国政府在灾后的快捷行动表示肯定。5月15日开始,CNN就失去孩子父母的悲恸、堰塞湖的险情、女警官为地震孤儿喂奶等,做了大量细节性报道,对我国的抢险救灾工作给予肯定。5月19日,CNN在中国举国默哀3分钟后,发表了题为《情感在中国举国默哀中流淌》的报道。美国平面媒体也进行了全方位报道。例如,5月15日,《纽约时报》发表一篇新闻分析文章《中国:一场没有保留的救援》,赞赏我国官方媒体大量及时和开放的报道。英

---

① 贾宝余:《汶川大地震的信息公开与新闻报道机制》,《科学新闻》2008年第14期。

国广播公司(BBC)、法国《费加罗报》、加拿大《环球邮报》等也对我国公开透明报道灾情和快速行动表示肯定。

在这次抗震救灾行动中，我国媒体的报道及时、客观、开放、透明，在第一时间沟通灾区内外信息，对于消除各种谣言、维护社会安定起到了很大作用，也大大增强了政府公信力。信息在第一时间的公开透明，提供了重要的权威信息渠道，让谣言传播的空间减到最小。例如，5 月 12 日下午，有消息称当晚 10—12 时北京有地震，牵动了北京市千万人的心。中国地震局在第一时间出面辟谣。随后，一些地方关于地震和灾情谣言，都被相关部门及时发布的准确信息击溃。①

## 四、事后恢复与重建

### 1. 规划制定与实施

2008 年 5 月 12 日汶川地震发生后，国务院迅速成立抗震救灾总指挥部和四川前方指挥部，全面负责组织指挥抗震救灾工作。震后不到一个月，国务院于 6 月 4 日召开第 11 次常务会议通过《汶川地震灾后恢复重建条例》，标志着震后的主要工作已经由应急抢险转入恢复重建阶段。《汶川地震灾后恢复重建条例》是我国首个专门针对一个地方地震灾后恢复重建的条例，将灾后恢复重建工作纳入法制化轨道。条例包括总则、过渡性安置、调查评估、恢复重建规划、恢复重建的实施、资金筹集与政策扶持、监督管理、法律责任、附则等共 9 章 80 条。

6 月 30 日，国务院发布实施了《关于支持汶川地震灾后恢复重建政策措施的意见》，政策措施支持范围覆盖灾后恢复重建基金、财政支出政策、税收政策、政府性基金和行政事业性收费政策、金融政策、产业扶持政策、土地和矿产资源政策、就业援助和社会保险政策、粮食政策等九个方面，新制定或扩大了原有的政策执行范围。7 月 3

① 施爱东：《灾难谣言的形态学分析——以 5·12 汶川地震的灾后谣言为例》，《文化研究》2008 年第 4 期。

日，国务院发布了《关于做好汶川地震灾后恢复重建工作的指导意见》，内容涉及灾后恢复重建的基本原则、主要任务，实施步骤和保障措施等。9 月 19 日，国务院发布了《汶川地震灾后恢复重建总体规划》。随后，汶川地震灾后恢复重建城镇体系、农村建设、城乡住房建设、基础设施建设、公共服务设施建设、生产力布局和产业调整、市场服务体系、防灾减灾、生态修复和土地利用规划等 10 个专项规划也于 11 月 7 日全部印发实施。

按照中央的规划，汶川特大地震的灾后重建时间暂定为 8 年，分成两个阶段：近三年（2008—2010 年）以恢复重建为主，力争使灾区基本生活条件和经济发展水平达到或超过灾前水平；后五年（2011—2015 年）以发展提高为主。相对抢险救援阶段来说，恢复重建阶段工作量更大，持续时间更长，任务更加艰巨。

### 2. 主要特点与经验

从恢复重建的实际工作进展来看，汶川特大地震发生后，按照以人为本、尊重自然、统筹兼顾、科学重建的原则，科学制定灾后恢复重建规划，中央和地方政府迅速出台一系列支援灾区的政策措施，积极开展对口支援，迅速组织开展灾后恢复重建工作。整个灾后恢复重建工作具有如下五个突出的特点。

**一是分步实施，有序进行。**按照中央的规划，汶川地震灾后重建时间暂定为 8 年，分成以恢复重建为主的近三年（2008—2010 年）和以发展提高为主的后五年（2011—2015 年）两个阶段。在整个灾后恢复重建工作中，弘扬一方有难、八方支援的优良传统，坚持“以人为本、科学规划、统筹兼顾、分步实施、自力更生、国家扶持、社会帮扶”的方针，确保灾后恢复重建取得重要的阶段性成果。经过一年多的工作，汶川特大地震灾后恢复重建工作取得了重大进展：城乡住房重建进展较快，公共服务设施建设顺利推进，基础设施恢复重建有序展开，产业重建和结构调整初见成效，城镇体系建设全面启动，农业生产和农村建设稳步实施，市场服务体系基本恢复，生态修复。据四川、甘肃、陕西三个重灾省统计数据，截至 2009 年 4 月底，三省灾后恢复重建项目已开工 21000 多个，完工项目 9400 多个，完成投资

3600 多亿元，占规划总投资的 36%左右。[①]

**二是依靠法制，强化制度。**2008 年 6 月 8 日，国务院公布实施《汶川地震灾后恢复重建条例》，这是我国首个地震灾后恢复重建专门条例，确立了灾后恢复重建的指导方针和基本原则，明确了恢复重建规划编制的原则、要求和程序，确定了实施恢复重建的责任主体以及各级政府和各部门在恢复重建中的职责和任务。对恢复重建资金和物资的筹集、使用和管理，对恢复重建项目的监督检查，对违反条例应承担的法律责任等方面，也都作出了明确规定。6 月 30 日，国务院发布实施了《关于支持汶川地震灾后恢复重建政策措施的意见》，新制定或扩大了原有的政策执行范围。7 月 3 日，国务院发布了《关于做好汶川地震灾后恢复重建工作的指导意见》。9 月 19 日，国务院发布了《汶川地震灾后恢复重建总体规划》。此后，有关部门相继印发了城乡住房、城镇体系、农村建设、公共服务、基础设施、生产力布局和产业调整、市场服务体系、防灾减灾、生态修复和土地利用等十个专项规划。四川、甘肃、陕西三省根据当地实际制定了恢复重建年度实施计划，纳入规划的 51 个重灾县（市、区）分别制定了具体的实施规划。[②] 国务院还印发了《关于支持汶川地震灾后恢复重建政策措施的意见》、《关于做好汶川地震灾后恢复重建工作的指导意见》，明确了灾后恢复重建的主要任务、工作要求、实施步骤和保障措施，决定中央财政建立汶川地震灾后恢复重建基金，并明确财税、金融、土地、产业、就业和社会保险等方面支持恢复重建工作的政策。国务院有关部门、各受灾省政府、各监管机构，陆续制定出台了一系列支持灾后恢复重建的政策措施。

**三是明确机制，分工负责。**2008 年 5 月 23 日，国务院抗震救灾总指挥部决定成立灾后重建规划组，负责灾后重建规划的编制工作。规划工作坚持以人为本、科学重建、深入调研、广纳民意，统筹兼顾生活与生产、当前与长远、物质与精神，从灾区实际情况出发并注意借鉴国内外的有益经验，提出“家家有房住、户户有就业、人人有保障、

---

① 张平：《国务院关于四川汶川特大地震灾后恢复重建工作情况的报告——2009 年 6 月 24 日在第十一届全国人民代表大会常务委员会第九次会议上》，《中华人民共和国全国人民代表大会常务委员会公报》2009 年第 5 期。

② 钟开斌：《汶川地震灾后恢复重建政策执行：主要矛盾和对策建议》，《中国软科学》2008 年第 12 期。

设施有提高、经济有发展、生态有改善”的重建目标。灾后恢复重建进入实施阶段后，国务院明确由灾区省级政府对本地区灾后恢复重建负总责。根据总体安排，重灾省份成立相应的灾后恢复重建机构：四川省成立了灾后恢复重建委员会，并根据灾后恢复重建任务下设7个协调小组；甘肃和陕西省也成立了灾后恢复重建领导小组。灾区省级政府统一领导、组织协调、督促检查灾后恢复重建规划的实施，市、县政府具体承担和落实恢复重建各项任务。在中央层面，国务院专门成立了汶川地震灾后恢复重建工作协调小组，指导规划实施，协调政策落实，研究解决灾后恢复重建中的有关重大问题。支援省份与受援地区建立健全密切协调、相互配合的对口支援工作机制，取得了明显的效果。

**四是对口支援，发挥合力。**2008年5月20日，民政部下发《关于实施对口支援四川汶川特大地震灾区工作的紧急通知》，要求江苏、浙江、山东、河南、湖北、广东六省民政厅分别对口支援四川的受灾州市。5月22日，民政部再发《关于对口支援四川汶川特大地震灾区的紧急通知》，调整和扩大了支援力度，要求各省民政部门分别对口支援四川21个重灾县及甘肃、陕西灾区。5月26日，中共中央政治局召开会议研究部署抗震救灾和灾后重建工作，明确提出“建立对口支援机制，举全国之力，加快恢复重建”。一天后，国务院抗震救灾总指挥部明确提出：“实行一省帮一重灾县，几省帮一重灾市（州），举全国之力，加快恢复重建。”6月5日，中央政治局常委会提出，要坚持一方有难、八方支援，自力更生、艰苦奋斗的方针，按照“一省帮一重灾县”的原则，合理配置力量，建立对口支援机制，组织有关省市对口支援灾区加快灾后恢复重建。6月8日起施行的《汶川地震灾后恢复重建条例》，将对口支援纳入法制化轨道。6月11日，国务院办公厅印发了《汶川地震灾后恢复重建对口支援方案》，明确灾后恢复重建对口支援省市为19个，对口支援期限按3年安排。[①] 据统计，截至2009年4月底，已确定对口支援项目2418个、援建金额565亿元，其中

---

① 方案明确，广东、江苏、上海、山东、浙江、北京、辽宁、河南、河北、山西、福建、湖南、湖北、安徽、天津、黑龙江、重庆、江西、吉林，总计19个支援省（市）按每年不低于本省（市）上年地方财政一般预算收入1%的实物工作量，对口支援四川、甘肃、陕西省的24个县（市、区）。对口支援对象除已经公布的四川省18个县（市）外，增加了甘肃省的文县、武都区、康县、舟曲县和陕西省的宁强县、略阳县。

1298 个援建项目已开工建设，援建资金到位 206.6 亿元，233 个项目建成投入使用。

**五是软硬结合，全面推进。** 2008 年 6 月 8 日国务院公布实施的《汶川地震灾后恢复重建条例》指出："地震灾后恢复重建规划应当重点对城镇和乡村的布局、住房建设、基础设施建设、公共服务设施建设、农业生产设施建设、工业生产设施建设、防灾减灾和生态环境以及自然资源和历史文化遗产保护、土地整理和复垦等做出安排。"根据灾后恢复重建的总体规划，各受灾地方确定了软硬结合的全面推进策略。例如，四川确定了灾后恢复重建工作的基本原则和目标：按照"三年基本恢复，五年发展振兴，十年全面小康"的总体目标，坚持以人为本、尊重自然、统筹城乡、科学重建，把建设物质家园和建设精神家园结合起来，以科学规划为前提，以优先解决民生问题为基点，以住房重建、设施重建、产业重建、城镇重建、生态重建为重点，以政策支持、体制创新和开放合作为动力，建设人民安居乐业、城乡共同繁荣、人与自然和谐的社会主义新家园。

### 3. 主要问题与挑战

虽然汶川特大地震的灾后恢复重建工作科学、有效、有序地进行，但在相关政策制定和执行方面仍存在一些问题。截至 2008 年 7 月 3 日，据不完全统计，国务院及各有关部委已发布与此次汶川特大地震相关的各类政策文件共 67 项，四川省已发布与汶川地震相关的各类政策文件 148 项。这些政策文件在汶川地震抗震救灾和灾后恢复重建工作中发挥了重要作用，指导和规范着中央政府各有关部门和各级地方政府抗震救灾和恢复重建工作。特别是国务院《汶川地震灾后恢复重建条例》和《关于支持汶川地震灾后恢复重建政策措施的意见》的发布，对震后恢复重建工作给出了纲领性的指导意见和较为明确的政策措施。但从灾区实地调研了解的情况来看，结合日本阪神地震和我国台湾地区"9・21"地震恢复重建的工作经验，灾后恢复重建政策在制定和具体执行方面仍存在一些不足。

**一是上下互动不足：宏观政策出台缺乏和灾区地方政府的沟通协调。** 在灾后恢复重建工作中，出于现实的紧急需要，一些具体政策出台速度很快，但容易出现中央部门与灾区各级地方政府之间以及与非灾区地方政府之间政策设计方面的配合和互动不足的问题。例如,民政部、财政部和国家粮食局2008年5月20日联合发布的《关于对汶川地震灾区困难群众实施临时生活救助有关问题的通知》中,将救助对象规定为"因灾无房可住、无生产资料和无收入来源的困难群众",执行中就很困难。一方面,大量居住房屋受损的灾区群众便很难界定是否有房可住,因为目前灾区各地普遍存在对受损房屋安全鉴定评估的困难;另一方面,拥有土地的受灾农民是否算无生产资料更是一个棘手的难题。这就导致各地在执行这项政策时都进行了各种释义和操作变通。如成都市因执行这项政策所面临的困难,在对"三无"概念多次调整后,最后完全以"无房可住"作为认定标准。地方对政策的执行变通又往往造成新的困难。例如,绵竹市因属于极重灾区,经上级批准,最后确定所有在籍人口均享受临时生活救助;相邻的罗江县属于重灾区,只有近三分之一的人口能享受临时生活救助,于是罗江县受灾群众向县民政部门提出抗议。之所以出现这种情况,一个重要的原因就是因为时间紧迫,各部门在制定政策时照搬日常状态下的经验,而缺乏与灾区地方政府充分沟通。

**二是左右协调不足:部门间和地方间政策缺乏有机配合。**在恢复重建实践中,部分政策很难得到高效贯彻执行。例如,教育部、住房和城乡建设部2008年6月8日发布的《关于做好学校校舍抗震安全排查及有关事项的通知》,要求灾区各地教育行政部门迅速行动,与建设等部门联合,结合当地抗震设防要求,对各级各类学校公共建筑设施进行安全隐患排查,并对存在安全隐患的校舍立即停止使用,委托有相应资质的单位进行抗震鉴定,根据鉴定结果制定出抗震加固方案,及时改造加固。这一校舍抗震安全排查及整治结果要在9月1日前上报。但根据我国现行法律和技术标准要求,具有计量认证并具有建筑工程质量司法鉴定资质的单位很少。与此类似,不同地区之间(如灾区与对口支援地区,灾区不同地方之间)也缺乏在政策设计上的有机衔接。例如,成都市人民政府5月27日发布了《都江堰市城镇居民住房灾难救助安置工作的意见》,承诺"对因地震灾毁的私房",如"自愿申请住房实物救助的,由政府向每户受灾家庭提供建筑面积70平方米的救助安置住房","住户放弃住房实物救助的,可以向政府申请货币救助……给予每户14万元货币救助"。这项政策引起了四川其他灾区地方政府的强烈不满。因为在其他灾区，无论地方政府的财政能力还是当地土地的价值都无法与都江堰市相比，因此不可能出台类似于成都市政府这样的房屋救助政策。而其他地方灾区群众获知都江堰市实施的这一政策后，对本地政府却产生了同样的要求和期望，结果造成了四川其他灾区地方政府工作的极大被动。

**三是内外互动不足：社会力量参与缺乏明确渠道。**从本次地震救援和临时安置阶段的情况看，社会力量积极参与其中，发挥了良好的作用，并在一定程度上形成了与政府之间相互配合的有利局面。但在政策层面上，还主要是政府发挥主导作用，社会参与则尚显不足。这种社会参与不足主要存在两方面的问题：一是由于缺乏清晰、具体明确和公开化的社会参与政策过程途径，大量体制外的社会力量往往利用非正式网络（如个人关系、新闻媒体和互联网络等）提出各种政策建议以及对政府政策的反馈意见。这种社会力量参与政策过程的方式实际是长期存在的一种模式，但由于此次抗震救灾是全民动员，所以这种参与政策过程的方式呈现出一种"无序政策建议的爆炸"，一定程度上干扰了灾后恢复重建政策体系的整体设计。二是大量社会力量参与到灾区恢复重建工作中，他们可以提供源于灾区实际工作的信息，特别是政策的执行反馈。这些信息对灾后恢复重建政策的决策和评估具有非常宝贵的参考价值，但当时还普遍缺乏将这些信息传递给决策部门的渠道。例如，广东狮子会在绵阳市魏城镇试点建设的竹木结构过渡安置房、友成基金会在绵竹市遵道镇探索试点建设的轻钢结构过渡安置房，都在一定程度上优于当时最普遍采用的过渡活动板房；但这些信息并没有及时传递给政策制定者，使得在过渡安置房屋选择方面缺少了一些有价值的政策选项。

**四是远近衔接不足：短期政策与长期规划间缺乏有机对接。**汶川地震的巨大破坏性和损害性，决定了灾后在安置、防疫等方面存在海量的紧急事务，并且恢复重建的过程将持续相当长的时间。在实际工作中，短期、紧急事务方面的政策（如临时安置政策、困难群众临时救助政策等）出台总体比较及时、有力，整体、长远发展性的政策也在迅速推进，但在如何将短期的应急性政策与长期的发展性政策相结合方面则还存在较大不足。应急时忽略了资源的整体性、长期性配置问题；做长期规划时则忽略了巨灾的背景。例如，在过渡性安置政策中，过渡板房的建设就没有充分考虑土地资源在长期性发展中的配置问题。过渡板房因配套等问题，需要集中建设。按照政策规定，集中单元要达到1000套，在实际建设中需要110—120亩土地。而板房建设计划的紧迫性又迫使地方政府主要征用耕地来建设过渡板房。按照计划，过渡板房将使用3—5年，但从实地调查了解的情况看，过渡板房安置点完全拆除，释放所占用土地的时间将更长。因此，目前灾区（特别是山区），过渡板房占用土地的问题将对当地长远性发展造成负面影响。同时，目前所进行中的土地利用规划也没有充分考虑过渡板房占地的影响。此外，远近结合的不足还将制约灾后恢复重建政策向未来常态性政策的顺利过渡。

**五是软硬结合不足：灾后恢复重建政策缺乏对社会重建的关注。**灾后恢复重建在政策制定中还存在软硬结合不足的问题。政策制定中主要的注意力都放在关注硬件基础设施的恢复重建，而对如何恢复重建被地震破坏严重的社会性基础（社区网络、社会结构和社会资本等）的关注普遍不足。从日本阪神地震和台湾地区9.21地震的经验来看，震后恢复重建的核心是社会、社区的重建，这比硬件设施的恢复重建更加困难。汶川特大地震对灾区社会体系的破坏要比直接经济损失更为严重，大量人员的伤亡、大批灾区群众的流离以及大面积房屋的倒塌，对那些极重灾区的社会网络、社会结构和社会资本的破坏是近乎毁灭性的。如果不恢复重建这些社会体系，人与人之间的社会关系解体将造成基本社会秩序运转的极大困难，灾区的恢复重建也就无从谈起。例如，在过渡板房安置点的入住中，因为板房数量和其他考虑，规定一间板房住3—4人，结果造成一些并户和拆户现象的出现，实际破坏了基础的社会单元，带来一系列的遗留问题。

## 五、小结

2008年的“5·12”汶川特大地震是对我国近年来应急管理机制的一次全面检验和重大考验。从实际情况来看，我国近年来所努力推动和建设的应急管理机制在发挥重要作用的同时，也暴露了所存在的一些问题。

在抗震救灾过程中，我国近几年所建立和完善的应急管理机制发挥了不可或缺的重要作用。在预防与应急准备方面，科学有效的应急预案、各级各类救援队等，在抢险救灾中发挥了非常重要的作用。在监测与预警方面，我国建立的地震灾情监测和预报在余震监测和防范方面起着重要作用。在应急处置与救援方面，近几年建立健全的决策指挥、信息报告、社会动员和信息发布机制，使得灾情发生后的一系列应对措施凸显出快速、高效、有序的特点。在事后恢复与重建方面，《汶川地震灾后恢复重建条例》成为我国首个专门针对一个地方地震灾后恢复重建的条例，将灾后恢复重建工作纳入程序化和法制化的轨道。

同时，此次特大地震的应对过程，也暴露我国应急管理机制建设在传统的职能导向模式下散乱式、粗放式管理的问题。例如，我国尚未制定应对巨灾的应急预案，缺乏在高度复杂的破坏性环境下科学规范的工作流程，导致在很多关键时刻在很大程度上更多的不是靠制度规范而是靠领导者个人的素质和能力，有时导致个别灾区出现救灾无序化的局面，直接影响到抢险救灾的效率。为此，需要继续推动基于流程优化的应急管理机制建设，制定出台并健全相应的规章、制度、工作程序和工作标准，推动应急管理方式由更多依靠领导者个人素质和能力的粗放式管理模式向精细化、科学化、规范化的管理模式转变。

# 第九章 结论与讨论

基于流程优化的政府应急管理机制建设是一项需要长期持续推进的综合性系统工程。本章总结了本研究的主要结论，提出了未来进一步的研究方向。

## 一、基本的研究结论

本书以流程优化为切入点，系统分析政府应急管理机制的属性特点、功能作用及其在以"一案三制"为核心的应急管理体系中的基础性地位和作用，通过应急管理关键流程的开发和再造，提出基于流程优化的政府应急管理机制建设的主要内容、基本思路和关键对策。通过研究，得出如下主要结论：

**结论一：应急管理机制建设是当前我国以"一案三制"为核心的应急管理体系建设的重点，也是深化应急管理体系建设的切入点和着力点。**党的十六大以来，党中央、国务院在深刻总结历史经验、科学分析公共安全形势的基础上，做出了全面加强应急管理工作的重大决策。经过几年的努力，全国以"一案三制"(应急预案，应急管理体制、机制和法制)为核心的应急管理体系建设工作取得了重大进展，为进一步深化和完善应急管理机制奠定了重要的宏观制度框架。应急管理机制是应急管理体制的内在化，是应急管理法制和应急预案的具体化，也是提高应急预案质量的根本途径。我国目前对政府应急管理机制的具体内涵、工作内容、建设目标、基本原则等只有原则性、概括性的规定，尚缺乏具体明确、实践性和操作性都很强的指导性意见，给各地区、各部门的应急管理实际工作带来难度。随着我国应急预案以及应急管理体制和法制建设的逐步推进和不断深化，应急管理机制建设已成为深化我国以应急管理体系建设的重要切入点和着力点。

**结论二：我国传统的以职能和任务为中心的应急管理机制模式，具有很强的"碎片化"特征，导致责权利和资源高度分散，极大地降低突发事件应对的效率。**我国传统的以职能为中心的政府应急管理运行机制，具有部门分割、条块分治、议事协调、职能导向等典型特征。在职能型应急管理运行机制下，整个政府管理模式和运作过程主要以机构的职能为中心，而不是以过程为中心来设定相应的职能和职责，根据所确定的岗位和职责进行组织结构的调整和优化。传统的职能型应急管理工作机制给突发事件应对工作带来一系列不利影响：应急管理的职责和职权划分模糊，责任不够清晰，致使决策反应比较迟缓；应急管理相关职能机构基于自身利益来开展工作，部门之间互通情报少，横向协调沟通不畅；应对过程中敏感性、灵活性和适应性不够，无法及时对各种新情况进行认知决策；地方缺乏必要的激励和制度化授权，无法在第一时间自主性地主动进行决策处置。

**结论三：实现从以职能为中心的传统形态向以流程为中心的新型形态的积极转变，是深化我国应急管理机制建设的重要思路。**流程优化以组织的业务流程为优化的对象和中心，跨越部门和地区既有的职能划分边界，以建立标准化操作程序(SOP)为主要目标，对组织现有的业务流程进行分析，保留其符合先进的管理模式及信息化要求的部分，改进、调整或重建不合理的环节，使组织建立科学合理的流程体系，从而提高组织的运作效率，降低组织的运行成本。应急管理流程优化的根本目标，是实现应急管理工作机制和运行模式的积极转变，即从传统的以部门职能为主干的"金字塔"式运行模式向以业务流程为主干的流程型运行模式转变，以组织的各种流程为基础来设置部门，决定人员的分工，在此基础上建立和完善组织的各项机能，通过明确职责、理顺关系来控制风险，提高管理效率。建立健全基于理流程优化的应急管理机制，有利于实现应急管理工作模式从经验应急到科学应急转变，从依靠领导临时指挥协调到制度化指挥协调转变，从非制度化的粗放式应急管理模式到程序化、规范化、精细化的应急管理模式转变，从单部门分割指挥到综合指挥协调转变，从重治标不重治本的管理方式向标本兼治、从源头解决问题的管理方式转变。

**结论四：流程优化是提高管理质量的有效手段，是实现应急管理机制从传统的职能型模式向新型的流程型模式转变的切入点和基本途径。**流程优化是实现组织精细化管理的前提和基础。要实现应急管理工作机制从传统的以部门职能为主干的“金字塔”式运行模式向以业务流程为主干的流程型运行模式转变，必须以流程优化为抓手和切入点，即流程再造与规范是政府应急管理机制建设的基本途径和主要措施。从方式来看，流程优化涉及从无到有的创新开发以及已有流程的再造、整合以及标准化、规范化等内容。因此，基于流程优化的应急管理机制建设，要用事先准备好的制度化、程序化措施取代各种临时性授权和决策行为，推动应急管理工作由经验管理向科学管理转变。基于流程优化的政府应急管理机制建设的主要目标，是实现应急管理工作的常态化、规范化、程序化、法制化。

**结论五：根据流程优化和应急管理阶段相关理论，我国基于流程优化的政府应急管理机制的基本框架共包括 4 项一级机制、18 项二级机制、55 项三级机制。**基于流程优化的应急管理机制建设，坚持以流程管理而非任务管理或职能管理为导向和原则，将应急管理从以任务或职能为中心转化为以流程为中心，通过设计运行机制的流程总体框架图，为应急管理机制建设提供系统性的流程解决思路。结合流程优化的基本理论和我国应急管理的工作特点，依据《突发事件应对法》和国家总体应急预案的相关规定，应急管理包括预防与应急准备、监测与预警、应急处置与救援、恢复与重建 4 个主要环节，为应急管理最基本的一级机制。18 项二级机制反映了应急管理各阶段重要环节的相互关系。其中，预防与应急准备阶段主要包括隐患排查、预案准备、队伍建设、宣教动员、应对保障 5 项二级机制，监测与预警阶段主要包括事件监测、信息评估、事件预警 3 项二级机制，应急处置与救援主要包括先期处置、快速评估、信息报告、决策指挥、社会动员、信息发布 6 项二级机制，恢复与重建阶段主要包括善后恢复、救助补偿、调查评估、规划重建 4 项二级机制。每项二级机制又包括若干三级机制。这 55 项三级机制集中反映了各管理环节中业务活动之间的相互关系和流转过程。

**结论六：从我国北京市、全国卫生系统以及“5 · 12”汶川特大地**

**震等实践情况来看，我国应急管理机制应当以流程优化为基本途径，由此实现突发事件应对工作的制度化、规范化、程序化。**目前，我国一些地区和部门正在积极探索应急管理机制建设的基本思路和主要对策，通过流程优化推进应急管理工作的规范化、程序化成为其中非常重要的工作手段，北京市和全国卫生系统在这方面都取得了积极的进展。不过，正如2008年我国“5 · 12”四川汶川特大地震灾害所表明的，当前我国职能型的政府应急管理运行机制仍然具有很强的非制度化、非规范化和粗放式管理的特征，缺乏精细化、标准化的运行程序、操作规范和行为准则，相关工作流程与工作制度的缺失导致在突发事件应对过程中无章可循，出现很多临时性、部门化以及经验式、粗放式的行为，不利于应急管理科学、有序、高效地进行。基于流程优化的政府应急管理机制建设，有助于实现国家对各级各类突发事件从预防准备、监测预警、处置救援到恢复重建全过程的标准化、规范化、程序化管理，为出台全国性的国家应急管理机制通用术语和应急管理机制建设指导意见提供研究基础，规范应急管理工作流程，完善相关工作制度，推动国家应急管理工作上一个台阶，逐步向规范化、系统化、科学化的管理方向发展。

## 二、主要的对策建议

根据本研究的理论分析以及对北京市(块)、卫生系统(条)、汶川特大地震(事件)三个典型案例的分析，要实现应急管理工作流程优化，在此基础上形成具有普遍指导和借鉴意义的应急管理机制模式，当前要重点做好以下几项工作。[①]

**建议一：注重机制的顶层设计和关键机制的开发优化，建设涵盖“块、条、事件”结合的覆盖面广、时效性强的综合性系统性政府应急管理机制。**

随着突发事件综合性、跨地域属性日益增强，应急管理工作也越来越需要进行跨地区、跨行业、跨领域的综合应对。为此，在应急管

① 闪淳昌、周玲、钟开斌：《对我国应急管理机制建设的总体思考》，《国家行政学院学报》2011年第1期。

理机制设计过程中，要充分认识这一特点，通过对应急管理机制的顶层设计和关键机制的核心内容进行界定，建设涵盖"块、条、事件"的覆盖广、综合性系统性的政府应急管理机制。

从组织架构来看，应急管理机制涉及纵向平衡的不同级次政府间、横向平衡的同级政府间的关系以及同级政府内部各部门之间的复杂体，包含纵向与横向之间多部门、多层级的交叉网络。纵向政府间关系体现了地方政府在整个国家机构体系中的地位、权力范围和活动方式；横向政府间关系体现了各地区政府之间协商合作、互相支援、互通有无、互惠互利的程度；同级政府内不同部门之间的关系用来考察政府内部的分工协作程度；上下级政府部门之间的关系体现了政府职能部门平行化与垂直化的程度；横向政府的同类职能部门之间的关系决定了责任与权力在政府组织网络中呈现的分布状态（见图 9-1）。所开发和优化的应急管理机制，必须涵盖上述多部门、多层级的交叉网络。

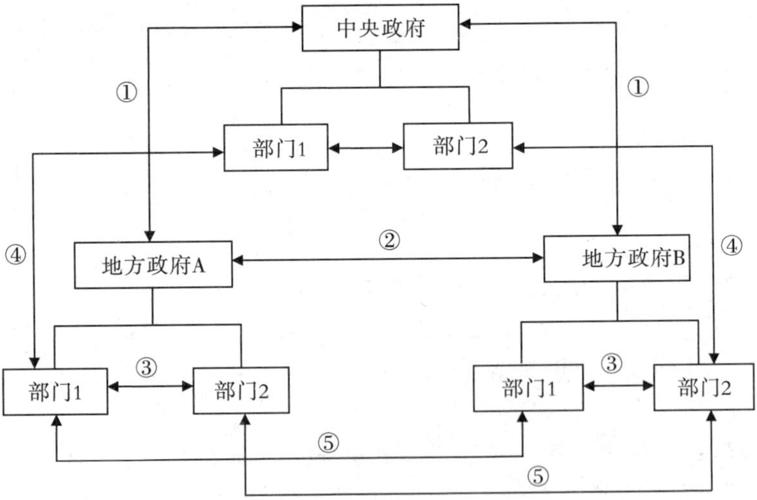


**图 9-1 政府应急管理机制所涉及的组织架构关系示意**

注：①②③④⑤分别表示纵向政府间、横向政府间、同一地区同级政府内的部门间、上下级政府的同类职能部门间以及不同地区政府内同类职能部门之间的关系。

从时间序列来看，应急管理机制涉及各类各级突发事件在事前、事发、事中、事后全过程中的各项工作程序和运行机制。如前文所述,依据《突发事件应对法》和国家总体应急预案的相关规定,应急管理机制的基本框架共包括4项一级机制、18项二级机制、55项三级机制作为核心流程,并根据机制的流程框架图进行其他辅助流程的优化设计。所开发和优化的应急管理机制,也必须涵盖事前、事发、事中、事后全过程中各项关键性的工作流程和运行环节。

**建议二:规范应急管理机制的开发和优化程序,推进全国应急管理机制的标准化、规范化与制度化建设。**

应急管理是一项综合性很强的工作,需要实现多层级、多部门之间的有效配合与衔接,这对流程设计中标准、术语的通用性与兼容性提出了更高的要求。目前,国内应急管理理论的普及性还有待提高,全国通用的术语与标准体系还有待开发,各部门的内部管理流程固然可以沿用已有的部门标准与专业术语,但涉及外部衔接的流程必须考虑相容与通用问题。这就需要按照系统化、标准化的要求,在全国范围内对应急管理的工作流程和制度规范进行统一谋划。

一是建立健全应急管理机制的开发程序,提高机制建设质量。科学严密的程序是正确决策的重要前提,机制的建设过程要坚持符合科学、合理的权限和程序,要在正确认识和把握突发事件发展规律的基础上,顺应时代变迁和形势变化的要求,增强机制建设的科学性、合理性和可操作性。要坚决克服机制建设过程中的部门利益化倾向。同时,立"新"与改"旧"要并重,要做到及时分析评估,同时要把公众参与、专家咨询、风险评估、合法性审查和集体讨论决定,作为制订应急管理机制的必经程序,特别是要注意鼓励各个利益相关方参加这一过程,这样更有利于协调各方面利益关系,便于机制的执行和落实。

二是机制建设要在确保内容与结构完整的基础上往标准化建设的方向发展。目前,全国的应急管理机制建设缺乏统一的标准和规范,需要从机制的定义、内涵与外延、建设的基本原则、工作内容等方面进行统一和规范,提高机制的可操作性,为各地、各部门建设具体可操作的应急管理工作指南和流程提供统一的依据。值得注意的是,在推动标准化建设的同时,也要注意标准的科学化与合理化问题,从而实现在满足应急管理过程顺畅的基础上提高效率与效益。同时,还需要了解并明确各个机制之间的关系,促使各个机制之间融会贯通。

三是以科技为支撑，以科技促进机制标准化的建设与发展，优化机制的内容。以计算机网络技术为核心的应急管理平台建设、监测预警技术、应急决策与处置技术、风险评估手段、物联网技术等在应对各类突发事件过程中，起着至关重要的支撑作用，也为机制建设提供了技术保障。这些技术的引入与实施，对机制建设与流程开发提出了“硬性”要求，可为机制建设提供了重要的推动力。一方面，如果没有标准化、规范化的应急管理机制与工作流程，这些技术的实际功能就很难得到切实有效的发挥；另一方面，通过技术方案的制订与实施，可以将效果及时反馈，在此基础上对机制内容进行动态调整和优化。可以说，二者具有相互促进、相互提高的作用。

四是在强调规范流程与统一标准的同时，更应鼓励创新性地开展机制建设。由于应急管理是一项新的课题，在具体工作中应当鼓励相关人员敢于负责、敢于决策，善于用改革的思维、创新的办法应对突发事件，并在实践中不断改进和完善，从而提高机制建设的质量与效果。这就需要鼓励具体工作部门在实际工作中对现有机制进行改进与创新，并加强对这些创新型机制的研究、评估与总结，对于一些行之有效的机制与制度予以推广。

**建议三：分阶段、分步骤地进行工作机制优先次序的排列与部署，从而实现有次序、有步骤、系统性地推动国家层级的应急管理机制建设。**

可利用制定“十二五”规划的契机，针对应急管理机制的顶层设计与关键机制建设的核心内容，对机制建设分阶段、分步骤地进行优先次序的排列与部署，从而实现有次序、有步骤、系统性地推动国家层级的应急管理机制建设。

国务院办公厅应当出台相关文件，针对应急管理机制建设提出系统性的整体建议，统一并规范全国范围内的机制建设。总体来看，现阶段应急管理机制建设的关键是开发工作流程，制定工作制度。具体而言，如本研究所提出的，应急管理机制的整体框架要以应急管理全过程为主线，涵盖事前、事发、事中和事后各个阶段，主要包括预防与应急准备、监测预警、应急处置与救援、恢复与重建等多个环节，从而实现在统一全国应对突发事件方法和手段的基础上，全方位调集与整合各方资源，实现应急管理行动的协调统一。

国务院应急办要在全国范围内规划并统一建设应急管理机制的整体框架。在《突发事件应对法》与《国家突发公共事件总体应急预案》等相应法律、法规和政策文件的整体框架下，国务院应急办要完成应急管理机制的顶层设计，完善并进一步细化和规范贯穿在应急管理全流程中的各个机制，在全国范围内规划并统一建设应急管理机制的整体框架，作为各地区各部门工作的指引。要重点针对一些需要在国家层级进行协调统一但相对仍旧较为薄弱的领域，加强相关机制的建设工作，如风险评估、对重要基础设施与关键资源的保护机制、协调联动机制（尤其是军地协调机制）、高效的决策指挥机制、第三方评估机制、问责机制。

**建议四：各地各部门应在全面展开机制建设工作的基础上，按照分层分类的原则，有重点、有步骤地开展应急管理机制建设。**

目前，应急管理工作还处于"建管并重"的推进阶段，在各种亟待解决的矛盾和问题面前，各地、各部门应当在国务院应急办的统一部署下，从应急管理工作的实际需要出发，结合各自特点、分清主次，抓关键，优先开发有助于把应急管理工作推上一个新台阶的关键机制，以提高机制建设的效率。

一是全面分析各自的应急管理工作特点与实际需求，对机制建设进行全面的摸底与部署。各级领导、各地、各部门应在做好组织体系准备并理顺各组织之间关系的基础上，提出一套与各地、各部门现行应急管理体制相结合的应急机制建设方案，完成研究成果转化，出台应急管理机制相关文件、规章和制度，并通过做好日常的宣传教育、培训演练、监督检查等工作，不断提高应急管理工作的制度化、规范化、程序化水平，使得应急管理各项工作都能基于制度，成于规范。

二是以关键工作流程的开发和优化为重点，采取渐进式推进策略来建设应急机制的整体框架。在应急管理法制环境与标准体系尚不健全的情况下，应急管理机制建设应以关键工作流程的开发、创新与规范化为重点，以解决应急管理实践中存在的突出矛盾和问题为目标，采取由点及面的渐进式推进策略，并与法制建设和标准体系建设形成良性互动，相互促进。

三是对目前业已成熟的应急管理机制，可以进一步发展并固化或法制化。同时，各地、各部门要注重加强对一些典型突发事件的评估、总结，并通过相应案例的深入分析总结出经验并在一定范围内推广实施。比如，经由广东省人大通过并于2010年7月1日正式实施的“现场指挥官”制度，北京市应急联动的“标识”制度（办法）、风险管理工作以及阶段性、重点时期的公共安全形势分析制度等。

四是在进一步完善现有机制建设成果的基础上，重点针对一些相对重要但仍旧较为薄弱的机制，有针对性地加强其建设工作。这些相对重要但仍旧较为薄弱的机制主要包括风险管理机制、巨灾保险机制、决策指挥机制、应急响应机制、问责机制等。其中，要尤其关注对协调联动机制的建设，借鉴美国联邦应急管理署（FEMA）将全国50个州划分为10个大的协调联动区域的经验，我国一些地区（如长三角、珠三角和环渤海等条件相对成熟的地区）可以尝试建立健全区域联动机制，通过对这些区域充分授权促使自发联动起来应对突发事件，尽量减少行政审批环节和层级管理，优化应急管理流程。

## 三、进一步研究的方向

本研究以政府流程优化为切入点，提出了基于流程优化的政府应急管理机制建设的主要内容、基本思路和关键对策。后续研究可在以下几个方面进行深入：

**一是进一步完善政府应急管理流程优化的基本理论。**将流程优化理论应用于政府应急管理机制建设是一项初步的有益探索。流程优化主要产生于企业管理领域，随后为政府等公共部门借鉴和应用。因此，政府流程优化实际上是在借鉴企业管理中业务流程再造和优化的成熟经验的基础上逐步实行的。与企业管理相比，政府管理流程优化的外部环境、适用条件、实践效果等都存在较大区别；与企业管理流程优化总体比较成熟相比，目前政府管理领域（尤其是应急管理领域）的流程优化整体还处在探索阶段，理论研究和实践积累都比较有限。本研究初步将企业管理流程优化理论应用于我国应急管理工作实际，并提出了基于流程优化的我国政府应急管理机制建设的主要内容、基本思路和关键对策，是一个将流程优化理论与我国应急管理实践相结合的初步尝试，相关理论有待进一步完善。

**二是进一步完善我国基于流程优化的政府应急管理的基本框架。**目前，我国有关政府应急管理机制建设的理论研究和实践经验总结都比较有限，尚未从综合层面对应急管理机制的基本概念、主要内容、功能目标、实现方法等进行具体明确的规定，缺乏从整体上对应急管理机制进行概括和提炼。本研究根据流程优化和应急管理阶段相关理论，结合我国当前应急管理机制建设的现状，提出我国基于流程优化的政府应急管理机制的基本框架，并对该框架的4项一级机制、18项二级机制、55项三级机制进行精细化和标准化，是对国内外实践经验的一个初步参考借鉴。该应急管理机制基本框架的层级结构、构成要素以及我国应急管理流程优化的基本程序、主要方法等，都有待随着理论研究和实践工作的进展而不断修改完善。

**三是进一步丰富和提高政府应急管理机制建设典型案例的数量和质量。**政府应急管理机制建设是一项实践性、操作性和技能性很强的综合性系统工程，其本质是应急管理实际工作经验的总结和概括，需要不断根据实践工作的具体情况进行补充、调整和完善。目前，全国各地区、各部门都在积极探索加强应急管理机制建设的主要思路和有效对策，不断出台有关预案管理、预测预警、信息报告、资源调度、信息发布、调查评估、恢复重建等方面的工作程序和工作制度。这些实际部门所开展的各项工作，是进一步完善我国基于流程优化的政府应急管理机制建设的重要实践基础和实践来源。本研究重点选择北京市（“块”）、全国卫生系统（“条”）和2008年汶川特大地震（典型事件）进行典型个案分析，根据分析结果完善本研究所提出的理论框架，为我国政府应急管理机制建设提出有针对性的对策建议。未来可进一步选择从更大范围选择更多的案例，进行更深入的比较分析，从而为我国政府应急管理机制建设提供更丰富的实践经验。

**四是进一步借鉴国外应急管理机制建设的先进经验和做法。**“他山之石，可以攻玉。”注重应急管理机制建设，强调完善运行机制和工作流程，实现应急管理的科学化、规范化、标准化，是当前世界各国应急管理的共同经验。长期以来，国外发达国家在应对突发事件的过程中，逐渐积累了丰富的理论研究成果和实践经验，并逐渐将实践经验总结、提炼为标准化的操作规程。在应急管理具体机制的流程设计方面，美国、加拿大、日本、英国、德国等都有相应的工作程序和制度规定，通过日常的应急管理流程优化，把应急管理活动逐步纳入严谨的程序化管理中，并最终使之法制化和科学化。本研究对国外应急管理机制建设的做法和经验进行了基础性的总结和介绍，未来可进一步开展系统性的专题比较研究，从而为推动我国应急管理机制建设提供更广阔的国际视野和更丰富的国际经验。

**五是逐步出台全国性应急管理机制通用术语和应急管理机制建设指导性意见。**党的十七大明确提出，要“完善突发事件应急管理机制”。经过多年的努力，目前在我国应急管理体系“一案三制”四个要素中，应急预案以及应急管理体制和法制的基本内涵、功能定位、工作内容等基本得到明确，应急管理机制目前仍是一个比较薄弱的环节。当前，不管理论界还是实务部门，目前对应急管理机制相关的基本概念和问题还存在模糊甚至分歧之处，致使在研究和实践中往往混为一谈，在很多场合被不予区分地互相替换使用，给应急管理体系建设的理论研究和实务操作都带来很大的困难。下一步，通过理论研究和实践经验总结，可以考虑出台全国性的应急管理通用标准术语和全国性的应急管理机制建设指导意见，对应急管理机制的基本涵义、工作内容、建设要求等提出全国统一的明确要求，以推动全国应急管理机制建设更加科学有序、扎实有效地进行。

# 参考文献


1. Andrew Scobell and Larry M. Wortzel (eds). *Chinese National Security Decision Making under Stress*. Carlisle, PA, Strategic Studies Institute, US Army War College, September 2005.
2. Erwann Michel-Kerjan, and Paul Slovic (eds). *The Irrational Economist: Making Decisions in a Dangerous World*. New York: Public Affairs Books, 2010.
3. David Mendonca. "Decision Support for Improvisation in Response to Extreme Events: Learning from the Response to the 2001 World Trade Center Attack". *Decision Support Systems*, 2007, 43(3).
4. Eric K. Stern, Bengt Sundelius, Daniel Nohrstedt, Dan Hansen, Lindy Newlove, and Paul't Hart. "Crisis Management in Transitional Democracies: The Baltic Experience". *Government and Opposition*, 2002, 37(4).
5. Eugene H. Melan. *Process Management: Methods for Improving Products and Service*. New York: McGraw-Hill, 1993.
6. Ian I. Mitroff and Christine M. Pearson. *Crisis Management: A Diagnostic Guide for Improving Your Organization's Crisis-Preparedness*. San Francisco: Jossey-Bass, 1994.
7. Karl A. Wittfogel. *Oriental Despotism: A Comparative Study of Total Power*. New Haven: Yale University Press, 1957.
8. Karl E. Weick and Kathleen M. Sutcliffe. "Organizing and the Process of Sensemaking". *Organization Science*, 2005, 16(4).
9. Michael Hammer and James Champy. *Reengineering the Corporation: A Manifesto for Business Revolution*. New York: Harper Business Books, 1993.
10. Robert L Heath. *Crisis Management for Managers and Executives: Business Crises-The Definitive Handbook to Reduction, Readiness, Response*

*and Recovery*. London: Financial Times Management, 1998.

11. Steven Fink. *Crisis Management: Planning for the Inevitable*. New-York: Amacom, 1986.
12. Thomas H. Davenport and James E. Short. "The New Industrial Engineering: Information Technology and Business Process Redesign". *Sloan Management Review*, 1994, 31(4).
13. W. Timothy Coombs. *Ongoing Crisis Communication-Planning, Managing, and Responding*. New York: Sage Publications, 1999.
14. William H. Dutton and Malcolm Peltu (eds). *Information and Communication Technologies: Visions and Realities*. Oxford: Oxford University Press, 1996.
15. Yajiong Xue and Huigang Liang. "IS-Driven Process Reengineering: China's Public Health Emergency Response to the SARS Crisis". *Journal of Information Technology Theory and Application*, 2004, 6(3).
16. 戴维·奥斯本、彼德·普拉斯特里克:《摒弃官僚制:政府再造的五项战略》,谭功荣、刘霞译,北京:中国人民大学出版社 2002 年版。
17. 戴维·奥斯本、特德·盖布勒:《改革政府——企业家精神如何改革着公共部门》,周敦仁译,上海:上海译文出版社 1996 年版。
18. 弗莱蒙特·E. 卡斯特等:《组织与管理:系统方法与权变方法》,北京:中国社会科学出版社 2000 年版。
19. 拉塞尔·M. 林登:《无缝隙政府:公共部门再造指南》,汪大海等译,北京:中国人民大学出版社 2002 年版。
20. 《学习时报》编辑部:《国家与政府的危机管理》,南昌:江西人民出版社 2003 年版。
21. 毕建新、朱淑媛:《电子政务与政府业务流程再造》,《现代情报》2004 年第 24 期。
22. 车用太、鱼金子、刘成龙:《汶川地震的异常及地震预测问题》,《防灾科技学院学报》2009 年第 11 期。
23. 陈禹六:《经营过程重构与系统集成》,北京:清华大学出版社 2001 年版。
24. 范维澄、袁宏永:《我国应急平台建设现状分析及对策》,《信息化建设》2006 年第 9 期。
25. 冯志峰:《中国运动式治理的定义及其特征的界定》,《中共银川市委党校学报》2007 年第 9 期。
26. 高小平、刘一弘:《我国应急管理研究述评(上)》,《中国行政管理》2009 年第 8 期。
27. 高小平:《中国特色应急管理体系建设的成就及其发展》,《中国行政管理》2008 年第 11 期。

28. 高小平:《综合化:政府应急管理体制改革的方向》,《行政论坛》2007 年第 2 期。
29. 耿华、陈文波、黄丽华:《面向电子政务的公共服务流程优化方法研究》,《软科学》2009 年第 23 期。
30. 郭春明:《紧急状态法律制度研究》,北京:中国检察出版社 2004 年版。
31. 郭虹等:《NGO 参与汶川地震过渡安置研究》,北京大学出版社 2009 年版。
32. 郭济:《中央和大城市政府应急机制建设》,北京:中国人民大学出版社 2005 年版。
33. 郭伟:《汶川特大地震应急管理研究》,成都:四川人民出版社 2009 年版。
34. 国家减灾委员会科学技术部抗震救灾专家组:《汶川地震社会管理政策研究》,北京:科学出版社出版 2008 年版。
35. 国务院发展研究中心“应急管理行政体制建设研究”课题组:《应急管理行政体制的历史演进和存在问题》,《调查研究报告》2007 年第 189 期。
36. 国务院发展研究中心课题组:《我国应急管理行政体制存在的问题和完善思路》,《中国发展观察》2008 年第 3 期。
37. 韩大元、莫于川:《应急法制论——突发事件应对机制的法律问题研究》,北京:法律出版社 2005 年版。
38. 韩俊魁:《NGO 参与汶川地震紧急救援研究》,北京大学出版社 2009 年版。
39. 何春荣、吴水新、邱晓春:《基层医疗、疾控机构在人禽流感防治应急处置准备工作中存在的问题与对策》,《医学动物防制》2006 年第 22 期。
40. 何炜、戚英:《中国公共卫生危机研究》,《国际医药卫生导报》2004 年第 7 期。
41. 胡向明:《全球化背景下中国行政管理面临的十大挑战》,《探索》2006 年第 1 期。
42. 华建敏:《依法全面加强应急管理工作——在全国贯彻实施突发事件应对法电视电话会上的讲话》,《中国应急管理》2007 年第 10 期。
43. 李程伟、张德耀:《大城市突发事件管理:对京沪穗邕应急模式的分析》,《国家行政学院学报》2005 年第 3 期。
44. 李程伟、张永理:《自然灾害类突发事件恢复重建政策体系研究》,北京:中国社会出版社 2009 年版。
45. 李国良:《流程制胜:业务流程优化与再造》,北京:中国发展出版社 2005 年版。
46. 刘功智、刘铁民:《重大事故应急预案编制指南》,《劳动保护》2004 年第 4 期。
47. 刘杰、方丁、赵卫东:《基于模块化理论的柔性流程及其影响因素的实证研究》,《上海管理科学》2008 年第 30 期。
48. 龙太江:《从“对社会动员”到“由社会动员”——危机管理中的动员问题》,《政治与法律》2005 年第 2 期。

49. 马怀德:《应急反应的法学思考:“非典”法律问题研究》,北京:中国政法大学出版社 2004 年版。
50. 莫纪宏、徐高:《紧急状态法学》,北京:中国人民公安大学出版社 1992 年版。
51. 莫于川:《建议在我国行政程序法典中设立紧急程序条款》,《政治与法律》2003 年第 6 期。
52. 牛文元、叶文虎:《全面构建中国社会稳定预警系统》,《中国发展》2003 年第 4 期。
53. 戚建刚:《行政应急管理体制的内涵辨析》,《行政法学研究》2007 年第 1 期。
54. 沈荣华:《国外防灾救灾应急管理体制》,北京:中国社会出版社 2008 年版。
55. 施爱东:《灾难谣言的形态学分析——以 5 · 12 汶川地震的灾后谣言为例》,《文化研究》2008 年第 4 期。
56. 石磊:《应急管理关键词:通用模型和应急机制》,《中国应急管理》2009 年第 8 期。
57. 史安斌:《危机与新闻发布》,广州:南方日报出版社 2004 年版。
58. 宋杨:《网络模式下医疗机构传染病疫情报告工作的考核》,《预防医学情报杂志》2005 年第 21 期。
59. 腾五晓、加藤孝明、小出治:《日本灾害对策体制》,北京:中国建筑工业出版社 2003 年版。
60. 滕五晓:《公共安全管理中地方政府的责任及其作用——以重庆市开县井喷事故灾害为例》,《社会科学》2005 年第 12 期。
61. 万鹏飞、于秀明:《北京市应急管理体制的现状与对策分析》,《清华大学公共管理评论》2006 年第 4 期。
62. 万鹏飞:《美国联邦应急总署对新闻媒体采访抗灾救灾的管理规范及其借鉴》,《经济社会体制比较》2006 年第 6 期。
63. 万鹏飞:《美国、加拿大和英国突发事件应急管理法选编》,北京大学出版社 2006 年版。
64. 汪永清:《突发事件应对法的立法背景和主要内容》,《中国应急管理》2007 年第 10 期。
65. 王超、佘廉:《社会重大突发事件的预警管理模式研究》,《武汉理工大学学报(社会科学版)》2005 年第 1 期。
66. 王柯:《阪神大震灾的教训与创造性复兴》,北京:中国民主法制出版社 2009 年版。
67. 王宇、沈洁:《传染病监测信息网络直报工作与技术指南》,北京:人民卫生出版社 2005 年版。
68. 魏永忠:《论我国城市社会安全指数的预警等级与指标体系》,《中国行政管理》2007 年第 2 期。

69. 吴庄莹:《构建基于电子政务平台的应急管理系统》,《电子政务》2009 年第 1 期。
70. 夏保成:《美国公共安全管理导论》,北京:当代中国出版社 2006 年版。
71. 萧延中等:《多难兴邦——汶川地震见证中国公民的社会成长》,北京大学出版社 2009 年版。
72. 薛澜、张强、钟开斌:《危机管理:转型期中国面临的挑战》,北京:清华大学出版社 2003 年版。
73. 薛澜:《从更基础的层面推动应急管理——将应急管理融入和谐的公共治理框架》,《中国应急管理》2007 年第 1 期。
74. 鄢圣华:《中国政府体制》,天津社会科学院出版社 2002 年版。
75. 阎耀军:《社会稳定的计量及预警预控管理系统的构建》,《社会学研究》2004 年第 3 期。
76. 杨瑾、赵嵩正、王娟茹:《供应链中基于柔性和变革的流程管理集成框架模型》,《科研管理》2005 年第 26 期。
77. 姚国章:《日本灾害管理体系:研究与借鉴》,北京大学出版社 2009 年版。
78. 于强:《应急管理流程研究》,《长春大学学报》2009 年第 19 期。
79. 詹承豫、顾林生:《转危为安:应急预案的作用逻辑》,《中国行政管理》2007 年第 5 期。
80. 詹承豫:《中国应急管理体系完善的理论与方法研究——基于"情景—冲击—脆弱性"的分析框架》,《政治学研究》2009 年第 5 期。
81. 张成福:《公共危机管理:全面整合的模式与中国的战略选择》,《中国行政管理》2003 年第 7 期。
82. 张耕:《组织间流程柔性评价方法探索》,《现代管理科学》2009 年第 1 期。
83. 张欢、陈学婧:《应急管理调查评估的要素分析与分类》,《中国应急管理》2008 年第 12 期。
84. 张强、陆奇斌、张欢:《巨灾与 NGO:全球视野下的挑战与应对》,北京大学出版社 2009 年版。
85. 邓国胜等:《响应汶川——中国救灾机制分析》,北京大学出版社 2009 年版。
86. 张强、余晓敏:《NGO 参与汶川地震灾后重建研究》,北京大学出版社 2009 年版。
87. 赵成根:《国外大城市危机管理模式研究》,北京大学出版社 2006 年版。
88. 赵卫东、苏健敏、戴伟辉:《柔性流程建模研究》,《管理工程学报》2003 年第 17 期。
89. 钟开斌:《"一案三制":中国应急管理体系建设的基本框架》,《南京社会科学》2009 年第 11 期。
90. 钟开斌:《汶川地震灾后恢复重建政策执行:主要矛盾和对策建议》,《中国软科学》2008 年第 12 期。
91. 钟开斌:《政府危机决策——SARS 事件研究》,北京:国家行政学院出版社 2009 年版。
92. 钟开斌:《中国应急管理体系建设:回顾与前瞻》,《政治学研究》2009 年第 1 期。
93. 周振超:《打破职责同构:条块关系变革的路径选择》,《中国行政管理》2005 年第 9 期。
94. 朱华桂、曾向:《监测预警体系建设与突发事件应急管理——以江苏为例》,《江苏社会科学》2007 年第 3 期。
95. 朱健刚等:《责任·行动·合作——汶川地震中 NGO 参与个案研究》,北京大学出版社 2009 年版。
96. 祝江斌等:《城市重大突发事件的政府预警管理模式刍议》,《湖北社会科学》2006 年第 8 期。
97. 卓泽渊:《法治国家论》,北京:法律出版社 2003 年版。

华东政法大学65周年校庆文丛

# 高校依法治校内外环境因素研究

韩强 / 主编

法律出版社
LAW PRESS·CHINA

## 崛起、奋进与辉煌
### ——华东政法大学65周年校庆文丛总序

2017年，是华东政法大学65华诞。65年来，华政人秉持着“逆境中崛起，忧患中奋进，辉煌中卓越”的精神，菁莪造士，棫朴作人。学校始终坚持将学术研究与育人、育德相结合，为全面推进依法治国做出了巨大的贡献，为国家、为社会培养和输送了大量法治人才。一代代华政学子自强不息，青蓝相接，成为社会的中坚、事业的巨擘、国家的栋梁，为社会主义现代化和法治国家建设不断添砖加瓦。

65年栉风沐雨，华政洗尽铅华，砥砺前行。1952年，华政在原圣约翰大学、复旦大学、南京大学、东吴大学、厦门大学、沪江大学、安徽大学、上海学院、震旦大学九所院校的法律系、政治系和社会系的基础上组建而成。历经65年的沧桑变革与辛勤耕耘，华政现已发展成为一所以法学为主，兼有政治学、经济学、管理学、文学、工学等学科的办学特色鲜明的多科性大学，人才培养硕果累累，科研事业蒸蒸日上，课程教学、实践教学步步登高，国际交流与社会合作事业欣欣向荣，国家级项目、高质量论文等科研成果数量长居全国政法院校前列，被誉为法学教育的“东方明珠”。

登高望远，脚踏实地。站在新的起点上，学校进一步贯彻落实“以人为本，依法治校，质量为先，特色兴校”的办学理念，秉持“立德树人，德法兼修”的人才培养目标，努力形成“三全育人”的培养管理格局，培养更多应用型、复合型、高素质的创新人才，为全力推进法治中国建设和高等教育改革做出新的贡献！

革故鼎新，继往开来。65周年校庆是华东政法大学发展史上的重要里程碑，更是迈向新征程开创新辉煌的重要机遇。当前华政正抢抓国家“双一流”建设的战略机遇，深度聚焦学校“十三五”规划目标，紧紧围绕学校综合改革“四梁八柱”整体布局，坚持“开门办学、开放办学、创新办学”发展理念，深化

“教学立校、学术兴校、人才强校”发展模式，构建“法科一流、多科融合”发展格局，深入实施“两基地（高端法律及法学相关学科人才培养基地、法学及相关学科研究基地）、两中心（中外法律文献中心、中国法治战略研究中心）、一平台（“互联网 + 法律”大数据平台）”发展战略，进一步夯实基础、深化特色、提升实力。同时，华政正着力推进“两院两部一市”共建项目，力争到 21 世纪中叶，能把学校建设成为一所“国际知名、国内领先，法科一流、多科融合，特色鲜明、创新发展，推动法治文明进步的高水平应用研究型大学和令人向往的高雅学府”。

薪火相传，生生不息。65 周年校庆既是对辉煌历史的回望、检阅，也是对崭新篇章的伏笔、铺陈。在饱览华政园风姿绰约、恢弘大气景观的同时，我们始终不会忘却风雨兼程、踏实肯干的“帐篷精神”。近些年来，学校的国家社科基金法学类课题立项数持续名列全国第一，国家社科基金重大项目和教育部重大项目取得历史性突破，主要核心期刊发文量多年位居前茅。据中国法学创新网发布的最新法学各学科的十强排名，学校在法理学和国际法学两个领域排名居全国第一。当然我们深知，办学治校犹如逆水行舟，机遇与挑战并存，雄关漫道，吾辈唯有勠力同心。

为迎接 65 周年校庆，进一步提升华政的学术影响力、贡献力，学校研究决定启动 65 周年校庆文丛工作，在全校范围内遴选优秀学术成果，集结成书出版。文丛不仅囊括了近年来华政法学、政治学、经济学、管理学、文学等学科的优秀学术成果，也包含了华政知名学者的个人论文集。这样的安排，既是对华政 65 华诞的贺礼，也是向广大教职员工长期以来为学校发展做出极大贡献的致敬。

65 芳华，荣耀秋菊，华茂春松，似惊鸿一瞥，更如流风回雪。衷心祝愿华政铸就更灿烂的辉煌，衷心希望华政人做出更杰出的贡献。

华东政法大学 65 周年校庆文丛编委会

2017 年 7 月

# 目　　录

# 导 论

## 一、高校依法治校一般问题

### （一）高校依法治校的基本内涵和重大意义

依法治校是指高等学校依照法律、行政法规、部门规章或规范性文件等外部规范体系，并依照学校章程、校内规章制度等内部规范体系开展办学活动，学校的行政权力和学术权力在法治化的轨道上规范运行、有效运作，师生合法权益得到切实保护，办学中的各类权力冲突和权利救济均可纳入有效的调处机制，并有充分的程序保障。

高校依法治校是落实全面依法治国战略布局的重要方面，是规范行政权力和学术权力运作的必备条件，是实现高校治理体系和治理能力现代化的必由之路，是建设世界一流大学和一流学科的重要制度保障。

### （二）依法治校的主体和客体界定

依法治校的主体是指学校治理活动的各类参与者，即权力（权利）的享有者和责任（义务）的承担者。依法治校的外部主体主要指教育行政主管部门，以及其他可能与学校治理发生联系的各类社会主体。依法治校的内部主体则包括学校本身，以及教师员工和学生。依法治校的客体则是指主体权力（权利）和责任（义务）指向的对象，既包括学校的有形财产、无形财产，也包括办学管理活动、学术研究活动、教学学习活动等。正确界定主客体的范围，也就是界定了依法治校活动的基本范围。

（三）依法治校的主要内容

依法治校的核心在于规范权力运作，即包括行政权力，也包括学术权力。首先，应规范教育行政主管部门的权力运作，逐步明确权力清单，真正落实高校办学自主权；其次，应规范高校内部行政管理权的运作，正确理解党委领导下的校长负责制的真实含义，做到任何行政管理活动均于法有据；最后，应规范高校内部学术权力运作，充分发挥学术委员会在学校治理中的作用，彰显大学独特的治理模式。

（四）依法治校的行为方式和制度表征

依法治校是全面依法治国战略布局在具体领域内的具体表现。依法治校当然应遵循依法治国的基本要求，同时也要体现高等学校管理、办学的特殊属性。一方面，法治强调权力规范运行，强调对法律法规的遵守与服从；另一方面，落实高校办学自主权、党委领导下的校长负责制又赋予依法治校新的内涵。两者看似矛盾，但在高校这一特殊社会领域内又必须兼容协调。正因如此，关于高等教育特别是高校管理的规范体系既有强烈的约束性、强制性，又具有很大的法律保留空间。同样，在依法治校实施过程中，内外部行政权力在依法管理的同时，也必须给学术权力，乃至于教师学生的各类权利留有充分的发展空间。

## 二、以大学章程为核心的校内规范体系的建设和运行存在较大缺陷

（一）大学章程内容雷同、千校一面，落实状况不容乐观。各大学章程同质化倾向非常严重，很难反映每所高校的办学特色和目标追求。章程在办学过程中也往往不能切实发挥作用，各高校依章程治校的思维习惯和工作习惯尚未养成。

（二）校内规范体系仍普遍存在“无法可依”的情况。尤其人事、财务、科研、教学，以及学术委员会等重要管理领域内，仍普遍存在无法可依的情况。学校管理凭经验而不是凭制度的现象仍广泛存在。

（三）部分校内规范体系陈旧落后，沦为“僵尸规范”，长期未被清理。由于学校尚未形成依法治校的工作习惯和校园氛围，已有的校内规范长期得不到及时修订、更新，有些规范长期备而不用，根本无从发挥依法治校的效能。

（四）校内规范普遍欠缺程序性规定，规范可操作性不强，执行情况不理

想。“重实体、轻程序”是我国高校校内规范体系的一大缺陷。校内规范普遍缺乏细致、合理的操作性规范，这一情况也加剧了校内规范大量沦为“僵尸规范”。

（五）校内规范体系建设规划明显缺位，重点立法领域不够科学。人事、财务、科研和教学是学校内部管理的核心领域，也是各类利益冲突、矛盾汇集的领域。一方面，受制于外部法律和政策的局限，校内规范难以安全实现科学、合理的目标；另一方面，由于校内立法机制不健全、利益表达渠道不畅通、权力监督机制不到位，学校在这些重点领域的规范创制活动也往往失之于随意，甚至造成利益失衡，目的与手段的背离。

（六）高校校内规范制度表达精细化、准确化程度有待提高，立法质量整体水平仍然有待发展。校内规范的立法技术有待完善，职能部门缺乏专业支持，学校法律顾问或专业教师未能在校内规范创制上发挥应有的作用。

## 三、高校内部治理结构有待优化，依法决策缺乏制度保障

（一）党委领导下的校长负责制仍须进一步完善，党委与校长的权责分工与沟通协调机制需要更加明确的制度安排。虽然《关于坚持和完善普通高等学校党委领导下的校长负责制的实施意见》对书记、校长工作分工作出较为完备的安排，但随着形势的发展，特别是最近中央31号文件对党委和党委书记的地位和职权又有了新的界定。在实践中，毫不动摇地坚持党的领导是社会主义大学的基本办学方向。按照中央最新文件精神，将党委、党委书记和校长的职权分工尽快制度化是当务之急。

（二）学术权力与行政权力的分工合作机制并未真正形成，学术权力在高校治理中的地位不高、作用不明显，学术委员会的运行距离制度设计仍有较大空间。教育部在2014年就发布了《高等学校学术委员会规程》，并要求全国高校对照教育部规程，制定、修改、完善各自的学术委员会章程。问题仍在于落实。在学术委员会的职权设置上，应突出教授治学的基本理念，将学术委员会的主要职能定位在重大学术事务的决策和咨询上。在学术委员会委员的遴选标准上，应坚持德才兼备，强调学术委员会委员不仅具有崇高的道德品质和高深的学术造诣，还应具备依法履职的能力，热心公共事务，为人正直诚恳。在学术委员会的议事规则的设计上，应突出程序规则的地位，使学术委员会的运

作既富有效率，又能防止权力滥用和权力不作为。

（三）学院等二级机构的依法管理较为薄弱。长期以来，我们对学校层面的依法治理给予了较多的关注，对二级学院这一层级的依法治理却疏于研究。二级学院的依法治理虽然与依法治校有相通之处，但绝不是学校层面依法治理的简单翻版，否则必将造成叠床架屋、臃肿累赘的弊端。二级学院依法治理在坚持党的领导的基础上，应更多地强调自治色彩和民主色彩，党政联席会、教授委员会、学术委员会、教职工代表大会等都应在学院的治理中发挥主体作用。

（四）职能部门的权限界定和依法管理存在较大欠缺，是高校依法治校的主要薄弱环节。依法治校核心在于依法治权，即规范行政管理权力的运作。应在学校章程以及其他规范性文件中，对各职能部门的职责权限加以明确列举，开列权力"正面清单"，"法无授权不可为"应成为职能部门的工作准则，以有效避免权力滥用和权力寻租。同时，还应强化监督考核，规范管理绩效评价，防止懒政堕政。

（五）高校法治监督体系仍未建立健全；高校内部治理如何依法行使监督权，监督权如何高质量得到实施需要进一步探讨。国家层面即将实施的一项重大政治体制改革是设立监察委员会。在学校治理问题上，依然要解决建立、健全权力监督体系的问题。在实践中，纪委、监察室、学术委员会、教代会等都发挥着部分监督职能。未来的发展方向是强化民主监督的职能，赋予学术委员会、教代会等机构以更大的、更加明确的监督职权，使其成为与纪检部门等建制化的监督力量并存的民间监督力量。

（六）学生自治权利和学校管理权力的边界需进一步厘清，并应提出相应的制度设计。依法治校不能忽视学生的地位和作用。应改革以学生会为代表的学生自治团体，切实纠正其机关化、行政化、贵族化、娱乐化等不良倾向，使其真正成为依法表达学生诉求、正确处理学生事务、监督学校权力运作的一支有益力量。

## 四、师生权益救济体系仍不健全，运行效果不理想

（一）校内处理规则在规范体系、程序设计、救济效果等方面仍存在诸多不足，有待完善。首先，应完善校内法规体系，避免出现明显的法律调整漏洞；

其次，完善立法程序，强调科学立法和民主立法，力求保证校内规范公平合理；最后，应注重校内规范的程序设计，以程序正义保障实体正义。

（二）申诉、起诉等校外救济方式运行效率较低，救济效果较差，公信力不足。应将制度化程度较低的申诉程序尽可能提升为行政复议程序，强化制度保障，提高申诉、复议的权威性和公信力。建议最高人民法院针对高校维权纠纷等问题出台专门司法解释，完善涉高教行政纠纷、民事纠纷司法政策体系，提高涉高教纠纷处理质量，增强人民群众在此类案件中对司法公正的获得感。

（三）教师和学生的权利、义务的边界需要进一步明确。现行《教育法》《高等教育法》和《教师法》其实都没有对教师的权利和义务进行真正的界定，更多的是从行政管理的角度加以规范。而现行法律体系对于学生的权利和义务更是完全忽视。然而，教师和学生也是依法治校活动的重要参与者，是办学活动的主体之一，必须全面、合理地界定教师、学生的权利和义务，完善高校内部法律关系，并在此基础上为修订教育法、制定学校法提供理论准备。

**五、教育行政主管部门在依法管理、简政放权方面仍存在“短板”，尚未完全实现治理体系和治理能力的现代化**

（一）老问题之一：管得过宽、过细、过死，疏忽教育规律，忽视高校个性发展需要，忽视高校自主办学需要，管理规定一刀切，考核、评估体系设计不合理。教育行政部门应贯彻中央简政放权的基本要求，正确理解并处理“放”“管”结合的应有内涵。“管”，应主要立足于管战略、管组织、管规范等方面；“放”，则应体现在人事政策、财务政策、科研政策、教学政策等方面。核心还是授予学校充分的办学自主权，政府管的目的不是包办代替，也不是事无巨细的指导督促，而应是保障和规范。

（二）老问题之二：名为依法管理，但规则设计落后，执行制度僵化、教条，重单向管理、轻协商管理，重管理效率、轻管理效果。转变政府职能应体现为转变政府管理的方式方法。对话磋商是现代社会有效的治理方式之一，甚至被誉为后现代社会的主要特征之一。应改革教育行政部门的决策机制，使对话磋商成为决策过程中的核心程序；应改革教育行政部门的管理方式，强调目的与手段之间的比例原则，强调管理效果的科学性与合理性。

（三）新问题之一：在党纪国法双重压力下，公权力不作为，该管理而不管理，表现为上位规范缺失、政出多门、管理信号混乱、形式主义盛行、懒政庸政频出。在强化体制内监督问责的同时，应加强高校以及社会力量对教育行政部门的监督力度，特别应授予并保障高校依法监督教育行政部门的权利，设置高校权利救济的法律途径。通过修改教育法、高等教育法，以及制定学校法，进一步明确教育行政部门的法定权限和责任，完善权力监督机制。

（四）新问题之二：依法治校需适应新时期高校学生、教师的特点，尤其关注网络时代背景下的依法治校工作的新趋势和新特点。互联网时代呈现出去中心、大数据、信息共享、检索便捷等特点。依法治校应利用大数据等先进技术手段和社会观念，为改善学校依法治理水平提供新的工具。大数据应成为修改法律、规范性文件的重要参考，也应成为教育行政部门和学校科学决策的重要依据。

## 六、依法治校法律法规体系不健全，若干关键法律法规长期缺位

（一）国家法律层面：学校法和大学法应尽早出台。国家虽然早已制定《教育法》和《高等教育法》，但基本上仍属于行政法律，是国家管理教育活动的基本法律规范。而学校法和大学法则是典型的组织法和行为法的结合，既规定各类学校的组织规则、内部治理结构，也规范各类学校的办学行为，规定学校治理体系中各类主体的主要权利、义务和责任，其地位和作用是教育法、高等教育法无法取代的。应该说，只有学校法和大学法才是高校依法治校的基本依据，而教育法和高等教育法更多是教育行政部门管理教育活动的基本依据，两者的功能定位完全不同。

（二）地方法规、规章和规范性文件层面：上海争做改革开放排头兵、创新发展先行者，作为全国教育综合改革试点，打造全球科创中心，先行先试，制度创新，上海应有所作为，总结本土经验，对标世界一流大学，探索高校依法治校规律，适时出台相应的规范性文件甚至地方法规。上海作为国家教育综合改革的试点地区，应在规范依法治校方面有所作为。现阶段比较可行的做法是，以市教委规范性文件的形式，在总体上对高校依法治校活动加以规范，并辅之以必要的评估、检查，力求形成一套可复制、可推广的规范高校依法治校的制度体系和经验做法。

（三）高校内部应当出台规范化体系清单，以清单为基础，该立法的必须立法，必须依据程序立法。不应当涉足的不干涉、不参与，维护相关领域的自治健康发展。学校内部应建立行政权力和学术权力正面清单制度，确保权力运作有章可循，既不越界，又避免不作为。

## 七、依法治校的法律责任体系严重缺失，依法治校缺乏有力的法律约束

（一）学校及其管理者违反依法治校相关规定应承担的法律责任。由于学校法和大学法的缺位，我国目前没有真正意义上的学校及其管理者的法律责任体系。当前，更多的是依赖于党纪、政纪约束，缺乏法律约束。

（二）教育行政主管部门应承担的法律责任。教育法和高等教育法对教育行政部门在依法治校上的责任缺乏相应的规定，致使教育行政部门在依法治校上主体责任不明确。

（三）教师和学生违反相关规范性法律文件应当承担的法律责任。应将教师和学生放到依法治校主体之一的地位上考虑其法律责任的设置。《教师法》虽然有对教师责任的规定，但仍是将教师作为教育工作者的个体加以看待，而对学生的责任更是缺乏系统的思考和规划。

（四）处罚的类别、方式与程度应当明文规定，一事不再罚。无论国家法律、法规，还是学校内部规范性文件，均应对各类处罚措施加以明确规定，确保处罚措施设置的科学性、必要性和合理性，坚决杜绝各类违背法治原则和时代精神的处罚措施。规范处罚措施设置的论证程序和立法程序，确保管理对象知情同意和利益表达机制的顺畅。

（五）明确承担法律责任者的申诉机制和权威机构的裁判制度。强化权利救济理念和制度，强化程序保障，确保依法治校各相关主体都有充分且有效的救济机制。突出司法救济的地位和作用，以司法权威助力依法治校目标的实现。

# 第一章　高校依法治校总论

## 一、依法治校基本理论

### （一）依法治校概念

依法治校是依法治国的重要组成部分。高校开展依法治校建设，是遵循全面依法治国的任务，也是建设现代化大学制度的关键要求。《国家中长期教育改革和发展规划纲要（2010—2020年）》在面向全社会征求意见时明确提出，要大力推进依法治校，学校要建立完善符合法律规定的学校章程和制度，依法履行教育教学和管理职责。应该说，这个规划对于建设现代学校制度，扩大高校办学自主权，实现高校管理现代化具有重要的意义。[1]要依法治校，首先要理清何为依法治校。依法治校，从字面上理解就是依据法律治理学校。这里有两个关键词："法律"和"治理"。理解依法治校的概念，应当从这两个词入手，这样才能更加准确地把握概念的内涵。

#### 1.依法治校之"法律"

依法治校的第一要务是厘定"法律"之边界。"法律"就是大学所遵循、遵照、依据的规则，从字面上讲，它包括我国的宪法、法律、行政法规、自治条例和单行条例、规章。从广义讲，除了上述形式的法之外，大学依法治校还要依照党和国家制定的各项方针政策，政府主管部门发布的针对大学的规范性文件

---

〔1〕 王学春、张鑫：《高校依法治校理论研究》，载《国家教育行政学院学报》2015年第5期。

以及大学依照政策和法律结合自身实际制定的自治规范。[1]我们认为，依法治校可以采用广义的概念，即所有涉及大学治理的各类规范性文件。国家制定的法律、法规，党和国家的政策、规矩、纪律，学校内部管理规章都属于广义法律的范畴。界定了法律的范畴，我们就可以根据不同的标准对它们进行分类，这样便于我们更好地理解依法治校中法律的内涵与架构。

从法律的调整层面来分类，可以将法律分为纵向（外部）法律和横向（内部）法律。纵向（外部）法律是指将高校视为主体，规制高校与其他社会主体交互行为的规范性法律文件。大学在法律上是一个独立法人，能够享有权利、承担义务。在高校参与各类社会关系时，必须接受各类法律规范的调整。如高校的买卖行为要遵守《合同法》，授予学位时要遵守《中华人民共和国学位条例》，使用不动产时要遵守《物权法》等。作为独立法人，高校必然会参与各类民事法律关系。在现行体制下，高校又要参与一些行政法律关系。调整高校民事、行政法律关系的法律规范，就是纵向（外部）法律体系[2]。

横向（内部）法律是指高校作为组织化主体处理内部事务的相关规范。高校是一个聚合而成的组织化实体，内部存在各类社会关系。根据主体来划分，存在教师、学生和相关人员三类主体。根据资源来划分，可以分为人力资源、财政资源和物质资源。高校内部的社会关系，主要是建立在这六大元素之上。比如，教师职称评定涉及教师之间的关系和人力资源关系，教授授课的规范涉及教师和学生之间的关系，教师的工资待遇涉及财政资源关系。虽然高校内部只有三类主体，三类基本资源，但这六大元素之间的关系错综复杂，并且是影响高校发展的主要内部动因。因此，为了使主体和资源能够更加科学地协同，需要制定一系列规范性文件予以规制。这些规范体系以及上级部门对高校内部治理的要求和规则，就是横向（内部）法律体系。

以法律适用的效果来分类，可以分为强制性法律体系和倡导性法律体系。强制性法律体系是指针对高校办学活动中违法行为规定强制性后果的法律。比如《合同法》《行政处罚法》等民事、行政法律以及其他地方性、行业性法律、法规。倡导性法律体系是指只提出高校办学的基本原则和导向，但没有规

---

〔1〕 胡建华：《论我国高校法治建设的完善》，载《内江师范学院学报》2006年第5期。

〔2〕 这里我们一般不提及高校涉及刑事法律关系。事实上，根据《刑法》规定，法人在违反特定刑事法律规范时也要承担单位责任。但由于这样的案例很罕见，因此本文这里不做专门讨论。

定具体的法律后果的规范性文件体系。这一类法律规范见于各类法律、法规、政策、规定等，很多高校内部治理规范都可以列入这一类法律体系。

按照法律体系的内容来分，可以分为实体性法律和程序性法律。实体性法律是指针对高校办学过程中各类事务予以规制的规范性法律体系。这些内容包含经济类活动、管理类活动、服务类活动、研究类活动等。实体性法律规定是高校依法治校的基础，没有实体性规定，就没有明确的权利、义务关系，高校办学和运作就容易陷入混乱。程序性法律是指规制高校办学和运营过程中各行为步骤的规范性文件体系。比如，高校处罚学生的程序，高校购置设备的程序，高校授予学位的程序等。这些活动都是比较复杂的过程，其中含有一些风险，因此需要制定程序性规定予以保障。通过实体性规范和程序性规范的协同规制，高校的办学活动才能平稳开展。

2.依法治校之“治理”

“治理”可以表征过程，即依法推进民主、科学，并规范管理的过程和行为；也可以表征结果和状态，即一种管理权力得到科学合理规范，师生权力得到有效保护，民主得到充分发扬的自由与秩序的和谐统一的法治状态。[1]高校治理内涵丰富，可以对外，可以对内。“治”不是管治，更不能将其与处罚画等号，[2]治理更多的是一种组织、协调，使高校各方主体的权益得到保障，发展得到支持。高校治理是一项综合性工作，需要对不同主体的权益进行权衡。权衡需要判断，判断需要依据。这里的依据，就是法律。

依法治校，核心在治，基础在法。只有依据法律去协调、组织、服务、管理才能使各方主体都认同，都服从。治理必然会涉及利益，在多数情况下，治理的结果可能是使权利得到配置，使权力得到约束。不论前者还是后者，都是一项复杂的工作，并且涉及权益。治理的概念在20世纪90年代兴起于公共管理领域。全球治理委员会1995年对治理做出了如下的界定：治理是或公或私的个人和机构经营管理相同事务的诸多方式的总和。它是使相互冲突或不同的利益得以调和并且采取联合行动的持续的过程，包括有权迫使人们服从的正式机构和规章制度，以及种种非正式安排。[3]只有用明确的规范性法律文件作

---

〔1〕 胡建华：《论我国高校法治建设的完善》，载《内江师范学院学报》2006年第5期。

〔2〕 同上。

〔3〕 胡建华：《大学内部治理与外部治理关系分析》，载《江苏高教》2016年第4期。

为依据，而不是凭借领导者的指令作为基础做出的治理，才能够保障最大的公平，维护最大多数群体的利益。因此，高校治理必须和法律紧密结合，科学治理必须以法律作为依凭。

通过对依法治校的两个关键词的对比分析，我们简要梳理出依法治校这一概念的应用领域，根据概念在相关领域的使用，形成一个相对确定的概念。我们提出，依法治校是指在法律基础上，调整政府与学校、市场与学校、社会与学校以及学校自身权利、义务关系的综合性的统筹、协调、管理、服务过程。以法律为依据，保障各方主体的权益和发展空间。通过实施依法治校，完善学校各项民主管理制度，实现学校管理与运行的制度化、规范化和程序化，依法保障学校、举办者、教师、学生的合法权益，形成教育行政部门依法行政，学校依法自主办学、依法接受监督的格局。[1]

（二）依法治校与相近、相关概念比较

依法治校是一个内涵比较丰富的概念。要准确把握这一概念，必须将其与相关概念予以比较，从而把握依法治校的本质特征。

1.“依法治校”和“以法治校”

“依法治校”和“以法治校”一字之差，意义却相距甚远。“以法治校”侧重将法律视为工具，仅仅是通过法律实现目的，以功利主义看待法律在治理学校中的地位。治理学校的工具不仅仅是法律，人的权威、利益衡量等都可以作为治理学校的工具。因此，“以法治校”虽然体现了法治精神，但却没有很充分地予以表达，是消极地运用法律来管治学校。“依法治校”则是把法律作为管理学校的依据和最高权威，即作为管理者要体现一种法治精神，表现在学校管理中能动地开展依法育人、依法管理，唯此才能将“依法治校”与“以德立校”更有机地在实践中融合起来。

2.“依法治校”和“以罚治校”

把依法治校理解为“以罚治校”，则片面夸大了法律的惩戒功能，法律除了具有惩罚、警戒、预防违法行为的功能，还有评价、指引、预测人们行为、保护、奖励合法行为以及思想教育等基本功能。实施依法治校，不能仅仅注重法律的惩罚功能，而忽视法律的其他功能。从“以罚治校”或“以罚代管”的认

---

〔1〕 许谦:《高校依法治校探析》，载《经济与社会发展》2005年第12期。

识出发来理解依法治校，则是对依法治校的曲解，会给依法治校工作造成误导，应当予以纠正。[1]

3.“依法治校”和“依章治校”

章程是现代大学制度的根本法。只有在章程依据下，大学依法治校才能具有合法权、正当性和权威性。依章治校是依法治校的基础，只有创制了大学章程，才能理清大学的外部和内部法律关系，明确各方的基本权利、义务。在明确了基本权利、义务的前提下，我们才能进一步针对权利、义务的具体内容进行规制。法律具有一定的位阶，只有高位阶法律制定并得到了好的实施，下一位阶的法律才能切实得到执行。因此，依法治校是依章治校的总体目标，依章治校是依法治校的重要保证，两者彼此促进，是建设现代大学制度的基本依托。

4.“依法治校”和“依法治教”

依法治校是依法治国在教育领域的具体化和载体化。通过依法治校，完善教育领域的立法、执法、司法，形成完整系统的教育法治体系，对于推动我国教育事业的发展，具有至关重要的作用。依法治校是依法治教在高等教育领域的具体化与制度实践。教育分为基础教育、中等教育、高等教育、职业教育等多个维度，其中高等教育对国家社会经济发展起着非常重要的作用，在这一领域实施法治化建设，很有必要。依法治校必须遵循依法治教的基本原则、基本路径、基本方法和基本格局，依法开展高等教育，积极参与高等教育法治进程，以高等教育领域的法治建设成果推动依法治教这一宏大事业的发展。

5.“依法治校”和“依法治学”

依法治学是指学校学术事务应当遵循法治精神和法律制度。依法治校的核心在于依法治学，如果学术治理没有依据，没有规范，则容易出现很多的不确定性，从而带来风险。高校是人类智慧的象牙塔，学术在这里应当具有崇高的地位和卓越的水平。这一局面必须通过法治予以保障。通过依法治学，保证学术事务遵循一定的规则和依据，使权力得到必要的限制，从而更好地推动高校学术的发展。以依法治学为基础，依法治校的最重要领域获得了法治保

---

〔1〕 资料来源：《什么是依法治校》，http://www.uus8.org/lunwen/20121217/1984.html，最后访问日期：2016年10月14日。

障，形成稳定的制度依托，从而使依法治校能够更加稳健地开展，事半功倍。

（三）依法治校的本质属性

依法治校本质上是法治国家建设在高等教育领域的集中表现。制度是协调和维护人们的权责关系、要求成员共同遵守的办事规范或行为规则。依法治校，推进高等教育改革和发展，最根本的就是要建立具有法治精神的现代大学制度。[1]换言之，依法治校就是要建立崇尚法治、遵循法治、践行法治的现代大学治理体系。

法治精神的最主要载体是权利与义务。现代大学制度的最主要表现就是大学章程。以章程为依据，以权利、义务安排为支撑，就能够建构科学、平稳的现代大学运行体系。“依法治校”首先应当是“依章治校”。学校治理的核心问题是对权力分配与运行规则的有效治理，这一切都要以章程为根本依据。“依章治校”中的“治”有形式也有实质，形式上的“依章治校”强调的是章程利益相关者应依章办事的治校方式、规章制度的创制及其运行机制；实质上的“依章治校”强调的是在章程不违反上位法基础上的“章程自治”“制约权力”“保障权力”，使章程成为求学者与办学者、办学者与管理者之间的契约，各自享有权利和义务。[2]“依法治校”的本质就是在大学章程的支持下，协调各方面权利、义务，重视大学各方面主体的发展与完善，以规范化、制度化、体系化为引导，以法治的理念和法治的手段开展各类教育教学，以及管理和服务工作。

（四）依法治校的基本原则与理念

依法治校应当遵循的进路，也就是实现依法治校目标的步骤。换言之，依法治校，我们应当先做什么、后做什么、最终实现什么，这些都是需要明确和安排的。依法治校的思路，是一个由此及彼的桥梁，搭建好这座桥梁，我们才能迈向最终追求的目标。此外，在走向依法治校目标的征程上，我们应当秉持一种理念，这一理念是我们最基本的指导思想，一定要做什么，如何做什么。明确了思路和理念，就能够看清前路，看清对象，从而坚定地走向我们预期的方向。

---

〔1〕 向加河、龚艳、李继荣：《浅谈高校依法治校》，载《北京邮电大学学报》（社会科学版）2002年第3期。

〔2〕 参见焦志勇：《依法制章依章治校》，中国政法大学出版社2016年版，第102～103页。

1.依法治校的基本原则

依法治校应当遵循“由内而外、有章可循、有法可依、有法必依”的基本思路。所谓“由内而外”是指高校依法治校首先要做好内部治理，将内部权利、义务、主体等基本格局搭建好，铺排好，从而为下一步确定边界建好基础。在内部治理做好后，逐步开展与政府、社会、市场的外部合作。“有章可循”特指依法治校应当制定科学的章程，大学治理和对外交往都必须以章程为基础。大学之章程如一国之宪法，乃内政外交之根基。只有形成了一个稳定的章程，才能使高校发展平稳顺利。“有法可依”是指在治理基础、章程制定好后，应当逐步尝试制定各方面、各环节、各领域的规范性文件。“有法必依”是指一旦制定了规范性文件、上级部门发布了相关管理，就必须遵守，不得阳奉阴违，短斤少两。这是树立法治意识的基础，是养成有法必依信念、实现依法治校的保证。

2.依法治校的基本理念

依法治校必须坚守“法治优位、尊重权利、发展主导”的工作理念。“法治优位”是指高校各项工作应当以法治模式、法治思路、法治信念、法治原则为优先。应当遵循法治的要求，不违法、不回避法律的规制，违法坚决予以纠正。高校工作方方面面，规模宏大、内容复杂，法律法规也不可能面面俱到，对其全部予以调整。这时候，就需要以法治思维、法治理念予以处理，坚决抵制擅权、违规、人治。时刻将法治这一理念摆在第一位，时刻将教育的理想放在心间，这样才能使高校各项工作稳步前行。“尊重权利”是依法治校理念中的核心概念。以往我们的高校管理工作比较认同集体化、强调服从。这诚然具有一定合理性与时代性。但是，我们要意识到，今时今日，如果我们还是简单地从这样一种思路出发去管理高校，我们的高等教育事业则很有可能陷入停顿，甚至倒退的困境。尊重权利就是尊重大学各方主体的利益和意愿，使各方主体的合法利益得到保障。这样才能使各方都认同高校管理模式，认同高校发展理念，从而群策群力，共同提高。“发展主导”是指高校依法治校最终目的是为了实现发展。这里的发展，既是指高校整体发展，比如学科建设、硬件设备、学术影响、综合实力等；也是指学校教师、学生及相关人员的发展。只有实现发展，才能建立科学有效的激励机制，从而使整体、个体都获益，依法治校模式获得认同，不断得到实践和完善。

## 二、依法治校的本体论与运行论

### (一)依法治校的本体论

1.主体

依法治校的主体是指在这一关系中享有权利、承担义务的各类人及组织。根据高校的基本架构和高校作为独立主体参与社会关系的情况,我们可以将依法治校的主体分为高校、教师、学生及相关人员和单位。

高校是依法治校关系中最重要的主体,一切依法治校关系都是围绕高校外部和内部权利、义务关系开展的。教师是高校的主体,一所高校的办学水平主要由教师来表现。教师在依法治校关系中处于被治理的对象,同时又有表达诉求、追求个体发展的权利,是权利和义务集中的载体。学生是高校的基础,高校办学的目的就是培养学生。因此,学生的权利在高校依法治校关系中十分重要。在某种意义上来说,依法治校的一个关键目标就是维护学生的权利。相关人员和单位主要是指管理、服务高校办学的人员和与高校存在行政、民事法律关系的社会主体。比如高等教育主管部门、与高校存在民事关系的其他社会经济主体等。这类主体在与高校发生交互作用时,也会形成各类权力、权利、义务的关系,在一些管理领域,高校"依章治校"背景下的依法治校明确了管理权与被管理者的法律关系,保障了高校合法权益不受侵害。

2.客体

在法律关系中,客体是指权利、义务指向的对象。[1]通常来说,法律关系的客体主要表现为物和行为。其中,物分为有体物、自然力、智力成果和无形资产。在依法治校法律关系中,客体可以分解为有体物、智力成果、无形资产和行为。

有体物就是高校所有的各类财物。比如固定资产、书籍、建筑物等。知识产权和无形资产是指高校享有知识产权的智力成果和相关成果,比如版权、专利权、名称权等。行为是指高校内部主体的各类公务和私行为。比如教师授课、评定职称、授予学位、处罚违纪、给予奖励等。总的来说,高校依法治校关系中的客体是比较广泛的,对其研究也应当分类进行。

---

〔1〕 周永坤:《法理学》,法律出版社2010年版,第123页。

3.依法治校的内容

依法治校的内容就是依法治校法律关系的相关内容。法律关系的内容是权利义务。根据依法治校的法律关系涉及的内容来看，其权利义务主要分为这样几个类别：

首先，行政权利、义务。这里用行政权利、义务不用行政法权利、义务主要是为了突出管理属性，即权利、义务是在管理的语境下运行的。行政权利、义务是根据行政管理关系产生的权利和义务。这一概念可以分为外部行政权利、义务和内部权利、义务。外部权利、义务是指高校作为被管理主体，在主管部门管理关系中享有的权利、承担的义务。比如《高等教育法》第24条规定："设立高等学校，应当符合国家高等教育发展规划，符合国家利益和社会公共利益，不得以营利为目的。"如果高校以营利为目的，则违反了相应的法律义务，应当承担责任，予以改正。内部权利、义务是指高校作为管理主体，与所管理的各类群体之间的基于管理关系形成的权利、义务。比如，教师有按时上课的义务，有上足规定课时的义务，有评阅学生考卷的义务等。违反这些义务，应当承担责任。同时，教师也有管理课堂纪律、给予学生考核评价的权利。我国高等教育的公办属性极强，私立大学数量较少，不占主流。因此，高校对内对外都必须参与各类管理法律关系，从而这一领域的权利、义务也相对较多，构成了依法治校最需要关注的方面。

其次，民事权利、义务。民事权利、义务就是根据民法或者民法原则确定的权利、义务。通常来说，民事权利是指民事主体实现其特定利益的法律手段。[1]民事义务是指法律规定或者当事人依法约定，义务人为一定的作为或者不作为，以满足权利人利益的法律约束手段。[2]在依法治校过程中，民事权利、义务也具有一定的规模。比如，高校作为民事主体签订合同，享有债权；占有、使用、收益、处分物业，享有物权；权利受到侵害，依法得追偿，享有请求权等。高校和教师的关系是聘用关系，属于劳动合同法调整范畴，双方享有相应的权利、义务。这些法律关系一般与经济利益相关，在高校办学过程中也在不断形成越来越大的影响。

最后，其他类型权利、义务。其他类型的权利、义务主要是指程序类及无

---

〔1〕 魏振瀛主编：《民法》，高等教育出版社2013年版，第35页。

〔2〕 同上书，第40页。

法明确归属于行政类或民事类关系的权利、义务。比如,在高校处罚学生时,学生有提出听证的权利,听证需按照特定的程序开展。教师对学校的一些管理活动有提出建议的权利,也有监督甚至举报的权利。这些权利可以视作政治权利的属性,同时具有权利、义务一体性。即教师监督、建议、举报既是权利又是作为高校员工的义务。其他权利、义务对于高校办学是不可或缺的保障性内容。在政治类、程序类权利、义务的支持下,高校才能获得公平对待,规避腐败、擅权、违规风险。

4.依法治校的主体责任

依法治校的主体责任是指当出现违法行为时,做出违法行为的主体应当承担相应责任的机制。从依法治校的主体类型来看,主要分为高校、管理主体和被管理主体。高校自身从事的部分公务行为,如果违反法律,依法应当承担责任。如高校违约、侵权、违法行政法律规定从事特定活动等。管理主体是指在高校中从事管理工作的和具备管理职能的人员违反法律所要承担的责任。比如,渎职、不作为、违规从事特定活动等。被管理主体的责任是指学生和部分教师的责任。学生、教师在教育管理体系中虽然处于被管理地位,但其违反法律的行为也要承担责任。如学生作弊、教师违规兼职、教学事故、违反政治纪律等。总的来说,不同类别的主体都应当按照法律规定履行特定义务,违反义务后应当承担不同类型的相关责任。

根据法律、法规规定,违法主体应当承担法定类别的责任。通过对《高等教育法》《教育法》及部分民事、行政、刑事法律及各类部门规章、地方性法规等梳理,通常来说,法律责任的形式主要分为财产罚、行为罚、名誉罚等。财产罚是指基于法律、法规规定缴纳罚金。行为罚是指改正不当行为及从事一定的补偿行为。名誉罚是指赔礼道歉,承认错误的特定的关于名誉方面的纠正活动。[1]如果高校内部人员触犯了其他法律,应当承担行政法、刑法规定的法律责任。

(二)依法治校的运行论

依法治校运行通过制度设计与人的行为来实现。制度设计是人的行为的依据和基础,人的行为是制度设计的目标能够得以实现的路径。准确把握两

〔1〕 行为罚和名誉罚本质上都是从事特定行为,单位了区分两者的不同,突出名誉罚对高校及其人员的意义,这里将其做了区别对待。

者，可以使我们更清楚地意识到依法治校的核心与方法。

1.制度表征

依法治校的制度表征就是依法治校作为一个整体，在运行过程中的制度框架、结构的呈现状态。我们认为，依法治校制度结构可以从四个方面来进行说明：

首先，依法治校总体制度框架。依法治校制度从总体上是以章程为基础的，所有的制度设计应当遵循章程的基本规定。《教育部办公厅关于加快推进高等学校章程制定、核准与实施工作的通知》明确提出："实现依据章程自主管理，是高等学校实现治理体系和治理能力现代化的基本要求。"在章程的基础上，根据高校办学定位、发展需求和教师、学生等主体的权利、义务设置相关的制度。依法治校的制度应当是体系化、层次化、系统化的。不同层次的规定解决不同层面的问题，不同层次的规定之间应当是协同的，彼此支持的，而不能出现矛盾。所有的规定最后都应回到大学的章程。这一框架，是推动依法治校的基本制度设计。

其次，依法治校引导制度表征。在依法治校过程中，引导性是最关键的制度集群。依法治校的引导性制度理论来源是法的指引作用和预测作用。法的指引作用，是指法律作为社会规范，指引人们选择行为的内容及其方式的作用。[1]法的预测作用，是指法律有预知行为的可能结果的作用。[2]引导性制度是通过制度设计的表达，使主体意识到应当做什么以及从事特定活动将会获得何种结果。人具有趋利避害的本性，只要知道了结果，就能决定行为。引导性制度表征必须确定、清楚，使主体能够知道引导的目标。依托引导性制度，高校治理可以减少内耗和矛盾，从而使高校发展稳定。

再次，依法治校强制制度表征。强制制度是指违反了法律、法规和规则应当承担的不利后果。强制制度是法律的最后一道屏障，没有强制规定，则法律就如同一纸空文。在高校依法治理活动中，根据目前我们梳理的初步结论，不论是国家法律、法规还是高校章程、规定，都很少明确规定违规的不利后果，即强制性制度设计相对不足。要想推进依法治校，除了告诉人们能做什么，不能做什么之外，还需要明确指出做错了事要承担何种责任。依法治校的强制

〔1〕 周永坤：《法理学》，法律出版社2010年版，第133页。
〔2〕 同上书，第134页。

制度表征就是负责给予人不利后果，补偿其不当行为给公众造成的损失。因此，在依法治校过程中，对强制制度表征应当予以合理的强化，形成有影响力的制度设计。

最后，依法治校程序制度表征。依法治校的程序制度表征是指整个依法治校制度中的程序设计。程序公正是法律公正的主要载体，人之所以不能任意妄为，就是通过程序公正来实现的。因此，在依法治校过程中，必须高度重视程序制度的设计。首先要有，其次要全，再次要好。一个好的程序，往往能够使结论获得公众认同。令人满意的是，很多高校都在各种管理工作中设计了比较细致的程序，从而使程序制度表征获得了较充分的发展。

2.行为方式

依法治校内涵丰富，其表现的行为方式多种多样。通过对依法治校整体结构的梳理，我们认为，依法治校的典型方式主要是这样几类：

规划布局。依法治校必须进行顶层设计。没有顶层设计，我们的工作就会盲目和慌乱。只有做好顶层制度安排，才能清晰地指导有无格局和先后次序。做好依法治校工作，第一要务就是做一个比较全面系统的综合规划。依法治校的规划布局应当从全方位考虑，涉及资源、制度、人员、空间等多个维度的安排。从规划的方法论上讲，每个维度的制度安排应当是联通的，不能断章取义、单兵作战。通过规划将人、财、物与体制机制协同，提高资源投入的整体效益，从而避免内耗、矛盾、冲突，形成合力，实现依法治校的目的。

改进民主。民主是法治建设的基础，没有民主何谈法治。在依法治校过程中，必须将民主机制放在非常重要的地位，通过民主制度来推进和实现法治。民主应当体现在主观和客观两个方面。主观方面，应当培育教师、学生的民主观念，使每一个人都意识到自己对于大学发展很有意义，重视自己，重视自己的权利。客观方面，在制定学校管理规范时，必须充分听取各方意见，从而形成一个获得广泛认可与接收的方案。只有将民主的方式和思路贯彻落实，才能使依法治校得到认同。

制定规范。有法必依的前提是有法可依。推进依法治校，首先得有法。因此，制定规范时依法治校工作中居于中心地位的一环。制定规范应当经过充分论证，对公权力、私权利的边界予以厘清。对于需要管理的领域，必须制定规范，且要重视立法技术，提高立法质量。对于可以不予管理的领域，应当充分发挥个体自治，有必要的，可以提出法律原则，但不应当过多参与。通过在立法领域取舍，达成接受法治、践行法治的目标。

法治宣传。高校依法治校必须加强法制宣传教育，努力培育高校师生的民主法治素养。"法治"是一种治理模式，它倡导的是一种自由、规范、有序、健康、和谐的生活方式。高校创新法制观念、宣传法制教育，构建立体化覆盖的法律传播体系，充分发挥出广播、网络、校报、宣传栏等的作用，利用声像宣传作品、普法读物、专题讲座等形式，紧密围绕高校中心的工作和社会热点、难点问题，认真开展法制宣传教育工作，形成依法治校、执教的良性运行环境和秩序。[1]

〔1〕 刘进、王丹娟：《我国高等学校依法治校刍议》，载《成功》2009年11期。

# 第二章　以章程为核心构建校内法治建设体系

大学章程是社会主义现代大学制度的基础。中共中央、国务院颁布的《教育规划纲要》第三部分提出："建设现代学校制度。"具体要求为："推进政校分开、管办分离。适应中国国情和时代要求，建设依法办学、自主管理、民主监督、社会参与的现代学校制度，构建政府、学校、社会之间新型关系。适应国家行政管理体制改革要求，明确政府管理权限和职责，明确各级各类学校办学权利和责任。探索适应不同类型教育和人才成长的学校管理体制与办学模式，避免千校一面。完善学校目标管理和绩效管理机制。健全校务公开制度，接受师生员工和社会的监督。随着国家事业单位分类改革推进，探索建立符合学校特点的管理制度和配套政策，克服行政化倾向，取消实际存在的行政级别和行政化管理模式"。"落实和扩大学校办学自主权"。其中，明确提出要"完善中国特色现代大学制度"。[1]这些任务，本质上都是对权力、权利、责任的安排，都需要以章程为基础去践行和完成。

《教育规划纲要》提出依法办学的要求，是对学校以法治化思路和方法处理内外事务的引导。依法办学，必须以章程为基础，因为章程是法治化的基础，提出了学校治理的基本规范化（法治化）模式。为了更好地推进与规范大学章程建设，教育部不仅制订了《全面推进依法治校实施纲要》，而且还先后发布

---

〔1〕 秦惠民：《有关大学章程认识的若干问题》，载《教育研究》2013年第2期。

了《高等学校章程制定暂行办法》《学校教职工代表大会规定》《高等学校学术委员会规程》《普通高等学校理事会规程(试行)》以及《高等学校信息公开办法》等加快高等学校章程建设的法治“五大基石”[1]。在教育部相关文件的要求下,部属高校、地方高校都大力着手推进章程制定,取得了比较明显的成效。可以说,这为依法治校,尤其是治理学校内部事务提供了很好的法治基础。但是,我们也发现,虽然有章程为依托,但很多高校校内治理法治化水平仍然不够,换言之,章程和以章程为核心建立起来的校内法治体系没有发挥出应有的作用。这些问题主要表现在以下四个方面:

## 一、大学章程建设中存在的主要问题

大学章程是大学处理内外事务的根本依据。大学依据法律的规定制定章程,通过制定和实施章程实现依法治校,符合法治思维和法治方式,理应是法治社会的一个基本要求。符合法治要求的大学章程,是社会法治的一部分,是国家法律、法规的延伸。[2]高校依法治校,首先就需要章程发挥作用,章程建设与践行需要切实有质量、有成果。但是,从我们目前调研和梳理得出的情况来看,中国高校大学章程的实施情况不容乐观,仍有一些比较典型的问题需要关注解决。

### (一)各高校章程雷同较多,个性化不足,实用性不强

通过调研和对比我们发现,目前国内高校章程雷同比较多,个性不够鲜明。我国大学章程要素大都按照《高等教育法》第二十八条对高等学校章程规定的事项来制定,这些事项是:①学校名称、校址;②办学宗旨;③办学规模;④学科门类设置;⑤教育形式;⑥内部管理体制;⑦经费来源、财产和财务制度;⑧举办者和学校之间的权力(权利)、义务;⑨章程的修改程序;⑩其他必须由章程规定的事项等。高校在相关领域应当结合自身的工作特点形成富有特点的安排,但从我们搜集的资料来看,很多高校的表述都比较相似,在结构安排、条文表达上,几乎千篇一律,很难看到特色或创新。

虽然目前我国不少高校已制定了大学章程,但就内容而言,对大学各方面的规定仍较为笼统,章程文本相对宏观,对于高校管理体制的规定,存在着

[1] 焦志勇:《依法制章依章治校》,中国政法大学出版社2016年版,第2页。
[2] 同上书。

"不完善、不充实"等突出问题，翻阅一些大学章程，在对管理体制与运行机制规定方面，大都是"本校实行党委领导下的校长负责制，实行党委领导、校长治校、教授治学、民主管理的制度"，包括对校长职责、学术委员会、学位评定委员会及教职工代表大学的规定，几乎是不约而同的相似或雷同，各个大学在制定自己的大学章程时，缺乏在上级教育行政机构指导下的政策创新，鲜有适合本校管理体制的章程规定。[1]

由于表述比较相似，也就产生了章程内容空洞，实用性不强的弊端。考察部分高校章程，其规定几乎都是口号式的，如果将这一语句单独拿出，很难从表达中看出这是大学章程的一句话。章程是大学治理的基本规定，其表述当然会相对宏观，但是宏观不代表空洞，章程应当言之有物，言之成理，具有明确的方向性和路径指引。如果仅仅将国家规定写入章程，且高度凝练，那么大学就直接遵循国家规定就可以了，何必多此一举。大学章程应当兼具实用性和指引性，归根结底应当是可以遵循和践行的，如果不具备这一条件，章程的制定就失去了最初的意义。

（二）章程强制力不够，实效有待提高

章程属于对学校治理的基本规范，这一属性决定其规定绝大部分都是宏观的，倡导性法律规范，强制力相对较弱。一般来说，法律规范的强制性后果是保证法律产生实效的条件，因此，高校章程由于自身特点很难在具体问题上做强制性，尤其是否定性的规定，从而导致法律上之力的弱化。

我们认为，章程一定程度上是对当前高校治理架构的确认。目前，高校内部运行体系是章程制定的基础，规定与运行体系不能存在太大的矛盾和冲突，否则章程的制定就不符合实际情况，应当修改。制定强制性规定的原因在于可能存在有人违反相关规定的情况，所以通过强制性规定对其予以制裁。由于章程是顺势而为，所以，客观上违反章程的情况是很少的。因此，出台过多强制性规定也不符合实际情况。但是，作为规范性文件，章程在规定宏观领域方面做出倡导性指引的同时，也在微观领域做出了规制，对微观领域，尤其是结合学校自身情况做出的具体制度安排，必须予以补充强制性后果，否则违法是没有成本的，容易使章程的权威受到影响，从而阻碍依法治校的实施。

---

〔1〕 参见王海莹：《我国现代大学章程建设研究》，武汉大学2012年博士学位论文，第113页。

法律的意义就在于其具有强制作用，对违反法律的行为给予不利后果。事实上，高校管理过程中的确存在一些违规行为，甚至存在违反大学章程的情况，没有强制性后果，违法成本为零，对章程的权威将产生不利影响。比如，大学章程一般都会对重大事项民主决策机制做规定，尤其是“三重一大”事项，必须经学校层面审核评议。目前，一些高校在管理过程中出于种种考虑，忽视“三重一大”事项的监督和评审，对一些涉及学校层面的重大工作，仅小范围商讨后就予以定夺，其中不乏私利原因，行为严重违反了学校章程关于民主集中制、民主决策和权力监督的相关规定。但是，由于章程自身不规定责任后果，因此，即使违反章程且被举报，学校也不会给相关人员具体的处分。长此以往，章程中规定的重要制度将流于形式，沦为空文。这一问题，应当引起我们的关注和思考。

（三）章程制定主体混乱

受多方面因素影响，大学章程在若干重要问题上的态度与表述存在缺位。从立法学的角度来看，法律的制定主体包括起草人、审议人、核准人等。从现有的章程来看，我国大学章程的制定主体不明确[1]。制定主体不明确，章程制定的正当性和权威性就容易被质疑，章程自身的影响力也会相应削弱。

根据我们的调研，目前国内高校章程的制定主体主要有这样几类：一是对章程制定主体规定不全面。章程的制定应当经过调研、草拟、审议、核准等环节，但一些高校在自身章程中只规定部分环节的行为主体，没有对所有环节的行为主体全部规定。比如，有的高校只规定草拟阶段主体、核准阶段主体，没有规定其他阶段主体；同为核准阶段，不同高校的主体不同，有的是党委会，有的是党员代表大会，还有的是教工代表大会。每个主体都有各自特点，谁制定章程其风格和立场都完全不同，结论也将迥异。一般来说，高校管理可以突出各自的个性，但在一些关乎高校根本特征和运行的问题上，应当予以一致，否则将出现不系统、不稳定甚至混乱局面。二是大学对章程的把握没有最后决策权。根据《高等学校章程制定暂行办法》，章程制定后须报核准机关批准，核准机关是教育主管部门。这一规定将大学章程的最终决策权赋予了上级主管部门，削弱了大学的办学自主权，甚至在实际上否定了大学作为章程

---

〔1〕 雷安军:《当前我国公立大学章程制定中所存在的三大问题》，载《黑龙江高教研究》2015年第10期。

实际制定者的地位。如果大学自己制定的章程不能获得核准，则大学的自主地位从何谈起？主管部门的核准意见是否切实符合大学办学的需求和发展趋势，如果不予核准是否会和大学办学精神背道而驰，这些问题都需要我们进一步研究和思考。

我们认为，章程是作为大学的根本性规定来制定发布的，是厘清大学和其他主体权力边界的基本依据。大学应当对章程的制定和发布享有根本性的决策权。对公立大学来说，由于国家是投资和管理的主体，似乎能够确定上级主管部门是公立大学章程的制定主体。但如果是这样，则高校自身的独立性又无法体现。因此，没有清晰明确的大学章程制定主体的规定，可能会对大学章程制定工作带来一些负面不确定性。这一问题需要我们予以正视和关注。

## 二、校内规范体系建设不完善

教育立法是现代社会对教育的一种新型间接控制形式。教育法制的完善，对于规范、组织和协调教育活动，排除对教学、科研自由和公民受教育权的威胁和侵害，为教育活动创造自由、宽松、安定的社会环境大有裨益。[1]对于高校内部治理来说，健全的规范体系，是确保各方权利得到保障，内部运行平稳的基本支撑。但是从我们目前梳理的情况来看，很多高校内部规范体系建设仍然不尽如人意，立法规划、立法表达、立法效果等各个方面都存在桎梏和问题。

### （一）校内规范体系的立法规划缺位，影响规范制定布局

立法首重规划，没有规划就不能合理配置法治资源。从我们调研的情况来看，虽然高校都很重视学校办学发展规划，但对于在规划中提及立法的安排却颇为少见。没有规划的立法将导致立法的盲目性和低效率，同时也容易引起规范冲突。比如，相同一个问题，学校已经这样规定，但由于立法没有规划，校方又做了一次规定，且一些条文之间还可能有矛盾。再比如，一些重要问题虽然一直对学校办学产生负面影响，但由于缺乏立法规划，问题始终无法从规范化、法制化方面得到解决。立法资源分配不均，畸轻畸重，对于学校内部治理的法治化和规范化来说，是非常不利的。

规划是一种谋篇布局，缺乏规划就缺乏方向和结构，容易产生资源的内

---

〔1〕 李剑华:《关于高校依法治校问题的几点思考》，载《科技信息》2008年第27期。

耗。任何工作都应当对未来有一定的设想，从而明确方向和重点。立法工作兹事体大，随意为之，后果堪忧。我们在调研中发现，高校在校内立法上都已经建立了一定的意识，但是在校内立法规划方面空白是比较普遍的。这一问题直接导致立法不均，很多高校的立法是应急性行为，今天这里有问题，就针对这里进行立法，明天那边出问题，又针对新现象立法。不系统、不规律，十分凌乱，这是一种临时性、慌乱性的立法，很容易降低立法质量，也容易在高校内部治理规范体系中形成问题和桎梏。如果高校在校内规范体系制定上始终是缺乏规划的，那么依法治校的推进将会增加很多阻力。

我们认为，立法规划的缺失，本质上是学校对校内规范体系建设没有在根本上予以重视。任何一所大学都不会在规划中忽视建设目标和建设路径，但为什么很多大学都不会在规划中提及立法安排？原因既存在于理念层面，也存在于制度层面。由于校方认为学校内部事项属于内部治理事项，学校决策层具有决定权，如果有需要，随时可以立法，不需要事先进行论证和研讨。这一观点是对立法规律和重要性的忽视。任何立法工作，都必须要经过调研、论证、起草、发布等环节。不能随心所欲，必须未雨绸缪。我们一直强调内部规范体系的重要性，但却不从大局上把握内部治理的架构，这又如何体现我们立法的科学性呢？因此，在顶层设计上就对校内规范体系予以安排，是提高立法质量的必由之路，也是提高依法治校水平的一种尝试。

### （二）校内规范体系科学性、执行力有待提高

好的规范（法律）体系应当是内部协调统一的，不应该存在明显的矛盾和冲突。如果外部存在规范的话，内部规范与外部规范也不应当相互抵触。但是，从我国高校内部规范体系的情况来看，做到这一步尚有较远距离。此外，我国高校内部规范文本的制定质量参差不齐，有些高校的规范性文件质量较高，但有些高校的规定在文本上就有欠缺，这也是影响高校内部规范体系建设的一个重要问题。

根据查找文献和调研的情况，我们发现目前国内高校内部规范体系确实存在诸多弊端。由于立法缺乏规划，校内规范体系内部科学性和一致性就会降低，不同规定之间没有形成衔接和协同，由于规定系各职能部门独立起草，在同一领域的规定还可能存在矛盾。比如，针对学科建设领域，有的学校可以多次立法，针对同一问题进行多次规定，但由于不同部门立场和立意不同，针

对同一类问题的规定内容有可能存在明显差异。比如一篇核心期刊论文，科研管理部门以其为依据发放奖励，人事部门以其为依据考核、评定支撑，但两个部门出发点不同，对同一篇论文的评价结论也就不同。教师发表论文之后，往往不清楚自己的论文对于自身发展到底会起到什么作用，从而错误理解政策，导致不必要的损失。有的高校经常修改规范，将具有确定性、持续性的规范性文件等同于行政命令，新规定出台数年之间多次修改，令法律的适用对象苦不堪言，即使是制定规范的职能部门也很难完全记清、分清各类规范表述，守法和执法都遭遇阻碍。立法体系内部结构不科学影响很大，极大地削弱了整个体系的权威，降低了受众对法律的认可，长此以往，将导致有法等于无法，负面效果甚为严重。

部分高校虽然在形式上制定了校内规范，比如人事制度、财务制度、科研管理制度、人才培养制度、后勤管理制度等，但是这些规范的落实情况却不尽相同。一些高校比较重视规范体系的落实，制定规范要求部门、院系执行。但有些高校则对规范的落实关注程度不够，甚至存在"说一套，做一套"的情况，很多规范制定出来以后就被弃置一边，形同虚设，执行效果较弱。这一问题在高校中具有一定的代表性，我们调研中发现部分高校职能部门出于各种各样的因素和考虑，在解决一些问题时将出台的规范性文件弃之不用，仍然按照自己的想法实施相关行为。这一问题在科研、教学、人才培养、国际交流等各方面都有体现。立法质量和法律实施效果的问题在依法治校过程中时有出现，应当引起我们的高度关注。

（三）校内规范与章程的协同性不强

大学章程是高等教育机构在法律框架下行使自治权利的自我规范。[1]一部大学章程如国家的宪法，规定大学治理的基本框架和制度。大学治理事项千头万绪，仅依靠一部章程难以全部涵盖，因此，需要以章程为基础制定具体的行为规范。本质上说，章程与校内规范的关系应当是基础与延伸的关系。校内规范是在章程的基础上就具体问题领域做了更加细致的规定。章程是具体规范的正当性、权威性来源，具体规范也必须捍卫这种正当性和权威性。

〔1〕 王晓辉：《法国大学治理与大学章程》，载《现代大学教育》2015年第4期。

目前我国高校内部规范性体系建设与章程的对接程度相对较低，章程和规范独立制定，协同性不够。比如，章程中提出的一些维护师生权利的原则性规定，在具体规范中，原本应当予以体现和落实，但实际情况是，相关规定出台与否，往往与章程中是否提及没有关系，而是视具体情况而定。这样就将作为根本法的章程置于一边，使其成为“名义宪法”，不能产生效力。还有的高校明明在章程中明确了诸如党代会、教代会的地位和职能，但在制定具体规定时又没有依据这一原则性规定，而是另起炉灶，将章程赋予党代会、教代会的职能弃之不顾，完全按照自己的理解做了全新规定，章程作为根本性规定的效力和地位得不到体现。大学因章程而组建，章程的要求得不到贯彻，就是本末倒置。章程是对学校治理中最重要的领域做的原则性规定，如果这些领域的规定得不到细化，那么就可能会有很多重要的关系缺乏法律的管理，从而影响学校发展。注重章程与规范体系的协同性，能够使章程和规范体系之间形成合力，保障学校重要领域的稳定和发展。进一步完善章程和规范体系的关系，是依法治校必须面对和解决的重要问题。

（四）校内规范程序性规范不够科学，难以保障公正和效率

通过考察我们发现，在我国高校内部治理规范体系中，实体性规范的数量远远大于程序性规范的数量。这一方面是因为确定权利的有无客观上有更大的适用领域，另一方面也和高校对管理程序的不够重视有关。虽然高校是一个复杂的综合组织体，但其治理工作中相当一部分业务并不是特别复杂，只需要简单的行为即可履行职责。因此，某些时候太过复杂的程序反而容易引起内耗，甚至导致学校内部的矛盾和冲突。比如，学校财务审核部门按照程序审核教师的课题支出，但由于程序环节相对较多，比较复杂，许多老师就认为程序毫无必要，错误地理解为这一举动是财务部门故意教师为难，从而引起矛盾。事实上，所有的程序都是为了让资金的使用更加安全，并无针对老师的意思。但是有时候不必要的程序过多容易引起争议，因此，从高校治理的角度来看程序性规范，是需要分类对待的。

在财务管理、后勤管理等领域，应当注重程序性规范的制定，因为程序性规范是防范风险的有力举措。只有在各个环节都做出规制，才能避免因滥用权力而造成的损失。事实上，很多高校在这一方面也做了规定，只是有些高校的程序还不够严密、不够科学，应当进一步改进和修正。另一方面在某些非常

明显的领域，则无须制定太多程序性规范，避免因环节过多造成资源内耗。比如学校法人章的使用，有些高校规定必须行文流转，使整个工作的流程拉长，可能降低了工作效率。该程序性规定的本意是减少法人章使用风险，但在一些非常明显不可能存在风险的事项上，这一流程就显得多余，甚至影响工作效率。我们认为，分类制定程序性规定，使程序真正产生作用，是我们在制定大学内部治理规范时所要化解的一个很有实际意义的矛盾。

## 三、高校治理主体依法治校意识有待提高

依法治校是一种管理理念，也是一种治校方略。作为管理理念，依法治校要求高校的管理不能依靠行政命令或个人经验进行，而应依法进行，即要“法治”，不要“人治”。[1]随着建设社会主义法治社会治国方略的推进，高校依法治校理念也获得了发展。目前，高校从领导到职工乃至于学生，都形成了一定的法治理念。虽然我们在理念层面推行依法治校取得了一定的成绩，但不可否认，高校治理主体在依法治校方面仍然有很多需要改进和提高的空间。只有在这些重要的关键领域进行完善，才能使我们的高校治理者切实形成依法治校的理念和思路，从而使依法治校得到更好的贯彻。我们认为，目前高校治理主体在依法治校意识上有如下几个方面需要进一步转变思路，树立更加科学的依法治校意识。

### （一）依法治校认知理念未能成为治理决策的常态

依法治校是一种认知理念和决策思路。这一理念和思路应当成为高校治理决策的常态元素。目前我国高校在推进依法治校过程中取得了一些成绩，但是在理念上仍未形成比较稳定的常态机制。高校内部治理出现违法违纪问题，本质上说和理念、意识的影响是分不开的。如果决策治理过程中能够形成稳定的依法治校理念和意识，则违法乱纪的行为就不会出现。因此，依法治校应首重理念，理念必须形成常态。

不能形成常态的原因在于决策者头脑中对于法律至上的理念没有真正贯彻，没有将法治作为日常工作的基本依据。受多种因素影响，我国法治社会建设步伐在相当一个时期比较迟缓，一些领导干部经历了那个时期，脑中不可避

---

〔1〕 张丽艳：《依法治校：从理念到制度》，载《南京审计学院学报》2007年第4期。

免地会形成一些人治优先的理念和思路。这些意识可能会对法治意识的形成产生影响，阻碍决策者脑中形成常态化的法治理念。此外，由于监督体制，惩罚机制的缺位，领导干部擅权可能成本很低，即使被发现，有些也会不了了之，违法成本的降低，也容易引起人们对法治的忽视，从而影响法治意识的形成，不能将法治作为一种基本规范予以信仰和遵从。

（二）少数领导干部法治意识淡薄，缺乏法治信念

由于我国封建社会时期较长，封建宗法意识还有一定影响，民主法制意识的普及和宣传任务还很艰巨，在一些人的思想中，人治、权治意识还较浓厚。[1]党的十八届四中全会提出全面推进依法治国，为法治的发展注入强有力的动力。高校依法治校，树立法治信仰已经是时代的要求和趋势。虽然在这样的背景下，我们仍有极少数高校领导干部，法治意识淡薄，崇尚人治，目无法纪，为非作歹，给党和人民的事业造成损失。近期媒体披露的接受调查或遭受司法惩处的官员当中，高校主要领导也占有一定比例。一些大学，甚至重点大学的校长也沦为阶下囚，这正是他们缺乏法治信仰，没有树立法治理念的悲凉下场。[2]

高校领导学富五车、见多识广，原本应当是道德楷模，但为什么会成为违法乱纪的阶下囚？因为他们没有法治理念，缺失法治信仰，在工作中也就不可能扎实推进依法治校工作，所以他们自身就不守法。作为大学校长，掌管智慧之巅，如果却失了法治信念，那么高校将被其牵引至何方，想想都令人胆战。中央一直要求依法治校，推进高校法治建设，但是极少数高校领导干部始终没有将中央的要求入脑入心，反而搞一言堂、家长制，将法治视为等闲。在这样的高校领导的管理下，依法治校只能使空谈，甚至沦为腐败分子攫取利益的工具。他们可能借助法治之名，获取不正当的利益。为了保障高校师生的合法权益，为了使学校内部治理更加科学合理，我们应当不断提高高校领导干部的法治意识，对于法治意识不强的干部，不能予以重用。必须使高校主要领导干部具备基本的法治理念，从而为依法治校打下稳固的基础。

---

〔1〕 郭玉有：《浅议法治意识与依法治校》，载《晋东南师范专科学校学报》2004年第3期。

〔2〕 张墨宇：《高校领导为何密集“落马”》，载凤凰网：http://news.ifeng.com/a/20140926/42095016_0.shtml，浏览日期：2016年10月18日。

## 四、问题解决之对策与建议

### (一)提高章程制定及实施质量

现代大学章程作为界定政府权力、大学自治权力的基本依据,其意义至关重要。依章治校也是依法治校的基本依据。提高章程建设的水平,对提高依法治校的质量具有关键的作用。我们认为,应当从章程的制定及实施两方面入手,改进章程建设中存在的问题。

首先,切实提高章程制定的质量。提高章程的制定质量,必须要在理念和意识层面提高对这一工作的重视。2013年,教育部印发《中央部委所属高等学校章程建设行动计划(2013—2015年)》(以下简称《行动计划》),该《行动计划》明确要求高等学校要加强章程建设质量,进一步强化对该工作的领导。这一规定的出台为我们提高章程建设质量提供了有力依据。高等学校应当遵照《行动计划》要求,安排专门人员牵头、执行章程的制定工作,通过充分调研、科学论证等多个环节,确保章程制定合理、科学、合规。此外,上级主管部门要加强业务指导,加大督促力度,使高校在态度上正视、重视这一工作。只有出台一部立意高远、内容科学的系统章程,依章治校、依法治校才能够有一个比较稳固的基础。

其次,创新体制机制,扎实提升章程实施的质量。"徒法不足以自行",法律再精致,归根结底还要靠人去遵守和实施。《行动计划》提出,要进一步加强章程核准后的执行机制建设。教育部及有关主管部门要会同高校建立、健全章程执行机制,形成高校依据章程自主办学、主管部门对章程执行情况进行监督并作为实施管理依据的新格局。[1]应当从上级和学校两个层面加强章程的执行。上级出台相关管理办法,对执行不力的问题予以追责。学校应当建立监督主体,通过及时有效的监督提高章程执行水平。完善组织机构和民主监督,通过充分发挥上级监督、同级监督优势,使章程的实施质量得到及时关注,提高实施的水平。[2]

最后,提高章程与依法治校的协同度。章程作为高校的根本性规定,必须与依法治校紧密结合。依法治校是依章治校的细化和延伸,两者的协同度越

〔1〕 参见焦志勇:《依法制章依章治校》,中国政法大学出版社2016年版,第143页。
〔2〕 同上。

高，则依法治校的质量就越高。改进章程制定和实施，必须加强与依法治校的互动和协同，只有在各方面都规范化管理和服务，才能更好地贯彻落实章程的理念和原则，彰显章程的作用和意义。只有不断强化章程权威，才能使高校管理各方主体对章程形成认同和信赖，自觉遵守和践行章程，使章程的目标和追求在每个大学建设参与者的行为中得到体现和贯彻。

（二）提高规范体系制定水平

规范体系建设是学校内部管理机制的重要表现形式。管理机制是指管理体系的结构极其运行原理，属于学校制度系统的重要组成部分。[1]建章立制应当注意两个问题：第一是制度的质量，第二是制度的执行。这一点和章程的建设是相同的。区别在于，规范体系制定内容庞大，体量较多，需要注意的方面更多，很多问题也更加难以把握。结合目前高校规范体系建设中的问题，我们认为应当从规范体系的顶层设计、落实、功能三个方面入手予以优化。

首先，进一步改进规范体系的顶层设计，提高校内规范体系规划的科学性和实用性。要从规范体系顶层设计入手，完善规范建设，首先必须要研究规范制定的规划和布局。规范的规划通常是指根据上级的方针政策、学校自身的发展水平，在科学预测的基础上做出的规划目标、措施和步骤等的设想和安排。[2]做好规范体系的规划是提高规范体系建设科学性的重要举措，应当将其作为学校常规工作中的重点来抓，建立学校规范制定的常态机制，每年都要予以调研、论证、听取意见、正式发文公布和明确拟制定规范性文件的工作范畴。在重视规划科学性的同时，也要注意规范制定的实用性。应当通过多种途径不断强化规范的实用性和执行性。一要使规范制定之后清晰明白，具备较强的可操作性；二要使规范符合其规制领域的具体情况；三要安排专人负责起草、把关规定的质量；四是要建立梳理机制，定期梳理学校发文的相关规范，及时删、改、废相关规定，使校内规范体系始终符合学校工作的具体情况和发展趋势。在制定高校规范体系时，我们应当时刻将规范体系作用的对象放在心间，时刻使规范能够为人所知、为人所用，不断完善和改进表述，使校内规范的制定能够更好地得到实施和践行。

其次，大力强化校内规范的落实和责任机制。规范制定之后，必须要紧跟

---

〔1〕 李雯：《学校管理从何入手？内部管理机制建构》，华东师范大学出版社2014年版，第1页。
〔2〕 参见朱力宇、叶传星主编：《立法学》，中国人民大学出版社2015年版，第156页。

落实。只有落实在行动上的规范才是真正有效力的规范。当前，很多高校虽然也建立了比较系统完备的规范体系，但违纪违规甚至违法行为仍然出现，一些重点领域还接连不断出现问题。这一现象告诉我们，进一步强化规范的落实，其根本出发点在于责任追究机制。当前国内高校的规范体系很少提及责任的追究和分配，只是一味强调应当如何，从来不提如果违规违纪应当承担何种不利后果。没有强制的法律如同一纸空文。当违规不需要付出代价的时候，违规的低成本将引起更多的不当行为。我们应当在责任追究机制上下苦功夫，研究如何完善这一体制，使违规行为接受制裁，付出代价。这样才能提高规范的震慑力，从而引导各方主体服从规范的指引。

最后，利于绩效导向，不断完善规范体系的实践和创新。规范应当奖罚分明，这样才能形成科学全面的激励机制。从目前高校建设的发展方向来看，立足于绩效考核的评价体系已经逐步成为引领高校发展的重要指标。从绩效出发，设计能够使高等教育资源投入获得最大化成绩的制度规范，是下一步高校规范体系的主要发展方向。我们制定规范，一是为了防范内部冲突矛盾，二是为了提高学校发展质量。不断完善和发展规范体系，使规范体系成为推动学校整体绩效的依托和保证，是建设校内规范体系的关键目标。

（三）提高高校治理主体法治意识

意识是决定行为的基础，法治行为来源于法治意识。高校依法治校，首先要求治理主体具备较强的法治意识和科学的法治理念。学校的管理者应带头学法，自觉提高法律意识。只有管理者的法治意识提高了，才能正确地制定和执行学校的各项规章制度。[1]因此，我们应当注重对高校领导，也就是高校治理者的法治教育、法治引导和法治宣传，提高治理者的法治信念，使他们主动践行法治，那么依法治校就可以走的更加稳健。

提高高校治理主体法治意识，首先要加强法治教育。法治教育不能流于形式，要真正起到效果。可以通过多种方式在多个场合开展教育，学校应当建立法治学习机制，定期学习相关法律知识；邀请司法机关负责同志、高校法学专业教师、律师事务所律师等专家来校讲解，交流最新的法治动向和趋势。学校领导在进行学习之后，要活学活用，经常针对分管领域组织开展法治学习，

〔1〕 参见张丽艳：《依法治校：从理念到制度》，载《南京审计学院学报》2007年第4期。

始终营造较为浓厚的学习法律、理解法律、应用法律、信仰法律的好氛围。通过对法治的学习，使依法治校成为学校领导的基本方式。

其次，应当加强对高校领导的法治引导。上级主管部门应当出台一系列制度和政策，引导高校领导班子始终遵循法治路径，各项工作必须依法开展才能顺利实现目标。建立健全法治建设考评机制，对在法治建设过程中成绩突出的高校予以奖励，对法治建设工作不到位的高校应当予以督促和批评。司法机关等国家机关以及律师事务所等其他法律服务主体也应当加强在高校的法治建设推动工作，着力推动司法机关和高校共建，尤其推动高校法律顾问制度的设立，使高校领导意识到法治的意义和作用，同时敬畏法律，遵循法律，避免因不懂法、不守法而产生问题。

最后，应当进一步加强法治宣传，上级主管部门、相关主管部门和高校自身都应当注重法治宣传，通过多种多样的形式将法治信息和法治思想及时充分地传递到高校领导。法治宣传应当全方位全覆盖，扎扎实实做，认认真真推。通过不断的宣传，使基本规范成为朗朗上口、耳熟能详的依据，使法律责任成为高校领导铭记在心的底线。借用法治宣传的平台，让高校领导沉浸在法治建设的大环境和大背景中，从而影响、引导他们坚定法治信仰，习惯用法治路径和方法解决高校办学中的问题，也习惯主动用法治模式来管理自己的公务行为，提高高校领导法治领导力和法治执行力。

# 第三章　高校内部治理结构的法治化改造

## 一、学校领导体制存在困境

大学领导体制是大学办学的核心问题，只有建立了强有力的领导班子，才能推动高校发展和不断完善。我国现行《高等教育法》第三十九条规定“国家举办的高等学校实行中国共产党高等学校基层委员会领导下的校长负责制。中国共产党高等学校基层委员会按照中国共产党章程和有关规定，统一领导学校工作，支持校长独立负责地行使职权。”《国家中长期教育改革和发展规划纲要》明确要求公办高等学校必须坚持和完善党委领导下的校长负责制。2014年颁布的《关于坚持和完善普通高等学校党委领导下的校长负责制的实施意见》进一步提出，党委领导下的校长负责制是中国共产党对国家举办的普通高等学校领导的根本制度，是高等学校坚持社会主义办学方向的重要保证，必须毫不动摇、长期坚持并不断完善。在高等教育发展过程中，党委领导下的校长负责制总体运行良好，但仍然存在一些问题和困境。关注问题，回应桎梏，对于改进和加强党对高等学校的领导，推动高等教育冲击世界一流水平，具有至关重要的作用。

### （一）高校领导制度不健全

坚持高校党委领导下的校长负责制需要制定成体系的高校领导制度，其核心是对党政职权的划分、班子成员的权力范围、党政和行政议事的规则和决策程序等要有明确的规定。这就需要教育主管部门和高校自身有所作为，认真调研、全面把握，制定具有权威性和可操作性的党委领导下的校长负责制实施细则。作为高校，应在教育主管部门制定的实施细则的大框架下，结合自身特色，制定切实可行的操作办法。在决策机制上，党委会作为学校的最高决策机构，在作出重大决策时，要坚持民主集中制原则，集中集体智慧和力量，群策群力，做到“主体明确，科学高效，责任清晰”。在沟通机制上，党委领导下的校长负责制中，领导班子成员的沟通特别是党委书记和校长的沟通非常重要，要建立党委书记与校长之间、班子成员之间的定期沟通协商机制，通过沟通达成共识，提高效率，形成合力。

（二）党委和校长职责分工有待完善

“党委领导”与“校长负责”应定位明确、互相依存、各有侧重，党委领导重在决策，校长负责重在执行。[1]党委领导和校长负责从理念来说应该是目标一致、职责分明，但如果具体操作制度比较笼统，具体运行就容易产生矛盾，形成冲突。通过调研我们发现，实际中常出现两种倾向：一是“只领导不负责”，党委的主要任务是抓党的建设和思想政治工作，具体的行政事务事务一概不问。二是“既领导又负责”，党委领导校长，凡事都要经过党委研究决定，校长完全只是履行执行权。而且实践证明，即使是同样的制度设计落实到不同的高校所形成的运行效果也会完全不一样，依然存在“强势党委弱势校长”“弱势党委强势校长”“强势党委强势校长”之分，很难充分体现制度设计的初衷。只有党委领导和校长负责职责分明，相互协作，高校领导班子才会有向心力、凝聚力与战斗力。

（三）“党委领导”变成“党委书记领导”，制度落实变成难题

虽然《中国共产党党章》《高等学校基层组织条例》及《关于党内政治生活的若干准则》都有明确规定，高校党委领导的原则是“集体领导、民主集中、个别酝酿、会议决定”。“党委领导”是集体领导，而不是党委书记领导，在党的委员会里，党委书记与其他委员是平等关系，而不是上下级关系。党委书记不应当享有特殊的权力。但是实际运行中，党委会权力的抽象性与党委书记个人权力的具体性之间的矛盾难以协调，党委委员之间的平等关系又难以替

---

〔1〕 王道红：《高校党委领导下的校长负责制：内涵、关系及完善》，载《思想理论教育》2015年第1期。

代党委书记个人身份的特殊性，因此，很多情况下就会出现以“党委书记领导下的校长负责制”代替“党委领导下的校长负责制”的现象，完全违背了民主集中制的组织原则，容易造成党内民主的缺失，久而久之就会导致“家长制”。党委领导与实际上的党委书记领导是实际存在的突出问题之一。[1]这必须引起我们的高度关注和认真反思。

（四）学校领导层之间的关系架构需要进一步完善

正确处理党委书记和学校校长的关系是真正处理好“党委领导”和“校长负责”这对关系的关键，大学校长与书记的关系是有中国特色大学制度中的核心体现和特征。书记更多的是从政治的层面来理解其角色和功能的，代表党对高校教育体系的领导、整合、规范和指引，其更多是从战略性、政治性的决策的层面来把握大学的发展方向，而具体的大学行政管理事务则交给校长来完成。从这个意义上来说书记更多的是决策的引领者，而校长则负责执行事项。书记和校长虽然大多数都是拥有高职称高学历的高级知识分子，个人水平有境界较高，但作为个体总要受到权力、名誉和地位的影响，现实当中书记与校长之间会由于个人关系、个人品行、工作经历等的不同而出现各种互动模式。个人关系比较友善的，相互关系也就比较密切；个人品性比较宽容的，相互配合也就比较默契；双方强弱差距明显的，相互协调也常常比较一致。很多时候，一所学校能否良性发展跟书记校长之间的关系是否和谐有着很大的关系，如果书记校长关系处理不顺，双方都不能正确履行自身职责，从而破坏学校的团结，最终影响学校发展。

权力的合理行使离不开良好的监督，需要“把权力关进制度的笼子里”。但目前的情况却是党委和校长之间的相互制衡机制长期缺乏，高校内设的作为专门的监督机构的纪委和监察处，都是学校党委和行政领导下的一级机构，事实上很难对有关领导特别是党政一把手起到制约和监督作用，因此，党政相互监督缺乏，纪检监察部门监督不力，从而导致近年来高校也成为腐败滋生的易发区。[2]

---

〔1〕 臧树良：《论党委领导下的校长负责制若干关系的处理》，载《中国高等教育》2011年第3期。

〔2〕 李克勤，何基生：《对完善党委领导下校长负责制的若干思考》，载《湖南师范大学教育科学学报》2012年第1期。

## 二、权力分工协作机制存在桎梏，需要进一步理顺改善

高校权力主要由学术权力、行政权力及其他权力组成。其中，学术权力和行政权力是最关键的权力内容。学术权力是以教授、专家、学者为核心的学术组织主体所拥有的处理学术事务的权力，这种权力来源于其“专业权威”。行政权力是指高校各级行政机构和行政人员所拥有的管理学校公共事务的权力，这种权力来源于制度的赋予，其运行具有“科层制”的特征。学术权力和行政权力作为高校内部的两种权力类型，是大学作为统一整体不可分割的有机组成部分，学术权力追求学术自由与学术自治，确保大学教学、科研的基本属性，行政权力协调大学内部各部门之间的相互关系，保障大学组织目标的实现。[1]学术权力和行政权力自世界上第一所现代意义上的大学博洛尼亚大学诞生以来，始终贯穿于现代大学发展的全过程。[2]由于历史选择，中国高校的权力结构曾经长期属于行政权力为主模式，从20世纪90年代中期以来，学术权力经历了从完全真空到“初露端倪”的过程。[3]但是，直到现在，行政权力在中国大学中处于强势地位的状况没有实质变化。

### （一）行政权力和学术权力的职责范围不明确

按照理论上的分类，学术权力和行政权力各有边界，学术权力包括：学科专业课程设置与调整、教材选择、教学科研评定、各学科教师任用与选聘、科研经费分配等学术资源进行配置和使用。行政权力包括：处理学校与外界各方面的交往联系，对“人”“财”“物”进行投入分配和调控，对日常教学、科研、后勤等方面的工作状况和进程进行检查、反馈和协调，维护整个学校系统的正常运转。当然，并不是说学术权力和行政权力就是天然的泾渭分明，事实上，在高校的很多具体事务当中是很难当然地分为学术权力和行政权力的，而正是因为高校这种特殊性，导致落实在学校的具体事务管理过程中，学术权力和行政权力往往交织在一起。很多时候会出现权力责任不清、分工不明确、权限模糊的现象，这样会导致权力主体利益追求与行为意识的错位，进而出现越

---

〔1〕 杨晓明、王竹筠：《中国高校学术权力与行政权力关系研究综述》，载《北京科技大学学报》（社会科学版）2012年第1期。

〔2〕 韩喜平、武沁宇：《学术权力和行政权力要适度分离而非隔离》，载《大学教育科学》2016年第4期。

〔3〕 张斌贤：《中国高等学校内部管理体制的变迁》，载《教育学报》2005年第1期。

界管理的情况。比如行政权力干预甚至决定学术组织的学术活动，或者学术组织或学者利用自己的影响力越界参与非学术性事务的决策等。

（二）行政权力泛化，学术权力弱化，学术权力没有发挥应有的作用

在现在的高校运行当中，出现了行政权力泛化，学术权力弱化的趋势。[1]学校重大事项的决策权掌握在学校行政人员手中是中国大学行政权力占据主导地位的最直接、最明显的表现。尽管高校的学术权力有着一定地位，但是，这些学术权力大多不是实质性的权力，行政权力对校内资源的分配拥有绝对权威，如教师职称评审、人才引进、学术成果评定以及科研项目分配等，这些本应由学术权力决定的事务在中国基本掌控在行政人员手中。正因为如此，高校学者对于行政权力趋之若鹜，热衷于取得行政职务，比如一个职能部门的处长空缺会有几十个教授副教授报名角逐，而一个学术委员会的主任空缺却鲜有人问津，最后只有校领导进行个人谈话才有人勉强上任。

同时，运行学术权力的学术机构也被行政权力渗透，有些高校的学术机构成员基本为校院两级行政领导所占据，而一般的教授缺乏参与的资格和机会，甚至这些机构的运行模式也越来越官僚化，从而更加导致一些老师参加学术组织的积极性不高。

（三）学术组织结构不健全，运行机制、监督机制不规范

从组织结构角度看，现在高校都拥有了比较完备的校级层次的学术组织体系，如学术委员会、教授委员会、学位评定委员会等，组织机构建设的成效比较明显。但是学院级别的学术组织却不如校级层面这样完善，有的学院有形式无内容，更有甚至干脆形式也没有。与此同时，高校在学术主体配置、学术活动管理、学术组织建构、学术成果评定等方面呈现出与行政机构相似的特征，以行政权力运行经验取代学术权力运行规律，偏离了学术组织自身发展轨道。

作为最重要的学术组织，学术委员成成立之初就被寄以厚重的历史使命。2014年，国家以教育部令的形式颁布实施了《高等学校学术委员会规程》（以下简称《规程》），《规程》明确了高校学术委员会的定位和职责，规范了学术委员会的组成和运行规则，突出了教授治学和学术民主的理念与原则，对于促进

〔1〕 汪明义：《地方高校如何科学地运行学术权力与行政权力》，载《中国高等教育》2012年第12期。

高校完善学术委员会制度、健全内部治理结构具有重要意义。但是综观各高校，其运行制度也不够完善，能够影响决策的制度化渠道不够充分，不能构成对行政权力的有效制约，学术委员会制度恐怕离设计的初衷还有一段的距离。比如有的学术委员会召开会议经常凑不齐有效人数，更有甚者，一年就开一次会议，这样的组织可能形式意义大于实质意义。这种不健全的运行机制使得在学校重大问题的决策中，学者及学术组织很难参与，学者及学术组织的权力得不到充分体现。

（四）对于学术权力的监督体制不健全

从学术权力的监督上看，存在的问题主要是监督不够严密，监督主体不够独立、不够权威，效能不高，致使学术权力非理性、非健康行使现象存在，权力效能比较低。在对大学学术权力运行监督过程中，部分人员对大学学术权力监督的重要性认识不够，监督意识不强，缺乏主体意识，对监督的效果缺乏信心，对监督的方式方法领会不够，最终导致对于学术权力不想监督、不敢监督、不愿监督。同时，由于学术问题涉及各自领域的专业学问，部分同志除了本身学科背景、学术造诣等原因外，由于平时不加强监督业务技能的学习和培训，基本的监督能力缺乏，不能适应学术权力运行监督的新形势，对新的情况无所适从，无从下手。如何从监督体制上进一步提高，需要我们予以思考。

## 三、校院两级管理建设存在困境

高等学校由于其办学功能的拓展，已经从过去的单一的教学实体，发展成为具备教学、科研和社会服务三位一体功能的现代大学，这对传统的集中管理模式提出了挑战，越来越多的学校开始重视学院等二级组织的作用和功能，开始探索不同范围和力度的两级管理体制改革，进行管理重心下移，推动学院的实体化发展，使学院成为教学、科研、学科建设及其管理的基本单位，但是这种改革依然处于初级阶段。

（一）实行两级管理的必要性

探索实行校院两级管理是学校内部治理模式的改革，首先是激发学院筹资活力的需要。改革开放以来，学院创收越来越成为高校办学资源的重要补充，建立合理的分权与放权机制，保障学院经济主体是保证学院创收积极性，激发学院活力的重要保障。[1]

其次是适应人才市场的需要，随着社会发展对人才的需求日趋多元和苛刻，高等学校纷纷采取改善教学质量、拓宽培养口径等措施，以向社会提供能够满足其需要的学生。但是，要想根本改变高校与社会关系不密切的现状，就有必要通过改革学院、增强学院的实体性地位来实现。

最后是实行校院两级管理也是对接国际标准的需要。随着改革开放和国际化办学力度的加大，我国高校与国外高校之间的横向联系和学术交流日益频繁，基层教学科研单位的直接交流与合作在扮演着越来越重要的角色，而当今国际高校普遍采用的是以学院为实体的管理模式，校院两级管理模式能够更加有利于同世界各国高校管理模式接轨。

（二）高校两级管理现状

高校的校院两级管理体制改革是指对学校教育资源进行重新整合和优化配置，实行校内财务管理、分配制度、人事管理、事务管理等全方位的两级分权、重心下移，建立以学院为中心的管理体制，明确校院职责和权限，形成学校-学院两级管理层次，调动学校和学院两级办学的积极性，增强学校整体的办学实力与活力，进一步提高学校的办学质量，提升学校核心竞争力。

从高校目前的管理现状来看，可以分为三种类型：第一种是完全实施“一级管理”体制，人事、财物和主要事项由校级统一管理，这是一种传统的管理模式，现在很多单科性、行业性、规模较小的高校普遍采取这种模式。第二种是“完全两级管理”，学校颁布了两级管理模式的正式文件，学院拥有了与其完成相关事项责任相对应的主要人事和财务管理权，成功采取这种模式的高校目前多为综合性、多科性、规模较大的高校。第三种是“部分两级管理”体制，即学校将事权下移，但与事权相应的主要财权和人事权仍然归校级决定，这种模式是现在比较通用的模式，通过调研我们可以发现，大多数高校的所谓两级管理都是这种部分两级管理的体制，但是这种“半分权”的模式问题也是最多的。[2]

---

〔1〕 刘亚荣等：《高校校院两级管理模式研究》，载《教育与经济》2010年第2期。

〔2〕 刘亚荣等：《我国高校实行校院两级管理体制改革的调研报告》，载《国家教育行政学院学报》2008年第3期。

### （三）两级管理运行中的主要问题

校院两级管理运行中的最基础性问题是权责利不匹配。在目前实行两级管理的院校中，学院主要有教学、学生管理等事务方面的权力，并承担相应的责任，而在财务和人事上的权力较小，通常由学校保留。学校与学院的矛盾在于：学院认为该下放的权力没有下放，应有的利益没有看到而管理事务更多、责任更大了；学校认为该承担的事务和责任没有承担，却各处伸手要权。要解决这个问题应该从制度设计层面认真思考，真正尊重教育事业发展规律和管理运行规律，科学安排校院两级的权利、权力和责任。[1]

学院“不敢用权、不会用权”，对某些权力的行使存在懈怠，致使学校不得不收回这些权力，从而使校级的管理变得精细化，走了两级管理的“回头路”。比如在教学质量管理中，应然状态是：学校主要是对教学结果的管理，学院主要强教学过程的管理，但是实际情况却是，许多学院也同样是重管理结果而不注重过程管理，没有对具体的教学环节进行认真考查，致使教学质量管理流于形式。这种“不会用权”的结果导致学院会将权力交还给学校，促使学校制定更细致的教学规定，并直接对教学过程进行管理。

学校“不愿放权、不会放权”。学校在下放事务性管理权力的同时，减少了校级行政管理人员的工作量，加大了院级行政管理人员的工作量，那么校级行政管理人员的编制应该相应减少，院级行政管理人员的编制应该增多。可实际情况并不会这样，权力本身固有的扩张性导致所有的校级部门都不愿意简编，调研中发现甚至有的学校在推行两级管理的过程中校级行政管理人员的编制不降反升。这种“不愿放权”的倾向会导致校、院两级人事编制与工作内容的不平衡，影响了院级行政管理人员的工作积极性，制约了院级管理工作效率的提高。与此同时，学校也“不会放权”，在推行两级管理的过程中对担任学院领导职务的中层干部的培训和指导缺口较大。学校理所当然地认为“下了田就会耕田”，往往“一放了之”，导致许多中层干部调任学院之后，由于不了解学校的整体规划和发展方向，缺乏对工作方向和方法的思考，多为被动地执行学校规定，二级管理无法落到实处。

校院“不会共享权”，学校与学院间存在管理脱钩的现象。由于学校将事

---

〔1〕 林健：《大学校院两级管理模式中的权责划分》，载《国家教育行政学院学报》2009年第11期。

务性的权力更多地下放到学院，导致学校对学院的具体情况了解不够深入，造成学校职能部门制定的一些制度不合理，没有考虑到学院的实际情况和真正需要，校院两级管理机构沟通不畅通，存在“想当然”的现象。沟通不到位导致了资源的内耗，极大地影响了全校的行政效率。

## 四、职能部门的依法行权工作存在较大欠缺

职能部门在高校的运转当中扮演着极为重要的角色，一所高校的办学水平与办学效率很大程度上取决职能部门的办事水平和办事效率。通过调研我们发现职能部门的负责同志往往成为学校领导干部中工作量最大、工作职责最强的一部分，为学校建设付出了很多心血。但是我们在调研中也发现，很多职能部门在权限和管理方面仍然存在问题，需要我们予以反思和改善。

### （一）职能部门设置不规范、不科学

职能部门设置存在的问题，主要表现在这样几个方面：一是部门的设、转、立比较随意，无法可依；二是职能部门数量过多，很多高校的职能部门的数量几乎与学院的数量相当，甚至一些学校职能部门的数量多于学院的数量；三是部门的职能交叉，同样是负责学生事务的部门，既有招生就业处，又有学生管理处，其职责相近，完全可以职权合并或者独立设置。纵观大多数高校，其所设职能部门大致可以分为四大类：一是党务部门，主要包括党办、组织部、宣传部、纪委监察室等；二是行政部门，主要包括校办、教务处、财务处、人事处、科研处、学生处、规划处、保卫处等；三是直属部门，包括图书馆、档案馆等；四是群团组织，包括工会、妇联、团委等。[1]为了节省行政资源，各类职能部门可以采用“大部制”的形式，在设置时，尽可能把职能相近的部门进行合并，使一个职能部门拥有相对完整的职能体系，依据管理事务的内容，科学设置职能部门，从而形成合理有效的管理格局。

### （二）职能部门之间权限不清、职责不明

当下高校职能部门的权限并不清晰，特别重要的是当出现权限争议的时候没有明确的纠纷解决机制和裁定主体，这会导致职能部门在行使自身权力时畏首畏尾，不敢实干。学校对于职能部门的权限应该有清晰明确的规定，明

---

〔1〕 林祥柽，范丽娟：《高校职能部门大部制改革的目标方案与运行机制》，载《高校教育管理》2014年第4期。

确应承担哪些职责，职能部门都有明确的工作职责，要做到各司其职，确保学校各项工作均得到落实，责权划分清楚，绝不“越位”。[1]只有在确定了权限职责的前提下，职能部门才能根据工作职责明确自己的工作思路，使每一个具体业务运作都有一个规范的流程，减少工作失误，显著地提高工作效率和质量，从而提升本部门的核心能力。

（三）职能部门之间协同合作不够

职能部门在学校的各项工作中发挥着重要的组织协调作用，其组织协调功能的发挥，离不开职能部门彼此之间的协同合作。但从目前的高校运行情况来看，部门之间的协同合作远远达不到建立现代大学制度提出的要求，问题主要表现在以下几方面：一是部门相互之间推诿扯皮，在工作中往往是“本部门利益至上”，不能在学校统一的目标下共同合作；二是在执行过程中业务相互矛盾，由于缺少必要的沟通机制导致在出台一些政策或者规则内容上彼此矛盾；三是重复劳动，由于信息资源不能完全共享，同时职能部门在业务上对口上级部门不同业务处室，如果通知不到位，各职能部门之间会出现一些不必要的重复劳动。所以职能部门之间要根据各自的工作性质和任务，协调相关单位，调动人力、物力和财力，做到分工协作，互相支持，目标一致，协同协作。职能部门彼此之间应当加强联系，做好部门间、部门与校外机构的沟通与合作，理顺与其他部门的关系，彼此配合支持，形成工作合力，推动学校工作发展。

（四）职能部门和学院关系不顺

虽然在管理权限上，学院直接向学校负责，但实际上，由于高校职能部门是负责条线的工作，不仅作为学校重要的组成部分，而且直接接受上级主管部门业务处室的指令。所以职能部门不仅可以代表学校下达命令，而且会转发主管部门相关指令。这样，职能部门事实上成为学院与学校之间的一个管理层。由此，学院除了要接受来自学校的指令外，还要接受来自各个职能部门的指令，条块分工并不是非常顺畅。现实操作中，面对来自各个职能部门的指令，学院疲于应付，甚至无所适从，多头管理令学院疲于应对，大大降低了行政效率。

---

〔1〕 王雁：《提升高校职能部门管理效能的思考》，载《内蒙古农业大学学报》（社会科学版）2011年第1期。

## 五、高校法治监督体系仍未建立健全

高校内部治理体系的建立和完善，关键在于权力监督体系的完善。基于权力本身的扩张性，任何没有监督的权力都会被滥用，只有装到制度的"笼子"里，权力才能发挥其应有的作用。考察当今中国高校依法治校的实践，长期以来亟待解决的难题就是内外法治监督体系不健全。

（一）外部监督体系不健全

外部监督依据不明，法律对义务责任规定不明。长期以来，在高校办学自主权问题上各方一直强调的是权力获取，对于义务和责任重视不够。义务与责任相关内容的缺失，使主管部门对高校办学自主权的监督没有依据，导致高校使用自主权较为随意。学校章程对权力范围界定不明，在扩大高校办学自主权改革的大背景下，"高校要权、政府放权"成为主流趋势，但是权力应该有边界，高校应该划定的权力边界内自主办学并接受外界监督，一旦越界将受到制约。[1]但如何确定这个边界，就成为落实大学办学自主权的一个难点。就目前情况而言，大多数高校章程的制定自始至终都缺乏政府部门实际参与，对于高校自身权力约束十分有限。再者，绝大多数章程对监督内容具体包括哪些、违反了章程应当如何处置等也没有明确规定。

外部监督手段单一，监督效果不尽如人意。当前对高校的外部监督主要依靠政府主管部门采用行政监督的形式来开展，且政府对高校监督以常规评估、检查和验收等为主，时间一长高校会逐渐摸索出一套应对办法，使这种监督作用大打折扣。而政府之外的监督方式非常缺失：首先是舆论监督，由于我国高校信息公开的程度还很低，公众缺乏最起码的知情权，舆论监督难以有效开展，此外，舆论监督的工作几乎都是由新闻媒体完成，受制于新闻立法限制、从业人员素质以及高校业务的专业性，监督力量和权威性十分有限。其次，除新闻媒体外，我国其他一些社会监督的载体虽然具有政治约束力和威慑作用，不过由于相对独立性较弱，更多地依附于政府，使得其监督作用得不到应有的发挥。[2]此外，在西方发达国家能够对大学的办学进行有效监督的教育中介组

---

〔1〕 王众、高志友、匡建超：《管办评分离下的高校办学自主权外部监督机制探索》，载《教育探索》2016年第6期。

〔2〕 许慧清：《大学外部治理视野中的社会监督》，载《中国高教研究》2013年第1期。

织，由于其力量的薄弱，几乎不能发挥监督作用。

（二）内部监督机制运行不畅，效果不明显

首先，高校内部监督制度缺乏整体性与系统性。对公共权力的监督是一个复杂的系统工程，需要多项制度的相互协调，因此必须对其进行科学的统筹规划。但目前高校许多制度都是由各主管部门自行起草，部门之间缺乏协调沟通，制定出的各项制度互相间缺乏衔接，不能形成完整的权力约束体系。

其次，内部监督制度缺乏程序的规定，可操作性不强。在制度体系中，程序制度占有重要地位，它是组织活动的规则、运行的依据。我国整体的监督制度建设起步较晚，高校内部的监督制度建设更是相对滞后。目前，各高校虽有一些监督制度出台，但多数设计过于简单，有些甚至是直接转发上级的文件、规定，过于粗略和原则化，没有落实的具体措施或程序，从而使制度在实施的过程中可操作性不强、随意性较大。

最后，内部监督制度缺少对权力运行结果及相关惩罚措施的规定，缺乏强制性。[1]综观整个高校内部的制度体系，可以说所涉范围很大，总量很多，但制度的落实情况并不乐观，这一方面跟监督机构的独立性有关，另一方面也跟监督制度的强制性有关。正因为缺乏强有力的惩治措施，内部监督才会显得软弱无力，最终导致监督制度刚性不足，实施过程中产生偏离现象。

## 六、学生自治权利的边界需要进一步厘清

自1978年恢复高考制度高等教育重新走上正轨后，特别是21世纪以来，我国公立学校与学生之间的关系已经由大一统的行政关系向多元化的校生关系分化，高校与学生之间既有政府与学生之间的行政管理关系，也有独立民事主体之间的契约关系。与此同时，学生作为高校重要的“利益相关者”，在学校的人员组成中绝对数量占优，并且大学生不同于中小学生，他们已经具备了独立思考的能力，对事物能够形成自己的看法，他们理应享有独立表达意志、自主处理与自身相关事务的权利。当前，高校学生已经越来越不满足于“被管理者”的地位，一直在争取拥有更多的自身事务决定权，尤其是在涉及学生利益的重大问题上获得参与决策的权利。[2]但是目前的制度设计明显与现实诉求不

〔1〕 陈阳：《现代大学制度下高校权力监督体系构建研究》，载《中国成人教育》2013年第4期。

〔2〕 项云、杜榕：《论高校学生自治组织与依法治校》，载《中国青年研究》2009年11月。

匹配，学生自治与学校管理的关系尚未理顺。

（一）学生自治权利的性质与来源

以学生为主体的学生自治权与以学校为主体的学生管理权是一对相对应的概念，两者之间往往存在冲突与协作的关系，相互依存、互为边界，使得学生自治权的行使受到某种程度的制约。所以有的学者认为没有纯粹的学生管理权，也没有纯粹的学生自治权。没有高校学生自治权，高校学生管理权就成了"专权"，不能有效实现管理目标；而没有高校学生管理权，高校学生自治权的行使可能就是放任自流。

学生自治权的来源则并不是那么明显与明确，它既不像教授们的学术权力那样来自知识，也不像学校行政权力那样来自法律、学校组织体制或大学评议会，其来源更为复杂与隐晦。综合中外高校学生自治史来看，有如下几种情况：一是来自国家法律的规定和政府的让予；二是源于学校组织体制而获得的权限；三是基于高校学生自身资源而拥有的权力。

（二）学生自治权利边界不清

在学校治理上，很多高校并不能清晰地界定学生自治权利的合理边界，导致在实际运行中出现"有权不用，有权乱用，无权可用"的状态。应该理清学生自治权利的边界，在性质上适合于学生参与的事项，应当尽量容纳学生的参与；与学生本身的日常生活具有密切关系，而且管理、运作上也不需特别的知识、能力、资格的事务应当尽量让学生自主管理。在性质上不适合于学生参与的事项（如财政、审计等方面），由于学生对这些事项缺乏专业和判断能力，只能让学生部分参与或不允许学生直接参与。

学生自治权利的范围应该非常广泛，除了教育法律法规所规定的设施享用权，获取物质保障权，获得公正评价与相应证书权，申请法律救济权等都应当属于学生自治权利的范畴。此外，学生自治的其他权利应该主要包括对学生自身事务的管理权和对学校事务的参与权这两方面的内容。[1]学生自治的内容可以从两个方面分析：一是对学生自身事务的管理，涉及学习、生活、经济、福利、交流、发展、组织、申诉、讲学、出刊、发表言论等事项。二是对学校事务的介入，涉及表决、交涉、谈判、学校营运、咨询、列席会议、征询学生意见、

〔1〕 周湘林：《高校学生自治权额法理内涵》，载《高等工程教育研究》2007年第5期。

预算、政策、立法、行政、教育、研究、教师等事项。

(三)学生自治权利限度不明

学生自治权利有一定限度,是一种有限权利,只有在规定的限度内才能科学、有效的行使。但是目前高校的具体运行当中很多时候忽视了这种权利的限度。

首先,忽视"利益相关性"。学生参与的事务必须是与自身利益密切相关的事务,比如说可以参与评价教师教学效果、参与管理学术活动设施、参与决定针对学生的处理、参与制定高校内部规则等。但现实是很多学生参与了跟自身利益毫无关系的事务,这就会导致不负责任的参与、不负责任的决策。其次,忽视学生本身的能力的限制。虽然高校学生大多数已经成年,具备完全民事行为,但其能力尚处于"学习""成长"之中,而其参与的高校管理事务本身具有"复杂性""专业性",所以在其参与的决策当中要做具体的界定,不然会导致其参与无意义状态。最后,没能处理好学生自治和教师学术自由的关系。学术自由是大学教师神圣不可侵犯的权利,在师生相关的活动中,无论是通过参与校政还是管理学生自身事务或者通过学习自由所体现出来的高校学生自治权,都不能妨碍教师的学术自由。

(四)学生自治权利行使的主要途径不完善

高等学校学生会等学生自治组织是实现学生自治权利的主要途径,健全高校学生会等学生自治组织是保障高校学生自治权实现的基本方式。在我国,高校学生会是在高校党组织领导下和共青团组织指导帮助下的群众性学生组织,是学生行使民主权利,进行自我管理、自我教育、自我服务的组织机构。高校和学生的根本利益是一致的,作为两者纽带的学生会必须切实担负起表达和维护学生利益的责任,以学生会为轴心,实现学生的学习自由权。但是,非常遗憾的是,这种本应该成为行使权力的主要途径离其初衷越来越远。

首先,学生会角色的异化。从制度设计的本意来说,学生会要体现以学生为中心的宗旨,是学生自治权利行使的主要途径,但受诸多内外因素影响,高校学生会成为党团组织的下级单位,基本上成了半行政性组织,并没有成为学生依法参与学校民主管理的渠道。其次,学生会法律地位不明确。在管理过程中,需要明确定位学生会的法律地位,高校学生会是学生自己的群众组织,并不是党团组织,依照法律、校规章制度和各自的章程,独立自主地开展工作其根本宗旨是为学生服务。最后，学生会威信的下降。学生会内部组织高度官僚化，内部层级观念高于民主精神，干部身份高于学生身份，其社会化程度高于个性特征，组织内部不正之风盛行，造成近年来学生会在学生中的威望和影响力下降。

(五)学生自治权救济渠道不畅

高校学生自治作为一种权利，它也应该确立和建立起一系列救济制度，从理论上看，应该完善内部、外部的救济制度设计，内部救济制度如听证制度、告知制度、申诉制度等，外部救济制度如教育仲裁制度，诉讼制度等。[1]

高等学校学生权利缺乏法律保障机制，即高校学生权利保障机制缺乏有效的救济渠道。当前，囿于我国教育立法的缺陷以及教育法律法规与其他法律法规缺乏有效衔接，致使我国高校学生法律救济渠道没有真正开通。即当高校学生的权利受到侵害时，大多只能通过向学校的上级机关申诉的途径予以救济，而不能利用普通法律渠道寻求救济，我国行政法律体系，《行政诉讼法》甚至《教育法》都不认同司法机关直接参与大学内部事务的管理，《行政诉讼法》第12条规定：人民法院不受理公民、法人或者其他组织关于行政机关对其工作人员的奖惩、任免等决定所提起的诉讼。《教育法》第42条第4项规定：学生"对学校给予的处分不服的向有关部门提出申诉"。但这些规定都尽量回避司法介入，竭力主张通过行政内部救济渠道化解纠纷，然而，公民权利的实现如果排除司法审查与救济，本质上就不是权利的表达，没有救济的权利不是真正意义上的权利。[2]

## 七、内部治理结构优化之对策与建议

(一)健全领导体制，完善党委领导下的校长负责制

党委领导下的校长负责制是中国特色社会主义高等教育体制的基础，是坚持社会主义办学方向、全面贯彻党的教育方针的根本保障，是体现"集体领导、民主决策、科学执政"的核心制度设计，也是我国大学制度得以区别于西方大学制度的重要因素。只有坚持党委领导下的校长负责制，充分发挥党委

〔1〕 万东升:《规范与和谐：高校学生自治法制化机制的核心》,《四川理工学院学报》(社会科学版)2010年第1期。

〔2〕 祁占勇:《高等学校学生自治的权力边界与法律保障》，载《高等教育研究》2012年第3期。

在高校办学工作中的政治领导作用，使党委、校行政各司其职，各负其责，才能使高校各方面工作获得更大的发展。

首先，要制定行之有效的党委领导校长负责制实施细则，明确规定党政职权划分、班子成员权力范围、党政和行政议事的规则和决策程序等。其次，要特别重视厘清党委和校长的关系，做到党委校长定位明确、互相依存、各有侧重，党委领导重在决策，校长负责重在执行。最后，要特别处理好党委书记和党委的关系，真正做到民主集中、集体领导；要特别处理好党委书记和校长的关系，真正做到密切配合，正确履职。

（二）理顺权力运行，建立完善的行政权力与学术权力分工协作机制

首先，要完善制度，理顺行政权力和学术权力的关系，规范两者的边界。各高校应该在职权范围内根据相关法律法规的赋权，制定详细的规章制度。在充分尊重校情和实际的情况下，应尽可能地做到详尽，使规章制度具有较大的刚性，较小的弹性和较高的可操作性。通过规章制度，构建责任清楚、分工明确、权限边界清晰的构成体系，行政的归行政，学术的归学术，以规范权力的运行，减少权力的冲突。

其次，解决学术权力泛化的问题要确立“学术权力为主，行政权力为辅”的高校管理理念，建立以学术权力为主导的学术管理运行机制。第一，要落实高校办学自主权，减少外部行政干预。高校办学自主权的核心实际上是学术自治，没有办学自主权的学术权力都是无源之水无本之木，不可长久和持续。第二，在高校内部要将有关学术事务的决策权向学术管理机构流动，使学者在学术领域内行使其决定权，明确学术权力的权威，确立以学术权力为主导的权力机制。第三，要在学术主体配置、学术活动管理、学术组织建构、学术成果评定等方面建立起配套机制来保障学术权力的顺利运行。

再次，行政权力和学术权力要相互尊重。行政权力要充分尊重学者、专家的意见，在行使权力的时候多吸取不同的见解和观点，使得决策会更科学，在执行时才能避免与学术权力的冲突，更容易收到成效。同时学术权力也要尊重行政权力，成熟的行政运转体系能够有助于专家、教授在自己熟悉的领域集中精力进行科学研究。目前许多高校都在致力于管理队伍和机构的专业化和职业化，其对复杂外部事物、内部事务的处理能力，以及所做决策的科学性都在不断提高，学术权力应该给予行政权力应有的尊重，才能有效保障学术权力

的实现。

最后，要建立配套机制，实现学术权力和行政权力的相互制约。只有学术权力与行政权力相互补充，相互制约，合理制衡，才能促进高校机体的健康、有序运行。在高校中如果行政权力过大，便会助长官僚主义，进而削弱学术权力，限制学术自由发展，压制教授群体的积极性和创造性；如果学术权力过大，容易形成学术领域垄断，滋生学术腐败，过分强调学术权力会削弱统一意志，助长分散主义。建立权力制约监督机制的目的就在于防止权力的滥用和腐败的产生。目前，高校权力制约的制度不够完善、执行不够有力，缺乏严格程序、操作性不强，应该建立完善的机制体制，大胆创新，如建立独立的监督机构监督权力的运行。

（三）实现重心下移，建立结构清晰、张弛有度的纵向治理体系

学校要认真分析自身结构和特点，来确定是否需要实行两级管理，以及采取何种模式的二级管理。而无论其采取何种方式，重心下移依然是现代高等学校改革的主要趋势，应该以此为支撑建立起科学合理的纵向治理体系。

首先在“人权”力方面，可以将人事权赋予二级学院，使二级学院能够享有用人自主权，这是推动二级学院建设的有力举措。二级学院立足于专业性和系统性，内部同样有着完整的管理结构，具备选人用人的能力，给予其充分的人事权，能够更好地发挥二级学院办学的积极性和主动性，提高办学水平。

其次在“事权”方面，可以将权力适当下放。学校具有学术权力和行政权力，但由于学校是一个复杂的科层制单位，学术权力、行政权力集中在学校层面不利于学校办学活动的实施，因此，权力的下放是必然的。在很多方面，学术权力或者行政权力的抓手来自二级学院，因此，二级学院先天的就具备分享学校事务管理权的基础。

最后，在“学术权”方面，要理顺校学术委员会和各学院学术委员会之间的关系。校学术委员会与学院学术委员会同属于学术权力机构，二者在职权上具有相似性和共同性，两者的差别在于职能范围的不同。从关系上说，校学术委员会和学院学术委员会存在业务指导关系。从任职上来说，学校学术委员会委员和学院学术委员会委员可能是交叉任职。学校学术委员会和学院学术委员会要建立起关系清晰，职权明确，在业务上和权限上各有分工，各司其职的良性互动关系。

(四)科学配置权力,建立职责明确、分工协作的横向治理体系

首先,在职能部门的设置上,可以采取围绕中心任务,精干高效的模式。要紧紧围绕高校教学和科研两大中心而设置,对跟教学、科研关系不大的部门尽量不设或少设,一切围绕教学和科研。在职能部门设置的数量上,要遵循管理的规律,最大限度地发挥职能部门的作用,职能部门数量最好不要超过学校下设教学单位的数量,否则就会显得“头重脚轻”,违背了高等教育发展的规律。[1]

其次,加强职能部门之间的分工和协作。部门分工必须明确,要做到各司其职,确保学校各项工作均得到落实,责权划分清楚。同时,协作必不可少。要加强与各个方面的联系、沟通与合作,理顺与其他部门的关系,互相配合,互相监督;信息资源共享,避免不必要的重复劳动,提高工作效率,发挥整体工作效益;政策出台之前对于涉及其他部门的有关政策,一定相互通气,避免制度出台后出现相互矛盾的现象。职能部门之间要根据各自的工作性质和任务,协调相关单位,调动人力、物力和财力,做到分工协作,互相支持,目标一致,协同协作。职能部门彼此之间应当加强联系、做好部门间,部门与校外机构的沟通与合作,理顺与其他部门的关系,彼此配合支持,形成工作合力,推动学校工作发展。

最后,要建立激励考核制度,加强人员管理,提高管理部门的工作效率。科学的激励考核制度有利于改进职能部门工作作风,提高工作效率。

(五)规范权力使用,建立健全行之有效的内外部监督体制

首先是完善高校内部监督体系。高校的监督制度建设应遵循整体性、系统性原则,紧紧围绕掌权、用钱、选人的关键环节,结合学校实际,统筹设计监督制度体系,建立起制度制定、执行、监督相互分离、相互制约的机制。监督制度建设必须借鉴权力制衡的合理内涵,建立起一套相互衔接、相互作用的制度体系,保障权力结构之间的相互制衡,防止权力运行过程中的权力滥用,堵塞滋生腐败的漏洞。要进一步完善工会、教代会、特邀监察员、信访举报等民主监督制度,推行校务公开,既要公开各项制度的具体内容,也要公开各项制度的执行结果,增强工作的透明度,扩大广大教职工及学生的知情权、参与权、

[1] 高岩、高亚光:《地方高校行政部门设置的现状分析及对策研究》,载《人力资源管理》2014年第6期。

选择权、监督权，要真正从制度上明确广大教职工及学生监督的权限、形式和程序，防止民主监督的“缺位”与弱化。[1]

其次是完善外部监督机制。第一，政府要通过制定教育法律法规、制定教育发展规划、统筹安排高等教育事业发展等形式，监督规范高校的行为和活动，确保其办学在一定范围内自主，不偏离高等教育的基本功能和核心价值。同时也可以更多地运用政策、标准、拨款、信息服务等手段，对高校进行间接的、非强制的管理。第二，应该积极引进第三方机构进行评估管理，将第三方评估的结果作为评价高校的重要依据。要做好顶层设计，快速建立一批高资质、高信誉的第三方专业教育服务机构。在此基础上，逐步扩大行业协会、专业学会、基金会等各类社会组织对高校教育评价的参与广度和深度，以保证第三方评估的质量和效益。[2]第三，要完善理事会制度，充分发挥社会力量对大学的办学方向、发展规划、学科建设、科学研究等方面的咨询、审议和监督作用，保证社会监督的有效性。

（六）理顺校生关系，将学生作为重要的利益相关方纳入治理体系

学生是学校的主体之一，是学校的重要利益相关方，学校在构建多元治理体系的时候要充分尊重学生，找到合理的路径吸纳学生的智慧。首先，要合理定义学生自治权利的边界。学生自治权利是有边界的，所以在性质上适合于学生参与的事项，应当尽量容纳学生的参与；与学生本身的日常生活具有密切关系，而且管理、运作上也不需特别的知识、能力、资格的事务应当尽量让学生自主管理。

其次，应该畅通学生自治组织参与学校事务的途径和方式。学生自治组织在学校治理中的参与方式，可以分为制度化和非制度化参与方式两大类。制度化参与方式包括：第一，特别事项上的直接民主；第二，学生代表作为各级各类委员会的正式成员参与决策。非制度化参与方式包括：第一，学生媒体括报纸、学生电台、学生网站、BBS等的舆论监督作用；第二，召开研讨会、论证会；第三，合法性集会或示威等。学校应该充分扩展学生参与的有效途径，特别是在学生会、团委等学生自治组织的治理上应该多下功夫，从其性质和功

〔1〕 邹建军等：《论高校公共权力的内部监督制度建设》，载《东莞理工学院学报》2006年4月。
〔2〕 王众等：《管办评分离下的高校办学自主权外部监督机制探讨》，载《教育探索》2016年第6期。

能角度出发，努力发挥其应有的作用，促使学生权利在学校运行中得到充分体现。

最后，应该建立健全一系列权利救济制度。高校学生自治作为一种权利，它也应该确立和建立起一系列救济制度，从理论上看，应该完善内部、外部的救济制度设计，内部救济制度如听证制度、告知制度、申诉制度等，外部救济制度如教育仲裁制度，诉讼制度等。

# 第四章 完善高校师生权益救济制度

随着教育改革的不断深入，高校师生的法制意识也随之不断增强，依法治校已经成为目前学校管理的主流。在依法治校体系中包含国家对高校实施管理的法治化和高校自我管理的法治化。[1]然而，在高校中还存在着以权代法、权大于法和违反法律的现象。因此，如何保障高校师生的权益，完善权益救济制度是目前高校在教育、管理和服务中极为重要的课题。

## 一、高校师生权益

高校师生权益就是在高校工作、学习的教师、学生，能够根据自己的意志以作为或者不作为的方式，实现一定利益的许可或者保障。

关于高校教师的权益，根据《中华人民共和国教育法》(以下简称《教育法》)第34条规定，国家保护教师的合法权益，改善教师的工作条件和生活条件，提高教师的社会地位。《中华人民共和国高等教育法》(以下简称《高等教育法》)第50条规定，国家保护高等学校教师及其他教育工作者的合法权益，采取措施改善高等学校教师及其他教育工作者的工作条件和生活条件。上述两部法律对高校教师的权益规定的不够详细，其具体权益规定在《中华人民共和国教师法》(以下简称《教师法》)第7条，教师享有进行教育教学活动，开展教育教学改

---

〔1〕 徐显明:《明确依法治校理念，提升依法治校水平》，载《中国高等教育》2006年第5期。

革和实验；从事科学研究、学术交流，参加专业的学术团体，在学术活动中充分发表意见；指导学生的学习和发展，评定学生的品行和学业成绩；按时获取工资报酬，享受国家规定的福利待遇以及寒暑假期的带薪休假；对学校教育教学、管理工作和教育行政部门的工作提出意见和建议，通过教职工代表大会或者其他形式，参与学校的民主管理；参加进修或者其他方式的培训六项权益。

关于高校学生的权益，根据《教育法》第43条规定，受教育者享参加教育教学计划安排的各种活动，使用教育教学设施、设备、图书资料；按照国家有关规定获得奖学金、贷学金、助学金；在学业成绩和品行上获得公正评价，完成规定的学业后获得相应的学业证书、学位证书；对学校给予的处分不服向有关部门提出申诉，对学校、教师侵犯其人身权、财产权等合法权益，提出申诉或者依法提起诉讼；法律、法规规定的其他权利五项权益。所谓人身权是指民事主体依法享有的，以在人格关系和身份关系上所体现的，与其人身不可分离的利益为内容的民事权利。[1]《高等教育法》在其第53条规定，高等学校学生的合法权益，受法律保护。《普通高等学校学生管理规定》(以下简称《学生管理规定》)进一步列举了高校学生的权益，在《教育法》43条的基础上增加一条，高校学生享有参加社会服务、勤工助学，在校内组织、参加学生团体及文娱体育等活动的权益。

综上所述，高校教师在其身份权属范围内拥有教育教学权益、科研交流权、指导评定权、获得福利权、民主管理权、进修培训权；高校学生拥有受教育权、获得奖助勤贷补的权益、获得公正评价的权益、申诉权、社会服务权等。

## 二、高校师生权益救济途径

### (一)校内申诉

法治是一门艺术，[2]从依法治校的实践来看，它是分层次进行的，从保障高校师生权益救济的角度，首先得在高校内容有相关的救济途径，目前很多高校都制定了校内申诉的制度，所谓高校师生校内申诉是指普通高等学校在自主教育管理服务过程中，认为所属师生的行为违反法律或者学校相关规定，或

---

〔1〕 杨立新:《人身权法论》人民法院出版社2002年版，第64页。

〔2〕 Lon L Fuller, *The Morality of Law*.Yale University Press, 1969, pp.91-94.

者其他依照职权对其权益进行限制或者剥夺时，当事师生认为学校该行为侵犯其相关权益，提请学校重新审定，并作出复查决定的制度。

（二）校外教育行政申诉

校外教育行政申诉是相对校内申诉而言，指的是如果师生对校内申诉作出的复查决定有异议的，可以在规定时间内，向校外的教育行政部门再次提起申诉，此时的申诉就是校外教育行政申诉。教育行政部门会审查核实相关书面申请，在规定时间作出处理决定，并给予答复。相比较校外申诉，学校根据师生的申诉对处分决定进行复查是一种学校内部的救济行为，而学生对学校的复查决定有异议，向学校的在地省级教育行政部门提出申诉，是一种行政救济行为。高校师生向学校所在地省级教育行政部门提出申诉是师生应当享有的权利，同时受理师生申诉也是省级教育行政部门应当履行的职责。省级教育行政部门对师生申诉进行复查时，可调阅原处分及学校复查时的相关材料，要求学校写出相应说明，必要时，可派人到学校听取相关人员意见和进行必要的取证。关于省级教育行政部门如何具体处理学生申诉，可以参考《国家教育考试违规处理办法》〔1〕处理。

（三）行政复议

行政复议是指法定的行政机关根据行政相对人的申请，按照法定程序依法对引起争议的具体行政行为进行复查并作出裁决的活动。〔2〕行政复议是上级行政机关对下级行政机关的行政行为进行内部自我纠错的一种重要形式，是一项行政系统内部自我监督法律制度。目前，有些师生会误以为校外教育行政申诉与行政复议概念不同，实质相同，担心如果不服校外教育行政申诉，再提起行政复议的话，此时的受理机关和原申请校外行政申诉的受理机关一致，从而导致最终的复议结果一致。其实不然，行政复议与校外教育行政申诉、校内申诉还是有着明显区别。一是校外教育行政申诉和校内申诉的受理范围是

〔1〕《国家教育考试违规处理办法》指2012年版，其中第28条规定：受理复核申请的教育考试机构、教育行政部门应对处理决定所认定的违规事实和适用的依据等进行审查，并在受理后30日内，按照下列规定作出复核决定：（一）处理决定认定事实清楚、证据确凿，适用依据正确，程序合法，内容适当的，决定维持；（二）处理决定有下列情况之一的，决定撤销或者变更：1.违规事实认定不清、证据不足的；2.适用依据错误的；3.违反本办法规定的处理程序的。做出决定的教育考试机构对因错误的处理决定给考生造成的损失，应当予以补救。

〔2〕张世信、周帆：《行政法学》，复旦大学出版社2006年版，第277页。

违规、违纪等处分、开除、退学处理、取消入学资格等，以及对学校、教师侵犯学生人身权、财产权等合法权益。而行政复议的范围是只针对人身权利、财产权利、受教育权利，前者范围大于后者。二是受理机关不同，校内申诉的受理机关是学校，或者说是学校申诉处理委员会。校外行政申诉的受理机关是省级教育行政部门。而行政复议的受理机关一般是省级教育行政部门的上级行政部门。三是在适用规则上，行政复议是根据《行政复议法》和《行政复议实施条例》的规定；校内申诉是根据各高校自己制定的管理办法，有些高校可能还没有制定具体办法；校外教育行政申诉目前也没有专门的法律上的规定，一般参照《国家教育考试违规处理办法》执行。四是在承接关系上，一般是先校内申诉、校外教育行政申诉，然后是行政复议。

（四）行政诉讼

高校师生认为高校的具体行政行为侵犯其合法权益时，有权向人民法院提起行政诉讼。司法具有终局性，[1]师生权益受到侵害的，理所应当具有得到司法救助的权利。行政诉讼具有以下几个特点：一是行政诉讼是一项由师生向人民法院提起，人民法院进行审理、裁判的司法制度；二是行政诉讼的双方当事人，一方是高校，另一方是被管理的师生；三是行政诉讼是保护公师生合法权益不被违法行政行为侵害的救济性制度，同时起到对行政机关的监督作用。行政诉讼相比较行政复议而言，具有以下区别：一是受理部门不同，前者受理机关是人民法院，后者受理机关一般是作出具体行政行为的上级行政机关；二是性质不同，前者属于司法行为，适用《行政诉讼法》，后者属于行政行为，适用《行政复议法》；三是审查范围不同，前者指行政机关具体行政行为的合法性进行审查，后者需要同时审查该具体行政行为的合理性和合法性。

当然，根据侵害的权益不同，高校师生还可以提起民事诉讼和刑事诉讼，这里考虑到高校师生的特殊性，对民事和刑事诉讼不再具体展开。

## 三、高校师生权益救济立法缺失

目前，关于规范高等教育的法律、行政法规、规章制度及相关司法解释有数十部，里面包含了专门针对学生和教师的法律法规，如《学生管理规定》《教

---

〔1〕 孙笑侠：《司法权的本质是判断权—司法权与行政权的十大区别》，载《法学》1998年第8期。

师法》《教师资格条例》等，但是关于对高校师生权益救济的专门法律法规尚未制定，且已有的法律法规中关于师生权益救济的条款上不够完善，使高校师生权益救济的法律依据不清。

国家制定了《教育法》《高等教育法》《教师法》《学生管理规定》《教师资格条例》，并在近些年分别进行了修正和完善。但尚存在着关于高校师生救济立法缺失的现象。其中，《教育法》和《高等教育法》均只概括性规定"国家保护高等学校教师的合法权益"，《教师法》在第7条详细列明教师的权益包括教育教学权益、科研交流权、指导评定权、获得福利权、民主管理权、进修培训权。关于对高校教师的权利救济，《教育法》和《高等教育法》中都没有作出规定，《教师资格条例》中只有罚则，也没有相关权益救济的条款。仅《教师法》第39条规定：教师对学校或者其他教育机构侵犯其合法权益的，或者对学校或者其他教育机构作出的处理不服的，可以向教育行政部门提出申诉，教育行政部门应当在接到申诉的三十日内，作出处理。教师认为当地人民政府有关行政部门侵犯其根据本法规定享有的权利的，可以向同级人民政府或者上一级人民政府有关部门提出申诉，同级人民政府或者上一级人民政府有关部门应当作出处理。高校教师和高校签订的是聘用合同，不是劳动合同，故也不属于《中华人民共和国劳动合同法》（以下简称《劳动合同法》）的调整范围，由于聘用合同所具有的不同于劳动合同的特殊法律意义，例如在涉及人事争议时，对事业单位当事人权利与义务的审查，不仅要以合同规定为依据，在某些情况下，还要对其"特别权利关系"进行审查。所谓特别权利关系是指，人基于特别原因，即法律的直接规定，或自主同意，服从国家或公共团体的特别支配权这样一种关系。[1]因此，《教师法》第39条规定的申诉权是高校教师维护自身合法权益的唯一途径，缺乏明确的司法途径救济。为弥补《教师法》的不足，原国家教委1995年发布《国家教育委员会关于〈中华人民共和国教师法〉若干问题的实施意见》（以下简称《实施意见》），在教师申诉部分对教师申诉程序及司法救济途径作出进一步规定，申诉当事人对申诉处理决定不服的，可向原处理机关隶属的人民政府申请复核。其申诉内容直接涉及人身权、财产权及其他属于行政复议、行政诉讼受案范围事项的，可以依法提起行政复议或者行政

〔1〕［日］室井力：《行政法》（上卷），吴微译，中国政法大学出版社1995年版。

诉讼。

高等教育法概括性规定了“高等学校学生的合法权益，受法律保护”。《教育法》规定了对学校给予的处分不服向有关部门提出申诉，对学校、教师侵犯其人身权、财产权等合法权益，提出申诉或者依法提起诉讼。《学生管理规定》对学生的申诉权进行了较为全面的阐释，从对学生处分决定的作出，告知学生申诉的权利和期限，再到学生如何提起申诉，以及申诉受理部门在规定的时间内作出复查决定等都有介绍。如“学校对学生作出的处分决定书应当包括处分和处分事实、理由及依据，并告知学生可以提出申诉及申诉的期限”。“学生对处分决定有异议的，在接到学校处分决定书之日起5个工作日内，可以向学校学生申诉处理委员会提出书面申诉”。“学生申诉处理委员会对学生提出的申诉进行复查，并在接到书面申诉之日起15个工作日内，作出复查结论并告知申诉人。需要改变原处分决定的，由学生申诉处理委员会提交学校重新研究决定”。此外还规定了学生如不及时行使申诉权的后果，“从处分决定送交之日起，学生在申诉期内未提出申诉的，学校不再受理其提出的申诉”。但在申诉受理机构、申诉主体、申诉范围等方面的规定也存在不够全面以及不是很合理的地方。比如，《学生管理规定》要求“应当由学校负责人、职能部门负责人、教师代表、学生代表组成”。但是总共人数是多少，各种类型的人数是多少没有明确说明；申诉的主体是否应包含入学三个月内尚未取得学籍的新生、是否包含学生组织；申诉内容上《学生管理规定》与《教育法》也不尽然相同。

## 四、高校师生权益救济运行困境

师生权益受到侵犯的案件多数是来自高校内部管理。其中，因高校师生权益纠纷的不同，相应的救济也呈现出差异。目前高校师生权益救济制度主要面临如下困境：

### （一）高校内部行政管理纠纷的救济问题

高校师生对大多数校内行政管理纠纷只能向行政机关申诉，从全国教育行政诉讼案件的受理情况来看，许多案件都无法进入诉讼程序，有些法院为避免司法介入引起争议，直接驳回起诉；同时，由于高校管理领域中尤其涉及学术评判等领域，具有较强的专业性，法官也不可能对以学术专业的角度进行正确的判决。能寻求司法救济的校内行政管理纠纷仅有三类：第一类是教师的辞职、辞退等相关权益纠纷可以由提起人事仲裁或劳动仲裁进入司法程序；第二类是学校行使法律法规授权行为的部分校内行政行为可以申请行政复议或提起诉讼，比较普遍的如对学生给予开除学籍处分，不予颁发学位的决定等；第三类是直接涉及高校师生的人身权、财产权等纠纷或者犯罪的，可以依法提起行政诉讼、民事诉讼以及刑事诉讼的。笔者认为，第一类纠纷同时获得两类仲裁救济，救济手段显得重复。而同为人事争议的其他校内行政纠纷被排除在仲裁之外，人事争议仲裁受案范围显得狭窄与救济不足，阻碍了其他校内行政纠纷寻求司法救济之路。第二类纠纷因缺乏法律明确规定，其能否获得司法救济完全处于法官自由裁量范畴，司法救济效力相对不确定。第三类纠纷的司法救济效果也有待商讨。高校师生申诉以后不服教育行政机关作出的处理决定提起诉讼的，或者提起行政复议后再提起行政诉讼的，只能以作出行政处理行为的行政机关为被告，而不能以原争议的对方当事人为被告，法院审理的对象是被告行政机关行政行为的合法性。对于教师与学校而言，争议的纠纷均无法得到实质性救济。

（二）高校师生权益其他救济途径与司法救济的衔接问题

首先，在师生申诉之后有权申请行政复议或提起行政诉讼的这类案件中，申诉并非获取司法救济的必经程序。若师生在申诉之后寻求司法救济，则需重新向复议机关申请行政复议，对复议决定不服可以提起行政诉讼；或者直接提起行政诉讼。申诉的机关往往也是行政复议机关，实践中出现师生对同一行政机关先后申请申诉、行政复议两次救济。由于法律法规没有对申诉与教育行政复议的具体受理部门作出明确规定与区分，造成同一机关同一部门针对同一师生权益纠纷根据不同程序作出两次内容相同的处理决定。两种救济出现重复与交叉。两者的区别在于行政复议决定能帮助师生启动司法救济程序，师生对于行政复议不予受理的决定可以行政不作为由向法院提起行政诉讼，而申诉决定不可以。其次，在教育领域内如何判断申诉决定是否属于复议或诉讼范围没有明确的标准。法律规则的缺失使复议机关和法院在决定是否受理教育复议、诉讼案件时没有参考的准则，申诉、复议、诉讼三个本应紧密相连的救济链条被打断。此外，教师人事争议仲裁尚缺乏与司法救济制度的完全接轨。人事争议仲裁对“不予受理”情形没有规定相应的救济措施，最高人民法院颁布的司法解释也未涉及这个问题。

（三）大学自治与司法救济的协调问题

《高等教育法》第11条规定，高等学校应当面向社会，依法自主办学，实行民主管理。这是大学享有自治权的法律依据，大学自治的核心是学术自由。近年来高校经常出现的学术造假、职称评定、资格授予等发生的纠纷，很多涉及学术领域。目前对学术造假的惩戒由高校学术评定委员会决定，其评定程序及评定人员受到了众多教师的质疑，高校职称评定等纠纷多因学校学术评定委员会的职称评审程序不公开、不透明引起。而该类纠纷多被挡在法院之外的一个重要原因是涉及大学自治权。一般认为大学享有完全的、绝对的自治，甚至不允许司法涉足。然而，学术惩戒及职称评定等校内行政行为涉及师生的权益，其结论的错误对高校师生的伤害尤为严重，迫切需要享有救济的权利。我国台湾地区《大学法》第1条就明确规定，大学应受学术自由之保障，并在法律规定范围内，享有自治权。笔者认为，学术领域属于大学自治范畴，大学自治权在具有权利性质的同时还兼具权力，如果将高校学术自由置于司法外，其对学术评价的权力将很难受到约束，这就需要很好地协调大学自治权与司法救济两者之间的关系，在保障学校学术自由同时给师生辅以司法救济，以制衡学术委员会的权力，有助于促进学校学术领域的公平与公正。

此外，高校内部的工会、学生会等师生组织没有起到应有的作用，使得师生的诉求很难在该组织寻求庇护；同时，教师代表大会、学生代表大会等议事模式中，更多的是汇报工作成果、财务收支情况，很少对师生的实体权益进行审议。这也是导致高校师生权益救助无门，而最终诉诸申诉、复议、诉讼等法律手段。

## 五、完善高校师生权益救济的建议

教育部《全面推进依法治校实施纲要》（教政法〔2012〕9号）指出，推进依法治校工作的目标之一是：依法办学，落实师生主体地位，形成自由平等公正法治的育人环境；健全学校权利救济和纠纷解决机制，有效化解矛盾纠纷。根据高校师生权益救济的现状，要实现这一目标，应着力从多路径完善高校师生权益救济制度。

（一）依法健全校内纠纷解决机制。

高校要牢固树立法治意识，要把法治作为高校与师生矛盾、高校与师生冲突的基本解决方式。在此基础上，建立健全校内信访、调解、申诉各类争议解决机制，并综合运用上述解决机制针对性地、依法、妥善、便捷地解决高校与师生权益的纠纷。同时要充分考虑我国的实际情况，充分发挥传统制度的优点，以申诉、诉讼等制度为主，以调解等制度为补充，[1]要特别注重和发挥基层调解组织、教职工代表大会、学生团体和法制工作机构在处理纠纷中的作用，建立公平公正的处理程序。将因人事处分、学术评价、教职工待遇、学籍管理等行为引发的纠纷，纳入不同的解决渠道，提高解决纠纷的效率和效果。要尊崇法律、尊重司法。对难于在校内完全解决的纠纷，应当按照法定程序，提交有关行政机关、仲裁机构、社会调解组织或者司法机关依法解决。对师生与学校发生的法律争议，学校应当积极应诉，认真落实法律文书要求学校履行的义务。

（二）完善师生权利救济制度。

高校要设立教师申诉或者调解委员会，对教师因职责权利、职务评聘、年度考核、待遇及奖惩等，与学校及有关职能部门之间发生的纠纷，或者对学校管理制度、规范性文件提出的意见，及时进行调解和处理，并做出申诉结论或者调解意见。教师申诉或者调解委员会应当有广泛的代表性和权威性，成员应当经教职工代表大会认可。完善学生申诉机制。学校应当建立相对独立的学生申诉处理机构，其人员组成、受理及处理规则，应当符合正当程序原则的要求，并允许学生聘请代理人参加申诉。学校处理教师、学生申诉或纠纷，应当建立并积极运用听证方式，保证处理程序的公开、公正。现代领导学将领导体系划分为决策系统、执行系统、监督系统和咨询系统。[2]完善师生的权利救济制度，必须同时辅以决策权、执行权、监督权相互制约的运行制度。

（三）健全安全管理及突发事件的应急处理机制。

高校要根据新时代大学生的特点，建设法治的校园文化环境，文化其实就是人们的生活方式。[3]法治的校园文化将会对高校、教师、学生的工作、学习、生活方式产生一定的影响，在高校法治文化熏陶的基础上，高校师生民主参

〔1〕 薛传会:《论国外高校校生关系理论发展和冲突救济演变的借鉴意义》，载《教育发展研究》2007年第10期。.

〔2〕 牛雄鹰:《现代领导学》，清华大学出版社1997年版，第240页。

〔3〕 胡适:《我们对西洋近代文明的态度》，载《胡适文存》(三集)，黄山书社1996年版，第1页。

与、完善校园安全管理制度，落实对学生教育与管理的法定职责，健全高校安全事故、突发事件应急处理机制，切实保障教师、学生的人身权和财产权，维护高校秩序的稳定。要积极借助政府部门、社会力量、专业组织，构建高校安全风险管理体系，形成以校方责任险为核心的校园保险体制，建立高校安全风险管理制度、学生伤害事故调解制度，健全安全风险的事前预防、事后转移机制，建设平安、和谐校园。

（四）完善司法对高校学术自由一定程度的介入。

现代大学有两大基石，一块是学术自由，一块是大学自治，[1]但学术自由不是无原则的自由，大学自治也不是象牙塔内的法律盲区。高校的学术评定对高校师生的影响至关重大，牵涉到教师学生的职称晋升、学位授予等。但由于学术方面的专业性，司法甚少介入，或者无力介入，从而使高校的学术委员会权力过大。一般而言，立法如何规范学术领域，司法如何评价学术领域，在实体操作上的确存在一定的困难。但对学术委员会选任规则合法性问题，学术评定中程序的合法性问题，可以司法介入。如发现和学校章程或者法律法规相抵触的，可以通过司法途径予以保障师生的权益，以免出现高校学术的真空区。

〔1〕 徐显明：《大学理念与依法治校》，载《中国大学教学》2005年第8期。

# 第五章　教育行政管理体制对高校依法治校的制约

在行政法律关系上，教育行政部门一方为行政主体，各高校、教育机构为行政相对人，教育行政部门依法对其所属高校进行领导和管理。教育部以及教委、教育厅、局、办等各级教育行政部门相互协调配合，对高校形成体系化、统一的管理机制。但是，我国教育行政主管部门在行政管理中忽视高校自身特点，导致各高校在“依法治校”的发展过程中受到诸多影响和制约。

## 一、教育行政管理上的“老问题”

### （一）老问题之一：忽视教育规律和高校自主办学特点

1985年《关于教育体制改革的决定》首次提出“扩大高等学校的办学自主权”，2013年教育部公布的《全面推进依法治校实施纲要》也明确指出，“要从具体的行政管理转向依法监督、提供服务，减少过多、过细的直接管理活动”。赋予高校自主权，让其自主开展教学活动、科研、调整学科、自主制定学校规划，可以使各高校根据自身专业优势、地域优势、学术水平、规模制定发展规划，特色办学。但是目前来看，高校在招生、专业安排和设置、科研、国际交流等方面并未享有完全的自主权，教育行政主管部门管理过细、“一刀切”，在一些方面仍限制着高校的发展。

教育行政部门掌握着高校的招生的命脉，控制着学校招生计划、生源、学费标准、专业设置等。在行政部门的统筹规划下，虽然可以避免地域歧视、防止个别学校权利滥用，可以较为合理地分配教育资源，保证相对的公平公正，但统一而不区别的规定抹杀了高校的“个性”，阻碍了其特色化、专业化发展。近年来，为招录优秀、特长学生，我国改革招生录取工作，进行“自主招生”，但教育行政部门转变还未到位，也只是少数重点高校有此资格，且学校也只是在全国性考试的基础上对录取标准进行调整，在专业设置、人数规模、命题等方面并没有决定权。

专业设置和调整的本质是知识的排除和筛选，一些知识被淘汰，一些被选择。当某一知识门类获得专业建制，就表示它从学科边缘走向中心。[1]被选入专业目录的学科象征着得到了国家的认可和合法化，随之众多高校相继设置此类学科，在某种程度上引导了学术发展和研究趋势，也在一定程度上排斥了未入选学科。教育行政部门的专业控制不仅体现在专业结构的调整，还深入更具体的课程设置和课程教学。通过对主干学科内容或更具体教学的限制，高校对学科安排和设置发挥的空间很小，无法根据学术研究方向、社会发展趋势、地缘优势等因素调整适合同学、学校和社会变化的课程。不同地域、不同学校的相同专业，教学内容过于统一，培养学生类型单一，不利于高校特色办学的发展，也不能满足社会实践中对人才多样化的需求。

不仅如此，教育行政主管部门对于高校机构的设置和人才引进也管理过宽，过多干预，侧重行政化管理，忽略了学校的本身的“学术”性质，使“办学自主权”难以与相关行政规定相匹配，不利于高校系统管理。

### （二）老问题之二：管理方法思路和方法存在桎梏

教育行政部门名为依法管理，但管理模式严重“行政化”，制度僵化，规定教条。新中国成立后，由于我国实行计划经济体制，高校管理也深受影响，人、财、物由国家统一计划、统一供给，形成集投资、办学、管理为一体的行政集权型模式，刚性的行政化管理模式成为我国高校管理的基本方式，延续至今。[2]高校犹如政府下的一个附属机关，各个学校千篇一律，设施同一，实施行政化管理，用行政部门的思想和理念来管理高校，依照行政体制构成和运行。过度的行政化掩盖了高校的学术性，使得学术权力在高校管理中无法对抗行政管

〔1〕 樊平军：《专业设置——一种官方知识的控制》，载《中国高教研究》2010年第7期。

〔2〕 秦德军、陈雪红、陈蔚：《推进我国高校治理能力现代化的若干思考》，载《东华大学学报》（社会科学版）2014年第2期。

理权，导致学者们热衷政事，摒弃学术。“官本位”的思想促使行政权力无限放大，淡化了学校的服务意识。[1]

在依法治国的大环境下，通过多年法制建设，我国教育领域形成了以《宪法》为核心，《教育法》为基本，并与各单行法、行政法规、地方性教育法规、部门规章、地方政府规章等法律一起构成了我国的教育法体系。教育行政部门也本着“合法行政”、“依法治校”的理念管理教育机构。但我国教育行政管理仍以传统模式为主，按照政策、文件办事，没有形成在相关教育法律、法规的依据下合理行政的良好形势和习惯，使行政管理活动与法律脱节。随着法治化的发展，公民的维权意识加强、法律思维提高，学生、教师更注重通过合法途径保护自身合法权益，然而教育法律却未及时有大的改进和变化，现有的法律体系逐渐落后，难以适应新环境下的教育改革和发展需求。

## 二、教育行政管理上的“新问题”

### （一）新问题之一：管理体制和管理效率仍需提高

高等教育相关的法律、法规，规范性文件、决定等，规定高校的义务多权益少，权利义务不平等，教育行政立法滞后。立法是为了通过对权利、义务的规范和确定，区别行为主体的界限，从而建立一种动态的平衡机制。但现有的法律体系侧重建立便于管理的秩序，相对人的权益不合理，也不符合现代的法治理念。[2]例如，我国就在申诉制度方面缺少具体规定，以至于学生、教师向教育行政部门投诉时，没有一套完整的申诉处理机制，行政机关无合适的法律作为依据参考，无相关法律约束和监督，最终导致申诉失败，或是处理程序不合法，或是行政机关拖延处理，结果不了了之。

教育行政部门在日常行政时，往往注重效率，看重结果，轻视管理效果和后续监督的完善。我国没有形成一套完整的教育监督体系，相关法律、法规欠缺，使教育行政部门执法缺乏强有力的保障和法律依据。并且，目前的教育行政执法监督工作形式主义严重，没有完整的监督规则，对于一些高校钻漏洞，在检查前突击整改，甚至为了应付上级行政部门检查调整正常工作，停课整顿，打乱学生、老师的教育教学工作的恶劣行为睁一只眼闭一只眼，违背了规

〔1〕 付志平：《中国特色社会主义的大学模式》，吉林大学2013年博士学位论文。
〔2〕 吴冰：《高等教育管理依法行政的法制保障》，武汉理工大学2007年硕士学位论文。

则制定、教育行政执法的初衷。

此外，教育行政部门从中央到地方，管理层级较多，管理信息和程序在传递时容易出现误差，这增加了行政管理成本，为行政部门和各高校工作设置了不必要的障碍。行政部门众多，人员编制庞大，机构职能冗杂，权责界限不明，引发部门间相互推诿、政出多门的现象，给高校工作造成不便。

（二）新问题之二：回应新时期高校的新趋势和新特点

互联网的发展，不仅改变了人们的交流和表达方式，改变了人类的思维模式，也创新了一种新的管理模式，为教育行政部门、高校和学生、教师间搭建了新的交流、管理平台。高校是优秀青年的集合地，而这群人往往接受新鲜事物较快，教育行政部门在依法治校时应充分利用网络优势，迎合学生和教师心理，将现代网络技术、传播手段与治校、管理相结合，力求效果最大化。

传统的行政管理模式、宣传模式单一，仅教育行政部门——高校——学生——教师这样的单项交流，信息无法直接送达相关人，且易出现错误。利用互联网，可以突破时间、空间、地点的约束，方便信息传递与行政管理，有利于依法治校工作的实施和开展。利用网络环境，行政部门可将工作内容直接传达至学生和教师，甚至可以集结不同校际间、不同城市和国家学校的资源，不仅方便工作宣传，创新工作形式，提高工作效率，也能随时、直接掌握大学生的第一手动态，有针对性地教育，强化工作效果。

但须注意的是，教育行政部门如利用互联网对高校进行管理，应合理统筹安排，保证网络账户质量，制定相应的管理规则。行政部门开设社交公共账号，不是越多越好，应该互相协调，开设必要且内容质量高的账号，将资源整合集中。同时，在网络环境下应注意保护学生、教师的信息安全。近年，在研究生考试报名结束后，很多同学都收到了“转卖答案”、“考试包过”等内容的诈骗信息，在未透漏给他人报名信息的情况下，“中国研究生招生信息网”这一教育部官方指定的网站成了学生们首先怀疑泄露其信息的对象。信息泄露不仅侵犯了学生的隐私权，也会让教育行政部门失去公众的信任和安全感。

教育行政体制是指一个国家的教育行政组织系统，包括国家的教育行政组织设置，各级教育行政机构的隶属关系及相互之间的职能划分。在行政法律关系上，教育行政部门一方为行政主体，各高校、教育机构为行政相对人，教育行政部门依法对其所属高校进行领导和管理。教育部以及教委、教育厅、局、办等各级教育行政部门相互协调配合，对高校形成体系化、统一的管理机制。教育行政体制的发展趋势是中央教育行政部门将权限下放给地方教育部门，将宏观管理和调控权力集中于中央，集中执法和监管权；地方政府的教育行政部门则加强教育行政的执行和各项具体职能的管理和建设。但是，我国教育行政部门在行政管理中忽视高校自身特点，导致各高校在“依法治校”的发展过程中受到诸多影响和制约，影响我国教育质量、服务能力和学术水平的发展。教育行政部门管理体制和方法滞后，缺乏完善的监督体系，致使高校贪污腐败现象日益严重。

### 三、教育行政部门的法律地位和基本职能

根据《宪法》和《教育法》的规定，中央一级专门教育行政组织是教育部。教育部作为国务院主管教育工作的职能部门，是国家教育行政的执行机构。省级主管教育行政工作的机关是教育厅，同时，在市县一级设教育局，在乡镇一级设立教育组，分别在本辖区内行使其权力，专门负责教育行政管理事务。由此，我国的教育行政工作从中央到地方形成了条块状的组织结构，协调不同行政区域内的教育事务，促进国家教育事业的发展。

#### （一）对高校运行的宏观管理和服务功能

1994年颁布的《国务院关于〈中国教育改革和发展纲要〉的实施意见》明确提出教育行政部门运用立法、拨款、规划、信息服务、政策指导和必要的行政手段对高校进行宏观管理的职能。《教育法》第15条第1条规定：“国务院教育行政部门主管全国教育工作，统筹规划、协调管理全国的教育事业。”《国务院办公厅关于印发教育部主要职责内设机构和人员编制规定的通知》对我国教育行政部门的职责做了进一步明确划分，教育行政部门应该依照有关规定建立有教育和社会各界专家参与的科学民主的决策机制，制定与完善高等教育工作相关的方针、政策和法规，指导、检查高校对于国家教育方针政策的贯彻落实。教育行政部门可以利用财政拨款、收费政策和助学金贷款政策合理配置不同地区高校和不同社会阶层群体间的教育资源，发挥拨款机制的宏观调控作用。教育行政部门需要立足于高等教育可持续发展的角度对于总体生源统筹规划，建立健全有利于优秀人才选拔的多元录取机制。教育行政部门应该制定和更新各层次高校和学科类型的质量标准、办学标准等，使教育主管

部门和社会评价机构有据可依。教育行政部门应当建立健全各部门统筹推进落实学校办学自主权的会商机制，减少过多、过细的直接干预活动，进一步落实高校学科专业设置、教师职称评审、岗位管理等方面的自主权。

服务型政府的职能定位鲜明地体现出市场经济、计划经济体制下形成的对政府教育管理职能的挑战。[1]2012年的《全面推进依法治校实施纲要》指出教育行政部门在对高校进行指导管理的同时需要为高校提供服务。高校的运行资金主要来源于政府的财政拨款，教育行政部门应该建立财政性高等教育经费投入稳定增长机制，完善并逐步提高各级各类教育生均拨款和生均公用经费拨款标准，解决高校在财政上的后顾之忧。在确保高校教育专用资金在政府财政预算中的比例不断提高的情况下，开拓高校向社会筹集办学经费渠道，充足的办学经费才能确保高校有能力满足教育发展的需求。规范与协调高校与社会、高校与政府以及高校之间的利益关系，构建政府、高校和社会之间的良性互动机制。同时，保障高校在社会中的独立法人地位，保护高校的利益不会被其他部门或者教育资源相关主体侵犯。健全学校安全管理制度和突发事件应急处理机制，保护广大师生的人身财产安全。积极开展校园及周边环境的治理工作，为高校的发展创造良好的办学环境和生存空间。

（二）对高校运行的监督和评估功能

高等教育必须依靠严格的监督手段和机制才能快速稳健的发展，要求教育行政部门集中整治高等教育管理体制中的违法现象。由于公立学校的财产所有权归国家所有，公立学校的一切费用、设施由国家提供，国家当然有权对公立学校进行管理，而教育行政部门受国家委托管理公立学校。因此学校一方面是独立的法人，拥有独立办学的权利，另一方面也需要接受教育行政部门的监督。私立学校由于是更具自主性的法人实体，相对于公立学校而言享有更大的自主权，但也应当接受教育行政部门的检查和指导，如果有违反法律规定的行为，也要接受教育行政部门的处罚。

《全面推进依法治校实施纲要》提出要“依法建立健全对学校的监督和指导机制”，在给予高校充分的办学自主权的同时，加大对于高校自主权行使的监督力度，切实做好事中、事后监管。教育行政部门应该制定和完善各级各类

[1] 詹琼雷：《高等教育管理体制改革中政府职能转变研究》，湖南农业大学2009年硕士学位论文。

教育质量标准，整合教育质量监测评估机构和资源，加强对高校的质量监测。教育行政部门可以组织教育界、知识界和用人部门定期对高等学校的办学水平进行评估，对办学质量高的学校给予荣誉和物质上的奖励，对教学质量存在严重问题的学校要整顿以至停办，建立健全政府、学校、专业机构和社会组织等多元参与的教育评价体系。《国务院办公厅关于加强民办高校规范管理引导民办高等教育健康发展的通知》要求各级政府建立政府对民办高校的督导制度，省级政府教育主管部门乡民办高校委派督导专员。督导专员依法监督、引导学校的办学方向和办学质量，向政府主管部门提出工作建议。教育管理部门应该建立督政与督学并重的教育督导制度，健全督导检查结果公告制度和限期整改制度，完善对学校及其负责人的问责机制；完善行政监管机制，引入社会监督和利益相关人监督，畅通在校老师和学生的申诉和权利救济途径，实现对高等教育质量的全方位监督。教育行政部门通过章程建设，明确高校办学自主权的内涵，以及主管部门与高校之间权利义务和管理职权的边界，推动高校健全完善法人治理结构和自我监督机制。

## 四、教育行政部门履行职能的现状分析

1949年以来，我国先后多次对教育行政体制践行改革。1985年《中共中央关于教育体制改革的决定》颁发以后，转变政府教育管理职能开始成为教育行政体制改革的重点内容。教育作为一种准公共产品，长期以来被误认为是一种公共产品而被当然的认为应当由政府提供。近些年来，人们逐渐认识到，教育的这种公共性并非教育当然的属性，而是社会制度的特殊安排。我国教育行政部门在行政管理中忽视高校自身特点，缺乏对高校的监督和指导，导致各高校在“依法治校”的发展过程中受到诸多影响和制约。

### （一）忽视教育规律和高校自主办学特点

1985年《关于教育体制改革的决定》首次提出“扩大高等学校的办学自主权”，2013年教育部公布的《全面推进依法治校实施纲要》也明确指出，“要从具体的行政管理转向依法监督、提供服务，减少过多、过细的直接管理活动”。高校在教育行政部门宏观管理和监督下，具有高校岗位管理自主权，制定和完善高校编制及岗位管理制度；拥有高校用人自主权，根据学校的情况和需求制定高校教师和其他工作人员的招聘条件和标准，根据岗位设置方案和管理办

法，对受聘人员定期培训评估；享有高校教师职称评审自主权，高校通过综合参考教师的科研成果、教学水平等不同标准改进教师职称评审方法，让真正钻研提高学术水平和教学质量的优秀教师获得相应的职称。同时，高校在执行国家的政策、法令、计划的前提下有权在计划外接受委托培养学生和招收自费生，有权接受委托或与外单位合作，进行科学研究和技术开发，建立教学、科研、生产联合体。赋予高校自主权，让其自主开展教学活动、科研、调整学科、自主制定学校规划，可以使各高校根据自身专业优势、地域优势、学术水平、规模制定发展规划，特色办学。

随着我国市场经济体制逐渐完善，高等教育体制改革也不断深化，高校的办学自主权得到了一定程度的扩大和落实，促进高等教育事业和其他社会事业的发展。但是目前来看，高校在招生、专业安排和设置、科研、国际交流等方面并未享有完全的自主权，教育行政部门基本掌握与高校发展相关的教育资源，在人事管理、资金运用甚至在科学研究和学术课题方面拥有绝对的管理权，在一定程度上限制着高校的发展。教育行政部门在具体的高等教育管理中，集管理者、办学者和举办者为一体，对高校进行严格的行政性管理，过多干预高校办学过程中的具体环节。

第一，招生自主权。教育行政部门掌握着高校的招生的命脉，在行政部门的统筹规划下，虽然可以避免地域歧视、防止个别学校权利滥用，可以较为合理地分配教育资源，保证相对的公平公正，但统一而不区别的规定抹杀了高校的“个性”，阻碍了其特色化、专业化发展。近年来，为招录优秀、特长学生，我国改革招生录取工作，进行“自主招生”，即国家举办的高等学校按照原国家教委颁布的《普通高等学校本、专科招生计划管理意见》中“核定普通高等学校招生规模办学条件标准”的规定，在核定的办学规模内制定年度招生计划，根据本校情况和专业特点提出招生附加条件，自主决定系科招生比例，提出面向省级行政区域招生数，经国务院教育行政部门综合平衡后下达本、专科招生来源计划。[1]但教育行政部门权力的下放还未到位，只是少数重点高校有此资格，对于大部分高校来说，其招生计划、生源分布和招生比例等还是由相关的教育行政部门掌控。即使是有“自主招生权”的高校，其可调控的比例权

〔1〕 黎霞：《服务型——模式下政府与公立高校关系中的政府定位研究》，电子科技大学2010年硕士论文。

限也很小，对于专业设置、人数规模、命题等方面并没有决定，高校可控的自由度无法满足高校发展的实际需要。从招生的具体办法上看，国家实行的是统一的应试录取程序，学校只是在全国性考试的基础上对录取标准进行调整，对于招生录取缺乏选择权和主动权。同时，由于教育行政部门有权影响加分、特长生、投档等，社会很难相信高校自主招生的公平性。

第二，专业设置权。专业设置和调整的本质是知识的排除和筛选，一些知识被淘汰，一些被选择。当某一知识门类获得专业建制，就表示它从学科边缘走向中心。[1]被选入专业目录的学科象征着得到了国家的认可和合法化，随之众多高校相继设置此类学科，在某种程度上引导了学术发展和研究趋势，也在一定程度上排斥了未入选学科。教育行政部门的专业控制不仅体现在专业结构的调整，还深入更具体的课程设置和课程教学。通过对主干学科内容或更具体教学的限制，高校对学科安排和设置发挥的空间很小，无法根据学术研究方向、社会发展趋势、地缘优势等因素调整适合同学、学校和社会变化的课程。不同地域、不同学校的相同专业，教学内容过于统一，培养学生类型单一，不利于高校特色办学的发展，也不能满足社会实践中对人才多样化的需求，这也是我国培养不出世界一流人才的重要原因。

第三，对外学术交流和科学研究权。虽然法律明确规定高校有权自主开展与境外高校之间的科学技术文化交流活动，但在实际操作过程中，高校想要进行此项活动必须经过复杂的上报程序和严格的行政审批，周期长、难度大，滞后性显而易见。[2]几乎所有学科的大部分重大研究课题都是由教育行政部门发起的，政府拟定并资助与国家利益有关的重大课题研究是必要的，但是目前由国家包揽重大课题研究的情况压缩了高校和学者选择研究方向的自主性，同时导致高校将申请到的教育行政机构发布和资助的课题作为教师科研水平和教学质量的重要标准，造成教师苦心钻营获取课题的现象。教师在拿到课题后只是为了达到结项的标准，科研资金大多数也用于自己的生活和消费需要，最后的科研成果也无法带来教育行政部门预期的效益。有行政职位的学者在竞争课题、享受资助以及学术荣誉等方面具有垄断性的优势，无疑是一种

---

〔1〕 樊平军:《专业设置——一种官方知识的控制》，载《中国高教研究》2010年第7期。

〔2〕 李宁:《论新公共管理视野下政府管理高等教育的职能定位》，东北师范大学2006年硕士学位论文。

显著的学术腐败，造成资源使用的不当和资源分配的不公。本应该专心钻研学术的专家、学者主动或被动地参与校园政治活动，放弃或者用更少的精力进行科学研究，阻碍了高校科研学术进步。

第四，教学管理权。教学质量是高校生存与成长的着力点，随着我国高等教育普及化程度提高，高校的教学管理必须不断修订以满足高等教育发展的需求。但是，高校教学计划中必须开设的课程，包括课程名称、教学内容和学时都由教育部统一规定，更新完善教学计划、教学体系和教学内容的余地很小。学生被要求研修的与专业无关的政策性课程占有一定比例，不仅浪费学生选取课程相关的费用和大学宝贵的时间，而且不能满足高级专门人才的培养需求。

（二）管理方法思路和方法存在桎梏的具体表现

第一，高等院校行政级别化。1949年新中国成立后，高校被划入事业单位，在管理模式上套用国家行政机关的组织管理模式。高校的级别按照行政级别划分，分为副部级、正厅级和副厅级等，教育行政部门根据学校的行政级别分配教育资源。大部分副部级高校是教育部直属高校，办学经费由中央和地方政府的财政保障，其校长和党委书记享受与高校级别相同的行政职务和待遇。正厅级和副厅级的高校数量较多，由中央各部委和省级教育行政部门实行双重管理。给予高校行政级别在某种层面上有利于工作的展开，以985高校为例，985高校被定为是副部级，省级干部是这些高校经常需要打交道的对象，对等的行政级别会让领导干部产生门当户对的感觉，沟通交流更为顺畅。但是强化了高校对于教育行政部门的依附和隶属，弱化了高校独立的法人地位，造成了许多高校热衷于扩大学校的规模和增加教学科目，力求提高学校的行政级别以获得更多的教育资源，同时高校领导也能获得更高的行政级别。高校内部的行政级别完全参照国家机关的行政级别划分，副部级、正厅级、副厅级高校的行政人员被相对应地划分为副部级、正厅级、副厅级、正处级、副处级、正科级和副科级，每一个行政级别背后附加着种种特权和特殊待遇。国内各高校相互比较的是行政级别的高低，而非是教学质量和学术研究水平的优劣，导致高校已经偏离应有的学术属性和学术功能。教育行政部门直接向高校下发行政命令，强化了高校官本位思想，严重干扰了高校内部的正常管理和发展，制约了高校的科学发展。教育行政部门还仿照行政官员的级别每年评选国家级、省级教学团队、精品课程和教学名师等，正常的教育分工也被行政级别化。

第二，行政机关模式配置和任免干部。高校按照行政部门的结构进行划分和管理，形成了从教育行政部门——校领导——院（系）——教研室的自上而下管理体系。随着我国高校现代化和制度化，高校办学规模不断扩大，机构和行政人员的数量不断增加，机构的重叠和人员的超出十分常见，领导成员也愈来愈多，甚至达到十人以上的规模。看似分工更加明确，实际上许多人空占其位不干实事。高校内部管理人员的学历水平、专业背景相差较大，管理水平参差不齐，有的管理人员是领导或者引进学者的配偶，有的管理人员是因为无法胜任教学工作调任行政职位，还有的管理人员年纪比较大，难以接受新颖的管理方式，跟不上管理现代化的进程。行政管理人员将升官、晋职作为自身发展的目标，对于行政工作流于表面。部门之间各自为政，在工作中讲求利益条件，缺乏团队合作意识，遇到事情即相互推诿的情况，办事效率极其低下。行政人员的扩充同时增加了教育成本和财政负担，造成了教育资源的浪费，把不正当的个人利益带到公务活动中，必然带来高校腐败。

为了确保高校教育和学术的核心地位，高校的主要领导应该由教师、学生从教授学者中选举产生。但是目前高校主要领导是由上级党政机关或者组织部门直接任命的，省属院校的领导由省委组织部任命，部属院校的领导由部委组织部任命，享受相应行政级别待遇。无论高校领导的工作好与坏，高校内部无法将其罢免，必然会产生对上不对下负责的现象。高校领导行政级别的存在一定程度上导致高校成为政府部门提升领导干部的场所，而这些领导干部往往既不是教育家也不是学者，甚至对高校运行的基本规则和教育教学的基本规律都不了解，给高校带来的只是官僚作风和行政文化。高校行政化导致学者教师在面对行政人员时处于弱势地位，行政官员对于教育者不尊重的态度直接导致社会轻视教授、学者。在这种环境下，教职员工得不到应有的重视，行政领导又过度地重视学校组织的权威性、层级性和规范性，强调命令的上传下达和规范统一，学生工作的创造性、却别性和个性被严重忽视，学术研究和教学工作中缺乏推进力，反而在行政系统中汲汲钻营，迅速行政化和官僚化，严重扭曲了学术的本质和大学的精神，使学术权力也有意识地按照行政权力的运行方式运行，致使学术体系形成了科层化、行政化的趋势。

第三，以行政部门为主分配资源。高等教育资源作为一种稀缺资源，对于高校的发展至关重要。高校科研经费绝大部分来自教育行政部门的财政拨款，财政拨款体制没有与社会主义市场经济体制相协调，社会捐赠占教育经费的比例很低而且运行效率低下，没有形成高等教育经费投入多元化机制。由于事先评定了各高校的行政等级，教育行政部门在分配教育经费时完全按照森严的等级，国内知名高校和“985”、“211”高校所获得财政拨款可能是其他高校的几倍。所谓“经济基础决定上层建筑”，高校拿着教育行政部门划拨的资金不得不听命于政府，成为教育行政部门的附庸。教育行政部门对高等教育的投入严重不足，财政拨款加上学费的总额不到学生培养费用的一半。财政拨款的基本办学经费按照高校的行政级别和学生人数确定，项目金额稳定；而专项经费根据学校科研项目的级别和数量确定，数额较高、弹性较大。而专项经费是由教育行政机关控制，高校为了获得更多的专项经费只能多到教育行政部门进行商谈，行政级别越高的高校获得的专项经费越容易。当整个教育体制陷入一个“政府主导”的制度设计模式下，政府对于高等教育的所谓扶持和支持，不仅仅拘束了高校的学术自由，更会阻碍了社会整体教育制度的进一步发展。政府当然可能提供一个有效的，甚至是高校的教育制度，从而促进教育事业的发展，但政府作为一个宏观的管理者，对于教育体系中的变革和发展很难保持高度的敏锐性，从而导致政府所提供的教育制度是低效的。在这种制度下，它不仅不能建立有效的教育秩序，或者即使建立了有效的教育秩序，这种所谓高校的教育秩序也会在迅速发展的教育市场中变得僵化而教条，使教育停滞不前，甚至衰退，最后变成高校自治的绊脚石。

第四，机构设置上级对口化。高校内部机构的设置并非根据教育和学术发展的需要，而是根据上级教育行政部门的管理需要进行设置的。在机构的功能上更偏向对接和贯彻相关教育行政部门的政策，而非对校内业务的管理和服务，导致行政教育体系官僚作风强，服务意识差。〔1〕高校内部的管理部门出现很多机构重叠，机构庞大的情况；多部门之间职能结构不清，未能理顺部门之间的职能；高校内部行政部门权责不明、错位现象时有发生；人事设置脱节，缺乏明确的岗位责任制，也缺乏有力的责任监督机制和有效的激励机制。

〔1〕 杨颉：《关于高校去行政化问题的思考与对策》，载《高等教育管理》2010年第4卷第6期。

第五，人才引进和职称评定行政化。教育行政部门对于高校人才引进和职称评定管理过宽，过多干预，侧重行政化管理，忽略了学校的本身的“学术”性质，不利于高校学术水平和教学质量的提高。在当前的职称评定模式下，不科学的量化管理如老师教授的课时数量、在国内外核心期刊发表论文的数量、主持课题的级别和数量、专利或者个人专著数量以及为高校争取的专项经费成为升职的依据，这种单一僵化的指标性评价模式带导致教师剽窃、抄袭他人的文章随处可见。

在依法治国的大环境下，通过多年法制建设，我国教育领域形成了以《宪法》为核心、《教育法》为基本，并与各单行法、行政法规、地方性教育法规、部门规章、地方政府规章等法律一起构成了我国的教育法体系。教育行政部门也本着“合法行政”“依法治校”的理念管理教育机构。但我国教育行政管理仍以传统模式为主，按照政策、文件办事，行政级别和官本位在高校管理中占据主导地位，没有形成在相关教育法律、法规的依据下合理行政的良好形势和习惯，使行政管理活动与法律脱节。随着法治化的发展，公民的维权意识加强、法律思维提高，学生、教师更注重通过合法途径保护自身合法权益，然而教育法律却未及时产生大的改进和变化，现有的法律体系逐渐落后，难以适应新环境下的教育改革和发展需求。而在我国已经颁布实施的法律法规的规定中，教育行政管理部门和高校的法律地位存在严重的失衡，笼统概括教育行政管理部门的权力，没有清晰的权力限定，对高校的办学自主权表述语焉不详，没有清晰的界定，教育行政管理部门处于绝对主导地位，在权力没有界定的空间内挤压高校的办学自主权。

一旦这种低效的教育秩序作用于整个教育领域，会导致全教育领域的低效、浪费和腐败。当政府对教育领域的“垄断”不断加强时，教育腐败的现象也随之发生，其中乱收费现象就是其中最典型的代表。当然，教育腐败还体现在教育系统贪污贿赂等职务犯罪等多个方面。作为公益机构，教育机构本应淡化行政色彩，让政府成为教育机构的投资者而非直接参与者和管理者，但在现实中，目前我国的教育机构仍然沿用行政机关的管理模式，办学流程严格遵守教育主管部门所制订的规则，任职期限、职位升迁和调动也都被掌握在主管部门手中。这种模式很容易导致教育机构管理的官僚化，权力的过度集中和社会监督机制的缺位，使教育机构在升学考试、招生录取等环节存在大量的腐败行为。[1]而导致这些严重违背教育公平，发生教育腐败现象的，往往是教育机构中握有实权的领导者，而发生这些腐败现象的根源在于，过度的行政介入导致市场涉入的空间狭窄，而缺乏市场的监管必然导致对权力的监督制约缺乏有效的监管。由此可见，过度的行政介入和行政化运作是导致教育机构寻租腐败现象发生的重要原因。

（三）管理体制和管理效率亟待要提高

高等教育相关的法律、法规，规范性文件、决定等，规定高校的义务多权益少，权利义务不平等，教育行政立法滞后。立法是为了通过对权利、义务的规范和确定，区别行为主体的界限，从而建立一种动态的平衡机制。但现有的法律体系侧重建立便于管理的秩序，相对人的权益不合理，也不符合现代的法治理念。[2]例如我国就在申诉制度方面缺少具体规定，以至于学生、教师向教育行政部门投诉时，没有一套完整的申诉处理机制，行政机关无合适的法律作为依据参考，无相关法律约束和监督，最终导致申诉失败，或是处理程序不合法，或是行政机关拖延处理，结果不了了之。

《高等教育法》第44条和第65条赋予了教育行政机构对于高校的监督评估的合法权力，评估的结果对于高校的发展具有"风向标"和"指示器"的作用。我国高等教育监督评估运行机制尚未成型，现有的评估机制基本限于以下流程：评估机构接受政府委托——代理机构聘请专家——政府主导下研制评估方案——专家进校按标准体系评分——给出评估成绩及等级——评估结果反馈。[3]我国教育评估体系建立和起步的时间较短，过于偏向国家利益而忽视了高校的利益，带有明确的计划经济的痕迹。教育评估机构缺乏相应的立法规定，因而教育中介机构主体性质和服务的范围都没有清晰的界定。目前我国现有的高等教育评估机构主要是教育部设立的评估机构和部分省级教育行政部门设立的评估中心，尚不存在独立于教育行政部门之外的第三方评估机构，教育行政部门定期组织的评估实际上由其主导，高校单向被动接受评估，其他高等教育利益相关主体对于评估的过程和结果都没有话语权。高等教育评估的理论和方法滞后，停留在介绍、引进国外的评估方法上，单一的评估机制很

---

〔1〕 魏杰、王韧：《"二元化"困境与中国的教育体制改革》，载《教育学》2006年第11期。
〔2〕 吴冰：《高等教育管理依法行政的法制保障》，武汉理工大学2007年硕士学位论文。
〔3〕 申圆圆：《管办评分离——政府治理高校的根本路径》，延安大学2015年硕士学位论文。

难涵盖所有类别和层次的高校，评估方法的科学性、评估标准和针对不同评估对象的评估指标仍需进一步明确。随着教育行政机构对于教育资源垄断地位的消散，已经不能完全掌握的评估信息出现“失灵”的状态，影响评估结果的科学性和有效性。开展评估的目的，是为了及时找出学校在教学、科研等日常活动中存在的问题，应在着重开展以纠正失误为目的的诊断性评估基础上，为方便政府做出政策决议而对教育活动本身所呈现的状态和效果进行形成性评估，最后以预先设定的教育目标为基础，对教育活动达到目标的程度，即对教育活动最终取得的成果、成绩的数量和质量进行终结性评估。[1]而目前教育行政部门花样繁多的评估是为了保持对高校的控制，对于提高高校的教学质量和科研水平的作用有限。

此外，教育行政部门从中央到地方，管理层级较多，管理信息和程序在传递时容易出现误差，这增加了行政管理成本，为行政部门和各高校工作设置了不必要的障碍。管理层级过多往往会带来管理活动中人力、财力的支出增大，消息传输的渠道延长，信息失真，层级之间的协调困难等问题。管理信息在传递的过程中难以避免地出现不同程度的流失和变形。管理信息在通过每个层级时就有可能出现一次流失和变形，而管理层级越多就意味着管理信息的流通渠道越长，流通渠道越长必然意味着信息流通所需要经历的层级越多，在传递过程中所产生的信息流失就会越多，变形和失真的情况越严重。因此，往往一个信息在经过多个行政管理层级的处理和传递后，管理信息传达到执行者手中与原始信息的差距较大。[2]教育行政管理部门中的这种现象不仅导致具体问题得不到有效的解决，更会导致高校与教育行政管理部门之间严重的沟通障碍。除此之外，行政部门众多，人员编制庞大，机构职能冗杂，权责界限不明，引发部门间相互推诿、政出多门的现象，给高校工作造成不便。

（四）回应新时期高校的新趋势和新特点

互联网的发展，不仅改变了人们的交流和表达方式，改变了人类的思维模式，也创新了一种新的管理模式，可以为教育行政部门、高校和学生、教师间搭建了新的交流、管理平台。高校是优秀青年的集合地，而这群人往往接受新鲜事物较快，教育行政部门在依法治校时应充分利用网络优势，迎合学生和教

〔1〕 洪贞银：《高职高专思想政治理论课评估研究》，中国地质大学出版社2006年版，第60页。
〔2〕 罗泽意：《资源分配公平视角下的教育管理》，湘潭大学出版社2014年版，第171～172页。

师心理，将现代网络技术、传播手段与治校、管理相结合，力求效果最大化。

传统的行政管理模式、宣传模式单一，仅教育行政部门——高校——学生——教师这样的单项交流，信息无法直接送达相关人，且易出现错误。利用互联网，可以突破时间、空间、地点的约束，方便信息传递与行政管理，有利于依法治校工作的实施和开展。利用网络环境，行政部门可将工作内容直接传达至学生和教师，甚至可以集结不同校际间、不同城市和国家学校的资源，不仅方便工作宣传，创新工作形式，提高工作效率，也能随时、直接掌握大学生的第一手动态，有针对性地教育，强化工作效果。教育行政部门可以通过互联网平台引导社会公众对高校的招生、办学质量、科研能力、财务管理、就业率等信息进行监督和评估，进一步推进"高校——社会——政府"新型互动关系的发展和成熟。

但须注意的是，教育行政部门如何利用互联网对高校进行管理，应合理统筹安排，保证网络账户质量，制定相应的管理规则。行政部门开设社交公共账号，不是越多越好，应该互相协调，开设必要且内容质量高的账号，将资源整合集中。我国现有的高校信息，除了教育部和各级教育行政部门的官网信息外，其他非权威机构作出的排名、评价等信息给求学者、就业者等群体造成了困扰，教育行政部门应对此进行监督。通过相关部门授予专业、权威的社会监督评价机构搜集客观数据并发布的权利，使不同评价机构在竞争中优胜劣汰，教育行政部门则节省了教育资源用于需要的领域。同时，在网络环境下应注意保护学生、教师的信息安全。近年，在研究生考试报名结束后，很多同学都收到了"转卖答案"、"考试包过"等内容的诈骗信息，在未透漏给他人报名信息的情况下，"中国研究生招生信息网"这一教育部官方指定的网站成了学生们首先怀疑泄露其信息的对象。信息泄露不仅侵犯了学生的隐私权，也会让教育行政部门失去公众的信任和安全感。

## 五、高校管理问题的原因分析

### （一）高等教育法律虚置

1980年制定的《中华人民共和国学位条例》是我国第一部教育法律，随后相继制定了《义务教育法》《教师法》《教育法》《高等教育法》等教育方面的专门法律，《普通高等学校学生管理规定》《普通高等学校设置标准》等行政规章,各地也根据本地高等教育发展特点制定了相应的地方高等教育行政法规。这些法律为依法治校奠定了基础,但是不可否认的是,法律体系仍然存在不完善的地方。《高等教育法》第30条规定:"高等学校自批准成立之日起取得法人资格。"为高校办学者和教育行政部门的管理者身份相区别,同时为高校独立自主办学提供了法律依据,但是法律法规对于高校办学自主权的具体解释存在疏漏,缺少例如高校与教育行政部门主体关系的定位、权利行使的尺度和范围以及相应的具体规则等涉及高校办学自主权实施、保障和监督等程序性规定,导致高校办学自主权的虚置,限制高校依法治校的落实。因此,要实现教育体制改革,改变国家教育行政主管部门对高校教育的干预过多的现状,最迫切的问题就是加强教育立法。

首先,我国高等教育立法设计存在缺陷,缺乏法治理念的指导。教育是社会主义现代化的基础,高等教育是国家关系国计民生的重要事业之一,政府拥有高等学校的举办权,依托高等教育实现国家的人才培养目标与战略应该是高等教育的首要功能,高等学校应当以培养人才为中心,开展教学、科学研究和社会服务,保证教育教学质量达到国家规定的标准。[1]我国的法律法规和政策认为高校给毕业生颁发的毕业证和学位证是国家授予学生的文凭和学位,将高校定位于国家授权的具有教育功能的专门机构。过分强调教育行政部门为了实现教育管理目标将一部门国家教育行政权下放给高校,其不需要真正拥有办学自主权,只需服从、执行教育行政部门制定的计划和政策。此外,《高等教育法》第1条将立法宗旨定位于教育行政机构对于高校的管理以促进高等教育事业的发展,实现科教兴国的目标,没有体现保护高校的办学自主权和控制教育行政部门的干预权的理念,导致教育行政部门的权力开放而义务模糊,高校的自主权有限并且义务不明确。在设置制度时缺乏法治理念的指导,侧重追求高等教育工具性的价值,难以为高校办学自主权提供法律保障。

其次,我国高等教育法律规定含混不清,高校自主权的范围和行政权力的边界没有明确的划分。实践中,高校法律地位的不明晰导致很多法院在处理与高校相关的问题上感到无所适从。根据《事业单位登记管理暂行条例》的规定,我国高校属于事业单位法人,但事业单位本身的定位就十分模糊,责任

〔1〕 张振华:《高校办学自主权及其落实问题研究》,南京农业大学2012年博士学位论文。

边界不清晰，这就导致高等学校在实践中面临的诸多难题。一些现有的教育法律法规已经不适应现在社会发展的行使，也存在与整体法律体系不相协调、不相衔接甚至与上位法相抵触的情况，一些在教育法律中的授权性条款没有相关的规定跟进，部分在教育实践中急需的重要教育法律，比如对高等学校法律地位的认定、教育投资、教育行政、高等学校与学生的法律关系的性质都还没有及时制定，由于这种教育立法迟滞于教育实践的现状，导致现有的教育法律缺乏可操作性。

《高等教育法》第32～38依次规定了高校拥有七个领域的办学自主权，为高校自主办学提供了基本的法律保障。但是法律没有规定高校办学自主权的一般性条款，缺乏基本规则的指导，法律规定过于简单笼统，缺乏相应的配套规定和法律解释。由于对高校自主权的范围和行政权力的边界没有明确的划分，行政权力对于高校的宏观调控往往会涉及原本属于高校自主权的范围。而且我国高校办学自主权的具体权利外延狭窄，最为突出的问题即高校的办学经费，法律只是规定由教育行政部门财政拨款到高校的经费由高校管理和使用，并没有规定高校自主获得教育经费的途径和具体操作的流程。办学经费是高校基本运行的保障，不能实现办学经费的自主获得即难以保障办学自主权的落实。高校在行使其自主权时在很大程度上受到束缚，不敢超越具体规定范围行使其自主权，于是在法定的自主权领域外，往往出现很多高校运营中的权力真空地带，而"家长式"政府往往在对这部分无法界定的权力的管理中产生越权，使这些本应属于高校自主权的权力沦为政府权力。此外，缺乏对于高校办学自主权约束的法律规定，高校的校长是由教育行政部门委任，即使滥用办学自主权也无法将其罢免。办学权行使义务、具体操作程序和违法行使自主权的空白容易导致校园贪污腐败案件，依法治校难以实现。我国高校包括大学、学院、高等专科学校三种类型，法律在规定高校办学自主权时既没有考虑到不同类型的高校之间的巨大差异，也忽视的地域的差别，导致高校办学自主权的法律法规没有针对性；一些高校为内部管理而制定的管理规定，虽然操作性强，但由于对法律法规的理解上的差异和自身情况的不同，导致制定的管理规定尺度不一，影响了公平性，也不利于发挥各类型院校的优势和特色。

最后，我国高等教育法缺少对政府权力的限定，法律救济程序不明。《高等教育法》在授予高校办学自主权的同时，规定了教育行政部门的办学干预权，包括高等教育规划权、对高等教育的领导权和管理权以及对高校办学水平、教育质量监督和评估权等。缺少对教育行政部门行使干预权限范围的界定以及超出权限需要承担的法律后果的一般条款，无法对形式多样的教育行政部门的干预进行有效的控制，使处于主导地位的教育行政部门失去了权力的制约和束缚，将法律没有明确的空白区域和双方拥有权力的中间地带纳入自己的管辖范围，导致教育行政部门权力的膨胀和高校办学自主权被压缩。

救济程序是赔偿或补偿法律关系主体受到的损失，将受到损害的人或者物恢复到侵权或者违约行为发生之前的状态的法律程序。在我国高等教育法律体系中，没有规定在高校的办学自主权受到教育行政部门或者社会相关主体侵犯时采取怎样的补救措施和权利救济的具体程序，也没有规定侵犯办学自主权的法律后果，没有机构或者个人因侵犯办学自主权而构成犯罪，教育行政部门的管理行为没有得到监督。由于缺少有效的权利救济途径，往往在高校师生与学校发生纠纷时，不能保证问题的有效解决，也使这些法律和规章在实施中难以收到实效，“重实体而轻程序”的问题当然不仅仅出现在教育法体系中，但是这样的法律体系设计使师生的权益救济得不到保障。

（二）教育行政管理体制障碍

自1985年《教育体制改革的决定》提出对我国的教育体制进行改革以来，政府在教改的过程中一直进行着各种尝试，但教改进程依旧收效缓慢。改革开放以来，我国社会的经济制度和政治制度的改革稳步推进，政府部门也在逐步转变自身观念和管理模式，但教育行政部门既是高等教育事业的投资者、高等学校的举办者，也是高等学校实际领导者与管理者的管理格局并没有发生根本性扭转和改变。[1]教育行政部门对高校一直保持着直接控制的行政管理模式，高校只是被动接受和执行教育行政部门的指令，这种管理体制是高校办学自主权和依法治校无法落实的根本原因。

第一，教育行政部门主导的高校运行体制的惯性延续。在计划经济时期，国家资源匮乏，教育行政部门通过行政手段保障高校的教学经费，利用国家干部制度保障学者的社会地位和生活水平，在我国高等教育发展初期起着至关

〔1〕 张振华:《高校办学自主权及其落实问题研究》，南京农业大学2012年博士学位论文。

重要的作用。教育行政部门对于高校进行高度集中管理，高校的一切办学活动都遵循国家或者主管部门的行政指令办事，接受教育行政部门的监督，它们是领导与被领导、命令与服从的单项“线性关系”。在长期计划经济体制上形成的惯性，教育行政部门习惯于在管理高校事务时采取行政审批等直接干预手段。市场经济的改革逐步带动教育体制的改革，教育行政机关逐渐意识到赋予高校更多自主权才能提供市场需求的服务。从1978年《全国重点高等学校暂行工作条例（实行草案）》到1985年的《中共中央关于教育体制改革的决定》，实施基础教育归地方，采用分级管理原则，扩大高校的办学自主权；再到1993年的《中国教育改革和发展纲要》，对我国高等教育进行重大体制改革和结构调整，将部门和地方各自办学转变为共同办学，对高等教育区域设置、学科、层次设置不合理的情况进行了管理体制和院系的调整，历次的教育体制改革政策对于高校的发展起着重要的导向作用。[1]1998年颁布了《中华人民共和国高等教育法》，标志着教育体制改革进入实质性阶段，具体规定了高校在招生、设置学科专业和对外交流等七个方面的办学自主权。历次教育体制改革都提出扩大高校办学自主权，弱化政府对高校的行政管理，但是从实际调查的结果来看，并没有解决高校行政化的问题，由于教育体制的惯性，高校行政化现象依然不同程度的存在，法定授权在实践中尚未完全实现，配置资源的核心权力仍然掌握在教育行政部门手中。目前教育体制改革的配套环节中进展最为缓慢就是高校办学经费投资体制，国家财政拨款仍然占据高校办学经费绝大部分的比例，在没有教育行政部门许可的情况下社会投资办学的资金很难进入高校。虽然国家每年投资教育的金额都在增长，但是相较于高校规模和招生人数的扩大来说杯水车薪。高等教育体制改革要求中央教育行政部门释放权力，归于省级教育行政部门而非直接下放到高校，实行的中央指导下的地方教育行政部门负责制。此外，还存在中央和省级教育行政部门“共建共管”办学体制，可能出现两级教育行政部门都牢牢控制住对于高校的管理权，无形中增加了高校的束缚；也可能出现两级教育行政部门都不愿意承担高校的办学经费，为了减轻财政的负担引进社会资金，造成社会相关利益主体控制高校的管理，无从谈及依法治校。

---

〔1〕 赵媛媛：《我国高校去行政化及改革路径》，河北师范大学2012硕士学位论文。

第二，教育行政部门角色转换不到位。随着市场经济的不断发展，政府的职能也随之变化，但是教育行政部门没能实现“全能政府”向“服务型政府”的转变。根据现代经济对于政府职能的要求，教育行政部门应该多利用宏观调控而非直接干预的方式，在管理的同时要为高校的发展提供信息、平台等引导和服务，利用完善的评估监督体系促进高校依法治校。目前，在政府和高校的关系中，政府依然直接参与并对高校的内部事务进行管理，对于我国的行政主管部门而言，高等教育管理体制就是一种行政性的，或者在行政体制下管理的一种管理体制，对于高校的管理也采取行政管理的手段，因此我们很容易发现，尽管国家强调应当重视高校在管理自身教育事务中的重要性，强调高校办学的自主权，但是目前我国的教育行政管理体制依旧存在大量教育行政主管部门对高校内部事务的干涉和管制，导致所谓的高校自主权落空。政府角色转换不到位，干涉本应由高校处理的事务，甚至由于政府部门自身的原因，当教育行政部门在对高校进行管理的规程中会不自觉地超出自身的权力范围，造成政府角色的越位和错位。由于政府作为高等教育的主要投资者和公立高校的所有者，政府对高校实行高度集权和垄断式的管理，使大学在与政府的关系上受到政府严格计划管理和行政干预，大学缺乏自主权，与政府的关系呈现出上下级政府部门之间的隶属关系，高校仍处于从属和被领导的地位，因此高校的自主权也是相对和有限的。教育行政部门难以把握宏观管理和微观管理之间的尺度，不自觉根据以往的管理经验从而超出自身职权范围对高校的各项办学活动严格把控。教育行政部门在转型的过程中，减少了行政指令和审批的数量，却不断增加和变化评估的内容和形式，从重大科研项目和实验室到教学科研基地、高校的教学质量和科研水平都要接受教育行政部门的定期评估，并作为分配教育资源的重要依据，成为教育行政机构寻租的重要途径。高校疲于应付教育行政机构各种类目的评估和各级领导的检查，耗费了大量的人力、财力和物力，对于本就不充足的教育资源来说更是一种浪费。

第三，对高校教育事务发展的评估监督工作失调。一直以来，我国的高等教育是以国家主办、政府投资的形式进行运转的。由于对高校的投资和管理的权力主要集中在政府手中，我国高等教育评估带有极强的政府干预特征，对高等院校教育评估的话语权实际掌握在教育行政主管部门手中，而教学评估也呈现出明显的行政性、权威性的色彩。政府十分强调国家教育行政部门对高等教育评估工作的组织领导，各级教育评估机构并不是社会民间组织，而社会各界（包括教育界、知识界和用人部门等）对高校的评估仅仅是政府评估的一种参考。近年来，随着高等教育的发展，高等教育的评估日益受到社会各界的重视，一些民间机构也在对高等学校的教育工作进行评估。但由此也带来一些问题。例如，进行教育评估的民间机构众多，造成评价的版本繁多，难以辨别不同版本的评价机构的区别，也难以判断这些评价结果的优劣。评估主体缺乏权威性，社会公信力也较低；一些机构的评价体系不健全、不合理，数据来源不明确，没有统一的数据库支撑，而评价结果也难以验证。同时，由于目前对高校教育工作的评估监督的法律法规还不健全，评估工作主要由政府进行，民间机构在进行教育质量研究的过程中缺乏制度支持，加上评估市场还不成熟，这些评估机构的工作需要依靠政府的支持，导致事实上一些发展较完善的评估机构具有了“准行政机构”的特质。由于政府既是教育评估的管理者，又是教育评估的实施者，很难保障教育评估的公正性和客观性。

（三）传统文化的惯性影响

中国有丰富的传统文化，对社会中的个人和机构的价值观念和精神层面有着根深蒂固的影响。其中“长幼尊卑”的儒家思想是社会伦理道德观的核心组成部分，这种自发的以家庭为核心的从内向外扩散的“上下”意识，深深地印刻在广大人民群众心中，在整个社会中有着广泛而深刻的影响。[1]中国两千多前的中央集权制度结合选拔优秀人才的科举制度，形成了“学而优则仕”的模式和“官本位”的社会心理，随着“士之仕也，犹如农夫之耕也”和“学成文武艺，货与帝王家”思想的广泛传播，官职成为知识分子自身价值衡量自身价值的重要标准，权力成为人们追逐、敬畏和服从的对象。“官本位”一说，是指社会大众以是否有官位以及官位的高低作为尺度来评判一个人的价值的一种心理意识。[2]虽然西方自由主义政治文化和社会主义政治文化对我国传统文化做出有益的补充，但是冰冻三尺非一日之寒，对于“官”和“权”的追逐深入整个中华民族的神经。除了经济领域之外，社会运行基本上以行政级别为导向。受到我国传统文化的熏陶，本应该远离行政权的教育机构也热衷于向行政权力靠拢，在现实利益的驱动下教授、学者在教学和科学研究之余围绕官位

〔1〕 付志平：《中国特色社会主义的大学模式》，吉林大学2013年博士学位论文。

〔2〕 卢向国：《中国传统政治文化研究》，中共中央党校出版社2004年版，第74页。

展开争夺，对高等教育的发展产生极大的负面影响。“官本位”思想在高校内的主要体现，一是在权力上，行政官员是高校的真正管理者，在学术处于被管理的弱势地位，教育资源配置、职称评定、工资的分配等与经济利益、个人荣誉挂钩的事务都是由行政部门最后决策，结果是在全国受表彰的优秀教师中，绝大部分都有行政职务，而普通教师受到排挤，行政权力的影响不断扩大，以教学为核心成为一句空话；二是在级别上，高校被划分为副部级、厅级和副厅级，高校内部的职能部门和编制也有等级，不同级别的待遇不同；三是在价值导向上，判断一个学者成功与否的标准是官职，而非学术水平的高低。“官本位”思想的盛行的结果就是不断加深高校的行政化，难改变高校依附于、听命于教育行政部门的现状，不利于高校依法治校的推进。

“人治”即为个人或者少数人掌握权力，运用政治、经济、法律和文化等手段治理社会绝大多数成员的社会治理体制，我国封建社会中央集权制实际上就是皇帝个人掌握国家权力治理社会绝大多数成员。不通过民主科学的决策方法，仅凭个人意志“拍脑袋”决定。目前我国教育行政部门在针对高校制定政策时并没有科学的决策机制，大多数情况是教育行政部门内部的一个机构决定，不会听取教育工作者和社会民众的意见，自然会产生偏向教育行政部门的现象。此外，儒家的价值伦理观念提倡在国家利益和个人利益发生冲突时，个人利益必须让位于国家利益，“小我”的利益必须作出牺牲，形成了轻个体、重整体的“大同”文化。而西方传统文化奉行自由主义强调个人价值，重视追求个人利益，在这样的文化惯性下，西方高校及教师、学生都享有相当程度的自主权，具备捍卫独立、民主办学环境的思维意识和行为能力。在倡导整体性和同一性的中央集权的国家，高校一直作为政治工具或者经济的手段而从未被视为独立存在的法人，传导出来的教育理念也是强调个人的服从性和适应性。在这样的文化氛围当中，高校无法摆脱对教育行政部门的依附和顺从，想要实现真正意义上的独立可谓任重道远。

## 六、完善教育行政体制的路径选择

### （一）完善高等教育法律法规体系

完善教育行政管理体系，实现教育行政部门依法行政和高校依法治校，首先要做的就是完善高等教育法律体系，保证教育体制改革有法可依。用法律法规规范教育行政机构的管理、监督行为以及高校行使办学自主权的行为，明确双方的权利义务范围和行使权利的具体程序，建立健全高校办学自主权受到教育行政部门侵害时的救济制度，规定相关义务主体在违反法律法规时所需要承担的法律责任，依法保障高校的办学自主权，同时监督高校依法行使权利，营造一个有利于高校依法治校的法治环境。为此，须做好以下几点：

首先，明确划分高校和政府之间的权限，确保高校办学自主权有法可依。

第一，针对高校法律地位不明晰的问题，应当加大对我国事业单位的改革力度，明确高校本身的性质和法律地位，使其成为名副其实的公共服务组织。要区分民办高校和公立高校法律地位。民办高校应当侧重于明确其司法上的地位，对公立高校则应重点规定其在公法上的地位。我国现有的立法上并未对私立高校的法人资格做出明确规定。明确私立高校的法人资格，同时应当规定其在受政府监督管理的同时，具有独立的自主权。在立法上明确高校与政府之间的关系，当前的情况是，我国的公立高校在实践中仍然是政府直接管辖的下属机构，公立高校的内部行政机构设置及其运转方式仍然保持着政府机关的运行模式。要理顺政府和高校之间的法律关系，就应当在法律中对高校的性质，特别是政府的管理权限以及高校在提供公共教育服务中是否享有公共行政职能，做出明确规定。

第二，修订和完善法律条文对于大学自主权的规定，做到清晰明了、具备可操作性。上文中提到，我国目前对于高校自主权的内容笼统地规定为七个大类，规定内容含糊不清，导致政府、社会各界、高校在对高校自主权的理解上产生歧义，使大学的自主权很难真正落实，同时容易产生滥用自主权的校园腐败现象。因此，有必要继续修改和完善《高等教育法》以及相关法律，明确大学自主权的内容和操作程序，使权力边界清晰，易操作。例如，规定在《高等教育法》第33条关于高校自主设置、调整专业的权力。这项权力作为一项典型的高校自主权的内容却表述模糊，难以确定其具体含义。可以进一步明确高校自主设置和调整学科、专业的自主程度，明确设置和调整学科、专业的程序。出台与《高等教育法》等于高校教育相关的法律的具体实施细则。制定相关的具体实施办法能够使高校自主权得到更好的保障和实施，同时减少高校领导利用办学自主权寻租的机会。

第三，为高校设置办学自主权负面清单，在负面清单之内的权利由高校自主行使。党的十八届三中全会提出依法公开政府行使权力的流程，推行权力清单制度。李克强总理在2014年夏季达沃斯论坛开幕式中详解了政府施政的三张清单：一是“权力清单”，明确政府该做什么，做到“法无授权不可为”；二是“负面清单”，明确企业不该干什么，做到“法无禁止皆可为”；三是“责任清单”，明确政府该怎么管市场，做到“法定责任必须为”。责任清单制度来自于诺奇克“最低限度国家”理论，他提出拥有强力垄断权的最低限度国家实际上是为公民个人权利提供保护。为了落实高校办学自主权，2014年颁布的《关于进一步落实和扩大高校办学自主权完善高校内部治理结构的意见》指出：“深化教育行政审批制度改革，探索实施高校依法自主办学负面清单，清单之外的事项由高校自主行使并依法接受政府、社会及校内监督。”2015年教育部发布的《关于深入推进教育管办评分离促进政府职能转变的若干意见》提出：“有条件的地方和学校开展负面清单管理试点，清单之外的事项学校可自主施行，要尽量缩减负面清单事项的范围，更多采取事中、事后监管方式。”由此可见，教育体制改革采用负面清单模式保障高校办学自主权已经成为教育改革共识，通过权力的下放发挥社会和市场主体的积极性，减少教育行政部门权力寻租的同时提高办事效率。目前《高等教育法》仍然是按照正面清单模式列举高校七个领域的办学自主权，与扩大高校办学自主权的精神相矛盾，应当按照负面清单模式的基本精神，修改包括《高等教育法》在内的高等教育法律体系，在高校开展办学自主权负面清单改革试点，同时明确教育行政部门的权力清单和责任清单。

第四，完善对教育行政部门管理权范围的规定。高校办学自主权始终无法落实的主要原因是教育行政部门超越职权，应该控制教育行政部门干预权的一般条款，设定宏观管理的边界以及超越职权的法律责任。明确规定教育行政部门对于高校管理的权力限于政策法规、教育方针、标准规范、发展战略和财政拨款等事项和其绝对不能干预的事项，其权力采用“正面清单”即法无授权不可为。完善教育行政部门干预高校办学自主权的监督机制，高校、师生以及社会群众有权向有关部门检举揭发教育行政部门违法行为。

其次，规定侵犯高校自主权救济途径以及政府责任的承担。构建高校办学自主权的法律救济机制，明确规定侵犯高校办学自主权的主体、情形、法律责任以及救济途径。第一，我国宪法和法律赋予了高校师生申诉权，但这些规定相对简单、缺乏可操作性。进一步完善高校师生的行政申诉制度，在各级教育行政部门设立申诉委员会，由申诉委员会负责独立处理教育行政申诉案件；建立高校内部的二级申诉制度，完善申诉主体、申诉范围、申诉机构等具体规定完善高校内部的争议调解、纠纷解决和纠错机制；进一步完善申诉的具体程序，健全与申诉相关的听证制度、回避制度等相关制度安排。第二，要完善行政复议救济制度。拓宽高校师生申请行政复议的范围，全面保障高校师生的合法权益；保证复议机构人员的独立性，确保其工作的公平与公正；切实保证行政复议程序的有效运行。第三，保障高校师生行政诉讼的权利。杜绝行政机构的权力滥用，提高高校师生的维权意识；保证人民法院在受理、裁判、执行此类"民告官"案件中的独立裁判权，使教育行政诉讼成为高校师生权利救济最彻底、最权威的保障；加强对教育行政机构管理权的法律约束，明确规定其权力行使的具体程序，促进其依法行政；构建教育行政部门干预权责任追究制度，明确规定违法过多过细干预高校办学自主权的责任主体以及所需要承担的行政责任和刑事责任。

（二）教育行政部门依法行政

教育行政部门依法行政是高校依法治校的前提，要求教育行政部门切实转变行政管理职能，让"法治"成为教育行政部门管理高校的手段。教育行政部门依法行政和依法治校的根据是国家制定的高等教育法律法规，要厘清其与高校权利义务之间的界限，以法律规范教育行政部门的行为，落实高校的办学自主权。

首先，要转变职能方式，由微观、直接管理转变为宏观间接管理。当前，政府对高校的管理过多，给高校的自主权不够，因此，政府应当简政放权，深入研究现有的教育行政职权的性质和种类，把权力下放给学校和社会。[1]教育行政管理机关的职责在于对于辖区内的教育机构进行宏观管理和调控，通过发展战略、规划、政策和标准的制定和事实，引导教育事业的科学发展；处理好政府和学校的关系，扩大和落实高校办学的自主权。教育行政部门在保证国家对教育的组织、协调和宏观管理的基础上，充分尊重和维护高等学校办学自主权的要求，按照法治的原则和规定，改进管理方式，提高行政效率，形成规

〔1〕 李立国：《国家治理视野下的中央教育行政机构职能分析》，载《清华大学教育研究》2014年第6期。

范执法、运转协调、公正透明、链接高校的教育行政管理体制，从而改善目前政府与高校之间管理与被管理、领导与被领导的关系，实现依法治校。逐步将对高校的直接管理，转变为帮助高等学校建立和维护良好的市场秩序，为高等学校提供公平竞争的外部环境和国际教育发展信息等间接服务。在要求政府简政放权的同时，还要提高政府的宏观调控能力和水平，加强对高等学校的监督、管理和指导。教育行政机关要健全公众参与、专家论证等事关教育行政决策的机制；建立健全和规范高校师生的申诉渠道，积极探索综合执法机制和监督机制，及时纠正高校对师生的侵权行为，依法保护学校的合法权益，为学校的发展创造良好的社会环境，促进高校依法治校的进程。

重新塑造教育行政部门的角色，由“全能政府”转变为“有限政府”。在计划经济的体制下政府的职能是无限的，而在社会主体市场经济中，教育行政部门的角色是“有限政府”。要解放思想，剔除政府职能无限制的错误观念，在教育管理上退出一般性公共竞争领域。严格遵照依法行政原则，在法律的框架内转变政府职能，不能造成公有权力对私有权利的侵害。明确职能定位，让市场在教育资源的配置中发挥作用，为高校吸收社会资源提供支持和渠道，通过政策法规、提供信息等宏观手段为高校的发展服务，为社会各界参与教育管理提供平台。

其次，调整教育行政机构的部署，优化政府组织结构，改变教育行政职能缺位、越位、错位的现状。目前，我国教育部设置的机构有基础教育一司、基础教育二司、高等教育司、职业教育与成人教育司、学位管理与研究生教育司、教师工作司、民族工作司、思想政治工作司、高校学生司、社会科学司、体育与艺术教育司。这些机构设置杂乱臃肿，并不利于政府对高校工作的管理。教育行政部门工作改革的趋势是改进管理和服务方式，建立统筹有力、职能明确、权责分明、运行高效的管理体制，只有优化教育行政机构设置，健全核心业务机构，整合业务相近、职能相似的部门，形成一个运行高效、权责一致、机构精简而又运行协调的机制，才能更好地履行教育行政职能。

（三）健全监督机制

目前高校在依法治校中存在很多问题的原因，很大程度上源于对高校运行缺乏其健全有效的监督机制。改进高校的监督方式，有以下几个方式：首先，要保证信息公开和透明度。当前在高校治理中出现的很多问题，很多都可以归因与信息封锁和信息垄断造成的信息不对称。因为信息不对称，高校师生和社会各界想要参与高校治理时，就会缺乏有效信息，而对权力的监督也将会流于形式。其次，组织设立监察专员制度。当前，在高校的内部治理中，纪委是主要的监督力量，但对比较细微的不当行为却缺乏有效的监督方式。如果引入组织监察专员制度，就能够发挥纠错制度，完善高校的内部治理，并与其他的监督形式互补，构建全面覆盖的监管体系，促进高校治理的规范化和法制化。针对高校长期存在的学术造假的情况，教育行政部门应该完善监督体系与问责机制，在学术造假的教师档案内予以记录，对其将来发表的论文和研究成果要更加严格的审查，同时暂定其职称和荣誉的评定。最后，完善对高校的司法监督。高校拥有学术自由等自治权，但没有任何权力可以受到规范和约束。大学的自治权一旦不受约束地行使，就有可能侵犯高校师生的权利。当学校和师生处于不平等的“上下位”关系时，高校很容易借“大学自治”之名，对师生实施不当行为。因此，为防止高校滥用行政权力，有必要对高校的权力行使引入司法监督，促进高等院校的权力在法律法规的规定下行使。

（四）完善教育评估机构，构筑多元评估体系

党的十八届三中全会提出“深入推进管评办分离”，这有利于转变政府职能，形成学校办学，政府管理，社会评估的新型模式，明确政府职责，规范学校的办学行为，发挥社会参与作用。当然，政府在高校办学的过程中应当起到督导的作用，但这并不意味着教育行政管理部门可以监督、评价、评估教育的一切。要保证高校真正实现依法治校，必须完善教育评估机制，构筑多元的评估体系。

教育评估制度由政府评估、社会中介评估和学校自我评估三方共同构成，彼此间相互补充，不可替代。目前，我国更加侧重教育评估的政府评估，而忽视了社会中介组织评估在评估体系的重要作用。因为教育评估权力集中于教育行政部门手中，信息来源不公开、不透明，导致评估结果缺乏科学性和公正性，很难成为市场上衡量高校教育质量的重要依据。因此有必要发展和培育一些专业的社会评估机构，依靠科学、公正、高质量的评估工作，为社会提供参考，也为高校自身发展提供一个参考标准。建立独立于政府的社会评估机构，可以避免因政府的强制管理导致的官僚主义等弊端，还可以保障大学的自主权。通过评估机构的方式进行教学质量评价，高校会积极提升自己的办学

质量，提高学校的社会评价；学生、用人单位可以通过这些评估机构的评估结果定向地挑选适合自己的高校和有意向的聘用人才，并反向作用于高校，提高其办学质量。因此，政府应当为社会评估机构的发展提供资金和技术支持，积极扶持社会评估机构的发展，提高社会参与举办高校社会评估机构的积极性；完善高等教育社会评估的法制建设，保证这些社会评估机构的运行有法可依，受到法律法规的规范；对这些社会举办的教育评估机构进行评估，这既是教育行政部门履行宏观指导职能的具体要求之一，同时也是提升高等教育社会评估机构社会公信力的要求。[1]

完善评估体系，除了完善社会评估机构，还应当完善高等院校自身的评估体系。如果高校外部的评估可以促进高校的进步和发展，高校内部的自我评估才是高校不断自我发展的关键。完善教学评估，关注课堂的教学情况，并将评估结果反馈给教师及其他教学相关人员，能够及时改进教学方式，促进教学方法和教学内容的改进。高等院校要逐步改进教学评估的方法和手段，采用多元化的方法进行教学评估。为此，高校应当结合自身特点，制定一套符合自身实际的评估标准，既符合国家的教育方针和相关的法律法规，也要充分考虑日常教学工作中的目的和要求；要体现高校的教育质量，同时也要反映学校的人才培养能力。[2]使高校的内部评估在规范学校工作，提高教育质量，在为社会培育更加优秀的人才中发挥更大的作用。

（五）社会协同，外部力量的有效干预

政府在公共教育中的地位，应当是公民对教育管理的代理人。我国目前对教育行政的管理主要通过人民代表大会等机构进行。但是，在以政府为主导的教育行政管理模式下，人民代表大会等机构无法充分发挥对教育的监督、参与作用，更不能普遍反映人民群众对公共教育的要求，导致社会不能参与高校的内部管理，形成一种封闭的管理模式。这种封闭式管理不仅不利于高校自主权的落实，也会带来社会各界对依法治校的质疑。因此，近年来，鼓励社会各界参与高校的治理，是教育改革的一个重要的发展趋势。

首先，要积极强化社会参与的意识。对高校而言，应当积极公开与自身办学相关的信息，主动接受社会监督，主动听取社会各界对高校办学提出的建

〔1〕 宋尚桂：《高等学校分类管理政策研究》，山东人民出版社2015年版，第228页。
〔2〕 梁绿琦：《高等教育教学评估研究》，上海交通大学出版社2015年版，第211页。

议，汲取有益的经验，改进办学理念，改善办学方式，促进学校的发展，以符合社会发展的需要。对社会而言，应当积极参与高校治理工作，关心、支持高校治理。因此要强化社会参与高校治理的意识，高校和社会双方都要转变观念，政府也应当适当介入，加强舆论宣传，通过新闻媒体告诉社会各界参与高校治理的重要意义，促进形成高校治理的积极氛围。

其次，应当着力完善社会参与的保障机制。社会参与高校治理需要有效的制度进行保障，主要包括法律法规政策、经费的保障。个人和任何社会组织的一切社会活动都必须遵守法律法规，因此，个人和社会组织参与离不开法律法规的保障，只有行之有效的法律法规的保障才能使社会更好地参与到高校治理中去。此外，还要保障社会参与高校治理的经费支持，因此必须建立完善的经费保障机制，满足社会参与的经济支持。建立长效的激励机制，鼓励社会各界参与高校治理，通过社会参与改善高校治理的成效应当切实地反馈社会，满足社会需求，激发社会积极参与高校治理的主动性。[1]

最后，完善社会监督制度。目前，我国高校治理中存在很多问题，例如贪污腐败、权力寻租现象，这说明仅靠现有的行政主管部门监督和高校内部监督不能很好地约束高校的权力运行。因为，加强社会监督，不仅是保护高校权力运行相关的利益相关者，更是顺应当今世界在高校治理方面的发展趋势。有必要运用新媒体手段，推动高校信息公开，帮助社会监督机制的健全。

---

〔1〕 徐燕：《高校治理中的社会参与：现状与反思》，载《现代大学制度研究》，第122～128页。

# 第六章　建立健全依法治校法律法规体系

## 一、高等教育法律层面

改革开放以来，国家对教育的重视程度和投入程度越来越大，国家立法机关通过了多部关于教育的法律，已经初步形成了依法治校的法律基础。从纵向维度考察法律体系，我们目前已经有了《中华人民共和国教育法》《中华人民共和国高等教育法》《中华人民共和国民办教育促进法》《中华人民共和国教师法》《中华人民共和国职业教育法》《中华人民共和国学位条例》。其中除《职业教育法》外，其他教育法律都在21世纪做了修订。

（一）我国现行的高等教育法律体系

在法律体系中处于最高位阶的是宪法，宪法是国家最高立法机关制定的国家的总章程和根本大法。对于高等教育而言，宪法是一切教育立法的重要依据。教育法律、法规、规章都要体现宪法的精神，任何形式的教育法都不得与宪法相抵触。我国现行宪法是第五届全国人民代表大会第五次会议于1982年12月4日通过的，并先后经历了四次修订。我国宪法规定了教育指导思想、教育目的、教育制度、公民在教育方面的权利和义务、教育行政管理权限等。

第二个层级是与国家宪法相配套，对整个教育全局起宏观调控作用的教育基本法，即《教育法》。其是依据宪法制定的调整教育内部、外部相互关系的基本法律准则，有人将其称为

“教育的宪法”或教育法规的“母法”。《教育法》是,第八届全国人民代表大会第三次会议通过,2015年12月第二次修订,共10章86条,从教育的性质、方针和基本原则,教育基本制度,学校及其他教育机构,教师和其他教育工作者,受教育者,教育与社会,教育投入与条件保障,教育对外交流与合作等方面对我国的教育活动做了基本的规定。

第三个层级是与《教育法》相配套的单行高等教育法律,以及其他法律中与高等教育相关的条款。高等教育单行法律是根据宪法和教育基本法确立的原则制定的,用于调整高等教育或高等教育某一具体部分的教育法规。目前我国已经制定并公布实施的高等教育法律或其他与高等教育相关的法律有《高等教育法》《职业教育法》《民办教育促进法》《教师法》以及《学位条例》等。《高等教育法》共8章69条,对高等教育的活动原则、高等教育基本制度、高等学校的设立、高等学校的权利和义务,高等学校的内部管理体制、高等学校的教师和学生等方面作出具体的规定。《职业教育法》共5章40条,重点对职业教育的体系、职业教育的管理体制、职业教育的举办、职业教育的师资、经费等作出明确的规定。《民办教育促进法》共10章68条,具体规定了民办教育的设立、学校的组织与活动、教师与受教育者、学校资产与财务管理以及民办学校的管理与监督、扶持与奖励、变更与终止、法律责任等内容。《教师法》共9章43条,具体规定了教师的权利和义务、教师的资格和任用,教师的培养和培训以及考核、待遇、奖励等内容。《学位条例》共二十条,具体规定了学位的种类、授予学位的条件,学位的授予机构和程序等内容。

(二)依法治校法律体系不健全

世界先进的高等教育之所以达到高度的法制化,关键在于立法体系相当完善,整个高等教育工作具备完整的法律基础。综观当今世界的教育法律发展态势,成文教育法日益占据主体地位,教育法律体系日趋完善,在许多国家,教育法律已成为各国宪法之下的一个相对独立、完整的法律部门。[1]随着我国经济社会的快速发展,教育越来越受重视,国家权力机关应该在教育立法上给予足够的重视,教育立法工作应该得到全面发展,让教育法律有效地调整教育活动所涉及的各种关系,规范国家行政机关与教育机构在教育管理过程中发

〔1〕 谭晓玉:《当前国外教育法制的发展趋势、成功经验及其借鉴》,载《教育发展研究》2001年第6期。

生的各种行为。

分析我国现行的高等教育法律体系，可以发现国家立法机关通过的教育法律依然较少，教育立法还依然不完备、不够健全，尚未形成一个比较稳定的体系，这一问题需要我们认真回应。而制约我国高等教育法律体系完善的主要原因是对我国高等教育领域的基本法权认识不清。在我国高等教育领域存在三对基本法权：[1]其一，国家对教育的干预权力和高校的自主性权利，表现的是高等教育与国家之间的关系；其二，行政权力和学术权力；其三，学生权利和学校的管理权利。

法律体系的不健全会制约高等教育法治化的进程，从而影响高等教育现代化，所以应当给予充分的重视加以解决。在高等教育立法中应当遵循和坚持原则性与灵活性相结合，连续性与前瞻性相结合，科学性与稳定性相结合的基本原则，应该尽快形成一个内容丰富、法域面广、履盖面宽、层次分明、等级有序、实施配套体系完备的法律体系。这其中更应该尽快出台一些重要的法律，比如学校法、大学法等。

（三）对策一：尽快制定《学校法》

法治方式能够理清政府及教育行政部门、学校、教师、学生、家长可以做什么、不可以做什么，该怎么做、不该怎么做。教育管理和办学行为边界越是明确、透明，教育改革发展和人才培养的空间越是自由，教育活力就越是充足。推进教育治理现代化，必须加快建立健全教育法律体系、加快推进政府依法行政、加快推进学校依法治校和教师依法执教。

从我国学校发展的需要与教育立法的现状来看，从法律上讲，《学校法》的核心问题就是解决学校办学与发展的权利和义务问题，这里涉及学校与政府、学校与社区、学校与校长、学校与教师、学校与学生等方面的多种教育法律关系。[2]理清这些法律关系，才能让依法治校工作得到问题推进和实施。

第一，《学校法》应赋予学校办学自主权，首要的任务是要厘清政府有关部门和学校的责任，理顺教育管理体制。在学校与政府的关系上，核心是学校的独立经营权与政府产权的分离；学校与社区的关系是解决学校功能转变的双

---

〔1〕 朱美梅：《我国高等教育立法初探》，载《法治与社会》2007年第5期。

〔2〕 周洪宇：《呼吁制定〈学校法〉，赋予学校办学自主权》，载人民政协网：http://www.rmzxb.com.cn/c/2016-04-06/754874.shtml，最后访问日期：2017年9月14日。

向服务责任问题；学校与校长的关系核心问题是学校与校长之间的协约约束，取消高校行政级别；学校与学生的关系则是学校执行教育方针的法律体现。要具体规定不同类型学校发展的自主权，体现出各级各类教育的差异和办学主体的利益，只有具体，才具有可操作性。

第二，《学校法》不仅应该对学校办学自主权做出规定，而且要对政府的管理权限做出规定。只有政府首先真正转变职能，承担起公共服务的角色，学校才可能实现自主发展。应明确政府及其有关部门在学校经费拨付标准、拨款机制、效益监督，学校教师招聘流程、职称评聘，对学校办学质量监管的标准、途径以及校长的管理等方面责任主体。

第三，《学校法》明确学校要尽快建立比较科学的内部治理结构。《学校法》对学校发展自主权的规定，既应包括学校与政府之间权利与义务的关系，还应包括学校与校长、学校与教师、学校与学生之间等方面的权利与义务关系，使教师和学生依法参与学校决策。在当前我国教育改革与学校发展背景下，《学校法》应该对学校设置、课程教学及其质量监控评估等做出具体规定。

第四，应处理好《学校法》与其他教育法规的关系。《学校法》必须遵守《教育法》的基本精神，与《义务教育法》和《教师法》等教育类法律法规保持一致。《学校法》的目的是"把学校还给学校"，法律应该为教育改革服务，保证现代学校自主发展，这是由我国教育改革的背景与教育法制建设的基础决定的。只有不断推进学校自主发展，才能使学校获得更大的办学空间，从而提高办学质量，为社会主义高等教育事业和人才培养工程提供更大的平台和支持。

（四）对策二：尽快制定《大学法》

不同的教育有着不同的特征，高等教育不同于义务教育和中等教育，大学不仅仅不同于小学和中学，也与其他的高等教育机构不同。作为特殊的社会组织，大学集教学、科研和服务三种职能于一身，不仅仅担负着为公民提供高等教育的职能，也负担着为国家提供人才，为社会提供服务，为整个人类文明追求真理的职能。大学享有学术自由，既需要法律对于作为学术自由的保障性制度——大学自治——的确立，也需要法律对大学权力运行进行相应的规范。而这都有待于《大学法》的制定。只有制定单独的《大学法》，才可能突出大学学术自由与大学自治的特征，实现大学的理念，解决我国目前政府与大学关系的胶着状态。[1]

制定《大学法》，不是要以大学法代替教育法和高等教育法，而是以教育法和高等教育法为基础并对其内容进行的补充。教育法和高等教育法都是以国家教育权为核心构建的，规定的是国家的教育职权职责，并且侧重于统一教育标准、教育制度的确立。而大学法则突出以大学为核心，规定大学权利义务，侧重于大学的多样化、个性化。三者都是教育法律体系的重要组成部分。

《大学法》直接以大学为规范对象，包括大学的目的、大学内部的基本组织机构的设置和领导体制，大学的权利义务，大学的设施和财产以及大学争议的解决等内容。《大学法》是大学办学的基础，对基本问题做出明确规定，理清大学内部和外部的权力、权利、义务边界，从而使大学的办学可以在一定的制度框架中实施，使办学活动规范、科学、合理。

## 二、行政法规、地方法规、规章和规范性文件层面

位阶位于法律之下的依次是高等教育行政法规、高等教育行政规章、地方性高等教育法规和规章。高等教育行政法规是指国务院根据宪法和教育法律制定的有关高等教育方面的规范性文件。高等教育规章是指国务院所属各部委（主要是教育部）根据法律和行政法规，在本部门权限内单独或与其他部委联合发布的有关教育工作的命令、指示、实施细则等规范性文件，其效力虽低于国务院制定的行政法规和其他规范性文件，但在全国范围内有效。地方性高等教育法规是由省、自治区、直辖市的人大及其常委会，在不与宪法、法律和行政法规相抵触的前提下制定、颁布的，地方性高等教育法规是为了贯彻国家的高等教育法律和高等教育行政法规而制定的，只适用于本地区，其法律效力低于高等教育法律、高等教育行政法规。地方性高等教育规章是省、自治区、直辖市人民政府以及省、自治区、直辖市人民政府所在地的市和经国务院批准的较大的市的人民政府，根据法律或国务院颁布的行政法规而制定、颁布的。

### （一）行政法规和行政规章层面

关于大学办学的行政法规包括：1981年《学位条例暂行实施办法》，1986

〔1〕 姚金菊：《转型期的大学法治——兼论我国大学法的制定》，中国政法大学2004年博士学位论文。

年《普通高等学校设置暂行条例》, 1994年《教学成果奖励条例》, 1995年《教师资格条例》, 2003年《民办教育促进法实施条例》。

关于大学办学的行政规章包括: 1986年《高等教育管理职责暂行规定》, 1987年《高等学校培养第二学士学位生的试行办法》, 1989年《普通高等学校档案管理办法》, 1990年《普通高等学校学生管理规定》, 1990年《高等学校校园秩序管理若干规定》, 1990年《普通高等学校教育评估暂行规定》, 1990年《普通高等学校举办非学历教育管理暂行规定》, 1991年《高等学校聘请外国文教专家和外籍教师的规定》, 1992年《高等学校实验室工作规程》, 1992年《普通高等医学教育临床教学基地管理暂行规定》, 1993年《普通高等教育学历证书管理暂行规定》, 1995年《研究生院设置暂行规定》, 1995年《关于实施〈中华人民共和国教育法〉若干问题的意见》, 1995年《关于〈中华人民共和国教师法〉若干问题的实施意见》, 1996年《高等学校教师培训工作规程》, 1998年《教育行政处罚暂行实施办法》, 1999年《高等学校本科专业设置规定》, 1999年《高等学校知识产权保护管理规定》, 1999年教育部《高等学校收费管理暂行办法》, 1999年《关于实施〈中华人民共和国高等教育法〉若干问题的意见》, 2000年《〈教师资格条例〉实施办法》, 2002年《学生伤害事故处理办法》, 2002年《学校艺术教育工作规程》, 2002年《学校食堂与学生集体用餐卫生管理规定》, 2004年《教育系统内部审计工作规定》, 2004年《国家教育考试违规处理办法》等。

（二）地方性法规和地方政府规章层面

有关大学的地方性法规、地方政府规章的数量非常多, 本文不一一列举, 仅以举例来说明。地方性法规如: 2015年《上海市教育督导条例》, 2015年《天津市学校安全条例》, 2015年《江西省学校学生人身伤害事故预防与处理条例》, 2010年《广东省高等学校学生实习与毕业生就业见习条例》, 1998年《贵州省教师条例》等。地方政府规章如: 1995年《广东省普通、成人高等专科学校设置实施办法》, 2010年《河北省学校安全管理规定》, 2015年《云南省教育督导规定》等。

（三）高等教育规范性文件体系不健全、不协调

首先, 我国高等教育法律之下的规范性体系不健全。综观我国的高等教育行政法规、行政规章、地方政府法规和规章, 可以发现, 关于依法治校的行

政法规其实数量非常少，行政规章的数量庞大，呈现出杂乱无章的状态，没有形成比较系统的教育立法体系。大学的学术自由与大学自治特色也无法得到保障和规范，这些问题应当通过行政法规、地方性法规和行政规定的完善予以应对。

其次，下位阶规范与上位阶规范抵触现象较为严重。根据我国《宪法》和《组织法》的规定，在权力机关和行政机关中，最低一级享有立法权限的分别是经国务院批准的较大的市的人大和政府。但是由于教育管理的实际需要，不具有立法权限的机关，尤其是地方教育行政主管部门制定有大量的规范性文件，法学上称之为“规章以外的规范性文件”，也具有法律效力。这些规范性文件在教育管理中必不可少，但与法律、法规和规章相抵触的现象也较为普遍。

最后，不同归属系统的规范性文件不协调现象较为普遍。我国单一制国家，行政条块分割明显，这在运作上会很有效率，但是条块之间、系统之间的协调往往成为难点。在规范性文件的制定中，如果缺少前期的沟通与协调，就很容易出现相互矛盾的地方，比如科技部的行政规章和教育部的行政规章之间，上海市的地方性法规和广东省的地方性法规之间在同一个问题上就会出现不一致的情况。

（四）构建完备的高等教育规范性文件体系

首先，要充分发挥规范性文件体系对于高等教育法律的配套功能功能。一部法律的出台，应该有一系列规范性文件与之相配套，以充分补充法律的“授权”和“留白”，不能留下明显的“空缺”和“不作为”，只有这样才能形成一个内容翔实、规范严谨、层次分明、上下衔接、左右协调、操作性强的有机统一的高等教育法规体系。

其次，要充分发挥规范性文件体系的“特殊性”和“个性”特点，使其满足我国的国情。我国幅员辽阔，人口众多，各地区经济和教育发展水平差异较大，各个地方，各个条线应该根据自己的实际情况来制定规范性文件。

最后，要加强规范性文件的合法性审查，对于不适用的法规进行全面清理。由于历史上我国的高等教育长期无法可依，政策代替法律，在这种情况下，我国的很多规范性文件可能与法律有相抵触的地方。应该对规范性文件加以严格的合法性审查，对于不合法的规范性文件进行严肃的清理。

## 三、高校内部规范化体系

依法治校落脚点在学校，高等学校应该根据国家法律法规和相关制度结合社会发展和学校管理现状制定出一套以章程为核心的规范化体系，作为依法治校的依据。

（一）高校内部规范化体系

在以建立现代大学制度为核心和抓手的高等教育综合改革进程中，学校的规范化体系是以学校章程为核心和统领、涵盖学校治理的方方面面的一套制度体系，包括综合管理、组织建设、招生就业、学生管理、财务资产审计、教学科研、人事管理、保卫后勤、图书信息、外事管理等方面。以上海某综合性高校为例，学校制定的尚在生效的行政规章制度100多个。

| 类别 | 序号 | 名称 |
| --- | --- | --- |
| 组织建设 | 1 | 关于贯彻《上海市高等学校习性党委领导下的校长负责制的若干意见》的实施细则 |
| | 2 | 关于加强我校干部培训工作的意见 |
| | 3 | 关于组织骨干教师开展校内研修工作的意见 |
| | 4 | 关于贯彻落实《上海老干部工作领导责任制》的实施意见 |
| | 5 | 关于离休干部原工作单位进一步做好离休干部管理工作的意见 |
| | 6 | 校部机关业务主管岗位管理办法 |
| | 7 | 干部管制管理办法 |
| | 8 | 关于对党员领导干部进行廉政谈话和函询的实施办法 |
| | 9 | 落实推进二级单位党风廉政建设责任制的实施办法 |
| 招生就业 | 10 | 本专科招生管理办法 |
| | 11 | 招生委员会章程 |
| | 12 | 艺术类专业招生工作规定 |
| | 13 | 博士研究生招生指标分配办法 |
| | 14 | 招收外国来华留学研究生招生管理办法 |
| | 15 | 对就业率达标的实体院系有关人员的实施奖励的办法 |
| | 16 | 学生就业和职业发展教育工作就业工作先进集体、先进个人的评选办法 |

续表

| 类别 | 序号 | 名称 |
|---|---|---|
| 学生培养 | 17 | 拔尖创新人才选拔与培养实施办法 |
| | 18 | 外国留学研究生培养工作暂行办法 |
| | 19 | 研究生申请提前答辩有关要求 |
| | 20 | 关于保障和提高研究生教育质量的若干意见 |
| 教学管理 | 21 | 本专科教学管理职责 |
| | 22 | 全日制本专科教务员工作细则 |
| | 23 | 本专科生教学经费分配、使用和管理办法 |
| | 24 | 提高课程资源全校共享水平的管理办法 |
| | 25 | 公共选修课管理办法 |
| | 26 | 加强基础课程教学的若干规定 |
| | 27 | 启动通识教育核心课程建设的实施意见 |
| | 28 | 国家基础科学研究和教学人才培养基地建设管理办法 |
| | 29 | 标志性教学建设项目实施方案 |
| | 30 | 本科生实验规则 |
| | 31 | 学生实习管理办法 |
| | 32 | 大学生实践创新基地建设与管理实施办法 |
| | 33 | 本科生学科竞赛管理办法 |
| | 34 | 关于在本科实验教学中进一步加强综合性、设计性和创新性实验建设的意见 |
| | 35 | 实验教学大纲、实习教学大纲编写与修订的若干规定 |
| | 36 | 创新学分认定实施细则 |
| | 37 | 关于开展本科专业校内评估试点工作的通知 |
| | 38 | 关于试卷抽查工作的暂行规定 |
| | 39 | 本科教学学生助理岗实施办法 |
| | 40 | 青年教师课堂教学评选办法 |

续表

| 类别 | 序号 | 名称 |
|---|---|---|
| 学籍管理 | 41 | 学分制收费管理办法 |
| | 42 | 本科生缓退试读实施细则 |
| | 43 | 本科生成绩及学分转换管理细则 |
| | 44 | 本专科学生学籍预警暂行办法 |
| | 45 | 留学研究生学籍管理规定 |
| | 46 | 研究生申请出国(境)办法 |
| 综合管理 | 47 | 考试管理办法 |
| | 48 | 学生办理自费出国留学、探亲、定居手续的规定 |
| | 49 | 关于学生证和校徽管理的规定 |
| | 50 | 学生管理安全预警实施办法 |
| 资助奖励 | 51 | 社会奖学金实施办法 |
| | 52 | 社会助学金实施办法 |
| | 53 | 少数民族优秀学生奖学金实施办法 |
| | 54 | 应届毕业生中西部基层就业申请国家代偿补偿的办法 |
| | 55 | 学生服义务兵役申请国家资助办法 |
| | 56 | 生源地国家助学贷款管理办法 |
| | 57 | “博士研究生学术新人奖”评选与资助管理办法 |
| | 58 | “博士学位论文优秀选题”评选与资助办法 |
| | 59 | 研究生校长奖学金实施办法 |
| | 60 | 研究生“三助”管理办法 |
| | 61 | 经济困难研究生认定工作实施办法 |
| 心理健康教育 | 62 | 心理咨询中心有关校内咨询的规定 |
| | 63 | 心理咨询中心咨询师职业道德准则 |
| | 64 | 心理咨询中心教室管理规定 |
| | 65 | 学生心理健康等级预警与危机处理方案 |
| | 66 | 心理咨询问题分类标准 |
| | 67 | 心理咨询中心校内咨询师考核标准 |
| | 68 | 心理咨询中心个案管理条例 |

续表

| 类别 | 序号 | 名称 |
|---|---|---|
| 学科专业建设 | 69 | 重点学科建设管理办法（试行） |
| | 70 | 关于加强专业学位研究生培养工作的若干意见 |
| | 71 | 博士、硕士研究生论文涉密认定和管理办理 |
| | 72 | 关于授予具有研究生毕业同等学力人员博士学位实施办法 |
| | 73 | 研究生学位材料归档管理办法 |
| | 74 | 全日制专业学位硕士研究生实践基地建设及管理办法 |
| 科学研究 | 75 | 哲学社会科学研究省部级一般项目管理办法 |
| | 76 | 人文社会科学预研究项目管理办法 |
| | 77 | 教育部人文社会科学重点研究基地配套经费实施细则 |
| | 78 | 教育部人文社会科学重点研究基地适应“常态化”管理的实施意见 |
| | 79 | 人文社会科学系列学术活动管理办法 |
| | 80 | 人文社会科学信息网建设实施意见 |
| | 81 | 主办人文社会科学国内学术会议管理办法 |
| | 82 | 人文社会科学精品力作培育项目管理办法 |
| | 83 | 人文社会科学海外发文项目管理办法 |
| | 84 | 华东师大上海高校智库建设管理实施意见 |
| | 85 | 学术活动基金实施办法 |
| | 86 | 自然科学系列学术活动专项经费管理办法 |
| | 87 | 理工类知识产权保护管理规定 |
| | 88 | 科技成果转化管理规定 |
| | 89 | 关于加快发展科技产业、鼓励师生创业的实施办法 |
| | 90 | 重点实验室建设与管理暂行办法 |
| | 91 | 科研助理岗位管理实施办法及实施细则 |
| | 92 | 非实体科研机构管理办法 |
| | 93 | 科研行为规范 |
| | 94 | 学术违规处理程序规定 |

续表

| 类别 | 序号 | 名称 |
|---|---|---|
| 人事工作 | 95 | 青年高层次人才计划实施办法 |
| | 96 | 教职工教育经费使用和管理办法 |
| | 97 | 教职工办理离校手续办法 |
| | 98 | 退休管理工作办法 |
| | 99 | 增加工龄工作的实施办法 |
| | 100 | 关于补充住房公积金缴存的实施办法 |
| 校友、基金会 | 101 | 关于加强校友会工作的若干意见 |
| | 102 | 校友联谊会管理办法 |
| | 103 | 捐赠表彰奖励办法 |
| 国际交流 | 104 | 研究生参加国际学术交流活动的暂行办法 |
| | 105 | 申请资助出国参加国际会议的管理办法 |
| | 106 | 国(境)外荣誉教授聘请管理办法(暂行) |
| | 107 | 关于聘请名誉教授、顾问教授和客座教授的暂行规定 |
| | 108 | 关于外国短期专家讲学的有关规定 |
| | 109 | 关于申报出国审批材料的时间规定 |
| | 110 | 公派出国留学人员要求换领普通因私护照的规定 |
| 实验室与设备管理 | 111 | 仪器设备家具管理办法 |
| | 112 | 大型仪器设备管理办法 |
| | 113 | 大型精密仪器设备开放共享管理办法 |
| | 114 | 实验室安全管理办法 |
| | 115 | 危险化学品安全管理办法 |
| | 116 | 实验动物管理办法 |
| | 117 | 实验动物管理委员会章程 |
| | 118 | 人体实验伦理委员会章程 |
| | 119 | 关于集中管理各单位服务器的通知 |

续表

| 类别 | 序号 | 名称 |
|---|---|---|
| 财务管理 | 120 | 货币资金监督检查管理办法 |
| | 121 | 收费管理办法 |
| | 122 | 银行贷款审批管理办法 |
| | 123 | 校园自动柜员机（ATM）设置管理办法 |
| | 124 | 二级单位财务人员管理办法 |
| | 125 | 个人所得税代扣代缴管理办法 |
| | 126 | 建设工程和设备采购质量保证金的管理办法 |
| | 127 | 所属非法人二级单位提成经费管理办法 |
| | 128 | 非贸易非经营性外汇财务管理办法 |
| 审计监察 | 129 | 审计跟踪检查制度 |
| | 130 | 专项资金审计实施办法 |
| | 131 | 科研经费审计实施办法 |
| | 132 | 审计处审计业务档案规章制度 |
| | 133 | 关于加强物资设备采购监管工作的实施意见 |
| | 134 | 评标工作纪律 |
| | 135 | 谈判代表承诺书 |
| 后勤管理 | 136 | 关于建设节约型校园的实施意见 |
| | 137 | 小型修缮工程管理办法 |
| | 138 | 关于进一步加强校内各单位修缮装潢工程管理的规定 |
| | 139 | 用水用电管理办法 |
| 基建管理 | 140 | 基建财务管理办法 |
| | 141 | 基建处施工安全管理办法 |
| | 142 | 基建处施工现场管理办法 |
| | 143 | 基建处工程变更及签证管理办法 |
| | 144 | 基本建设与修缮工程资金交付事情管理办法 |
| | 145 | 基本建设和修缮工程项目竣工验收、移交、保修管理办法 |
| | 146 | 基建处档案管理办法 |

续表

| 类别 | 序号 | 名称 |
| --- | --- | --- |
| 图书与档案服务 | 147 | 图书类和档案类资料捐赠工作管理办法 |
| | 148 | 电子文件归档与管理办法 |
| | 149 | 重大活动、重要会议档案归档管理制度 |
| | 150 | 修缮工程项目档案归档办法 |
| | 151 | 人物档案管理办法 |
| | 152 | 实验室档案管理办法 |
| | 153 | 档案馆档案利用规定 |
| | 154 | 关于设置档案分室的若干规定 |
| | 155 | 各单位分管档案工作负责人职责 |
| | 156 | 档案史料征集办法 |
| | 157 | 研究生学位论文归档办法 |
| 安全保卫 | 158 | 安全管理规定 |
| | 159 | 安全技术防范管理办法 |
| | 160 | 大型活动安全管理办法 |
| | 161 | 车辆通行证申领管理细则 |

### (二)高校内部规章制度的制定无法可依

高校内部规范化体系存在的最主要问题是缺少一部类似《立法法》的纲领性文件,这样会导致规章制度的制定无法可依。在顶层设计层面,应当制定一部基础性的规范性法律文件,从而使高校内部规范体系比较系统清晰,提高法律适用的质量。

首先,高校规章制定主体相对混乱。高校的日常管理活动涉及方方面面,但是哪些规章应当由学校制定,哪些又应该由具体职能部门制定往往缺乏一个具体的规定,从而导致了实践中制定主体的混乱。

其次,高校规章制定程序存在缺失。高校目前在规章制定的过程中普遍缺乏强制性的听证、表决、审查、备案等程序,特别是缺少违法审查程序,使得不少规章制度完全沦为了校方甚至于个别校领导拍脑袋决策的产物,从而导致了其不仅违反了有关法律的规定,而且完全背离了学生的诉求与权益。[1]

---

〔1〕 唐贤:《依法治校视角下我国高校规章的合法性问题》,载《高等教育管理》2015年第2期。

最后，高校规章制定缺少统筹规划。从现实情况来看，绝大多数高校规章的起草都缺乏顶层设计和系统思维，学校的各个职能部门往往只是根据自己的实际管理需要制定相应的规章，从而难免存在着政出多门、相互矛盾的情况。

（三）校内制度体系不健全

考察现在的学校校内制度体系，我们发现总体数量是比较庞大的，但就是这样庞大的规模下，还是有一些重要的事务没有涉及。国家很多的教育法律法规当中赋予了高等学校在一定范围内制定实施校内规章的权力，但是有的学校直接以上级文件部门惯例开展工作，没有制定相应的规章制度。还有一种情况普遍存在，就是学校的规章制度照搬照抄法律法规和上级文件，完全不顾当地的地方特色和学校的办学实际，这是一种典型的懒政。校内制度的不健全主要表现在以下五个方面：一是学校的章程、教职工代表会议制度等宏观的、统领性的规章制度缺失。二是内容不健全，不能涵盖学校工作的各个方面，有些方面的管理无章可循。三是相互冲突的内容多，往往存在不同职能部门制定的文件之间内容相互冲突，甚至同一职能部门先后制定的文件内容也不一致。四是制度不配套，一些原则性的规定由于没有相应的操作细则或实施办法而无法真正落实；或者只有管制性制度或正面规定，没有救济性制度或责任追究条款。五是主体混乱，政出多门，就同一事项往往不同部门自行其是，重复或交叉制定规章制度。〔1〕

此外，学校制定的很多制度一经制定就不再更改，无论国家经济社会发展和学校教师学生情况发生怎样的变化，仍旧岿然不动。我们在调研中发现有些制度已经持续使用了三四十年，从未修正过。而另一种极端情况就是制度没有任何延续性，自从出台之后年年修改，这样没有任何一贯性的制度想要发挥其对学校办学和师生员工的规范作用，其难度之高可以想见。

更有甚者，有的规章制度自从出台后从来没有使用过，成了名副其实的“死制度”。在我们的调研当中我们发现，这样的制度竟然不在少数。到底是这些制度本身不够科学，还是制度法规产生了前置的约束性作用，难以判断。

---

〔1〕 袁光敏：《基于法规视角的高校内部管理制度建设研究》，湖南农业大学2010年硕士学位论文。

（四）完善校内规范化体系的对策

第一，要让高校内部规章制度的制定本身有法可依。由于制度具有规范性、强制性、导向性、稳定性等特点，可以对一个组织及其内部的成员产生一定的约束力，因此，制度建设是一项十分严肃的工作。任何制度的制定都要按照制度来进行，也就是说学校必须首先要有制定制度的制度。这个制定制度的制度，应该包括制定制度的原则、程序、时效、修订、废止等内容，在形式上还要对制度做出科学分类和规范要求。只有这样，才能保证制度制定的规范、科学、严谨，才能保证制度的长久性和可操作性。

第二，要严格高校内部规章制度制定的主体。高校的管理工作涉及方方面面，规章制度的建立也涉及各方面工作，从法律角度讲，只有独立法人单位才有制定规章制度的权力。学校具有独立法人资格，有权制定规章制度，但学校的各职能部门和院系不具有独立法人资格，他们只有在学校授权的情况下，才能制度学校规章制度。

第三，要严格“法律优位”和“法律保留”原则，加强制度的合法性审查。法律优位原则是指其他国家机关制定的一切规范，都必须与全国人大制定的法律保持一致，不得抵触。法律保留原则是指行政行为只能在法律规定的情况下做出，法律没规定的就不得作出。在高校制定内部规章制度的时候，不能与国家的法律法规相背离，要采用各种方式方法对自己制定的制度进行合法性审查。

第四，要完善权利救济制度。救济与权利是不可分离的，有权利必有救济，没有救济就没有权利。在现代高校管理中，学校更应完善制度的救济措施，充分尊重师生的申诉权，这不仅是学校发展的需要，更是法律的规定。

第五，要加强制度执行落实情况的监督检查。要建立健全制度执行的监督机制，每项制度都要明确监督执行的责任部门，使制度执行的监督责任无可推卸，可采用日常督查和专项检查等方式随时掌握制度执行情况，及时发现和解决问题，要建立健全和完善制度执行监督机制和问责机制，对执行制度不力的要坚决追究责任。

# 第七章　完善依法治校的制度体系建设

党的十八大报告将“全面推进依法治国”确立为推进政治建设和政治体制改革的重要任务，对“加快建设社会主义法治国家”作了重要部署。依法治国是党领导人民治理国家的基本方略，认真贯彻党的十八大精神，实行依法治教，把教育管理和办学活动纳入法治轨道，是深化教育改革，推动教育发展的重要内容，也是完成新时期教育工作历史使命的重要保障。

依法治校是以国家的法律、法规、规章及相关的规范性文件和学校依法制定的章程、校内规章制度等为依据，其中大学章程“上承国家教育法律法规、下启学校规章制度”[1]。在依法理顺政府与学校的关系、落实学校办学自主权的基础上，以实现学校管理与运行机制的制度化、规范化和民主化，形成政府宏观管理、学校依法自主办学、依法接受监督的新格局为目的科学管理。关于依法治校的问题的研究，西方社会起步较早，现已形成了较为稳定的发展模式。美国在其成立之初，就在第一部《宪法》中规定，教育和科学事业不受任何干扰。而进入世纪年代以后，美国更是不断增加对教育方面投资，坚持教育工作有法可依、依法治校。其很多成功的经验值得我们学习与借鉴。[2]教育部发布的《关于加强依法治校工作的若干意见》（教政法〔2003〕3号）和《全面推进依法治校实施纲要》对依法

---

〔1〕 牛维麟：《现代大学章程与大学管理》，载《中国高等教育》2007年第1期。

〔2〕 秦惠民：《高校管理法治化趋向中的观念碰撞和权利冲突——当前讼案引发的思考》，载《现代大学教育》2002年第1期。

治校工作提出了具体要求。

依法治校从学校管理外部角度看，指政府及教育行政等部门（包括卫生、税务、工商、物价、公安、财政等）依据法定职责和法定程序，从外部规范学校行为、保护学校合法权益的活动，其实质是国家行政机关依法行政。从学校管理内部角度看，指学校管理者在党的领导下，依据国家的法律、法规、规章及其他有关的规范性文件对学校内部各项事务自主进行管理的活动。广义上，凡属教育活动所涉及的主体均可看作依法治校的主体，诸如各级人大及其常委会、各级政府及其所属行政部门尤其是教育行政机关、各级各类学校及其他教育机构、企事业单位、社会团体及公民等各种主体；狭义上，学校内部工作所涉及的主体，简单地讲，就是学校，具体而言诸如校长、学校领导班子、各职能部门、教师、学生、学生家长及其他监护人等均在其列。

鉴于依法治校的主体多元化及涉及内容庞杂，完善依法治校的法律责任体系应从以下几个方面着手：

## 一、进一步厘清、健全学校依法治校的制度体系

我国高等教育法规建设起步较晚，直到20世纪80年代才开始加快建设步伐。改革开放以来，随着社会主义法制建设的不断深入，教育立法取得了一定成绩。依法治校中的制度依制定主体和规范内容的不同可大致分为两类：外部制度和内部制度。外部制度指国家有关机关或部门制定的适用于教育行政或管理的法律规范性文件，或称教育立法。[1]在我国，伴随着民主法制的进步和发展，教育领域已初步建立起以《中华人民共和国教育法》为统领，以《高等教育法》《民办教育促进法》《教师法》《中华人民共和国学位条例》等为主体的法律，包括落实以上法律的规范性文件在内的规范高校行为的法律体系，但相关法律法规可操作性较差，并且仍不完善。在对依法治校的认识和理解方面，学校及其管理者管理思路尚未统一，一些学校及其管理者认为站在一个高于学生的平台上，是法律法规的监督者、是游戏规则的制定者，而不是参与者，所以尽管我国高校学生管理体系的基本框架已经基本确立，现行的学生管理法律法规从数量上看也已初具规模，但是从内部结构上来看仍然存在着分

〔1〕 冯威、刘奇耀：《.依法治校中的制度建设》，载《山东大学学报》2004年第6期。

布不平衡，或者说对学校及其管理者的法律责任规定的空白的问题。

学校管理中还存在依靠行政管理手段为主的现象，权大于法、有法不依的现象时有发生。学校管理过程中存在有法不依、有章不循、执法不严的情况。一些学校领导干部对依法治校重要性的认识不到位，法制观念还比较淡薄，远没有形成自觉运用法律手段管理教育、调处纠纷、维护权益的观念与习惯。在学校领导体制和管理体制上，“官本位”、“一言堂”等“人治”大于“法治”思想还存在。学校及其管理者在依法治校过程中，往往对自己的权利和权力规定得过于完善，而对于自己的义务却常常忽视。在法制视野中，任何主体都是作为一定的权利义务统一体而存在的。法制的旨趣也就是在于通过对其权利、义务的内涵与运作的精确设定，在促使主体义务履行的同时也保障其合法权利的实现。但在高校管理中，学校及其管理者与学生的关系却一直被定义为支配与被支配、命令与服从的关系，学生管理的规则是义务本位的“管理法”，而管理者长期以来都在通过自己制定的高校法规的授权刻意或者不经意的“侵犯”学生的合法权益，并无需为其行为负任何责任。

在厘清现有问题的基础上，高校应从以下几个方面建立健全依法治校的制度体系建设：

(一)依法制定，建立大学章程为主的制度

法律必须被信仰，否则它将形同虚。[1]高校制定章程要在坚持社会主义办学方向的基本原则基础上，遵循《宪法》《教育法》等上位法的要求，依据《高等学校章程制定暂行办法》制定或者修改章程，由教育部或者省级教育行政部门核准。高校章程体现了国家规范高等教育发展进程的需要，对于提高高校办学效益和依法治教具有十分重要的意义。制定高等学校章程，应坚持遵循宪法确定的基本原则，遵循高等教育规律，体现法制统一、恪守法治尊严和保障受教育者权益等原则，使之成为明确高校及其内部机构和人员权利及义务的、具有国家强制力的法规。在章程的实施过程中，要提高有关人员对章程的认识，制定合理的实施计划，并建立相应的机构。[2]在制定大学章程等其他学校制度时，要充分反映广大教职员工、学生的意愿，凝练共同的理念与价值认同，体现学校的办学特色和发展目标，突出科学性和可操作性。着力规范高校

〔1〕［美］伯尔曼：《法律与宗教》，梁治平译，生活.读书.新知三联书店1991年版，第28页。

〔2〕蔡立辉：《政府法制论》，中国社会科学出版社2002年版，第17页。

内部治理结构和权力运行规则，以促进现代大学制度建设、增强学校自主权为导向。目前，绝大多数高校都已经建立大学章程，要对其进行合法性论证，开展合理性、可行性和可控性评估，建立完善职能部门论证、邀请专家咨询、听取教师意见、专业机构或者主管部门测评相结合的风险评估机制。要以教学、科研为中心，积极探索符合学校特点的管理体制，克服实际存在的行政化倾向，实现行政权力与学术权力的相对分离，保障学术权力按照学术规律相对独立行使。要让章程在经过核准的基础上，充分发挥其依法治校的依据，成为学校改革发展、实现依法治校的导向。

（二）民主参与，保障制度落到实处

高校制定章程和制度，要在依法制定的基础上，进一步提高制度的精准性。高校的制度切实关乎学校、教师和学生的切身利益，在制定期间要全校民主参与，要遵循民主、公开的程序，广泛征求校内外利益相关方的意见，尤其是涉及师生权益的，更要通过一定的形式进行调研了解。随着社会文明的发展和进步，高校师生的权利意识及法治思维意识逐渐提高，以高校为重点的高等教育领域各种矛盾日益突出，高校与教职工、与学生的纠纷呈多发趋势，以行政管理为主要手段的治理方式面临着严峻的挑战。[1]高校管理中的重大问题要采取听证方式听取意见，并以适当方式反馈意见采纳情况，保证师生的意见得到充分表达，合理诉求和合法利益得到充分实现。要落实《学校教职工代表大会规定》，充分发挥教职工代表大会作为教职工参与学校民主管理和监督主渠道的作用。高校要以实行民主管理和民主监督为突破口，提升法治效率。法国思想家孟德斯鸠说，一切有权力的人都容易走向滥用权力，这是一条千古不变的经验。有权力的人直到把权用到极限方可休。[2]学校专业技术职务评聘办法、收入分配方案等与教职工切身利益相关的制度、事务，要经教职工代表大会审议通过；涉及学校发展的重大事项要提交教职工代表大会讨论。要扩大教职工对学校领导和管理部门的评议权、考核权。要积极拓展学生参与学校民主管理的渠道，进一步改革完善高等、中等学校的学生代表大会制度，推进学生自主管理。制定涉及学生利益的管理规定，要充分征求学生及其

---

〔1〕 鲁霜慧：《依法治校背景下的高校程序性制度建设》，载《重庆工商大学学报》（社会科学版）2012年第8期。

〔2〕 ［法］孟德斯鸠：《论法的精神》，郭立坚等译，陕西人民出版社2001年版，第183页。

家长意见。要扩大有序参与，加强议事协商，充分发挥教职工代表大会、共青团、学生会等群众组织在民主决策机制中的作用，积极探索师生代表参与学校决策机构的机制。在依法治校过程中，必须维护法律的尊严充分发动广大师生员工民主参与学校管理，发挥教代会工代会的作用，建立党的监督、行政监督、检察监督、审计监督、群众监督和社会监督相互联动的机制。[1]要依据法律和章程的原则与要求，制定并完善教学、科研、学生、人事、资产与财务、后勤、安全、对外合作等方面的管理制度，建立健全各种办事程序、内部机构组织规则、议事规则等，形成健全、规范、统一的制度体系。章程及学校的其他规章制度要遵循法律保留原则，符合理性与常识，不得超越法定权限和教育需要设定义务。学校章程和规章制度，应当加以汇编并公布，便于师生了解、查阅。有网络条件的，应当在学校网页上予以公开。涉及师生利益的管理制度实施前要经过适当的公示程序和期限，未经公示的，不得施行。

（三）依法审查，定期清理不合时宜的制度

高校要设立或者指定专门机构，按照法制统一的原则，对校内规章制度进行审查，建立规范性文件审查与清理机制。亚里士多德说，法治应包含两重意义：已成立的法律获得普遍的服从，而大家所服从的法律又应该本身是制订得良好的法律。[2]对与上位法或者国家有关规定相抵触，不符合学校章程和改革发展要求，或者相互之间不协调的内部规范性文件和管理制度，要及时修改或者废止，保证学校的规章制度体系层次合理、简洁明确、协调一致。要建立规范性文件核管理制度定期清理制度，清理结果要向师生公布。新的教育法律法规、规章或者重要文件发布后，要及时对照修订校内相应的规章制度。要在学校内形成决策权、执行权与监督权既相互制约又相互协调的内部治理结构，保证管理与决策执行的规范、廉洁、高效。按照精简、高效的原则和为教师、学生提供便利服务的要求，自主设置职能部门，明确职能部门的职责、权限与分工，健全重要部门、岗位的权力监督与制约机制，完善预防职务犯罪和商业贿赂的制度措施。除依法应当保密或者涉及学校特定利益需要保密的事项外，决策事项、依据和结果要在校内公开，允许师生查阅。在重大制度执行过程中，学校要跟踪制度的实施情况，通过多种途径了解教职员工及有关方面对

---

〔1〕 秦兆伟：《依法治校是构建和谐校园的重要保障》，载《思想政治教育研究》2006年第3期。

〔2〕 [古希腊]亚里士多德：《政治学》，吴寿彭译，商务印书馆1965年版，第199页。

制度实施的意见和建议，全面评估制度执行效果，并根据评估结果决定是否对制度予以调整或者停止执行。

## 二、进一步转变政府职能，健全对高校的监督和指导

转变政府职能是全面推进依法治校的关键因素。高校的自主办学受到政府各部门全方位的影响，从财政到税务、从公安到消防等。但与高校最紧密的是教育行政部门，教育行政部门作为高校法律规范管理制度的制定者和监督者应当承担的法律责任过于笼统，由此带来的管理方式和管理能力的落后，教育行政部门和学校之间的关系没有理顺，教育行政部门“错位”、“缺位”、“越位”的情况时有发生，制约了高校办学的积极性，同时管理方式的单一，习惯用分数管学生，用升学率管教师，缺少用法治理念和法治手段管理学校的能力。

教育行政部门要转变政府职能，切实转变对学校的行政管理方式，按照法律规定的职责、权限与程序规范行政权力的行使。首先，要及时进行身份的转变，对高校的管理从具体的行政管理转向依法监管，提供服务，切实落实尊重学校的办学自主权，减少过多过细的管理活动。加强对校园周边的环境治理，为学校的改革创造良好的外部环境。其次，在实践中很难区分教育行政管理部门和学校各自应该承担的责任，模糊了高校学生管理法治的系统是以学生管理法律规范建设为基础，以严格执行学生管理法律规范为内容，提高学生管理者和学生双方守法意识，建立学生管理法规执行监督机制。高校管理在过去相当长的一个时期内，主要依靠行政权力、运用行政手段、通过上传下达的方式进行。最后，“法治精神不仅体现在事前保障，还应体现在事后救济上。有权利就必然有救济，没有救济就没有权利”。什么是法治？“法治是一种源远流长的意识形态、治国方略和社会文化现象。在不同的时代，人们赋予其不同的社会内涵和意义。”[1]当前我国的学校自身救济制度几乎是空白，学校与主管行政机关之间关系的模糊、权利义务的不明晰，更使得规范两者在复议活动中的权利义务成为一个十分棘手的问题，依法治校困难重重。因此政府要转变职能，迫切需要从以下几个方面着手：

---

〔1〕 张文显等：《法理学》，高等教育出版社、北京大学出版社1999年版，第18页。

(一)逐步放权，转变对学校的行政管理方式

政府部门尤其是各级教育行政部门要切实转变管理学校的方式、手段，从具体的行政管理转向依法监管、提供服务；切实落实和尊重学校办学自主权，减少过多、过细的直接管理活动。在大力推动依法治校工作的同时，按照法律规定的职责、权限与程序对学校进行管理，严格依法行政，规范行政权力的行使。要主动协调其他有关部门为学校解决法律问题，保障学校的办学自主权和合法权益，积极开展校园及周边环境的治理工作，依法维护校园安全，为学校改革发展创造良好外部环境。

(二)开展指导，健全对学校的监督机制

政府部门要遵循法定职权与程序，积极运用行政指导、行政处罚、行政强制等手段，依法纠正学校的违法、违规行为，保障法律和国家政策有效实施。教育行政部门要积极探索建立教育行政执法体制机制，健全行政执法责任制，提高行政执法能力，实现依法对学校办学与管理行为的监督和管理。对高校实施违反国家法律和政策规定的行为，要依法健全对学校及其负责人的问责机制。要建立对学校办学与管理活动中违法行为的投诉、举报机制，引入社会监督和利益相关人的监督，进一步健全教师、学生的行政申诉制度，畅通师生权利的救济渠道，改革完善行政监管机制。要建立学校规章和重要制度的备案制度，及时纠正学校有悖法律规定和法治原则的规定。

(三)加强考核，完善对高校的评价机制

政府部门要把依法治校情况，作为对学校进行综合评估重要方面，在对学校办学和管理评估考核中，更加突出依法治校综合考核的作用，减少对学校具体办学与管理活动的干扰。要完善校长选任和考核制度，把依法治校的情况，作为考核学校领导班子的重要指标，创新考核评价机制，采取多种途径听取师生和社会公众的意见。各级教育行政部门都要建立由法制工作机构或者其他综合部门牵头负责的推进依法治校工作机制，加强对学校依法治校工作的指导，健全学校领导依法治校能力培训和考核制度，采取有效措施，推动和鼓励学校积极实践、不断创新推进依法治校的制度、机制。

## 三、各司其职，形成高校内部法治的维权环境

高校的组成部分包含管理者、教师和学生，依法治校需要这三者各司其

职，树立依法治校的意识和能力的培养，维护权益，形成良好的法治氛围。法治是民主、自由、平等、人权、理性、文明、秩序、效益和合法性的完美结合。[1]

第一，管理者必须带头增强学法、尊法、守法、用法意识，牢固树立依法办学、依据章程自主管理、公平正义、服务大局、尊重师生合法权益的理念，自觉养成依法办事的习惯，切实提高运用法治思维和法治方式深化改革、推动发展、化解矛盾、维护稳定的能力，准确把握权利与义务、民主与法治、实体与程序、教育与惩戒的平衡，实现目的与手段的有机统一。从对内管理、对外交流中率先转变观念、树立依法治校的管理理念，强化依法行政。在依法治校过程中，学校管理者能树立明确的法治观念，认清依法治校的重要性和迫切性，是学校实施法制化管理的前提和基础。学校管理者应当把依法治校上升到依法治国的高度来充分认识，要进一步转变观念、改变思想作风和管理方式，改变传统的管理手段与体制，贯彻依法治校理念，从过去主要依靠权力、运用行政手段的“家长式”管理，逐步转移到依靠法律、法规、规章和学校章程实行管理，严格行政执法程序，明确执法范围，不断提高学校管理的法制化水平，树立起依法治校的管理理念。

第二，教师要全面提高依法执教的意识和能力，要在入职培训、岗位培训中，专门安排时间，认真学习法制教育的内容。建立健全考核制度，对于重要的和新出台的教育法律、法规，要积极参加学习和培训。要认真对待学校组织的法制宣传教育，围绕全面推进依法治校的要求，深入学习有关落实国家教育方针、规范办学行为的法律规定，对教师自身的权利、义务与职责有明确的认识，依法实施教育教学活动，提升参与学校管理的能力。如果是专门从事法制教育教学的教师，更要进行专业学习，增强对法治理念、法律意识的理解与掌握。

第三，学生要增强法治意识，提升法律素养。积极参加学校的各类法制教育，深入开展法制教育理论的学习和社会实践，通过课堂教学、主题活动、社会实践等多种方式，掌握法律知识，培养法治理念。要把法治文化学习作为高校学习重要组成部分，将平等自由意识、权利义务观念、规则意识、契约精神等理念，渗透到自身的行为规则、日常学习生活当中。

---

〔1〕 张文显：《法学基本范畴研究》，中国政法大学出版社1993年版，第289页。

第四，高校各部门要尊重和保障师生的权益。学校要依据《教师法》和相关法律法规的规定，在教师聘用、职务评聘、继续教育、奖惩考核等方面建立完善的制度规范，保障教师享有各项合法权益和待遇。要落实教师职业道德规范，强化师德建设，明确教师考核、监督与奖惩的规则与程序。程序就是法律的正义防线，正当程序是权利的重要保障，是限制权力的重要机制，是法律制度设计的基石。缺乏程序要件的法制是难以协调运行的，硬要推行，则极易与古代法家的严刑峻法同构化，其结果往往是“治法存、法治亡”。[1]学生管理制度应当以学生为中心，体现公平公正和育人为本的价值理念，尊重和保护学生的人格尊严、基本权利。要完善制度规则，健全监督机制，保证学生在使用教育教学设施、资源，获得学业和品行评价，获得奖学金及其他奖励、资助等方面受到平等、公正对待。对学生进行处分，应当做到事实清楚、定性准确、依据充分、程序正当，重教育效果，做到公平公正。作出不利处分前，应当给予学生陈述与申辩的机会。

## 四、健全社会参与，实现多方位保障

由于社会不断变化，高校和社会之间的交往相互依存，学生和社会组织、个人之间相互产生的各种社会关系越来越多，要处理好依法治校和社会的关系。高校拥有五种职能，即人才培养、科学研究、服务社会、文化传承创新和国际合作交流，每一种职能都与社会发展息息相关。法律是一个带有许多大厅、房间、凹角、拐角的大厦，在同一时间里想用一盏灯照亮每一个房间、凹角和拐角是极为困难的。[2]规范高校的依法治校，需要整个社会来参与来保障，避免把高校办学简单地看成一种市场行为，把自己降低成为普通的市场主体。高校应成为社会的净化器和科技进步的发动机，应成为人类社会进步和社会整体幸福的推动者。社会是高校行为的最终评判者和高校生存发展的决定力量，社会应为高效发展提供宽松的环境和为高校人才培养提供实践平台。高校是文明的传播者，高校依法治校有利于培养一大批学会运用规则和遵守规则的群体，有利于形成公民的法制观念，有利于推动法治高校建设乃至法治社

---

〔1〕　季卫东:《程序比较论》，载《比较法研究》1993年第1期。

〔2〕　［美］E.博登海默著:《法理学：法律哲学与法律方法》，邓正来译，中国政法大学出版社1999年版，第198页。

会建设。

高校在积极探索扩大社会参与学校办学与管理的渠道与方式的同时，学校所在地的社区、街道也要主动加强与高校的合作，积极开展高校与当地的互动。创造条件开放教育资源和公共设施，参与社区建设，完善与社区、有关企事业组织合作共建的体制、机制。高校要积极扩大社会合作，在决策咨询、教学科研、安全管理、学生实习实践等方面更多引入社会资源，健全制度，扩大社会参与的广度与深度；借助社会资源和力量，加强学校安全管理、开展法制和其他有针对性的教育教学活动，改善学校周边环境。

高校还应当提供必要条件，促进校友和学生家长与高校的沟通。建立类似校友委员会、家长委员会等制度来支持教育教学工作、参与和监督学校管理。高校可以探索完善校友委员会、家长委员会的组织形式和运行规则，不断扩大校友和学生家长对学校办学活动和管理行为的知情权、参与权和监督权。保障校友和学生家长对学校、教师的教育教学、管理活动实施监督，提出意见、建议。

最后，高校应正确对待与司法部门的关系，凡涉及高校与师生之间的诉讼要积极应对，诉讼不是依法治校的绊脚石，司法是国家法治最后一道防波堤，司法部门作为适用法律的判断者，对于高校依法治校行为合法与否给予法律评价，制裁违法犯罪行为，坚决捍卫高校依法治校。同时，司法权应尊重高校的学术权，司法部门在对高校行为进行审查时，要注意区分学术行为、行政行为和民事行为。

# 后　　记

本书是2015年度“上海市教育法学人才培养计划”的研究成果。上海市教委为本项目的研究提供了经费支持。在本书的撰写过程中，上海市教委政策法规处的王磊处长、吴能武副处长、蒋侯玲同志给予了大力支持，没有他们的帮助和督促，本书不会顺利完成。在项目立项、中期检查和结项阶段，教育部政策法规司的王大泉处长、复旦大学高等教育研究所的熊庆年研究员对本书的修改和完善提出了诸多建设性意见。在此，向他们表示衷心的感谢！

本书写作分工如下：

导论　韩强

第一章、第二章　邹鹏

第三章、第六章　丁福金

第五章　韩强、王晓艳

第四章、第七章　张建栋

全书由韩强统稿、修改。邹鹏、范月红、张翔协助统稿，并修改了部分章节。法律出版社的编辑为本书的出版付出大量辛勤劳动，在此一并致谢。

韩　强

2017年5月8日

**图书在版编目(CIP)数据**

高校依法治校内外环境因素研究 / 韩强主编.—北京:法律出版社,2017
(华东政法大学65周年校庆文丛)
ISBN 978-7-5197-1479-6

Ⅰ.①高… Ⅱ.①韩… Ⅲ.①高等学校—学校管理—法制管理—研究—中国 Ⅳ.①G647②D922.164

中国版本图书馆CIP数据核字(2017)第249865号

**高校依法治校内外环境因素研究**
**GAOXIAO YIFA ZHIXIAO NEIWAI HUANJING YINSU YANJIU**

韩 强 主编

策划编辑 高 山
责任编辑 韩满春
装帧设计 汪奇峰

**出版** 法律出版社
**总发行** 中国法律图书有限公司
**经销** 新华书店
**印刷** 北京嘉恒彩色印刷有限责任公司
**责任校对** 杨锦华
**责任印制** 陶 松
**编辑统筹** 学术·对外出版分社
**开本** 720毫米×960毫米 1/16
**印张** 8
**字数** 120千
**版本** 2017年10月第1版
**印次** 2017年10月第1次印刷

法律出版社 / 北京市丰台区莲花池西里7号(100073)
网址 / www.lawpress.com.cn
投稿邮箱 / info@lawpress.com.cn
举报维权邮箱 / jbwq@lawpress.com.cn
销售热线 / 010-63939792
咨询电话 / 010-63939796

中国法律图书有限公司 / 北京市丰台区莲花池西里7号(100073)
全国各地中法图分、子公司销售电话:
统一销售客服 / 400-660-6393
第一法律书店 / 010-63939781/9782 西安分公司 / 029-85330678 重庆分公司 / 023-67453036
上海分公司 / 021-62071639/1636 深圳分公司 / 0755-83072995

**书号:** ISBN 978-7-5197-1479-6 **定价:** 35.00元